침묵의 힘

지은이 **컬럼 케니** Colum Kenny

1951년 아일랜드에서 태어난 컬럼 케니 교수는 교회법 학사, 박사학위 소지자이자 법정 변호사이며, 더블린 시립대학교 통신대학의 저널리즘 프로그램 연구회 의장이다. 또한 '신뢰와 소통 Belief & Communication'이란 제목의 학제 간 강좌의 주관자이기도 하다. 아일랜드 방송 전문가 협회 회원, EU 미디어 회의 더블린 책임자로서 케니 교수는 문화와 사회에 관한 공적 논쟁을 종종 불러일으킨다. 여덟 권의 책을 쓴 저자이기도 한 케니 교수는 기혼자로서 위클로 주 브레이에서 세 아들과 함께 살고 있다.

옮긴이 **신윤진**

아주대학교에서 사학, 국어국문학을, 한국방송통신대학교에서 영어영문학을 전공했다. 원작의 감동과 원문의 결을 잘 살린 책을 독자들에게 소개하고자 애쓰고 있다. 역서로는 『두 도시 이야기』(더클래식, 공역), 『엔젤폴』, 『캐롤라이나의 사생아』, 『애시』, 『나의 백 년』(가제, 출간 예정), 『세상에 하나뿐인 소년』 등이 있다.

침묵의 힘

초판 1쇄 발행 2016년 9월 30일

지 은 이 컬럼 케니
옮 긴 이 신윤진
펴 낸 이 최종숙
펴 낸 곳 글누림출판사

책임편집 문선희
디 자 인 안혜진
편   집 이홍주 이태곤 박지인 권분옥 최용환 홍혜정 고나희
마 케 팅 박태훈 안현진

주   소 서울시 서초구 동광로 46길 6-6(반포4동 577-25) 문창빌딩 2층(06589)
전   화 02-3409-2059(대표), 2058(영업), 2060(편집)
팩   스 02-3409-2059
전자메일 nurim3888@hanmail.net
홈페이지 www.geulnurim.co.kr
등록번호 제303-2005-000038호(2005. 10. 5)

정가 15,000원
ISBN 978-89-6327-348-8 03300

출력·인쇄· 성환C&P **제책·** 동신제책사

＊잘못된 책은 바꿔 드립니다.
＊이 도서의 국립중앙도서관 출판예정도서목록(CIP)은 서지정보유통지원시스템 홈페이지(http://seoji.nl.go.kr)와 국가자료공동목록시스템(http://www.nl.go.kr/kolisnet)에서 이용하실 수 있습니다.(CIP제어번호: CIP2016021551)

침묵의 힘

컬럼 케니 Colum Kenny 지음 ǁ 신윤진 옮김

THE POWER OF SILENCE

글누림

서문

침묵은 유용하다. 침묵을 지키는 것은 우리를 둘러싼 세계를 배우게 해주는 하나의 방법, 혹은 누군가로 하여금 현재 우리의 기분을 알게 해주는 강력한 수단이 될 수 있다. 침묵은 또한 심신의 평화를 가꾸는 공간이 될 수도 있다.

그러나 침묵은 치명적일 수도 있다. 결혼생활에서 기나긴 침묵은 때로 부부관계의 파탄을 초래한다. 정치적인 침묵은 살인을 유발한다.

침묵은 효과적이다. 계산된 침묵이 없다면 음악은 불협화음이 되고 말 것이다. 영리한 방송진행자는 인터뷰 대상자로 하여금 마음을 열게 유도하기 위해 일부러 침묵한다. 무언가를 해석해달라는 요청을 받은 분석가도, 협상에서 유리한 고지를 선점하려는 회사 중역도 침묵을 활용한다.

침묵은 분위기를 환기시킨다. 명상가는 감각을 진정시키고 인식을 강화하기 위해 침묵한다. 신의 말씀에 귀를 기울이는 수도사나, 휴식을 취해 심신을 회복하려는 지친 노동자도 침묵한다. 침묵은 세속적이든, 영적이든 중요한 의미가 있을 수 있다.

확실히 침묵은 우리의 삶에서 중요한 부분을 차지한다. 그런데도 우리는, 밤에 인공적인 빛에서 벗어나기가 점점 힘들어지고 있는 것과 마찬가지로 현대 문명의 편리함을 이용하는 대가로 끊임없는 소리와 소음을 받아들일 수밖에 없다.

나는 이제 왜 침묵이 중요한지 알아내고, 침묵이 어떻게 인간 고유의 본질 가운데 하나로 존재하는지 파악하려고 한다. 우리의 삶 속에도 약간의 침묵은 필요하며, 사회 속에도 침묵의 공간은 필요하다.

이제 문학과 과학의 샘, 그리고 다른 여러 가지 원천에서 근거를 찾아가며, 현자들이 혹은 어리석은 자들이 침묵의 기쁨이나 당혹스러움에 관해 뭐라고 이야기해왔는지 떠올려볼 생각이다.

언어, 음악, 생활 소음은 각기 침묵의 유성, 행성, 항성이다. 침묵에는 또한 블랙홀도 있다. 이 블랙홀은 얼핏 보기에는 '부재'처럼 보이지만 좀 더 가까이에서 관찰하면 중요한 의미가 있는 '존재'이다. 여기에는 말하지 않기로 선택한 사람들, 말을 할 수 없는 사람들, 스스로를 표현하는 것이 금지된 사람들의 침묵이 포함된다.

침묵에는 심지어 논쟁의 빅뱅도 존재한다. 우주의 기원에 대해 과학자들이 제각기 다른 가설을 내세우는 것처럼, 그리고 수많은 사람들이 신의 천지창조설을 믿는 것처럼, 일부 철학자들은 우주적인 침묵 속에서 어떤 유연한 '존재'를 인식해낸다. 물론 일부 다른 철학자들은 그 속에서 철저한 부재만을 인식할 뿐이지만 말이다. 만약 우리가 들을 줄을 모른다면, 우주 반대편에서 메아리치는 우리 자신의 구슬픈 목소리 외에 또 다른 무엇을 들을 수 있겠는가? 그리고 또, 소리와 침묵 가운데 어떤 것이 더 먼저 시작되었단 말인가?

우리는 모두 제각기 다른 방식으로 행동하고 호흡하고 선택하고 욕망하고 배설하고 느끼고 듣고 명상하고 즐기고 기억하고 보고 말하고 생각하는 사람들이다. 우리가 좋아하는 것, 그리고 우리가 즐기는 것은 불가분하게 여러 가지 삶의 징후들을 보여준다. 이 두 가지 모두에는 (예컨대) 우리의 선택, 욕망, 기분 등이 포함되어 있다. 따라서 침묵하는 것 역시 그런 감정의 일부이지 분리된 독자적인 상태가 아니다.

침묵하는 것, 혹은 침묵에 빠져드는 것은, 존재, 그 중에서도 특히 청자로서의 존재를 강화해주는 하나의 방식이다. 침묵은 발언과 음악의 필수적인 전제조건이다. 침묵이 없다면 이 세상에는 끝없는 소음만이 존재하게 될 것이다. 일반적으로 침묵은 소통과도 관련이 있다. 심지어는 세상에서 가장 바쁜 삶 속에도 침묵은 존재한다.

우리는 능동적으로든 수동적으로든 침묵에 빠져들 수 있다. 다시 말해서, 우리는 말하지 않기로 선택할 수도 있고 그저 대답을 못 할 수도 있다. 또 말이라는 껍질 속에 우리 자신을 조용히 숨김으로써 수다스럽게 침묵할 수도 있다.

영어에는 형용사 '침묵의 silent'에 상응하는 자동사 '침묵하다'라는 단어가 없다. '행동하다 act'나 '호흡하다 breathe'는 자동사로 사용할 수 있지만 '침묵하다 silence'란 단어는 목적어 없이 자동사로 사용할 수 없다. 타동사로 쓰일 경우 목적어는 아마도, '내 자신을 침묵시켰다 I silenced my self'와 같은 문장에서처럼 '자신'이거나 '그를 침묵시켰다 I silenced him'와 같은 문장에서처럼 타인이 될 것이다. '침묵시키는 것 silencing'은 침묵당하는 사람의 입장에서는 유쾌한 경험이라고 말하기 힘들다.

침묵에 빠지는 것은 참신한 통찰이나 창조성을 표현하는 수단이 될 수 있다. 또한 저항이나 조작의 수단이 될 수도 있다. 생각을 잠시 멈추는 것과 말을 하지 않는 것이 항상 같은 것은 아니다. 침묵은 무덤 속의 침묵이 아닌 한 그 자체로 끝나는 일이 거의 없다.

따라서 침묵은 단순히 말이나 소리의 부재, 혹은 말이나 소리의 반대말이 아니다. 또한 침묵은 고독이나 잠잠함과 동일한 것도 아니다. 겉보기에는 침묵과 그런 상태가 아주 유기적으로 연결되어 있는 것처럼 보일 때가 있지만 말이다.

침묵은 매일의 경험이나 일상이라는 현상 외부에서 접촉하는 영역이 아니다. 그것은 오히려 일상생활의 순간순간 내부에 그리고, 그 사이사이에 박혀 있는 영역이다. 침묵은 강력하다. 그런 침묵의 쓰임을 이해함으로써 우리는 존재의 물리적, 심리적, 영적 차원에 대한 이해와 활용을 강화해나갈 수 있다.

* * *

나는 침묵 속의 무언가가 나를 불러내는 바람에 이 책을 쓰게 되었다. 어린 시절 언젠가 한 번은 어머니가 다정하지만 약간 짜증이 난 목소리로 내가 질문이 너무 많다는 말을 한 적이 있었다. 아마도 어머니 말이 옳았을 것이다. 그때 우리는 오코넬 가를 달리는 시내버스에 앉아 있었는데 나는 더블린 시를 관통하는 주요도로에 늘어서 있는 다양한 조각들과 건물들에 대해 캐묻듯이 어머니에게 질문을 해대고 있었던 것이다. 그날 우리 어머니가 그랬던 것처럼 우리 모두한테는, 세계를 설명하고자 하는 욕망이나 그것을 설명하는 능력이 바닥나는 순간이 온다. 그럴 때 침묵은 하나의 선택사항이다.

침묵에 관한 이 책의 내용이 뻔하게 느껴질 수도 있다. 그러나 꽤 오랜 세월 내가 연구해온 바로는, 다양한 종류의 침묵은 중요한 의미가 있고 연구할 가치가 있는 현상이다. 특히 가족이나 여러 인간관계 안에는 소리 내어 언급되지 않은 채 방치되어 있는 사실들, 표현되지 못한 채 묻혀 있는 감정들이 존재한다. 그리고 그 위에 다양성을 질식시켜 버리기 십상인 사회적 합의가 덮여 있다. 하지만 그 속에는 차분한 퇴각, 즉 우리에게 균형 잡힌 행복의 노래를 불러주는 엄선된 침묵 역시 존재한다.

인간 존재의 고유한 특질 중 하나임에 확실한 침묵은 또한 복잡한 현상이기도 하다. 침묵과 소리는 상호의존적인 현상인 동시에 열린 결말이다. 침묵의 중요성이 담겨 있는, 그리고 침묵의 중요성이 경험적 감각 속에 존재하는 다양한 분야나 영역을 탐구하다 보면, 이론이란 프리즘을 통과하면서 우리의 관찰이 굴절될 수도 있다. 나는 오롯이 철학적 틀 하위의 영역으로 구분되는 각기 다른 침묵의 분야들을 하나로 통합하려는 시도를 한 적이 없다. 그러나 그동안 발전되어온 관련성 있는 이론들 사이의 유사성은 때로 독특한 침묵을 이해하는 데 큰 도움이 된다. 그런 까닭에 이 책의 한 장에서는 특별히 막스 피카르트, 조지 스타이너, 데보라 테넌, 애덤 자보르스키를 비롯해 여러 학자들의 이론을 깊이 살펴보려고 한다. 일상생활이란 영역을 통해 침묵의 유형을 분류해나가다 보면, 어떤 점에서든 위 이론들을 굳게 믿고 있는 사람들 역시 경험이란 본질 속에서 여러 통찰을 얻게 될 것이다. 하지만 침묵의 힘은 궁극적으로, 침묵을 정의하거나 침묵을 거역하려는 우리의 온갖 노력을 초월하는 침묵 자체의 능력 안에 존재한다. 침묵은 소리가 사라지기를 끈기 있게 기다린다.

어머니가 생의 마지막 순간을 맞이하던 즈음 나는 더블린으로 돌아가, 어머니가 어린 시절 자매들과 함께 뛰놀던, 그리고 내가 어렸을 때 어머니가 나를 데려가고는 했던 수목원의 장미 숲 가운데 어머니와 함께 조용히 앉아 있었다. 나중에 우리는 따뜻한 여름 저녁 라우스 주의 잘 단장된 멜리폰트 수도원 유적지와 작은 잔디밭 사이를 한가롭게 거닐기도 했다. 그럴 때면 시간이 흐르는 소리까지도 들을 수 있었다. 침묵은 달콤 쌉싸래한 것이다.

***

이 책을 준비하는 동안 내게 여러모로 도움을 주거나 힘을 북돋아준 사람들로는 패트릭 브레레튼, 그레고리 카발리에 형제, 앤서니 큐란, 존과 웬디 페레, 로렌스 프리먼 신부, 메리 케니, 콜름 킨, 톰 로렌스, 패트리샤 맥켄, 세라 메이트랜드, 스테파니 맥브라이드, 데이브 맥마흔, 판텔리스 미켈라키스, 졸리언 미첼, 마리 머피, 루이스 오디, 린다 터커, 막스 언더우드 등이 있다.

이 사람들의 호의와 도움 덕분에, 켄터키 바즈타운 근처에 자리한 겟세마네 트라피스트수도원뿐 아니라 프로방스 고르드 근처에 자리한 세낭크 노트르담 시토 수도회와 스코틀랜드 라커비 근처에 자리한 카규 삼예링 수도원 등 여러 종교 공동체에 고마운 빚을 수없이 질 수 있었다.

위클로 주 브레이 공립 도서관, 영국 도서관, 더블린 시립 대학교 도서관, 아일랜드 국립 도서관, 더블린 아일랜드 왕립 학교, 에든버러 대학교 뉴 칼리지, 웨일즈의 성 데이니올 도서관, 미국 켄터키 루이빌 대학교, 켄터키 벨라마인 대학교의 토머스 머튼 센터, 더블린 트리니티 칼리지 사서들한테도 큰 빚을 졌다.

친절하게도 자신의 글을 인용해도 좋다는 허락을 내게 베풀어준 저자와 편집자는 한두 명이 아니다. 케빈 오록 교수가 번역한 한국 시인 서정주의 〈난초〉를 활용할 수 있게 허락해준 디덜러스 출판사에 감사한다. 이민자 가족의 경험을 노래한 충격적인 시 〈뉴저지 패터슨 공립학교 18번〉을 인용해도 좋다고 허락해준 마리아 마지오티 길란에게도 감사한다. 이 작품은 원래 ≪겨울 빛≫이란 책에 실렸다가 ≪나는 어디에서 왔는가≫에 다시 수록되었다. 〈침묵의 지도 제작법〉 1장을 책에 실어도 된다고 허락해준 에이드리언 리치와 노턴 앤드 컴퍼니 측에 감사한다. 에이드리언 리치는 〈사랑 시 21편〉의 9편에서 시 구절을 인용하는 것 역시 허락해주었다. ≪나의 밤들≫에서 〈이야기〉를 인용하게 해준 리영리, ≪정신과치료에서 언급되지 않는 것들 : 표현되지 않는 것을 이야기하기≫에서 발췌를 할 수 있게 해준 헤이디 르빗과 테일러 앤드 프랜시스 사에도 감사한다.

위싱턴 레그너리 출판사의 편집장 메리 베스 베이커가 막스 피카르트의 ≪침묵의 세계≫ 현재 판권 소유자가 누구인지 알아낼 수 있게 도움을 주었다. 친절하게도 캔자스 위치토의 에이스 데이 출판사가 이 책의 2002년 출간된 페이퍼백 판에서 원문을 발췌하는 것을 허락해주었다. 안드레아 사바디니 박사는 ≪영국 정신과치료 저널≫에 실린 침묵과 정신과 치료에 관한 자신의 논문을 인용할 수 있게 허락해주었다. 반다 스콧과 데이비드 레스터의 칼럼 〈침묵에 귀 기울이기〉의 인용을 허가해준 호그리피 앤드 허버 출판사, 1987년 ≪멀티링구아≫ 6호에 수록된 다키에 스기야마 레브라의 논문 〈일본인의 소통에서 침묵이 차지하는 문화적 중요성〉의 인용을 허가해준 디 그루이터 출판사에 감사한다. 또한 조지 스타이너의 ≪언어와 침묵≫, 마리안느 무어의 시 〈침묵〉에서 인용을 할 수 있게 허가해준 파버 앤드 파버 출판사에도 감사한다.

키란 카바나흐와 오틸리오 로드리게즈가 번역한 ≪아빌라의 성녀 테레사 말씀 모음집≫과 ≪십자가의 성 요한 말씀 모음집≫에서 여러 문단을 인용하게 허락해준 ICS 출판사에 감사한다.

아메리카와 아프리카의 침묵의 위상이 상대적으로 다르다는 것을 보여준 암스테르담 대학교의 윔 한에게 고마움을 전한다. 뉴질랜드 거주 중국인 여성들과 관련된 논문의 인용을 허락해준 페페 충을 비롯해 여러 저자들의 너그러움에 감사드린다.

하지만 내가 가장 큰 감사를 전하고 싶은 사람은 내 아내 캐서린 큐란과 우리 아들들 오신, 코너, 새뮤얼이다. 침묵이 상대적인 현상이라는 사실을 내게 일깨워준 것도, 그리고 내 일과 생활에 여러모로 가장 큰 도움을 준 것도 모두 가족이었다.

카르낙 출판사라면 침묵에 관한 내 연구에 관심이 있을지 모른다는 의견을 내게 말해준 사람 역시 사회복지사이자 정신과상담의인 아내 캐서린이었다. 정말로 카르낙 출판사는 내 연구에 관심이 있었고, 침묵에 관해 오랫동안 연구해온 결과를 이 책을 통해 갈무리하고자 하는 나의 뜻을 기꺼이 지지해주었다.

나의 아들들에게

밤의 침묵을 깨뜨리기 시작한 우리들 가운데 일부는,
크게 소리 내어 말하는 것이 얼마나 고통스러운 소명인지 깨닫게 되었다.
- 마틴 루터 킹 -

●차례

1장
침묵의 유형

세상 사람 모두가 침묵을 높이 평가하는 것은 아니다. 셰익스피어 William Shakespeare는 ≪베니스의 상인 Merchant of Venice≫ 1막 1장에서 등장인물 그라시아노의 입을 빌려 이렇게 선언했다.

침묵은 말린 소의 혓바닥이나 인기 없는 처녀의 경우에나 칭찬받을 만한 덕목이다.

그러나 수많은 사람들이 침묵을 칭찬할 만한 덕목으로 여기는 경우가 그라시아노가 인정했던 것보다 훨씬 많다는 사실만큼은 적어도 진실이다. 카이사레아의 바실리우스[01]는 '일반적으로 볼 때 침묵은 훈련하는 것이 바람직한가?'라고 묻고 이 질문에 이렇게 대답했다. '주님에게 받은 영감으로 기록된 경전이 우리에게 가르치듯, 침묵의 힘은 그것이 지켜지는 시간, 그것을 지키는 사람에게 달려 있다.'

어떤 사람들은 과묵함이나 침묵을 너무나 습관적으로 연습한 나머지 '말 없는 유형'으로 평가된다. 그들은 폐어나 마찬가지인 희귀한 어휘

---

01 바실리우스 Basil of Caesarea 329~379: 고대 시대 설교가. 그리스와 로마의 여러 학교에서 습득한 철학과 수사학 기법을 구약성서 해석에 접목했다. 성경을 논리적으로 해석하는 신학의 토대를 마련한 것으로 평가된다.—옮긴이 주. 이하 이 책의 주석은 모두 옮긴이가 붙인 것이다.

'침묵스러운 silentious'에 딱 어울리는 사람들이다. 모든 종류의 침묵이 서로를 배척하는 것은 아니지만 이 장에서는 다양한 유형의 침묵에 관해 알아보겠다. 특정한 인물한테서 한 가지 이상의 침묵이 동시에, 혹은 각기 다른 때에 모습을 드러낼 수도 있다. 이런 분류가 언제나 철저하게 확실히 이루어지는 것은 아니다. 그러나 구약성서 전도서 3장 7절에 '침묵을 지켜야 할 시간'이라고 언급된 진술이나 그 말에 담긴 진실을 설명하는 것만으로도 충분하다.

일상생활에서 침묵이 수행하는 기능을 이해하면 침묵의 어려움을 극복하는 데 큰 도움이 될 수 있다. 프랑수아 드 라 로슈푸코[02]는 다음과 같이 충고했다.

청자가 유창하게 말하는 요령이 뛰어난 경우, 그리고 언제 침묵을 지켜야 하는지 잘 아는 경우, 우리는 우리의 말에 귀를 기울이고 있는 그 사람이 어떤 장소, 어떤 상황에 처해 있으며 그 사람의 기분이 어떤지 잘 관찰해야 한다. 침묵에는, 상대방의 의견에 찬성하거나 상대방을 비난하는 데 기여하는 유의미한 침묵도 있고 신중함이나 존경심을 드러내는 침묵도 있다. 한마디로 말해서 침묵에는 어조, 분위기 태도가 있으며, 그런 것들이 대화 중 상대 의견에 찬성하느냐 반대하느냐, 혹은 말투가 품위 있는가, 천박한가를 좌우한다.

마찬가지로 미국의 문필가 헨리 데이비드 소로 Henry David Thoreau 역

---

02 프랑수아 드 라 로슈푸코 François De La Rochefoucauld 1613~1680 : 프랑스의 사상가, 도덕주의자. 파리 대귀족 가문 출신으로 정계에 뛰어들었으나 음모에 휘말려 퇴출되었다. 그 뒤 영지에 은거하며 《잠언과 고찰 Réflexions ou sentences et maximes morales》을 집필했다. 인간 심리에 대한 탁월한 통찰이 돋보이는 이 책은 인간의 동인(動因)을 이기적인 자기애(自己愛)로 꼽았다.

시 이렇게 말했다. "흙처럼 침묵에도 각기 다양한 깊이와 비옥함이 있다. 침묵은 허기와 갈증으로 인간이 소멸된 사하라 사막일 수도, 서부의 대초원이나 비옥한 땅일 수도 있다."

세속적인 이유에서 침묵을 유지하는 경우는 굉장히 많다. 예컨대 위에서 언급한 바실리우스가 칭송한 성경을 보면, 아브라함의 종은 특정한 말을 내뱉고는 그 말이 자신이 원하는 결과를 리브가한테서 끌어내는지 가늠하려고 침묵을 지키며 리브가의 반응을 살핀다.(창세기 24장 21절) 때때로 침묵은 그저 일반적인 상식이나 반듯한 태도를 보여주는 하나의 기준이 되기도 한다. 그래서 같은 성경 잠언은 "미련한 사람은 이웃을 모욕하지만 현명한 사람은 침묵한다."고 충고한다.(잠언 11장 12절) 우리가 무슨 잘못을 범했는지 이해할 수 있게 친구가 우리를 도우려 한다면 그때는 기꺼이 침묵을 지켜야 하며,(욥기 6장 24절) 우리 자신의 정신을 흩뜨리기보다는 침묵하며 우리의 문제를 곰곰 돌이켜보아야 한다.(시편 4장 4절) 또 사람들이 귀 기울일 만한 가치가 있는 어떤 말을 하면 그때도 침묵해야 한다.(사도행전 15장 12절, 19장 33절) 한편 욥은 다른 사람들의 비난이 두려워 자신의 죄악에 관해 계속 침묵을 지키기도 했다.(욥기 31장 34절)

성경에는 다양한 형태의 침묵을 보여주는 세속적인 구절은 물론 종교적인 구절도 있다. 신약성서에는 제자들이 낯 뜨거움과 부끄러움 때문에 침묵하는 내용이 나온다. 제자들이 자신들 중에 누가 가장 높은 사람이냐는 문제를 놓고 자기들끼리 다투었는데 예수께서 다툰 이유를 캐묻자 제자들은 침묵한다.(마가복음 9장 33-35절) "침묵하는 아내는 신의 선물이며, 자기 훈련이 잘된 아내만큼 값진 것은 없다."(집회서 26장 14절)는 말씀에 모든 사람이 동의하지는 않겠지만, 아직까지도 그렇게 생각하는 사람들은 많다. 그 옛날에도 예언가들과 필경사들은 침묵이 하나의 처벌로서 사람들에게 강제적으로 부과되는 것일지도 모른다는 사실을 인정하고 있었다.(이사야 47장 5절, 애가 2장 10절) 이 현상에 관해서는 차후에 다시 자세히 살펴볼 것이다.

구약성서 외경 가운데 (교회서라고도 불리는) 집회서의 저자가 보기에는 일상생활 속에 다양한 종류의 침묵이 존재한다는 사실이 꽤나 분명했던 모양이다.

> 침묵을 지켜 현명함을 드러내는 사람이 있는가 하면, 끊임없이 지껄임으로써 남에게 미움을 사는 사람도 있다.
> 할 말이 없어서 침묵하는 사람이 있는가 하면, 언제 말을 해야 하는지 알기 때문에 침묵하는 사람도 있다.
> 지혜로운 사람은 때가 오기까지 침묵하지만, 어리석은 사람은 때를 분간하지 못하고 수다를 떤다.
> 지나치게 말이 많은 자는 남의 빈축을 사고, 말로서 남을 누르려는 자는 남의 미움을 받는다. (집회서 20장 5-8절)

너무 과하지 않은 선에서 긴 이야기를 잘 풀어내는 것으로 명성을 누렸던 대표적인 인물로는 19세기 영국의 역사학자 토머스 배빙턴 매콜리 Thomas Babington Macaulay가 있다. 매콜리는 상당히 까다로운 당대 지식인들한테 이런 평가를 들었다.

> 중대한 주제로부터 사소한 주제에 이르기까지 매콜리의 지식에는 끝이 없다. 그는 걸어 다니는 백과사전이나 마찬가지이다. …… 인도에서 돌아온 뒤로 그가 확실히 더 유쾌해졌다는 의견에는 물론 나도 동의한다. (나는 그런 적이 없지만) 매콜리의 적들은 아마도 인도에 가기 전 매콜리를 말이 너무 많은 사람이라고 평했을 것이다. 하지만 이제 매콜리는 때때로 침묵

을 지킬 줄 아는 사람이 되었고, 그리하여 매콜리의 대화는 완벽할 정도로 즐거운 대화가 되었다.

영국 대법관을 지낸 프랜시스 베이컨 Francis Bacon은 "선과 악이라는 색채 안에서 대조적이고 단순한 예를 들어가며" '다변증(多辯症)'이란 주제에 관해 연설을 한 적이 있다. 베이컨은 침묵을 지지하는 의견과 비판하는 의견 두 가지를 모두 개진했다. 침묵을 지지하는 의견으로 그는 침묵을 '지혜를 살찌우는 잠', '지혜의 한 유형', '진실을 향한 열망', '생각이 발효되는 과정', '말에 우아함과 권위를 부여하는 요소'로 정의했다. 이 가운데 첫 번째 정의는 고대 로마의 정치가 플리니우스 Pliny의 ≪서한문 Epistles≫을 연상시킨다. 그 글에서 플리니우스는 이렇게 말했다. "Mire enim silentio et tenebris animus alitur." 라틴어로 "인간의 정신은 침묵과 어둠 속에서 놀라울 정도로 풍요로워진다."는 뜻이다. 침묵을 비판하는 의견으로 베이컨은, '침묵하는 사람은 자신과 타인에 대한 자신감 부족을 무심코 드러내는 것', '침묵이란 밤처럼 반역자들한테나 편리한 것'이란 문장을 제시했다. 베이컨은 거기에서 한 술 더 떠 '침묵은 고독의 일종'이라며 침묵을 이상할 정도로 부정적으로 말했다. 새뮤얼 존슨[03]이 그랬던 것처럼 베이컨 역시 고독을 부정적인 관점에서 바라보았던 것 같다. 존슨의 관점에 대해서는 뒤에 다시 살펴볼 것이다.

베이컨이 침묵의 색채를 비유적으로 다루었다면, 19세기 영국의 역사학자 호지킨 Thomas Hodgkin은 그것을 사실적으로 다루었다. 호지킨은 일반적으로 피곤한 사람, 즉 "신경 쓸 일이 너무 많아서 정신없이 바쁜 사

---

03 새뮤얼 존슨 Samuel Johnson 1709~1784 : 영국의 시인이자 평론가. 문학사적 업적을 인정받아 박사 칭호를 얻었다. ≪영어사전 Dictionary of the English Language≫을 집필했고 굉장한 달변이었던 것으로 유명하다.

람, 걱정으로 축 처져 있는 사람, 자기만의 생각에 꽁꽁 싸여 있는 사람, 스스로의 짐을 힘겹게 지고 있는 사람, 욕하는 것 말고는 자신에게 아무런 관심도 없는 이웃에 둘러싸여 있는 사람"과 함께 있으면 '칙칙한 침묵'이 조성된다는 사실을 알아냈다. 반면 '푸른 침묵 a blue silence'에 대해서는 이렇게 적었다. "이것은 주로 집 밖에서, 종종 그저 배를 타고 저 머나먼 바다를 누비는 동안 발견되는 침묵이다. …… 이 푸르디푸른 침묵은 생각이란 세계 속에 존재하는 창조적인 침묵이다."

토머스 칼라일[04]은 빅토리아 시대의 위대한 역사가로 침묵을 높이 평가했던 사람 중 한 명이었다. "웅변은 은이요, 침묵은 금이다."란 문장을 처음 영어로 기록한 사람이 바로 이 칼라일인 것으로 추정된다. 그는 스위스 국경선에서 발견한 이 독일어 명문을 1836년 출간한 저서 ≪의상철학≫에서 영어로 번역했다. '침묵은 금이다.'라는 표현이 널리 쓰이는 것을 보면, 그리고 그것이 1960년대 트레멜로스 Tremeloes라는 그룹이 불러서 굉장한 인기를 누렸던 노래 제목이었다는 점을 생각해 보면, 그 말이 비교적 최근에 영어로 옮겨졌다는 사실이 놀랍다.

다작 작가였던 칼라일이 침묵을 옹호하는 글을 어찌나 많이 썼던지, 훗날 영국의 아일랜드 총독에 오른 정치가 어거스틴 버렐 Augustine Birrell은 이렇게 논평했다.

칼라일만큼 침묵을 옹호하기 위해, 웅변적으로 말하는 것이나 침묵을 깨는 것에 반대한 사람은 아무도 없다. 그러나 불행하게도 그 가운데 확실히 의미가 와 닿는 글은 하나도 없다. 엄밀하게 말해서 우리에게 주어진 것

---

04 토머스 칼라일 Thomas Carlyle 1795~1881 : 영국의 역사가, 비평가. 저서 ≪프랑스 혁명 The French Revolution≫, ≪의상철학 Sartor Resartus≫ 등을 통해 영웅에 의한 강력한 통치를 주장했다.

은 오로지, 말하자면 일종의 '처벌 의식'뿐이다. 그리고 그 글들을 읽다 보면 곧 싫증이 나고 만다. 인간은 저주만으로는 살아갈 수 없기 때문이다.

'처벌 의식'이란 영국 국교회에서 재의 수요일(기독교도들이 사순절의 첫날로 기리는 날)에 거행하는 의식으로, 회개할 줄 모르는 죄인들을 향한 엄중한 경고가 포함된다.

사실 과묵한 사람들은 바로 그 침묵으로 주위 사람들을 짜증나게 만들 수도 있다. 영국의 비평가 윌리엄 해즐릿 William Hazlitt은 감정 억제를 잘하고 스스로 자부심을 느끼는 사람들한테서는 도덕적 성품보다 오히려 영국인의 국민성을 더 잘 엿볼 수 있다고 생각했다. 해즐릿은 이렇게 말했다. 영국인들은 "프랑스인들의 다변과 경거망동을 비난함으로써 자신들의 과묵함과 무뚝뚝함을 칭송한다." 그 대상이 프랑스인이었던 것은 아니지만 칼라일 역시 영국인의 국민성을 다른 민족의 국민성과 종종 비교했다. 예컨대 칼라일은 (무려 1840년의!) '색슨족의 영국'을 언급하면서 정치적인 개혁이라는 맥락 안에서 "소란스럽고 열정적인 아일랜드인들이 마침내 이 지독히도 과묵한 사람들과 공유할 수 있는 공동의 목표를 찾아냈다."고 기록했다. 칼라일이 평소 침묵에 매우 우호적인 입장을 취했던 사실을 고려하면, 그의 진술에는 아일랜드인에 대한 부정적인 평가가 암묵적으로 깔려 있다.

미국을 정치적 망명지로 택한 한 아일랜드인의 시 구절에는 더 노골적인 평가가 뚜렷이 드러난다. 저널리스트이자 아일랜드 독립 운동가였던 존 보일 오레일리[05]는 영국 정부에 체포되어 아일랜드를 떠나 호주로 호

---

05 존 보일 오레일리 John Boyle O'Reilly 1844~1890 : 아일랜드 태생의 시인, 작가, 저널리스트. 미국 보스턴에서 문필활동을 했다.

송되었다. 그곳에서 수감 생활을 하던 중 탈옥해 미국으로 건너간 오레일리는 보스턴에서 매우 영향력 있는 유명인사가 되었고, 그 결과 보스턴 사람들은 훗날 오레일리를 기리기 위해 그곳에 그의 동상을 세웠다. 1890년 2월 1일 발표한 〈시 속의 경구 Aphorism in Rhyme〉라는 글에서 오레일리는 이렇게 말했다.

> 나는 어떤 사람의 말을 듣고 그 사람을 판단한다.
> 하지만 그 사람의 본성에 대해서는 알지 못한다.
> 나는 그의 침묵으로도 그 사람을 판단한다.
> 그러면 그 사람을 더욱 잘 알게 된다.

사람을 잘 알게 해주는 침묵이 특별히 어떤 종류의 침묵인지 오레일리는 따로 언급하지 않았다. 그러나 애리조나 대학교의 언어학 교수 새빌트로이크 Saville-Troike는 여러 침묵을 본인의 관점에서 포괄적인 기능에 따라 분류하려고 시도했다. 새빌트로이크는 침묵의 유형을 20여 가지로 분류하고 그것들을 제도적으로 조장된 침묵, 집단적 침묵, 비간섭 침묵, 개인적으로 선택한 침묵, 협의에 의한 침묵 등으로 범주화했다. 그 때에도 새빌트로이크는 그 유형 분류가 좀 더 확충되고 개선되어야 할 필요가 있다는 입장을 취했다. 물론 새빌트로이크의 세부적인 분류가 목적에 따라서는 유용할 수도 있을 것이다. 그러나 이제부터 이 책에서 살펴볼 침묵의 유형은 좀 더 단순하게 분류된 것이다. 또한 현상과 존재에 대한 수많은 일상적 경험을 모두 아우를 수 있을 만큼 광범위하게 분류된 것이기도 한 침묵의 유형은 아래와 같다.

1. 지혜로운 침묵, 혹은 덕목으로서의 침묵

2. 온화함의 침묵

3. 교활한 침묵, 혹은 계산적인 침묵

4. 표현적인 침묵

5. 어이없음의 침묵

6. 비난 받아 마땅한 침묵

7. 강인함의 침묵

8. 나약함의 침묵

9. 의식으로서의 침묵

10. 만족스러움의 침묵

11. 게으름의 침묵

12. 죽음의 침묵

지혜로운 침묵, 혹은 덕목으로서의 침묵

이것은 조용하고 부드러운 침묵이다. 우월감에서 비롯된 침묵이 아니라 연민을 표현하는 한 가지 방법이다. 여기에는 가혹하거나 결정적인 판단을 내리는 행위, 혹은 호락호락하지 않은 현실의 본질을 이해하는 것이라 주장하면서 자기 고집을 고수하는 행위에 대한 꺼림칙함이 반영되어 있다. 이 침묵은 우리의 말이 진실을 적절하게 담아내지 못하는 경우가 매우 많다는 깨달음에서 비롯된 침묵으로 그 안에는 안타까움이 존재할 수도 있다.

이 유형의 침묵은 세계 여러 문화권에서 속담을 통해 그 가치를 인정받고 있다. 예컨대 중국의 현자 노자에게서 비롯된 아래 경구도 그런 속담 중 하나이다.

명명할 수 있는 이름은 영원히 변하지 않는 이름이 아니다.

그리고

도를 아는 자는 그것을 감히 입에 담지 않는다.
그것을 입으로 말하는 자는 도를 모르는 자이다.
도를 아는 자는 계속 입을 다물고 여러 입구를 봉쇄할 것이다. ……

이탈리아어 "Ci più sa, meno parla", 프랑스어 "Qui plus sait, plus se tait", 스페인어 "Quien mas sabe, mas calla"는 모두 "가장 많이 아는 자가 가장 말을 적게 한다."는 뜻이다.

때로 지혜라는 것은 그저, 스스로 무지하다는 깨달음, 그리고 고성에 불과한 의견을 함부로 남에게 제시하지 않는 태도에서 비롯되기도 한다. 그래서 고대의 한 유대인 저자는 이렇게 적었다. "어리석은 사람일수록 말이 많다. 다들 한 치 앞을 모르면서도 그런다. 사람이 죽으면 그 뒤에 어떻게 되는지, 그 누가 감히 알려줄 수 있겠는가."(전도서 10장 14절)

소크라테스 Socrates의 지혜 역시 이런 것이었다. 소크라테스는 플라톤 Plato의 ≪소크라테스의 변명 Apologia≫에 세상에서 가장 현명한 사람으로 등장한다. 왜냐하면 그는 자신이 무식하다는 사실을 알고 있고 그 어떤 것에도 의견을 표명하지 않기 때문이다. 히브리 경전은 특히 타인에 대한 도덕적 실망을 표현하지 않는 것이 신중하고 지혜로운 행동이 되는 때가 종종 있다고 말한다.(아모스 5장 13절, 집회서 20장 1절) 마찬가지로 고대 그리스의 서정시인 핀다로스 Pindar는 〈네메아 찬가 Nemean Ode 5〉에서 침묵이 최고의 수양이 될 수 있다는 사실을 인정했다. 그 내용을 번역하면 다음과 같다.

드넓은 이마를 숨김없이 내보인다고
모든 진실이 드러나는 것은 아니다.
가장 사려 깊은 지혜는 대개
침묵의 명상 속에 존재한다.

로마 속담에 "Indictum sit"이란 말이 있다. "말해지지 않은 그대로 두라."는 뜻이다. 로마 총독 빌라도한테 심문을 당하면서 예수가 취한 태도가 바로 이것이었다. 그 순간 예수의 침묵은 수수께끼처럼 복잡한 것이었다. 어떤 사람들은 그 침묵 때문에, 예수가 신의 아들임을 자처한 결과로 처벌을 받는 것에 스스로 수긍하는 것이라 믿었지만, 동시에 그 침묵은 어떤 근원적 진리의 깨달음이 그 순간 언어의 범주를 넘어서게 되었음을 보여주는 표식이기도 했다. 서른 살이 되기 전의 삶과 이후 광야에서 칩거한 40일 간의 밤낮을 포함해서 예수의 삶 전체는 유난히 수수께끼 같은 침묵으로 가득했다. 예수가 가끔씩 들려주는 우화는 심지어 제자들까지도 당황스럽게 만들었다. 그 우화에는 문자로 표현된 단어 그 자체보다 훨씬 더 많은 의미가 담겨 있었다. 미국의 성경 연구학자 펑크 Robert Funk의 관찰에 의하면, 이는 주님의 왕국을 더 가까이 끌어당기는 언어의 사용법이었다. 이런 점에서 볼 때 그 우화는 시와 상당히 비슷한 점이 많았다. 펑크는 성 바오로의 서간문 역시 사용된 언어와 형태라는 면에서 볼 때 "언어를 둘러싼 침묵의 분명한 자취와 매우 흡사한 '언어적 몸짓 a language gesture'"이라고 덧붙였다.

지혜를 가장 효과적으로 전달하는 방법은, 아마도 말을 통해 들려주는 것이 아니라 삶의 방식을 통해 보여주는 방법일 것이다. 유대인의 율법을 성문화한 〈미시나 Mishnah〉의 일환으로, 2세기 말엽 기록된 유명한 랍비 어록집 ≪아버지의 윤리학 Pirque Aboth≫은 이렇게 기록한다.

샤이먼이 아들에게 말했다. 나는 평생 현자들 틈에서 자랐다. 그런데도 침묵 말고는 인간에게 유익한 것을 찾아내지 못했다. 침묵은 배우는 것이 아니라 행하는 것이다. 말이 많은 사람일수록 죄를 저지를 확률이 크다.

샤이먼, 혹은 사이먼은 예수가 세상을 떠난 뒤 첫 세기에 살았던 것으로 추정되는 인물이다. 훗날, 아일랜드 총독의 장자로 태어나 궁정 관료이자 시인이 된 필립 시드니 Philip Sidney도 소리보다 침묵을 더 좋아했다. "나이팅게일은 노래를 잘 부르지 않고, 까치는 끝없이 지저귄다. …… 얕은 개울이 더 시끄럽다. 깊은 물은 고요히, 그리고 유유히 흐른다. ……" 16세기 스페인 아빌라의 한 수녀 역시, "…… 때로는 변명을 하는 것이 합당하며 그러지 않으면 잘못인 경우도 있다."는 사실을 인정하면서도, 타당한 이유 없이 비난받을 때조차 변명하지 않는 침묵 안에 '위대한 선 善'이 존재한다고 적었다.

아무런 잘못이 없는데도 비난을 받으면서 침묵하는 사람을 보면 참으로 위대한 온화함이 느껴진다. 이것은 우리의 모든 죄를 사하여 주시는 주님을 따라할 수 있는 훌륭한 방법이다. 그래서 침묵이라는 이 훈련을 공들여 직접 해보라고 권한다. 이 훈련은 굉장히 장점이 많다. 앞서 말했다시피 진실을 밝히지 않으면 싸움이나 추문이 발생하는 몇몇 경우를 제외하고는, 사람들이 왜 스스로를 변명하려고 애쓰는지 나는 그 까닭을 전혀 모르겠다. …… 솔직히 말해서 정말로 온화한 사람이라면 심각한 상황에서조차 아무런 잘못을 저지르지 않았더라도 존중받지 못하고 비난받고 박해당하는 자리에 처하는 것을 주저해서는 안 된다. 진정으로 주님을 따르고 싶다면, 우리가 할 수 있는 일 가운데 이보다 더 좋은 방법이 어디 있겠는가?

아빌라의 성녀 테레사 Teresa of Avila는 또한 동료들과 함께 여행을 하게 되었을 때 '침묵 속의 여행'이야말로 가장 온당한 여행이라는 점을 깨달았다. "동료들과 의견을 교환하는 토론을 시작하면 사탄이 모든 것을 엉망으로 만들어버린다. 설사 사탄이 우리에게서 아무것도 얻어내지 못한다 하더라도 불안감을 조성하는 것만큼은 사실이다." 테레사와 함께 카르멜 수도회를 설립한 성직자로 훗날 '십자가의 요한' St. John of the Cross 이라 알려진 인물이 있다. 요한은 영적인 자기반성과 그에 수반되는 의심(실존의 고통 속에 존재하는 '영혼의 어두운 밤')이야말로 우리를 온화하게 만들며, 이웃에 대해 최대한 너그럽게 침묵하는 것이야말로 그 깨달음을 잃지 않는 최선의 방법이라고 믿었다. 그래서 이렇게 충고했다. "이웃을 함부로 판단하지 말라."

십자가의 요한이 죽고 삼백 년이 흐른 뒤 미국의 초월주의 철학자이자 문필가인 랄프 왈도 에머슨 Ralph Waldo Emerson은 〈지성 Intellect〉이란 제목의 에세이에서 웅변조로 침묵에 관해 말했다. 그 내용은 아래와 같다.

깊이가 아주 깊은 물에는 영혼에 가 닿는 밀물과 썰물이 있다. 그러나 그것은 말할수록, 규정할수록, 국한할수록, 깊이가 얕아진다. 소크라테스가 말을 할 때, 리시스와 메넥세누스[06]는 부끄러운 줄 모르고 말 한마디 하지 못하는 자신들 때문에 괴로워했다. 하지만 그들 역시 선량한 사람들이었다. 소크라테스는 그들과 달리 말을 했지만 그들과 마찬가지로 그들을 존중하고 사랑했다. 왜냐하면 진리를 똑 부러지게 표현하는 웅변적인 사람과 마찬가지로 진실하고 꾸밈없는 사람 역시 그만큼의 진리를 품고 있기 때문

---

06 리시스와 메넥세누스 Lysis and Menexenus : 소크라테스는 생전에 글을 남긴 적이 없고 그의 사상은 제자인 플라톤의 저작을 통해 전달되었다. 소크라테스는 대화를 통해 자신의 무지를 깨닫고 진리에 도달할 수 있게 하는 '산파술', 혹은 '문답법'을 많이 사용한 것으로 알려져 있다. 리시스와 메넥세누스는 '우정', '수사법'에 관한 플라톤의 ≪대화편≫에서 소크라테스의 대화상대로 등장하는 인물들이다.

이다. 웅변적인 사람은 정확하게 표현할 수 있기 때문에 오히려 그만큼 자기가 품고 있는 진리를 더 하찮게 여기게 되고 그 결과 말이 없는 아름다운 사람들을 더욱 숙연한 존경심으로 의지하게 되는 것이다. 옛말에 이런 문장이 있다. "스스로를 침묵하게 하라. 신들도 그리 하느니." 침묵에는, 우리로 하여금 개성을 죽이고 보편적인 위대한 존재로 나아가게 하는 그런 능력이 있다.

19세기 영국의 소설가 토머스 하디 Thomas Hardy는 이런 통찰을 소설 ≪녹음 아래에서 Under the Greenwood Tree≫의 등장인물의 입을 통해 이렇게 일상 언어로 옮겼다.

> "흠, 그 남자, 제프리 데이의 속에 뭐가 있는지 절대로 알아내지 못할걸. 절대로. 침묵이라고? 아, 물론 그 남자야 늘 침묵하지! 늘 입을 굳게 다물 수 있는 남자니까. 하지만 그 남자의 침묵에는 귀 기울여야 할 굉장한 뭔가가 있어."
> "그 안에 너무나 많은 의미가 담겨 있거든. 침묵하는 매 순간에도 그 안에 이해의 소리가 가득 흘러넘친다니까."
> "그러니까 굉장히 영리한 침묵을 잘 지키는 거야. 정말로 굉장히 영리한 침묵을." 리프는 그 말을 반복했다. "그 사람은 시계바늘이 계속 원을 그리며 움직이는 것처럼 정확하게 내 생각을 읽어낼 수 있는 것처럼 날 쳐다보더라고."
> "흠, 그 시간이 길든 짧든, 그 사람이 대화 중에 뜸을 엄청 잘 들인다는 사실에는 누구나 동의할걸."

1912년 하디는 이 문단을 다듬으면서 여기 쓰인 단어 '침묵', '침묵하는'을 지우고 경우에 따라 '면밀한 close', '무언의 dumbness' 등으로 바꾸어 썼다. 평론가 팀 돌린 Tim Dolin은 이것을 이렇게 평했다. "결과적으로 데이의 내성적 성격을 더 정확히 표현함으로써 그의 성격과 재산과의 관련성을 더욱 필연적으로 보여주었다." 사실이 그랬을지 모르지만, 강력한 표현이란 면에서는 원작이 훨씬 나았다.

지혜로운 침묵은 그저 아는 척하려고 애쓰는 사람의 위선적인 지혜나, 단지 무식함에서 비롯되는 침묵과는 확실히 구분되어야 한다. 특히 후자는 여러 글에서 발견된다. "어리석은 사람도 계속 침묵을 지키면 지혜로워 보이고, 입을 다물고 있으면 슬기로워 보인다."(잠언 17장 28절) 이런 이유로 베이컨은 침묵에 대한 경계를 다룬, 고대 그리스의 시인 시모니데스 Simonides의 시 〈권위 De dignitate〉에서 아래 구절을 인용했다.

Silentium stultorum virtus: Itaque recte illi silent. Si prudens est, stultus es: si stultus, prudens.
침묵은 바보들의 덕목이다. 따라서 말을 하지 않는 사람에게는 이런 말이 곧잘 따라붙는다. "당신이 현명하다면 당신은 바보다. 당신이 바보라면 당신은 현명하다."

같은 맥락에서, 새뮤얼 존슨 박사는 친구인 제임스 보즈웰 James Boswell의 의견에 전적으로 반대했다. 존슨의 전기 작가이기도 했던 보즈웰은 침묵의 이점에 관해 1775년 어느 날 박사와 나누었던 대화를 이렇게 기록했다.

우리는 공식적인 발언에 대해 이야기하고 있었다. 존슨이 말했다. "자신의 기분을 공식적으로 표현할 수 있느냐 없느냐, 그 능력으로 사람을 평가해서는 안 되네. 이 나라에서 가장 위트 있는 사람 중 한 명인 정치가 아이

작 호킨스 브라운 Isaac Hawkins Browne은 의회에 입성했지만 입을 절대로 여는 법이 없었지. 내가 보기에는 말하려는 시도조차 하지 않는 것이 말하려고 시도했다가 실패하는 것보다 훨씬 불명예스러운 일이라네. 싸울 시도조차 하지 않는 것이 싸우다가 패배하는 것보다 더 불명예스러운 일인 것처럼 말일세." 내 생각에 이 논리에는 어폐가 있는 것 같았다. 말하려는 시도를 아예 하지 않을 경우에는 적어도, 만약 시도했다면 그래도 말을 꽤 잘했을 것이라는 이야기를 들을 수도 있을 테니까. 반면 말하려고 시도했다가 실패한다면 그 누구도 그 사람을 편들어주지 않을 것 아니겠는가. 그래서 나는 물었다. "그렇다면 어째서 싸우지 않는 사람은 불명예스럽게 여기면서, 공식적으로 말을 하지 않는 사람은 불명예스럽게 여기지 않는 것입니까?" 존슨이 대답했다. "아마도 어떤 사람이 공식적으로 말을 하지 않는 데에는 결단력 부족 이상의 뭔가 다른 이유가 있기 때문일 걸세. 어쩌면 그저 할 말이 없어서 그럴 수도 있지(웃음). 하지만 이보게, 자네도 알다시피 용기는 모든 덕목들 가운데 가장 위대하게 평가되는 덕목 아니겠는가. 만약 그 덕목이 없다면 그 사람에게는 소중히 지켜야 할 다른 덕목도 없는 걸세."

존슨의 가까운 지인 중 한 명은 이렇게 전했다. "존슨의 발언에는 대개 오만한 태도, 거만한 침묵이 담겨 있었다."

일본에서는 이런 말이 진리로 통한다. "현자의 말과 바보의 말 사이의 차이점은 광대조차도 알 수 있다. 하지만 현자의 침묵과 바보의 침묵을 구분하려면 상당히 숙달된 요령이 필요하다." 현명한 침묵이라는 현상이 존재한다는 사실을 부인하지 않으면서도 해즐릿 역시 "건방진 태도보다 오히려 침묵이 더 모욕감을 느끼게 할 수도 있다."며 토론에 끼기를 즐기지 않는 사람들을 향해 의심을 눈초리를 보냈다. 해즐릿은 여기에서 한 걸음 더 나아가 이렇게 적었다.

과묵한 사람들 대부분은 일반적으로 자기 자신을 가장 높게 평가하는 사람들이다. 그들은 자신들이 다른 그 누구보다도 잘났다는 환상에 빠져 있다. 그들은 잘난 그 비밀스러움이 가식으로 보인다는 사실을 알지도 못한 채, 논쟁에 끼어드는 법이 거의 없다. 그러면서 마음만 먹으면 자신들이 다른 사람들보다 훨씬 유창하게 말을 할 수 있다든가, 아니면 그 대화는 자신이 낄 만한 가치가 없는 것이라든가 하는 '듣기 좋은 알랑방귀를 자신의 영혼을 향해 뀌어댄다.'

손님이 있는 자리에서 지키는 침묵이 건방짐이나 냉정함으로 비추어져서는 안 된다고 선임자들이 기독교 수도사들에게 오랫동안 충고해온 까닭도 바로 이런 이유 때문일 것이다. 종교학자 암브로스 워든 Ambrose Wathen의 설명에 따르면, "반드시 자애심과 온화함에서 비롯되어야 하는 것이 바로 침묵이다. …… 침묵은 염려와 관심과 깊은 믿음의 표현이어야 한다." 의사소통의 과정에서 다른 사람의 말에 너그럽고 온화하게 귀를 기울이는 것이 얼마나 중요한지는 일찍이 페미니즘 이론가 넬 모튼 Nelle Morton 역시 논문과 '발언 청취'라는 독특한 개념을 통해 강조해왔다. 모튼은 이렇게 기록했다. "청자가 가장 먼저 귀를 기울이는 발언은 강력하다. 발언을 유발하는 청취는 큰 힘을 발휘한다." 그런 청취가 개방적이고 지속적이어야 한다는 점에서 타인의 말에 귀를 기울이는 우리의 방식에는 윤리적 차원의 의미가 있다. 우리 자신이든 타인이든 대화에 참여하는 사람 모두가 해야 할 말을, 즉 현실의 모든 측면을 특정한 시간에 특정한 단어로 완벽하고 정확하게 표현할 수 있다고 생각해서는 안 된다.

프랑스의 정신분석학자 자크 라캉 Jaques Lacan은 수수께끼 같은 침묵의 미묘한 힘과 늘 말을 아껴야 하는 심리분석가의 본분을 잘 이해하고 있었다. 라캉은 침묵을 다른 사람에게 공간을 허용해 자신을 표현하게 만드는 단순한 기술적 장치로 보지 않고, 그 자체의 풍성함 속으로 다른 사람을 끌어들이는 일종의 초대장으로 보았다. 그래서 레오나르도 다빈치의 신비한 그림 속, 벗은 상체로 하늘을 향해 손짓하는 성 요한을 언급하면서 라캉은 이렇게 물었다. "심리분석가가 다빈치의 그림에서 진창 같은 세상을 초월한 '세례자 성 요한'의 들어 올린 손가락을 알아볼 수 있다면, 어떤 덕목이 암묵적으로 깔려 있을 것이 분명한 존재 속에서 분석가의 해석이 그 존재의 버려진 지평선을 새로이 인식할 수 있다면, 이제 분석가는 스스로에게 어떤 침묵을 부과해야 할까?"

불완전한 의견을 사람들에게 함부로 제시하지 못하는 것이 지혜로운 침묵의 한 가지 특징이라면, 우리 자신에게 보탬이 되는 것에 기꺼이 귀기울이고 그것을 배우고자 하는 태도 역시 지혜로운 침묵의 또 다른 특징이다. 그런 배움은 우리 자신의 덕목을 계발하는 데 큰 도움이 될 수도 있고, 물질적인 이유에서 세속적인 가치를 띠게 될 수도 있다. 미국의 30대 대통령 캘빈 쿨리지[07]의 집에 걸려 있었다는 시 한 편이 있다. 원문이 남아 있지 않아서 끝 부분이 정확히 어떻게 끝나는지 알려져 있지 않은 터라 결론이 조금씩 다른 여러 버전으로 재창조된 그 시를 여기에 대충 옮겨보면 이렇다.

어떤 떡갈나무에 현명하고 나이 든 올빼미 한 마리가 살고 있었다.
아는 것이 많아질수록 그는 말이 점점 더 없어졌다.

---

07 캘빈 쿨리지 Calvin Coolidge 1872~1933: 미국의 30대 대통령. 미국 역사상 가장 과묵한 대통령이었다. 유명한 일화에 의하면, 백악관 만찬에 초청된 한 여인이 자신이 내기를 했는데 만찬이 열리는 동안 각하가 세 단어 이상 말하면 자기가 이긴다고 하자 쿨리지는 고개도 들지 않은 채 "당신이 졌소. You lose."라고 말했는데, 그날 저녁 쿨리지가 입 밖에 낸 말은 그 두 단어가 전부였다고 한다.

말이 없어질수록 그는 점점 더 많은 것을 듣게 되었다.
어째서 우리는 그 현명하고 나이 든 새처럼 될 수 없는 것일까?

애매한 태도를 버리고 더욱 단순해지라는 것, 그것은 미국의 시인 막스 어만 Max Ehrmann의 충고이기도 했다. 어만은 미국의 대표적인 산문시 작품으로 널리 알려진 〈소망 Desiderata〉을 지은 시인이다. 그 시는 이렇게 시작한다.

소음과 소란 속으로 차분히 나아가라.
그리고 침묵 속에 어떤 평화가 있을지 떠올려보라.

온화함의 침묵

어떤 사람은 그저 온화한 성격 때문에 계속 침묵하기도 한다. 침묵하는 사람이라고 해서 모두 다 유난히 현명한 사람이거나 현명할 것이라 평가되는 사람은 아니다. "멍청이들은 천사들이 발 디디기를 두려워하는 곳으로 돌진한다."나 "말을 가장 적게 하는 것이 모든 것을 가장 빨리 고치는 방법이다."와 같은 유명한 격언을 들으면 말 속에는 우리에게 도움이 되는 좋은 점이 하나도 없는 것 같은 생각이 든다. (종종 세계에서 가장 오래된 책으로 불리는) ≪프타호테프의 책 Book of Ptahotep≫의 이집트인 저자는 이렇게 충고한다.

화려한 말은 절대로 반복하지 말라. 그런 말에는 귀도 기울이지 말라. 그 것은 성급한 입에서 튀어나온 말일지니. 들어주는 이가 없는데도 땅을 향해서 그 말이 계속 반복된다면, 그 말에 관련된 말은 한마디도 하지 말라.

또 집회서는 이렇게 충고한다.

> 이해가 되면 이웃의 질문에 답하라. 그러나 그렇지 않다면 손으로 입을
> 막아라.
> 영광과 불명예는 모두 말에서 비롯된다. 그리고 혀는 사람을 몰락시킨
> 다. (집회서 5장 12-13절)

고대의 유대인 현자 바르 카파라 Bar Kapara는 "침묵은 얼핏 보기에는
현명한 사람을 위한 것 같지만 실상은 바보들에게 더 필요한 것이다."라
는 말을 가르쳤다고 한다. 고대 그리스의 후기 스토아학파 철학자인 에픽
테토스 Epictetus는 《엥케이리디온 Enchiridion》에서 도덕률을 아래와
같이 고쳐 세우라고 제자들에게 충고했다.

> 혼자 있든, 다른 사람과 함께 있든, 자신을 향해 행해진 행동의 형태와
> 특징을 곧바로 규정하라. 대개는 침묵하고, 꼭 필요한 말만 단 몇 마디의
> 단어로 말하라. 물론 흔한 경우는 아니지만 정황상 필요에 의해 대화에 끼
> 어야 할 때가 가끔 있다. 그러나 그런 경우라도 대화 주제가 검투사라든가
> 경마라든가 운동경기 챔피언이라든가 잔치라든가 저속한 이야깃거리라
> 든가 그런 흔한 주제라면 대화에 끼지 말라. 그 목적이 비난이든 칭찬이든
> 비교든, 사람에 관한 주제에도 원칙적으로는 끼어서는 안 된다. 친한 사람
> 들과 함께 있는 자리라면 스스로 대화를 이끌어 적절한 주제로 인도하라.
> 하지만 우연히 낯선 사람들 틈에 끼게 된 것이라면 그냥 침묵하라.

그러나 지금까지도 에픽테토스는 피타고라스의 학교에서 학생들한테
가르쳤던 것보다 훨씬 중도적인 형태의 침묵을 추구했던 것으로 보인다.
이에 관해서는 뒤에 다시 살펴볼 것이다.

에픽테토스의 충고와 맥락이 같은 경구가 하나 있다. 대개는 고대 로마의 스토아학파 철학자 세네카Seneca가 쓴 문장으로 알려져 있으나 갈리아 지방에 살고 있던 어떤 기독교인이 썼을 가능성도 있다. 이 말은 8세기 무렵 널리 퍼져나갔다. "Magna res est vocis et silentii temperamentum.(말과 침묵, 이 두 가지 중 가장 좋은 것은 중용이다.)" 이런 도덕적인 충고는 훗날 르네상스와 종교개혁 시대에 큰 지지를 얻었다. 교육을 통해 시민 사회를 건설하려는 의도에서, 고대 문헌을 따라한 서적들이 쏟아져 나온 시기였기 때문이다. 예컨대 1523년 프로테스탄트 종교개혁가였던 츠빙글리 Ulrich Zwingli는 스위스의 바젤에서 소책자를 발행해 청년들의 규합에 활용했다. 츠빙글리의 독특한 목표는 '복음성가의 신비'를 가르치는 것이었다. 그는 〈청년 교육 Education of Youth〉에서 그리스도를 만난 젊은이들은 "인간의 유약함이 허락하는 한도 내에서 자신의 모든 행동과 말 속에 그리스도의 미덕이 어느 정도 드러나도록 과감히 행동해야 한다는 사실을 알게 될 것"이라고 적었다.

젊은이들은 적절한 시간에 행해지는 말과 침묵 양쪽 모두에서 그리스도를 만나게 될 것이다. 그리스도가 서른 살 무렵이 될 때까지는 설교를 시작하지 않았다는 사실을 알게 될 터, 아주 젊은 청년들은 어른들한테나 어울리는 그런 말들을 차마 할 수 없을 것이다. 그리스도가 율법학자들의 관심을 처음으로 끌었던 나이가 불과 열두 살이었던 것은 사실이다. 그러나 우리는 그 일화를 통해 성급하게 설교하라는 가르침을 얻지는 않는다. 오히려 그리스도의 어린 시절 이야기에서 주님이란 고귀한 주제에 관해 전력을 다해 고민해야 함을 배운다.

침묵이 언제나 아내의 가장 값진 지참물인 것과 마찬가지로 잠깐씩 침묵에 잠기려고 애쓰는 것보다 더 젊은이다워지는 방법은 없다. 따라서 마음과 혀를 개별적으로, 그리고 함께 훈련함으로써 이 두 가지를 조화롭게 사용하는 법을 배우게 된다. 그렇다고 해서 피타고라스가 제자들에게 요구했던 것처럼 5년이란 묵언 기간을 강요할 생각은 없지만, 언제든 발언할 만반의 준비를 갖추고 있는 태도에 대해서는 경고하고 싶다. 뭔가 쓸모 있는 말, 그리고 꼭 해야 할 말이 있는 것이 아니라면 절대로 말을 하지 말라고 젊은 이들에게 권하는 바이다.

1546년 영국의 궁정시인이자 극작가인 존 헤이우드 John Heywood가 격언 모음집 한 권을 출간했다. 그 책에는 말하고 싶은 충동을 경계하는, "문 앞에는 덧문을 설치하는 것이 좋다."라는 격언이 실려 있었다. 그로 부터 약 50년 뒤 셰익스피어는 ≪베니스의 상인≫에서 로렌조의 입을 통해 이렇게 선언했다.

아무리 천치라도 말장난은 할 줄 알아! 하지만 최고의 재담꾼들조차 곧 침묵 속으로 빠져들고, 대화는 앵무새를 제외한 그 누구에게도 권할 만한 일이 되지 못하리라고 생각해.

셰익스피어와 동시대를 살았던 프랜시스 베이컨은 〈영국 국교회의 감동적인 논쟁 홍보 An Advertisement Touching the Controversies of the Church of England〉라는 글에서 침묵을 지지하며 이렇게 썼다. "…… 성 제임스 St. James가 충고했듯 우리가 침묵과 천천히 말하는 것의 미덕을 알기만 했더라도 논쟁은 스스로 수그러들고 하나로 통합되었을 것이다." 그 즈음 프랑스에서도 사상가 미셸 몽테뉴 Michel de Montaigne가 특히 젊은이들한테는 말을 자제하는 덕목이 필요하다는 노래를 불렀다. 몽테뉴는 이렇게 생각했다.

침묵과 온화함은 사회적 교류를 위한 좋은 자질이다. 이 사실을 알게 되면 소년은 자신의 능력으로 말을 아끼고 줄이는 법을 점차 연습할 것이다. 자신의 면전에서 들려오는 천박한 이야기와 바보 같은 헛소리에 이의를 제기하기 위해서가 아니라면, 우리의 취향에 맞지 않는 모든 이야기에 일일이 반박하는 것은 짜증스럽고 정중하지 못한 행동이기 때문이다.

온화한 침묵은 거짓말과 중상모략에 대처하는 가장 좋은 방법이 될 수 있다. 1642년 존 밀턴[08]은 〈장로교도들을 위한 변명〉이란 글 도입부에 이렇게 썼다. "허위로 남을 비난하는 사람에 맞서 자신을 옹호할 수 있는 가장 좋은 방법은 침묵과 관용이며, 거짓된 말을 무력화할 수 있는 가장 좋은 방법은 솔직한 행동이란 사실을 나는 부인할 생각이 없다." 1796년 2월 에드먼드 버크[09]의 충고에 확실히 드러나는 것처럼, 항상 이런 무대책의 입장을 쉽게 취할 수 있는 것은 아니다. 처음에는 버크도 밀턴의 의견에 동의하는 것처럼 보였다. 하지만 뒤로 갈수록 '의원 각하'(4대 피츠윌리엄 공작)에게 보내는 아래 편지 내용처럼 의미가 다소 모호해졌다.

방만한 중상모략가들은 침묵과 경멸로 대해야 합니다. 나는 언제나 그런 사람들을 그렇게 대해왔습니다. 공인으로 살아가는 한, 악의적인 모략

---

08 존 밀턴 John Milton 1608~1674 : 영국의 대문호. ≪실낙원≫의 저자이다. 성직자가 되고자 했으나 교회의 부패상에 염증을 느끼고 문학에 전념했다. 〈장로교도들을 위한 변명 Apology for Smectymnuus〉은 주교들의 횡포를 비판한 글로 장로교 성직자 다섯 명의 이름 머리글자를 따서 만든 제목이다.

09 에드먼드 버크 Edmund Burke 1729~1797 : 영국의 정치가, 사상가, 보수주의자. 아일랜드의 변호사 집안에서 태어났다. 법학 공부를 그만두고 저술활동에 전념했으나 ≪프랑스 혁명에 대한 고찰 Reflections on the Revolutions in France≫로 엄청난 사회적 이목을 집중시키며 보수적인 정치가로 성장했다.

과 무지에 의한 평가를 계속 받아야 한다는 사실을 나는 알고 있습니다. 행여 잘못이라도 저질렀다 하면 다른 모든 인간들과 달리 나는 내 과오와 실수의 결과를 모두 짊어지고 살아가야 하지요. 오늘날 중상모략을 일삼는 작자들은 과거의 그런 작자들과 딱 똑같은 놈들입니다. 하지만 그런 작자들도 그들이 속한 계급에서는 중요한 위치를 차지하는 인물이며 그들이 발언하는 사회에서는 지대한 영향력을 발휘하는 인물이더군요. 어떤 방식으로든 나는 그 작자들을 계속 눈여겨보아야 합니다. 따라서 허영과 거만함으로는 비방에 맞서 나 자신을 지켜낼 수 없습니다. 이런 상황에서 요구되는 것이 정의겠지요.

그럼에도 불구하고, 버크 생각에는 그런 상황에서 요구되는 정의가 언제나 자신을 지킬 수 있을 만큼 강력한 근거가 될 수 있었던 것은 아니었던 모양이다. 그래서 버크는 차별로 고통받으며 더 큰 정치적 자유를 갈망하고 있던 구교도들에게 침묵을 지키라고 조언했다. 가장 영향력 있고 재능 있는 신교도 국회의원들이 구교도들을 동정한다는 사실을, (물론 극소수의 예외는 있겠지만) 진정으로 독실한 신교도들은 사실 모두 구교도들을 지지한다는 사실을 알면서도 말이다. 자신은 기질적으로 크게 소리 내어 말하길 즐기고 말조심을 하지 않았음에도 버크는 당시 구교도들이 취해야 할 가장 좋은 전략은 공적 침묵이라고 느끼고 있었다. 언제나 지식인이었던 버크조차도, 구교도 지도자들이 그런 온화함 때문에 자신들 내면에서 부딪치게 되는 '어렵고도 미묘한' 딜레마를 인정했던 것이다. 1795년 5월 18일 버크는 성직자인 토머스 후시 Thomas Hussey 박사에게 아래와 같은 편지를 썼다. 후시 박사는 아일랜드 킬데어 주 메이누스에 위치한 가톨릭 신학대학 초대 총장과 런던 주재 스페인 영사관의 교구 주임신부를 지낸 인물이었다.

더 선량한 편이 침울한 침묵 속에 잠겨 있다면, 말과 글 두 가지를 모두 사용하는 더 당파적인 편을 절대로 막을 수 없습니다. 그리고 침묵하는 사람들의 감정 역시, 정신이 온전한 인간이라면 결코 받아들일 수 없는 생각을 숨길 의사가 전혀 없는 적들이 마구 감정적으로 뿜어내는 말에 의해 정의될 것입니다. 반면, 더 성품이 온화하고 선량한 편에서 선뜻 나서서 타인의 짐을 짊어진다면 그것은 곧바로 스스로 빈틈을 내보이는 것이 되고, 악의적인 적은 그들을 모두 박살내기 위해 그 점을 적극 활용할 것입니다. 적들은 정신이 온전한 부류를 칭송하겠지만 그들이 바라는 것은 아무것도 허용하지 않을 겁니다. 아니, 나아가 적들은 정신이 온전한 사람들이 강압적인 폭력 아래 납작 엎드려 있는 상태에 완전히 만족한다는 증거로 그들의 패배와 그들이 이전에 취했던 침묵을 이용할 겁니다. 이 얼마나 무서운 딜레마입니까. ……

'버크의 딜레마'라고 부를 수 있는 이것은 온화함에 대한 보답으로 권력층에게 진보를 약속 받은 수많은 정치운동단체의 입장에서는 매우 익숙한 일일 것이다. 열정 넘치는 특정 시기가 지나고 나면 약속이 지켜지지 않았다는 사실만 알게 되겠지만. 솔직히 그들은 자신의 권리에 대해 어느 정도로 적극적으로 주장해야만 그 권리를 신장시킬 수 있을지 확신이 서지 않을 것이다. 이런 침묵과 침묵하기가 정치학에서 어떤 의미가 있는 주제인지는 나중에 더 살펴보기로 하자.

한편, 일상생활에서 만나는 온화한 침묵의 장점은 여전히 유효하고, 적어도 장황한 허풍쟁이를 참고 견딜 줄 아는 사람들만큼은 그 장점의 가치를 제대로 안다. 자신한테 늘 충고를 건네는 사람들 때문에 몹시 짜증이 난 욥은 이렇게 선언했다. "아, 제발 그 입 좀 다물게나. 그러면 그것이 다 자네의 지혜가 될 테니!"(욥기 13장 5절) 고대 로마의 철학자이자 시인인 플루타르크 Plutarch는 다변에 관한 글에서 이렇게 말했다.

친구들과 지인들이 모여 담소를 나누거나 잔치를 하며 즐거워하는 방 안에 소음과 말로 똘똘 뭉친 바보가 들어오면 모든 사람이 갑자기 동시에 입을 다문다. 그 바보에게 자신이 아는 주제에 대해 혀를 놀릴 기회를 한 번이라도 주게 될까 걱정하는 사람들처럼 말이다. 그리고 그 바보가 일단 입을 열면 모두들 일어서서 그 자리를 떠난다. 갑자기 풍랑과 높은 파도를 만난 뱃사람처럼 말이다. 그럴 때면 사람들은 "인접한 곳에서 매서운 북풍 이 휘몰아친다."는 소리를 듣고 서둘러 항구로 찾아든다.

그로부터 1800년 뒤 영국의 소설가 조지 엘리엇 George Eliot은 이렇게 썼다.

할 말이 없는 사람은 축복받은 사람이다. 그들은 사실을 언어로 증명하 는 행동을 삼간다. 따라서 그 안에 진주가 없다는 사실을 확인시켜주겠다 며 우리를 불러 기장 씨앗 더미를 들여다보게 하는 짓 따위는 하지 않는다.

교활한 침묵, 혹은 계산적인 침묵

크나큰 역경을 만나면 계속 침묵을 지키기가 어렵다. "심장이 미친 듯 이 방망이질칩니다. 계속 침묵을 지키고 있을 수는 없습니다. 전쟁터의 나팔 소리와 아우성 소리가 들려오기 때문입니다."(예레미아 4장 19절) 구 약성서에서 한 예언자는 이렇게 외쳤다. 그러나 사소한 위험이나 그냥 못 마땅한 광경을 만났을 경우에는, 고개를 숙이고 능력껏 입을 다물고 있는 사람들이 훨씬 더 많다. 잠언은 이렇게 충고한다. "입단속을 잘하는 사람 은 목숨을 보존하지만 입을 함부로 놀리는 사람은 파멸에 이른다."(잠언 13장 3절, 21장 23절)

"아무 말도 하지 마라.(라틴어 격언에 나오는 표현으로 'Indictum sit')"라는 말은 주로 권력을 얻기 위해 목숨을 건 경쟁도 불사하는 사람들에게 가해지는 충고이다. 이 말의 오랜 이탈리아 속담 버전은 이것이다. "말을 하는 사람은 씨앗을 뿌린다. 침묵하는 사람은 곡식을 거둔다." 말을 많이 할수록 이목을 많이 끌게 된다. 그 중에는 달갑지 않거나 위험천만한 반응도 있다. 앞에서 살펴보았던 "말을 가장 적게 하는 것이 모든 것을 가장 빨리 고치는 방법이다."라는 문장은 오랫동안 널리 쓰여 온 영어 표현이다. 고대 그리스의 극작가 메난드로스 Menander는 이렇게 충고했다. "뭔가를 막 실행에 옮기려거든 사전에 그 누구한테든 일언반구도 하지 마라. 침묵 단 한 가지만 빼고 모든 것은 인간을 후회하게 만든다." 고대 그리스의 풍자시인 호라티우스 Horace도 큰 소리로 불평하지 않는 태도의 장점을 간단히 시에 담았다. 아래 시는 현재까지도 종종 인용되는 구절이다.(현대어로 옮겨 쓴 시인의 번역문도 함께 싣는다.)

> Sed tacitus pasci si posset corvus haberet
> Plus dapis et rixae multo minus invidiaeque
> 만약 까마귀가 침묵 속에서 모이를 먹을 수 있다면
> 훨씬 더 많은 모이를 먹을 수 있고 이를 시샘하는 싸움도 줄어들 것이다.

고대 로마의 역사가 발레리우스 막시무스 Valerius Maximus는 서기 30년경 ≪기억할 만한 공적과 격언 Factorum ac dictorum memorabilium≫에서 이렇게 선언했다.

> Quid Xenocratis responsum, Quam laudabile! cum maledico quorundam
> sermoni summo silentio interesset, uno ex his quaerente cur solus linguam

suam cohiberet, "quia dixisse me" inquit "aliquando paenituit, tacuisse numquam"

이런 반응을 보이다니, 철학자 크세노크라테스 Xenocrates는 칭찬 받아 마땅하다! 몇몇 사람들이 일부러 악의적인 소리를 늘어놓고 있을 때 그는 완벽하게 침묵을 지키고 있었다. 그들 중 한 명이 크세노크라테스에게 왜 입을 다물고 있느냐고 물었다. 그러자 그는 이렇게 대답했다. "말을 한 것이 후회스러울 때는 종종 있지만 침묵을 지킨 것이 후회스러울 때는 없기 때문입니다."

예수가 세상을 떠난 뒤 그 세기에 젊은 극작가 세네카가 창작한 로마의 연극 〈티에스테스 Thyestes〉에서 등장인물 아트레우스는 자신의 살인 계획을 누구에게 알릴지 결정을 내려야만 했다. 그는 젊은 아들이 그 비밀을 신중하게 지키기 어려울 것이라 판단해 아들에게 그 계획을 알리지 않기로 마음먹으면서 이렇게 언명했다. "tacere multis discitur vitae malis." "사람들은 삶의 고난을 수없이 겪고 나서야 침묵하는 법을 배운다."는 뜻이다. 그렇게 배운 침묵은 교활하거나 계산적인 침묵이며, 십자가의 요한이 1590년 양심의 가책으로 괴로워하는 한 수녀에게 건넨 '말을 자제하라.'는 충고와는 사뭇 다른 침묵이다. 요한은 그 수녀에게 이렇게 충고했던 것이다. "불쾌하거나 달갑지 않은 일이 닥치면 십자가에 매달려 돌아가신 그리스도를 기억하고 침묵하십시오."

몽테뉴는 〈토론의 기술에 관하여 On the Art of Discussion〉라는 에세이에서 아무 말도 하지 않는 방법 역시 그 나름의 가치가 있다는 사실을 인정하라고 지배자들에게 충고하며 이렇게 썼다. "지배자들은 더 많은 것을 약속했기 때문에 더 많은 것을 빚지고 있는 셈이다. 따라서 침묵이야말로 그들이 취할 수 있는 점잖고 근엄한 태도일 뿐 아니라, 때때로 이익을 안겨주는 경제적인 수단이 되기도 한다." 몽테뉴와 동갑으로 이 침묵의 가치를 부지런히 갈고 닦아 '침묵의 윌리엄'이라는 이름으로 널리 알려진 인물이 있다. 1559년 앙리 2세가 나중에 동조를 얻을 심산으로 신교도들을 학살할 계획을 오렌지공 윌리엄 William Prince of Orange에게 털어놓았다고 한다. 미국의 역사가 머틀리 John Motley는 이렇게 적었다. "왕자는 왕의 기밀을 알고 엄청난 두려움과 분노를 느꼈지만 안색 하나 변하지 않고 입을 다물었다. 그런 다음 계획된 학살을 좌절시킬 대책을 차근차근 마련해 나갔다." 이는 셰익스피어의 ≪헨리 6세 Henry VI≫에서 왕위쟁탈전에 가담한 요크 공 리처드한테 그의 숙부 모티머가 건넨 조언 "침묵을 지키게, 조카님, 신중해야 하네."를 상기시키는 표현이다. 셰익스피어의 또 다른 희곡 ≪트로일러스와 크레시다 Troilus and Cressida≫에서 크레시다가 연인 트로일러스에게 건네는 말 역시 같은 맥락이다.

> 그대여, 내게 입 다물라고 명령을 내려줘요.
> 이렇게 사랑의 황홀경에 빠져 있으니, 후회막심할 소리를
> 꼭 하게 될 것만 같아요. 이봐요, 당신의 침묵,
> 무언 속의 교활함은 나의 나약함에서 비롯된 것이잖아요.
> 내 영혼은 충고에 기꺼워하나니! 부디 내 입을 멈추어줘요.

영국의 법학자 존 셀던 John Selden은 자신이 쓴 어떤 글에서 이렇게 조언했다.

> 현명한 사람은 위기의 순간에 아무 말도 하지 않는다. 사자가 양을 불러서 자신한테서 입 냄새가 나느냐고 물었다. 양은 그렇다고 대답했다. 그러자 사자는 바보라며 양의 모가지를 물어 머리를 뎅강 잘라 버렸다. 사자는

다시 늑대를 불러 물었다. 늑대는 아니라고 대답했다. 그러자 사자는 아첨꾼이라며 늑대를 갈가리 찢어 죽여 버렸다. 사자는 또 여우를 불러 물었다. 여우는 말했다. 사실 감기에 걸려 아무 냄새를 맡을 수 없다고. 국왕 제임스 1세는 늘 이런 인물로 묘사된다.

우화 〈곰과 정원 애호가〉에서 라 퐁텐[10]은 자신의 도덕관을 이렇게 밝혔다. "Il est bon de parler, et meilleur de se taire, Mais tous deux sont mauvais alors qu'ils sont outrés." "대화를 하는 것은 좋은 일이고, 침묵을 지키는 것은 더 좋은 일이지만, 둘 다 과하면 해롭다."는 뜻이다.

≪걸리버 여행기≫를 쓴 영국의 풍자작가 조너선 스위프트 Jonathan Swift는 〈시, 광시곡에 관하여 On Poetry, a Rhapsody〉라는 시를 통해 문단의 혹평을 받아온 어떤 시인을 향해 몇 마디 건넸다. 자신의 이익만을 위해 계속 침묵한다면 그 사람의 정치 활동 능력이 얼마나 한심한지 알 수 있다며 평론가들한테 비난을 받아온 시인이었다.

당신이 흔한 유행을 따른다면
단언컨대 당신은 어리석은 악당이다.
생각이 거의 없고 있어도 천한 생각만 하는 빌어먹을 당신네들,
가만히 앉아서 침이나 꼴딱꼴딱 삼키시길.

---

10 라 퐁텐 Jean de La Fontaine 1621~1695 : 프랑스의 시인, 동화작가. 124편으로 구성된 ≪우화집≫에 실린 〈곰과 정원 애호가 The Bear and the Amateur Garden〉의 내용을 간단히 요약하면 이렇다. 정원을 사랑하는 고독한 남자가 어느 날 우연히 외로운 곰을 만나게 되고 둘은 친구가 된다. 친구로서의 곰의 임무는 남자가 정원에서 낮잠을 자는 동안 곁에서 파리를 쫓는 것이다. 그러나 끝없이 달라붙는 파리들 때문에 짜증이 난 곰은 바위로 파리들을 짓이겨 버리고 남자 역시 때려 죽여 버린다. 라 퐁텐은 우화 말미에 이런 교훈을 전한다. "때로는 어리석은 벗보다 현명한 적이 낫다."

정치가처럼 침묵하라.

말은 의심을 낳을지 모르니.

벙어리 행세를 해서 뭔가를 얻으려고 노리는 사람들, 아니 적어도 아무 것도 잃고 싶어 하지 않는 사람들에게 침묵은 유용한 피난처이다. 죄책감 에서부터 수줍음, 두려움에 이르기까지 그들이 둘러대는 이유들도 각양 각색이다. 라 로슈푸코는 ≪잠언과 고찰≫의 79번째 잠언에 이렇게 적었 다. "자신을 믿지 못하는 사람한테는 침묵이 가장 훌륭한 해결방안이다." 고대 농경사회로부터 전해지는 다소 엉성한 속담은 그 의미를 이렇게 표 현했다. "침묵하는 돼지가 먹이를 가장 많이 먹는다." 하지만 캐나다의 작가 할리버튼 Thomas Haliburton은 이 속담에 대해 이렇게 말했다. "그래 봐야 그 돼지는 그저 한 마리 돼지일 뿐이고, 그렇게 잘 먹어서 뒤룩뒤룩 살이 오른다면 결국 죽음을 재촉하게 될 뿐이다." 그러고는 이렇게 말을 이었다. "대화를 나누며 여행을 다니는 나그네는 몸뿐 아니라 마음도 살 찌운다. 그는 곧 알게 될 것이다. 식욕을 아낄수록 머리가 맑아지고 정신 이 고양된다는 사실을."

19세기 말엽, "심지어 바보도 침묵을 지키면 똑똑해 보이고, 거기다 입 까지 꽉 다물면 지식인으로 여겨지기도 한다."(시편 17장 28절)는 성경구 절에 상응하는 세속적 의미의 문장이 등장했다. "굳이 입을 열어 모두의 의심을 일축하는 것보다는 차라리 계속 침묵을 지키며 바보 취급을 당하 는 편이 낫다." 새뮤얼 존슨, 마크 트웨인, 에이브러햄 링컨 등 이 말을 인 용한 사람은 많지만 정작 이 문장을 처음 만든 사람이 누구인지는 명확히 알려져 있지 않다.

존 보일 오레일리는 시 〈길의 규칙 Rules of the Road〉에서 메난드로스 의 말을 반복하며 충고를 건넸다. "침묵하라. 그러면 안전하리니. 침묵은 절대로 당신을 배신하는 법이 없다." 한 아파치족 대변인은 바쏘[11]에게 이렇게 말했다.

누군가 당신한테 엄청 화가 나서 고함을 지르기 시작하면 그 사람을 더 화나게 하는 그 어떤 행동도 해서는 안 된다. 그 사람을 진정시키려는 시도 따위는 하지도 말라. 그 사람은 당신이 왜 그런 행동을 하는지 모를 테니까. 공연히 그런 시도를 했다가는 그 사람이 더 화가 나서 당신을 해치려 들 것이다.

그럼에도 불구하고 지배계급의 눈에는 계산적인 침묵, 그러니까 억압받는 가엾은 사람들의 겁먹은 침묵, 혹은 소심한 침묵을 옹호하는 저자들의 이런 글들이 냉소적인 글, 나아가 어리석은 글로 보일지도 모른다. 영국 국교회의 주교이자 도덕주의자인 케네스 커크Kenneth Kirk는 1918년 발표된 한 흥미로운 논문에서 전선의 선봉에 서 있던 영국 병사들의 '침묵하는 마음'이 어떤 것인지 논했다. 그들은 자신들이 목격했던 무시무시한 대학살이나 그 학살이 자신들의 감각을 어떻게 마비시켰는지를 거의, 혹은 전혀 입에 담지 않았던 것이다. 학창시절 기독교 학생운동 연합의 런던 지부장을 지낸 커크는 그 시절 암암리에 유포되던 유인물에서 문장을 인용했다. '야전부대와 함께 하는 교육적 실험'을 다룬 그 유인물은 이렇게 마무리된다.

최전선에 서 있는 비숙련 노동자 전체와 (공장장 감독관, 판매사원 등을 포함해 책임을 지는 요직에 있으면서도) 무책임한 숙련 노동자 상당수를

---

11 바쏘 Keith Hamilton Basso 1940~2013: 미국의 문화, 언어 인류학자이다. 하버드대에서 아파치 부족의 언어와 문화를 연구했다.

대표하는 우리 부대원 대다수는 생각이라는 걸 할 줄 모른다.

커크는 인간을 나태하게 멀건 눈을 뜨고 있는 게으름뱅이로 묘사했다. 그는 "침묵하는 마음은 위험한 불모의 감정이기 때문에" 수동적으로 보이는 이런 태도를 혐오했다. 침묵이 위험한 감정인 까닭은 그것이 유혹의 사냥감이기 때문이며, 침묵이 불모의 감정인 까닭은 "크든 작든 그 침묵의 가능성이 훼손되지 않은 채 영원히 사람의 마음속에서 잠자고 있기 때문이다." 게다가 커크는 어찌할 수 없는 현실, 혹은 오늘날 외상 후 스트레스라고 불리는 증상에 대해서는 얼렁뚱땅 넘어가면서, 그 병사들이 실제로 드러내놓고 분명히 언급하고 싶어 하지 않는 수많은 생각들에 시달리고 있다는 사실을 감안해줄 의사 따위는 전혀 없어 보인다. 어쩌면 그 병사들의 삶은 커크가 생각했던 것보다 훨씬 덜 검토되었는지도 모른다. 그 병사들의 과묵함이 혹, 자신의 감정을 드러냈을 때 초래될 결과에 대한 두려움과 무력감에서 비롯된 것은 아닐는지, 또 자신들을 아비규환의 전쟁터에 던져버린 사회 지배층에게 동시에 느끼는 두 가지 감정, 즉 외경심과 경멸감에서 비롯된 것은 아닐는지. 예수가 탄생하기 5세기 전 상연되었던 고대 그리스의 비극작가 아이스킬로스 Aeschylus의 〈아가멤논 Agamemnon〉에서 합창단장이 부른 노래 중 한 소절이 생각난다. "침묵이 상처에 치료약이 될 수 있다는 것을 오래전부터 알고 있었다." 《탈무드》에 나오는 이런 구절도 생각난다. "침묵과 기도는 삶의 고통을 물리쳐주는 일종의 주문이다."

"무지의 침묵이라 불리는 것이 실은 거부의 침묵, 나아가 경멸의 침묵일 수 있다."는 영국의 교육자 파랄 Frederic Farrar의 말은 새겨볼 필요가 있다. '빅토리아 시대 마지막 작가'로 평가되는 영국 소설가 리처드 블랙모

어 Richard Blackmore의 ≪스컬의 처녀 The Maid of Sker≫에 나오는 한 등
장인물은 그 말을 이렇게 표현했다.

파슨 초운은 나를 그런 이득을 혼자 꿀꺽 삼켜버리는 사람으로 여겼고,
그 말에 반박할 근거가 없었던 나는 스스로한테 화가 났다. 하지만 나는 현
명하게도 그런 취급을 계속 당하면서도 변명 한마디 하지 않았다. 어떤 행
동을 했든 그것을 입 밖에만 내지 않으면 그 일을 후회할 필요가 없기 때문
이다.

물론 교활한 침묵이 제대로 먹혀들지 않는 때도 있다. 성경에서 모르드
개는 유대인 혈통 왕비 에스더에게 경고한다. 왕의 유대인 탄압에 대해
계속 침묵하면서, 목전에 닥친 학살에서 동족과 함께 벗어날 수 있으리라
생각해서는 안 된다고.(에스더 4장 14절) 또한 침묵을 지킨 것이 후회스러
울 때도 있다. 욕먹어 마땅한 비겁한 침묵에 대해서는 뒤에서 다시 살펴
볼 것이다.

표현적인 침묵

깊은 감사, 심각한 걱정, 가슴 벅찬 사랑 등의 감정은 말로 표현하기가
어렵다. '만삭의 침묵 pregnant silence'이란 말은, 밖으로 표현된 적은 없
지만 늘 마음속에 존재하는 생각과 감정이 흘러넘쳐 겉으로 드러나는 완
벽한 침묵을 지칭하는 용어이다. 일부 정치가들은, 고작 기분의 전달 수
단일 뿐인 자기 의견을 공적으로 떠들지 않는 "침묵하는 다수" 유권자들
의 바람과 열망을 자신들이 이해하고 있다고 믿고 싶어 한다. 침묵은 때
로 반감을 표현하기도 한다. 그래서 잘못을 저지른 사람한테는 일부러 그

사람을 '침묵으로 무시'하는 처벌을 가하기도 한다.

고대 기독교의 교부 안티오크의 이그나티오스 Ignatius of Antioch는 침묵이 그 자체로 말을 한다고 믿었다. 그는 에베소인들에게 보낸 서한에서 빌라델비아 주교의 외톨이 성향을 칭찬하면서 이렇게 썼다. "늘 침묵한다면 그 주교는 더 많은 이들의 존경을 받아 마땅하겠지요." 그는 이렇게 생각했던 것이 틀림없다. "침묵은 말보다 훨씬 표현적이다." 이그나티오스의 이런 견해는 미사여구를 중시하는 그리스 문화에 대한 반감에서 비롯된 것이었다. 신학자 해리 마이어 Harry Maier는 "시기적절한 말과 절제가 잘된 발언은 그 사람을 평가하는 기준이 된다."고 적었다.

> 고대의 작가들은 일반적으로 침묵을 칭송했다. 침묵이야말로, 말 많은 사람을 자연스럽게 선호해 결과적으로 말과 관련된 여러 악을 낳는 교육에서 벗어나, 말할 때 스스로를 자제시키는 미덕이라고.

말하기를 꺼리는 또 다른 종류의 침묵이 있다. 샘이 나서 다른 사람한테 축하의 말을 건네려 하지 않는 이 침묵은 오히려 칭찬의 마음을 잘 드러내는 한 가지 방법이다. 그래서 고대 로마의 극작가 테렌티우스 Terentius는 기억할 만한 가치가 있는 한 연극에서 등장인물의 입을 빌려 이렇게 말했다. "tacent : satis laudant." "침묵은 그 자체로 충분한 칭찬이다."라는 뜻이다.

셰익스피어는 이 표현적인 침묵의 진가를 제대로 알고 있었다. 그래서 ≪심벨린 Cymbeline≫에서 포스튜머스 레오나투스는 이렇게 외친다. "오, 이모젠. 나는 그대에게 침묵으로 말하겠소." 또, ≪헛소동 Much Ado≫에서 클라우디오는 헤로가 자신의 청혼을 받아들이기로 했다는 사실을 알게 되자 기쁨에 겨워 이렇게 외쳤다. "침묵이야말로 기쁜 마음을 전할 수 있는 완벽한 전령이다. 내가 얼마나 기쁜지 그것을 말로 다 표현할 수 있었다면 나의 기쁨은 지금보다 덜했을 것이다." 그리고 ≪좋으실 대로 As You Like It≫에서 프레더릭 공작은 딸 실리아에게 이렇게 말했다.

로잘린드 그 애는 너한테 대면 너무나 교활한 아이다.
그 애의 다감함, 침묵, 참을성이 사람들에게 말을 건네잖니.
그럼 사람들은 모두 그 애를 동정하고.

≪한여름 밤의 꿈 A Midsummer Night's Dream≫에서 테세우스는 히폴리타를 이렇게 안심시켰다.

날 믿어요, 내 사랑.
난 그 침묵 속에서 환영의 뜻을 읽었고,
두려운 마음에서 우러난 공손함 속에서,
노골적이고 대담하게 떠들어대는 자들의
떠버리 혀에서만큼 많은 의미를 읽었소.
말하자면 말조차 제대로 못하는 순박한 사랑은
가장 적은 말로 가장 많은 뜻을 힘껏 전하는 거라오.

미국 캘리포니안 시인 호아킨 밀러 Joaquin Miller는 〈샌디에이고의 일몰과 새벽 Sunset and Dawn in San Diego〉이란 시에서 이 정서를 이렇게 노래했다.

어째서 당신은 영혼이 영혼에게 직접 말을 건넨다는 사실을 모르는가?
나는 말을 사용한 표현이 사라질 것이란 이야기를 하고 있는 것이다.
말은 유리파편에 지나지 않는다.

그러나 침묵은 완벽한 전체이다.

1791년 프랑스의 국회의원 290명은 "군주제의 폐허 위에 기형의 공화국을 세운 자들과 함께 계속 가만히 앉아만 있기로" 결의했다. 그러면서 이렇게 덧붙였다. "바로 지금 이 순간부터 우리는 이 주제(왕과 왕권)와 무관한 모든 의견에는 철저하게 침묵할 것이며, 그 철저한 침묵이 우리의 깊은 회한과, 다른 상황이었다면 모두 통과되었을 법안들에 대한 우리의 강경한 반대 의사를 동시에 표현하게 될 것이다." 그들은 입법 논의를 해야 하는 상황에서 자신들이 어떤 주제에 대해서든 아무 말도 하지 않겠다는 뜻을 유권자들에게 밝힌 것이었다. 그 일이 있은 직후 에드먼드 버크는 이렇게 썼다. "왕당파의 이런 침묵은 뜻이 같은 사람들을 하나의 세력으로 결집시켰고 이들은 의회와 왕국 전역 양쪽 모두에서 패배하지 않았다. 그 침묵이 엄청나게 큰 힘을 발휘한 것은 아니었지만 그 어떤 논쟁보다도 프랑스에서 군주제가 유지되는 데 더 큰 공헌을 한 것만은 사실이다."

스코틀랜드의 위대한 소설가이자 시인인 월터 스콧 경[12]의 일대기를 이야기하면서 같은 스코틀랜드인인 토머스 칼라일은, "사실 스콧은 스코틀랜드인들을 내심 혐오했다."는 충격적 의견을 제시한 스콧의 전기 작가 존 깁슨 록하트 John Gibson Lockhart를 언급하며 그 의견에 대해 이렇게 적었다. "그런 말도 안 되는 추측에는 표현적인 침묵으로 대꾸하는 것이 상책이다."

1800년대 목사였던 알렉산더 제이콥 Alexander Jacob은 격한 감정에 대

---

12 월터 스콧 Sir Walter Scott 1771~1832 : 19세기 초반 영국의 소설가, 시인, 역사가. '웨이벌리의 작가'라는 필명으로 많은 역사소설을 저술했다. 특히 스코틀랜드의 전설, 민요, 역사를 작품 속에 많이 활용했던 스콧은 스코틀랜드인들의 민족적 영웅이었다.

해서 이렇게 지적했다. "격한 감정을 제대로 표현할 수 없는 상태 그 자체가 그 감정을 표현해준다." 그러면서 그는 자신이 목격해온, 고향을 영원히 떠나는 사람들을 회상했다. 그들은 갑판 위에 서서 멀어져가는 고향 풍경을 바라보고 있었다. 제이콥은 말했다. 그 사람들이 침묵에 잠겨 있던 까닭은 "단지 말을 하고 싶지 않아서가 아니라 가슴속을 꽉 메운 그 생각들을 말로 표현할 수가 없었기 때문이다." 오늘날에도, 여행자가 기내 오락과 레코드음악의 세계 속으로 숨어들더라도 그런 이별의 슬픔은 아마 그 소리의 바다 밑에서 침묵하고 있을 것이다.

뒤에서 우리는 침묵하는 수도승과 묵언 명상에 대해 살펴볼 것이다. 그런 침묵을 수용적인 것, 나아가 표현적인 것으로 파악한 사람은 여러 명 있지만 그 가운데 제임스 톰슨 James Thomson 이야기를 잠깐 해보자. 스코틀랜드 출신 시인 톰슨은 늘 침묵에 잠긴 깊은 밤에 글을 쓰고는 했다. 그는 〈찬가 A Hymn〉라는 시에 이렇게 썼다. "나는 '그(밤)' 안에서, '형언할 수 없는 빛' 안에서 길을 잃는다. 그러면 그 순간, 표현력이 있는 침묵이 찬가를 흥얼대며 찾아온다."

하지만 심문을 받는 사람, 그러면서 대답을 거부하는 사람의 침묵은 무슨 의미가 있을까? 그것이 수긍으로 받아들여지지는 않을까? 특히나 심각한 폭행으로 기소된 사람이라면 더더욱. 고대 그리스의 비극작가 소포클레스 Sophocles는 이런 가정이 법적으로는 아닐지 몰라도 도덕적으로는 타당하다고 믿었던 것으로 보인다. 그래서 연극 〈트라키스의 여인들 Trachiniae〉에, 데이아네이라에게 왜 계속 침묵하는 것이냐고 묻는 합창을 집어넣었다. 그 침묵이 고발인에게 자비를 구하는 행동임을 데이아네이라는 몰랐던 것일까? 고대 로마의 정치가이자 사상가인 키케로 Cicero는 정적 카탈리나에게 보낸 편지에서 몇몇 원로원 의원들이 자신들의 찬성 의사를 표현하는 데 침묵을 동원했을지도 모른다고 추측하며 이렇게 썼다. "De te autem, Catalina, cum quiescunt, probant, cum patiuntu, decernunt, cum tacent, clamant." "그들은 침묵을 통해 외치거나 아우성 친다."는 뜻이다. 오늘날까지도 "Qui tacet, consentire", 즉 "침묵하는 사람은 찬성하는 것처럼 보인다."는 로마의 속담이 전해지는 걸 보면, 그런 추측을 한 사람이 키케로 한 명이었을 리 없다. 실제로 법적인 절차에서 침묵하는 사람은 특정 행위에 동의하는 상황에 놓일 수 있다. 사실 그것은 타당한 판단 기준의 하나이다. 이성적인 사람이라면 누구나 반대 의견을 소리 내어 말할 상황에서 침묵하거나 행동을 실행하지 않는다면 판사는 그것을 동의의 표현으로 간주할 것이다. 영국 대법관 자리에까지 올랐고 식자들 사이에서 '사계절의 사나이'로 통했던 토머스 모어[13]가 재판 받던 때의 이야기다. 영국 국교회의 수장 자리에 직접 앉으려는 헨리 8세를 모어가 정말로 지지하는지 주시하고 있던 상원의원들한테 자신의 의견을 적극적으로 표명하지 않았다 하여 왕권 모독으로 검사한테 기소 당했을 때 모어는 자신을 변호하면서 위의 라틴어 경구를 인용했지만 별 효과는 없었다.

속담과 명문을 수집하여 현대의 저자들에게도 큰 도움이 되는 저술들을 남긴 위대한 미국의 인류학자 버튼 스티븐슨 Burton Egbert Stevenson 역시 수많은 문장 안에서 침묵이 동의로 간주될 수 있다는 주장을 찾아냈다. 아직도 관습법이 적용되는 나라에서는 기소된 사람이 '묵비권'을 즐겨 행사하는 오랜 전통이 남아 있다. 용의자를 체포한 경찰은 으레 그 사

---

13 토머스 모어 Thomas more 1478~1535 : 영국의 인문주의자, 사상가, 법률가, 정치가. 법조계 집안에서 태어나 법학을 공부했으나 르네상스의 영향으로 이상적 사회상을 그린 ≪유토피아≫를 저술했다. 헨리 8세의 총애를 받아 요직에 등용되었으나 구교도로서 왕의 개종에 끝까지 반대하다가 처형당했다.

람한테 "당신은 묵비권을 행사할 수 있고……"라는 말을 해주어야 하는 것으로 생각되지만, 형사법이 적용되는 예외적인 상황에서는 그런 침묵이 여러 결과를 초래할 수 있다. 이런 법률적 원칙 이면에는 2천 년 전 세네카의 표현과 유사한 관념이 숨어 있다. 세네카는 이렇게 물었던 것이다. "만약 침묵이 허용되지 않는다면 그 무엇이 허용될 수 있단 말인가?"

크레온   제게 침묵을 허락해주십시오. 왕께는 이런 작은 자유조차
         도 요구할 수 없는 것입니까?
오이디푸스 때로 침묵의 자유는 왕과 왕국을 향해 발언하는 것보다
         훨씬 위험하다.
크레온   침묵이 허용되지 않는다면 그 무엇이 허용될 수 있단 말
         입니까? (Ubi non licet tacere, quid cuiquam licet?)
오이디푸스 발언을 명령 받은 상황에서 침묵하는 자는 왕권을 훼손하
         는 자이다.

2011년 9월 11일 뉴욕이 공격당한 뒤, 계속 침묵을 지키는 죄수들의 묵비권을 놓고 미국 전역에서 격렬한 논쟁이 일어났다. 하버드 법대의 앨런 더쇼비츠 Alan Dershowitz 교수는 심지어 고문을 하더라도 윤리적으로 용납되는 한해서 강압적인 심문이 이루어져야 한다고 주장했다. 범죄, 특히 테러 공격을 예방하기 위해서는 형사재판에서 그 심문 결과가 강압적 심문을 당한 용의자 자신한테 불리한 증거로 채택되지 않는다는 조건 하에서 그런 방식이 허용되어야 한다는 것이었다. 더쇼비츠의 반대파들은 자신들이 보기에 고문을 지지하는 듯한 그의 주장에 몸서리를 쳤다.

표현적인 침묵은, 미국의 소설가 잭 런던 Jack London의 〈늑대의 아들 The Son of the Wolf〉 속 등장인물 자크 밥티스테의 표정과 몸짓이 일으킨

침묵과는 엄밀하게 구분되어야 한다. "밥티스테 안의 프랑스인이 어깨를 으쓱했지만, '그 남자' 안의 인디언은 침묵했다. 그럼에도 그것은 예언을 수태한 표현적인 으쓱임이었다." 눈썹을 찡긋거린다거나 입술을 씰룩거리는 것처럼, 어깨를 으쓱하는 것보다 의미가 훨씬 더 애매한 몸짓도 많을 것이다. 누군가와 아주 잘 아는 사이가 되면 꼭 필요한 말을 하지 않고 힐끗 쳐다보는 것만으로도 자신이 바라는 것을 표현할 수 있다. 오스카 와일드 Oscar Wilde가 시 〈사랑의 침묵 Silentium amoris〉에서 노래했듯.

하지만 내 눈은 그대에게 확실히 보여줬소.
내가 왜 침묵하는지를, 그리고 내 류트의 줄이 왜 울리지 않는지를.

서커스단 광대나 마르셀 마르소 Marcel Marceau 같은 마임예술가들은 침묵을 지키면서 동시에 몸짓과 얼굴에 표정을 가득 담을 수 있다. 1970년대 시토 수도회는 수도원 내 대화에 관한 규칙을 완화하면서, 몸짓도 목소리만큼 시끄러울 수 있다는 사실을, 소통이란 면에서 볼 때 몸짓은 완벽한 침묵이 될 수 없다는 사실을 인정했다. 게다가 의미 있는 몸짓과 동작에는 특유의 움직임이 있고, 그것이 우리 자신을 표현하는 수단이 될 수 있다. 영국의 교육학 박사 바이올렛 브루스 Violet Bruce는 "침묵의 움직임"이 집중력을 더 높일 수도 있고 적절한 소리로 자연스럽게 발전할 수도 있다고 믿었다.

그런 움직임 속에는 순수성이 있고, 다른 이들과 박자를 맞추는 동작 속에는 솔직함이 있다. …… 그런 동작을 익히느라 안간힘을 쓰다보면 아이들 입에서 자연스럽게 소리가 흘러나온다. 물론 한숨과 야유를 곁들인 불평이겠지만…… 그런 소리가 흘러나오면 칭찬해줘야 한다.

공식석상에서 어떤 죽음을 기리느라 몇 분간 묵념하는 것처럼 상징적인 의미가 있는 표현적 침묵도 있다. 한 기록에 의하면, 2003년 사이클 선수 천 명이 텍사스 댈러스의 화이트록 호수에서 열린 '침묵 타기 Ride of Silence' 대회에 참여했다고 한다. 이 행사는 원래 통학버스 사이드미러에 치여 사망한 그 지역 사이클 선수를 기리기 위해 시작된 것이었다. 그 뒤 다른 곳에서도 이를 모방한 행사들이 열리고 있다.

최근 이스라엘의 언어학자 미갈 에프랫 Michal Ephratt은 표현적인 침묵을 면밀히 연구했다. 에프랫은 역사적으로 어느 시대에나 철학자들이 이 표현적인 침묵에 깊은 관심을 보였다고 생각했고, "표현적 침묵이 언어학에서는 부차적인 위상을 차지하지만 이에 반해, 다양한 비언어적 수련에서는 점차 연구와 조사의 중심 대상이 되어가고 있다."고 믿었다.

심지어 자연 속에서도 표현적인 침묵은 인식되고 조명될 수 있다. 알프레드 테니슨[14]은 절친한 친구 아서 헨리 핼럼이 요절한 뒤 노스 서머셋 클레이브던에서 열린 장례식에 참석했다가 잉글랜드와 웨일즈를 가르는 거대한 강변에 서서 이렇게 노래했다.

세번 강은 하루에 두 번 만조가 된다.
소금기 머금은 바닷물이 세번 강으로 밀고 들어와,
재잘대며 흐르는 와이 강을 반쯤 조용히 시켜
언덕들을 고요에 잠기게 만든다.

---

14 알프레드 테니슨 Alfred Tennyson 1809~1892 : 영국의 시인. 빅토리아 시대 계관시인을 지냈다. 친구 아서 헨리 핼럼 Arthur Henry Hallam에게 바치는 애가 〈인 메모리엄 In Memoriam〉은 벗을 잃은 슬픔을 안식의 광명으로 승화시킨 만가의 걸작으로 평가된다.

조수가 흐르는 또 다른 강들 중에 너무나 고요해서 고대 아일랜드인 사이에서 'abha na bailbhe', 즉 '말 없는', 혹은 '침묵의' 강으로 불렸던 강이 있다. 오늘날 그 강의 영어식 이름은 '배로 Barrow', 즉 '무덤'이다.

1853년 1월 어느 겨울 밤, 헨리 소로는 마을을 떠나 근처 숲을 거닐다가 전율을 느꼈다. "밤의 침묵에 귀 기울이고 싶다. 누군가 꼭 들어줘야 할 긍정적인 침묵이기에…… 나는 가끔씩 침묵의 사냥개들이 달을 향해 으르렁거리는 소리에 귀 기울인다. ……다이애나 여신의 소리에 귀 기울이는 것이다. 침묵이 울린다. 그 침묵은 참으로 음악적이며 나를 전율시킨다. 침묵이 들리는 밤. 나는 말로 표현할 수 없는 것을 듣는다." 시인들은 때때로 그렇게 울리는 침묵을 시 속에 담아내고 싶은 기분이 드는 모양이다. 존 보일 오레일리는 〈불리지 않는 노래들 Songs That Are Not Sung〉이라는 시에서 이렇게 노래했다.

침묵으로부터, 황혼으로부터, 그 노래들은 완벽한 무언의 형상을 드러낸다.

가수가 등장하기 전에 이미 태어난 노래들이다. 탄생을 기다리는 백색 영혼처럼.

그 노래들은 자신들의 멜로디를 지상에 전달해줄 사람을 엄선해 그 안에 깃든다.

그 사람만이 간혹 종을 울리듯 언어를 사용해 그 노래를 부를 수 있을지도.

조가비에서 들리는 바다 소리처럼, 노래를 부르기 위해서 위해서가 아니라 노래를 울리기 위해서.

때때로 모습을 드러낸 그 노래가 가만히 숨죽인 현악기 주변을 맴돌기도 한다.

연인들의 떨리는 손가락이 류트의 줄을 건드려 그 노래에 숨을 불어넣기 전까지.

　그러나 우리는 최선을 다해봐야 번개처럼 번쩍이는 섬광을 볼 수 있을
뿐이다.

　그것은 그저 목소리 없는 어둠을 뚫고 지나는 한 줄기 천상의 빛일 뿐.

　자크 쿠스토[15]에게 아카데미상을 안겨준 첫 다큐멘터리 영화의 소재는
심해였다. 쿠스토 감독이 쓴 동명의 책을 토대로 제작된 영화 〈침묵의 세
계〉는 과학적 방법을 동원하지 않고는 절대로 볼 수 없는 세계를 관객들
에게 보여주기 위해 수중 영상을 사용했다. 그 수중 세계는 수많은 관객
들에게 자연의 조화를 말없이 들려주었다. 물론 화면에 덧씌운 목소리의
도움을 받기는 했지만.

　영국의 군인이자 저술가였던 패트릭 리 퍼머 Patrick Leigh Fermor는 이
런 글을 남겼다. "수도원이 서 있는 카파도키아의 바위 절벽 위로 슬픈 노
랫가락이 돌출되어 있었다." 영국의 수도원 유적지들을 돌아보던 퍼머는
"마치 수백 년 전 교황 그레고리우스 시대(6세기)의 찬송가가 절정의 순
간 중단된 채 석화된 상태로 계속 그곳에 머물러 있는 것 같다."고 생각했
다. 19세기 중엽 기근으로 버려진 아일랜드 마을의 잔해 속에 홀로 서 있
어본 사람이라면 이런 글을 상기시키는 그 장소의 힘과 표현적인 침묵이
어떤 것인지 이해할 수 있을 것이다.

---

15 자크 쿠스토 Jacques-Yves Cousteau 1910~1997: 프랑스의 해양탐험가, 영화감독. 프랑스 해
　군 출신으로 스쿠버, 즉 수중폐를 발명하여 바다 탐사의 새 지평을 연 인물이다. 1953년
　심해를 다룬 기록영화 〈침묵의 세계 le Monde du Silence〉는 칸 영화제, 아카데미 등을 휩쓸
　었다.

어이없음(말문 막힘)의 침묵

우리는 굉장한 아름다움과 위대한 지혜에, 혹은 끔찍하게 무서운 광경에 놀라서 말문이 막힐 수 있다. 성경에는 예수의 지혜로운 말씀이, 예수를 덫에 빠뜨리려는 자들을 당혹스럽게 만들었다는 구절이 여러 번 나온다.(마태복음 22장 34절, 마가복음 3장 4절, 루가복음 14장 4절과 20장 26절) 또 그 말씀이 한 남자의 몸에 든 악령을 침묵시켰다는 이야기도 나온다.(마가복음 1장 25절, 루가복음 4장 35절) 사도 베드로 역시 순전히 놀라운 언변만으로 비판자들을 침묵시키는 재주가 있었다.(사도행전 11장 18절) 세 사도 베드로와 요한과 야고보는 예수 옆에 서 있는 엘리야와 모세의 모습, 그리고 구름 속에서 들려오는 성스러운 목소리에 말문이 막혀서 "계속 침묵"했다.(루가복음 9장 36절, 마가복음 9장 10절)

위대한 교부 철학자 토머스 아퀴나스 Thomas Aquinas는 사후세계에 대한 영적 통찰을 얻었지만 몇 달 동안이나 그 깨달음을 글로 쓰지 못하다가 결국에는 이렇게 말했다.

> 지금껏 내가 쓴 문장들은 내가 보기에 그냥 지푸라기에 불과하다. ……
> 내가 보았던 것과 내게 모습을 드러낸 것에 대면.

독일의 종교 철학자 조세프 피에퍼 Josef Pieper는 아퀴나스가 글쓰기를 멈춘 것을 포기의 침묵이 아닌, 그리고 절망의 침묵은 더더욱 아닌 숭배의 침묵으로 묘사했다. 그 침묵은 겨우내 계속됐다. 그러는 동안에도 아퀴나스는 "합리적 이성을 사용하지 않는 사람은 그 이성이 미치지 않는 경계선 바로 밑까지 절대로 오를 수 없다."는 믿음으로 지성이 필요한 연구에 몰두했다. 그는 이렇게 생각했다. "…… 우리의 지식이란 것을 모두 동원해봐야 새로운 의문만 생길 뿐이다. 그리고 우리가 발견한 것을 모두 동원해봐야 그것은 새로운 연구의 시작일 뿐이다." 그러니까 아퀴나스의 침묵은 궁극적으로 말해서, 말에 반대한다기보다는 오히려 말을 보충하는 침묵이었던 셈이다.

중세 이탈리아의 시인 단테 Alighieri Dante 역시 자신의 경험이나 천국의 개념에 꼭 맞는 적절한 단어를 찾다가 말문이 막혀 버렸다.

> 이제부터 내가 지금 기억하고 있는 것들을 표현할 나의 언어는
> 어머니의 젖을 물어 혀가 축축한
> 젖먹이의 옹알이보다도 부족할 것이다.
>
> 아, 말이란 얼마나 부실하며 내 생각에 턱없이 부족한가.
> 내가 본 것에 대면
> 말은 하찮은 것이라 칭해도 마땅치 않다.

영국의 정치가이자 저술가인 헨리 워튼 Henry Wotton은 〈알베르투스 모튼 경의 무덤가에서 눈물을 흘리며 Tears Wept at the Grave of Sir Albertus Morton〉라는 시에서 지인의 죽음을 이렇게 애도했다.

> 솔직히 내 슬픔을 가장 잘 표현할 수 있는 것은 침묵이다.
> 가장 깊은 상처는 자신의 아픔을 말로 표현할 수 없기에.

우리의 부족함을 우리 스스로 인정할 경우, 그런 겸손함이 우리를 침묵 속으로 빠트리는 일이 생길 수도 있다. 앞서 언급한 알렉산더 제이콥은 이렇게 썼다. "…… 죄인은 주님 앞에 서면 벙어리가 된다. 감히 무슨 말

을 할 수가 있겠는가? 자신이 엄청나게 불리하다는 것을 느끼면서도 발언이란 것을 과연 할 수 있을까? 또, 유죄를 선고 받은 자가 영혼에 굴욕감이 얼마나 깊이 새겨졌는지 표현할 수 있을까?" 한편, 〈사랑의 침묵〉에서 오스카 와일드가 노래한 것처럼 우리도 아름다움에 압도될 수 있지 않을까?

때로는 눈부시게 아름다운 태양도
머뭇거리는 창백한 달을 재촉해
컴컴한 동굴 속으로 몰아넣는다네.
달이 나이팅게일의 사랑노래를 듣기 전에.
마찬가지로 그대의 아름다움이 내 입술을 막아버렸네.
아무리 정성껏 노래를 불러도 그것은 음치의 노래이니.

…… 폭풍 같은 내 열정이 나를 망가뜨렸네.
너무나 사랑한 나머지, 내 사랑은 벙어리가 되었다네.

공식석상에 혼자 올라가 어른 몇 명한테 질문을 받는 어린 아이처럼, 우리는 당황스러움이나 어색함 때문에도 말문이 막힐 수 있다. 하와이 대학교의 문화인류학자 레브라 Takie Sugiyama Lebra는 일본에서는 심지어 어른들도 기분 표현을 꺼리는 경우가 종종 있다고 말하며 이렇게 적었다. "나는 지금, 서로에게 할 말도 없고 기력도 쇠한 노부부 이야기를 하고 있는 것이 아니다. 그런 부부는 일본뿐 아니라 세계 어느 나라에나 흔하디 흔하다. 나는 지금, 서로 사랑하면서도 자신들의 감정을 말로 표현하는 것을 어색해하는 젊은 남녀에 대해 말하고 있는 것이다." 오늘날 서구 사회의 커플들은 스스로에게, 그리고 서로에게 감정표현을 많이 하라는 충

고를 흔히 듣는다. 즉, 자신의 감정에 '접촉'하고 그것에 대해 서로 소통하라는 것이다. 그 젊은 커플들은 자신들이 보기에 감정적으로 억제되고 표현도 잘할 줄 모르는 부모와 조부모 세대를 불쌍히 여길지도 모른다. 표현 그 자체를 좋은 것으로 여기는 사회 추세에 동의를 하든 말든, 우리는 커플 사이의 감정적 침묵이 필연적으로 매우 부정적 현상이라는 오해를 할 수 있다. 레브라는 일본인 부부의 어색함이 남편과 아내가 'いっしんどうたい(일심동체)', 즉 '몸도 마음도 하나'라는 인식에서 비롯된다는 일본인의 설명을 제시했다. 그래서 한 사람인 자신한테 굳이 애정표현을 하는 것을 어색하게 느낀다는 것이다. 이와 비슷한 이유로, 일본인들은 겸손의 표현으로 제삼자에게 이야기할 때 배우자를 칭찬하기보다는 깎아내린다. 또 부부관계를 한 뒤 침묵을 지키는 것은 어느 문화권에서나 특정 상황에서 부부 사이에 해야 할 말이 반드시 정해져 있는 것은 아니라는 사실을 반영한다.

물론 다른 나라에서와 마찬가지로 일본에서도, 부부 사이의 침묵이 더 심각한 이유 때문일 수도 있다. 한 배우자가 상대방을 침묵시키는 현상에 대해서는 차후에 다시 알아보자. 아이들도 무력감이나 비참함을 느껴서 말문이 막힐 수 있다. 가정폭력을 목격하면서도 침묵한 어떤 열한 살 소년은 연구자에게 이렇게 말했다. "전 아버지가 무서웠어요. 어머니를 때릴 때면 아버지가 저도 때릴까봐 무서워 죽을 것 같았어요. 그게 제가 아버지를 말리지 못한 이유예요."

하지만 서로를 끔찍이 아끼는 아버지와 아들도, 말을 합친다고 해서 현실이 되지는 않는다던 아퀴나스의 표현처럼 "합리적 이성으로는 파악하기 힘든 경계"에서 서로를 만나기도 한다. 중국계 미국 시인 리영리 Li-Young Lee는 〈이야기 A Story〉라는 시에서, 침묵과 욕구의 값이 같아지는

'감정적 방정식'을 놓고 씨름한다.

이야기를 들려달라는 부탁을 듣고도
한 가지 이야기도 떠올리지 못하는 남자는 서글프다.

다섯 살배기 아들이 무르팍에 앉아 이야기를 기다린다.
"만날 듣던 이야기 말고요, 아빠. 새로운 이야기요."
남자는 턱을 문지르고 귀를 긁는다.

방 안은 책으로 가득하고 세상은 이야기로 가득하다.
하지만 이야기가 하나도 떠오르지 않는 남자는
이렇게 생각한다.
이 녀석이 곧 제 아비를 포기하겠구나.

남자는 이미 까마득한 미래에 살고 있다.
집을 떠나는 아들의 모습이 보인다.
"가지 마라. 악어 이야기를 해주마! 거기에 천사 이야기까지 얹어서!
네가 좋아하는 거미 이야기도 하마. 거미 이야기만 나오면 넌 까르르 웃
잖니.
제발 이야기를 할 수 있게 해줘!"

그러나 아들은 짐을 싸며 열쇠꾸러미를 찾을 뿐이다.
남자가 소리친다. "네가 신이라도 되냐?
이렇게 네 앞에 군말 없이 앉아 있게 만들다니.
아니면 내가 신이냐? 절대로 널 실망시켜서는 안 되는?"

하지만 아들은 지금 이곳에 있다. "제발요, 아빠. 이야기해주세요, 네?"

이것은 논리적 방정식이 아닌 감정적 방정식이며
천상의 방정식이 아닌 지상의 방정식이다.
아들의 간청과 아버지의 사랑이
모두 합쳐져 침묵이라는 값이 나오는.

비난 받아 마땅한 침묵

앞에서 언급했던 메난드로스는 이렇게 생각했다. "침묵만 제외하고, 모든 것은 인간에게 후회를 안겨준다." 이와 마찬가지로 그리스의 역사가 플루타르크 역시 '다변'에 관해 논하면서 독자들에게 이렇게 충고했다. "말을 아낀 것을 후회한 적이 없다던 시인 시모니데스의 말을 기억하라. 그러면서도 그가 종종 입을 열었다는 사실도." 예수 이후 서너 세기가 흐른 즈음, 이름만 알려져 있는 디오니시우스라는 저자는 라틴어 속담을 모아 묶은 문집 ≪디스티차 Disticha≫에 이렇게 기록했다. "Nam nulli tacuisse nocet, nocet esse locutum" "침묵은 그 누구한테도 해롭지 않다. 해로운 것은 말이다."라는 뜻이다.

그러나 실상 침묵이 결과적으로 해로울 때도 있다는 사실을, 말을 하는 것이 도덕적 의무일 경우도 있다는 사실을 인정한 학자들은 그 옛날에도 있었다. ≪프타호테프의 책≫의 이집트인 저자는 사람이라면 이래야 한다고 적었다.

(사람이라면) 자신에게 말을 걸어오는 사람, 혹은 부당함에 짜증내는 사람에게 공정함이 무엇인지 알려줘야 한다. 공정한 것은 시행되게 해야 하고 승리하게 해야 한다. 법률에 근거해 보았을 때 혐오스러울 정도로 부당한 것들은 그것의 실체를 벗겨내어 규탄 받게 만들어야 한다.

기원전 18세기경 이집트 왕조의 예언을 모아 묶은 ≪네퍼티 예언집 The Prophecies of Neferti≫에서도 비슷한 교훈을 찾아볼 수 있다.

> 약동하라, 나의 심장이여.
> 네가 태어난 이 대지,
> 악마 앞에서 침묵하는 이 대지를 위해 통곡하라.
> 책망 받아야 하는 일이 밝혀지는 것을 두려워한다면
> 네가 태어난 그 땅에서는 어떤 위대한 인물도 거꾸러지리니.

시편의 저자들은, 죄를 인정하지 못하고 침묵을 지키기보다는 주님 앞에 우리의 죄를 자백하라고 요구한다. 그들 역시 침묵이 비도덕적 행위를 용인하는 것으로 오해될 수 있다는 사실을 인식하고 있었다.(시편 32장 3-5절, 39장 1-2절, 50장 21절) 그러나 소리 내어 말하는 것은 때로 용기가 필요하다. 고린도에서 바오로는 몇몇 유대인의 반발에 부딪치게 된다. 그러자 예수께서 환영으로 나타나 바오로에게 이렇게 말한다. "두려워 말라. 침묵하지 말고 말하라."(사도행전 18장 9절)

아리스토텔레스 Aristotle가 ≪그리스 Greek≫에 쓴 표현이 있다. 네덜란드의 성직자, 인문학자였던 에라스무스 Desiderius Erasmus는 이 표현을 "Turpe silere"라는 라틴어 문장으로 기록했는데 "무언의 수치", 혹은 "침묵하는 것은 불명예스러운 일"이란 뜻이다. 이 표현은 비난받아 마땅한 침묵도 있다는 사실을 명백히 보여준다. 격언 연구학자였던 브랜드 Robert Bland는 에라스무스의 이 표현을 이렇게 설명했다.

> 의식 있는 사람이 동료 시민들, 혹은 자신과 알고 지내는 사람들한테 유익한 보탬이 될 만한 기술을 가르칠 능력이 있으면서도 그 기술을 혼자만

꽉 쥐고 있다면 그것은 부끄러운 일이다. 아니, 나아가 어쩌면 그것은 범죄일지도 모른다.

큰 소리로 외치는 일이 군중 전체에게 도덕적으로 정당화되는 경우가 있다. 몇몇 바리새인들이 제자들을 꾸짖고 말려달라고 예수에게 요구했다. 제자들이 큰 소리로 이렇게 외치며 주님을 칭송했던 것이다. "주의 이름으로 오시는 임금이시여, 찬미 받으소서." 그러자 예수는 이렇게 대답했다. "만약 저들이 침묵하면, 바로 저 돌들이 고함을 칠 것이다."

5세기의 명석한 주교였던 포메리우스 Pomerius는 비도덕적 행위에 대해 소리 내어 말해야 할 의무가 있을 때 침묵한다면 그 침묵은 책임이나 의무를 모면하려는 행위가 될 수 있다고 인정했다. 포메리우스는 성직자들에 대해 이렇게 적었다.

> 사악한 삶을 살아가고 있는 사람들을 꾸짖기를 망설이거나 두려워한다면, 말을 아끼는 죄를 범한 그 성직자는 혼자는 성스러운 삶을 살았을지 몰라도 그 침묵 때문에 길을 잃은 모든 사람들과 함께 지옥에 떨어질 것이다.

체코의 종교개혁을 주도한 성직자 얀 후스[16]는 "신앙 매매, 즉 성물 거래나 세속적 이익을 대가로 성직을 매직하는 행위를 묵인하고 모든 척함으로써 그 부당행위에 한몫하는 이들"을 비판했다. 후스는 '왕족, 고위성직자, 귀족'들한테 공통적으로 발견되는 죄악이 바로 그 침묵이라고 생각했다. 이 말을 한 대가로 후스는 그로부터 2년 뒤 이단으로 몰려서 말뚝에 매달려 불태워짐으로써 침묵하게 되었다.

앞서 살펴본 에드먼드 버크는 아일랜드 정치가들에게 저항의 수위를 낮추라고 충고했다. 하지만 정작 전임 벵골 총독인 워렌 헤이스팅스[17]를 상원에서 탄핵하려고 기소하면서 '막말을 동원한' 자신의 행위에 대해서는 아무런 거리낌 없이 도덕적 근거들을 늘어놓았다. 훗날 헤이스팅스는 상원으로부터 유죄 무효 판결을 받았다. 1789년 5월 5일 버크가 상원에서 낭독한 여섯 번째 고소 논고는 이렇게 시작한다.

> 존경하는 의원 여러분, 저는 이미 벌어진 어떤 사건 때문에 최근에도 바로 이 장소에서 의원 여러분 앞에 서는 영광을 누렸습니다. 그것은 차마 입 밖에 내어 말하기 힘들지만 결코 침묵해서도 안 되는 사건입니다.

버크는 또 저서 ≪프랑스 혁명에 대한 고찰≫에서 이렇게 말했다. "어떤 상황에서는 사려 깊고 점잖은 사람들의 신중함이 침묵을 지지해주지만, 또 다른 상황에서는 우리가 의견을 겉으로 표현해도 상류층 인사들의 신중함이 그것을 정당화해줄 것이다." 하지만 정작 버크 자신은 본인이 쓴 것도 아닌 말들을 종종 사용한 것으로 보인다. 예컨대 "선량한 사람은 악마의 승리를 돕기 위해 어떤 말도 해서는 안 된다."라는 그 문장을 맨 처음 말한 사람이 누구인지는 아직도 명확하지 않다.

한편, 여러 글에서 자주 인용되고 때로 에이브러햄 링컨이 지은 것으로 오인되기도 하는 또 다른 격언의 경우, 그 문장의 본래 창작자가 최근에

---

16 얀 후스 Jan Hus 1371~1415: 체코의 종교개혁가, 민족운동가. 위클리프의 이론을 수용해 성서를 신과 소통하는 유일한 통로로 규정하고 성직자들의 타락을 비판했다. 로마 교회에 의해 화형당했다.

17 워렌 헤이스팅스 Warren Hastings 1732~1818: 영국의 정치가, 초대 벵골 총독. 1750년 인도에 부임한 이래 20년간 식민지 행정을 개혁하고 영토를 확대함으로써 인도 지배의 기반을 다졌다. 1788년 에드먼드 버크의 기소로 재직 중 부패와 혹정을 일삼은 혐의로 상원에서 탄핵되었다. 7년 뒤 무죄 판결을 받았으나 그간의 송사로 모든 가산을 탕진하고 고달픈 노년을 보냈다.

밝혀졌다.

저항해야 하는 상황에서 침묵하는 죄악,
그것은 겁쟁이들을 인간이 아닌 존재로 만든다.

이 문장을 처음 쓴 사람은 미국의 시인 엘라 윌콕스 Ella Wilcox로, 시 〈저항 Protest〉에 나오는 한 구절이다.

아일랜드 이민자이자 시인인 존 보일 오레일리는 비참한 광경을 목도 하고도 침묵하는 성직자들의 비난받아 마땅한 침묵을 비판했다. 〈아일랜 드 성직자들 The Priests of Ireland〉이란 풍자시에 이렇게 적었던 것이다.

그대는 팔짱을 낀 채 가만히 서 있기만 했다. "어째서 기다리고만 있습 니까?" 이 질문을 받을 때까지.
자신의 신도들이 열병과 기근으로 야위어가는 모습을 그대는 늘 바라보 기만 했다.
그대의 침묵은 죄악이라는 속삭임이 아일랜드 전역을 휩쓸 때까지.
그대는 망명객을 가득 태운 배 후미에 서서 눈물 한 방울 맺히지 않은 눈 으로 조국을 바라보았다.
그러고는 그대의 입술조차 떨리게 만들지 못하는 아일랜드를 향해 두 손을 뻗었다.

프랑스의 극작가 새뮤얼 베케트 Samuel Beckett는 작품을 통해 침묵을 그려내기는 했지만 정작 그 자신은 계속 침묵을 지킬 수가 없었다. 베케 트의 전기로 전미도서상을 수상한 전기 작가 데어드르 베어 Deirdre Bair 는 기록했다. 베케트가 이런 말을 베어와 다른 사람들에게 반복적으로 하 고 또 했다고. "그러지 않았다면, 난 여기까지 오지 못했을 겁니다. 계속 글을 쓰지 못했을 거라는 말입니다. 침묵 위에 얼룩을 남기지 않았다면, 제가 삶이라는 그 끔찍하고 지난한 난관을 뚫고 어떻게 여기까지 올 수 있었겠습니까?"

여성운동가 안드레아 드워킨 Andrea Dworkin은 역사 속 여성의 굴종을 설명하면서 스탈린 시대 저항 작가였던 나데즈다 만델스탐[18]의 글을 지지하며 인용했다. "곁에 다른 사람이 없다면 마땅히 비명을 질러야 한다. 그럴 때 침묵한다면 그것은 인도주의에 위배되는 진짜 범죄이다." 나치의 홀로코스트에서 살아남은 또 다른 생존자 엘리 비젤[19]은 1986년 12월 10일 노벨평화상 수상연설에서 이렇게 선언했다.

언제 어디에든 고통과 굴종을 겪는 인간이 있다면 나는 절대로 침묵하지 않겠노라고 맹세합니다. 우리는 반드시 편을 들어야 합니다. 중립은 희생자가 아니라 압제자의 편이며, 침묵은 피해자가 아니라 가해자를 격려합니다.

2009년 비젤은 독일 부헨발트에서 미국 대통령 버락 오바마와 독일 총리 앙겔라 메르켈을 만났다. 그곳은 예전에 비젤이 갇혀 지낸 죽음의

---

18 나데즈다 만델스탐 Nadezhda Mandelstam 1899~1980: 러시아의 작가, 교육자. 스탈린 시대 시베리아 수용소에서 사망한 시인 오지프 만델스탐의 부인이다. 스탈린이 정권을 장악하고 있던 20여 년간 모스크바 출입이 허용되지 않는 국내 추방자로서 러시아 전역을 전전하며 학생들에게 영어를 가르치는 한편 자신과 남편의 전기를 저술했다.

19 엘리 비젤 Elie Wiesel 1928~: 미국의 작가, 사회운동가. 루마니아 태생 유대인으로 열다섯 살에 강제수용소에 감금되어 가족을 모두 잃었다. 혼자 살아남은 비젤은 프랑스 소르본에서 수학 후 미국에 정착했다. 보스턴 대학교에서 교편을 잡는 한편 구호활동과 반핵운동 등에 활발히 참여했다. 인권신장을 위해 노력한 공로를 인정받아 노벨평화상, 프랑스 레종도뇌르 훈장, 미 대통령 자유훈장 등을 수상했다.

수용소가 있던 곳이었다. 비젤은, 당시 일부 유대인 비평가들한테 공격당하고 있던 오바마를 옹호했다. 그 유대인들은 오바마가 이스라엘 정부에 그 정도밖에 힘을 지원할 수 없는 것인지 의문을 제기하고 있었던 것이다. 하지만 아이러니하게도 비젤 역시 과격한 팔레스타인 인권주의자들한테 강력하게 반대하지 않는다는 이유로 비난을 듣고 있었다.

이 침묵은 다양한 형태로 나타난다. 독일의 실존주의 철학자 프리드리히 니체 Friedrich Nietzsche는 독일의 대문호 괴테 Johann Wolfgang von Goethe에 대해 비난조로 말했다. "독일에 대한 괴테의 진짜 생각이 어떤 것인지 파악하는 것은 불가능하다. 왜냐하면 그는 자신을 둘러싸고 있는 수많은 것들에 대해 딱 부러지게 이야기한 적이 없었고, 평생 '약삭빠르게' 침묵을 지키는 법을 잘 알고 있었기 때문이다." 이 '약삭빠른 침묵', 혹은 애매한 침묵으로 여러 번 회자된 사람으로는 1933년 프라이부르크 대학교 총장에 임명된 철학자 마르틴 하이데거[20]가 있다. 하이데거는 나치즘에 양가감정을 느꼈던 것은 물론, 나아가 나치즘의 어떤 일면에 동조했던 것 같다. "사람이 침묵으로 말하는" 사례에 단골로 꼽히는 하이데거는 심지어 종전이 된 뒤에도 '유대인 문제'에 대해 확실한 견해를 밝히기를 이전보다 더 꺼렸다고 한다. 하이데거를 연구하는 코넬 대학교의 학자 랭 Berel Lang이 다음과 같이 말한 것과 같은 맥락에서 하이데거는 끝없이 비판을 받았다. "누구나 의무적으로 어떤 말이든 해야 하는 상황에서 침묵을 지키는 것은 아무 말도 하지 않겠다는 확고한 의지의 표명이다. 그것은 무관심의 침묵, 혹은 화자가 특정 주제에 대해 듣고 아는 것이 너무 적

---

20 마르틴 하이데거 Martin Heidegger 1889~1976: 독일의 실존주의 철학자. 저서로 ≪존재와 시간 Sein und Zeit≫이 있다. 철학사상 지대한 업적을 남겼다고 평가되나 제 2차 세계대전 중 나치에 협력했다는 낙인이 평생 따라다녔다.

어서 할 말이 없다는 사실만을 보여주는 침묵과는 대조적인 침묵이다."

진실한 발언이 도덕적으로 요구되는 상황에서 더 잘 나타나는 침묵의 부정적인 힘은, 1964년 폴 사이먼 Paul Simon이 작곡한 히트곡 〈침묵의 소리 The Sound of Silence〉에 나오는 침묵의 힘과 동일한 것이다. "침묵은 암처럼 퍼져나간다."는 그 가사는 우리를 일깨운다. 그 노래는 지금 어딘가에 고통받는 사람들이 있는 것은 아닌지 늘 의문을 품으라고 사람들을 촉구한다. 마땅히 사회적으로 논의되어야 하는 사람들이 있는데도, 혹시 우리가 그들의 문제는 물론 그들의 존재 자체까지도 외면하고 있는 것은 아닌지, 또, 그런 잘못을 저지르는 이유가 두려움이나 편견 때문, 아니 나아가 단순한 불편함 때문은 아닌지 늘 의문을 제기하라고 말이다. 예컨대, 여성심리학자 초 Marianne Chow는 미국의 낙태 합법화 공론 과정에서 일어난 이념적 양극화가 낙태 여성들을 소외시켰다고 주장했다. 낙태를 하고 나서 여성들이 보인 (그 대상이 항상 '아기'인 것은 아니지만 아무튼) 상실감이란 반응이 낙태 찬성론자나 반대론자들이 내세워온 일반적인 주장과 달랐기 때문에 그 여성들은 자신이 속한 사회에서조차 이해받지 못하는 사람들이 되었다는 것이다. 초는 일본과 대조적으로 미국에서는 낙태 공론화가 오히려 여성의 낙태 후 우울증상에 대한 객관적이고 폭넓은 관심의 결핍을 조장해왔다고 생각했다.

강인함의 침묵

단호한 사람들은 말수가 적거나 말이 아예 없다. 이들은 늘 존경받는다. 사람들은 모두 그들이 강인할 것이라 생각한다. 지도자들도 그들에게

경의를 표한다. 그들은 세르지오 레오네[21]의 서부영화에 나오는 '반(反) 영
웅적 주인공(anti-hero : 영웅 같지 않은 평범한 주인공 – 옮긴이)'일 수도 있다.

광활한 사막과 드넓은 하늘이 가득 찬 화면에 엔니오 모리꼬네의 영화
음악이 흘러나오기 시작하면, 레오네의 주인공들이 황량한 세계를 향해
걸음을 내딛는다. 그 배역을 맡은 배우 클린트 이스트우드 Clint Eastwood와
찰스 브론슨 Charles Bronson을 보면서 관객들은 이들이야말로 잘못된 일
을 바로잡기 위해 반드시 필요한 인물들이라고 믿게 된다. 도덕적이기보
다는 단호한 이 인물들이 화면 위를 누비다가 때때로 완전히 침묵에 잠기
면, 나뭇가지 쪼개지는 소리나 경첩에서 나는 끼익 소리만 들려도 관객들
의 기대감은 높아진다.

그들의 서식지는 '황량한 서부 Wild West'요, 그들의 적은 품행이 거친
사내들이다. 레오네 감독의 영화 〈옛날 옛적 서부에서 Once Upon a Time in
the West〉의 예고편에서 비롯된 이 '황량한 서부'라는 용어는 '약속의 땅'
을 의미한다. 찰스 브론슨이 연기한 등장인물은 그 예고편에서 '이름을 찾
아 헤매는 남자'로 묘사된다. 그의 하모니카 소리는 그의 목소리보다 더 표
현적이다. 이와 마찬가지로 하나로 묶여 세르지오 레오네 '서부영화 삼부
작'이란 제목을 달고 비디오나 DVD로 판매되는 세 편의 영화 〈황야의 무
법자 A Fistful of Dollars〉, 〈석양의 건맨 For A Few Dollars More〉, 〈석양의 무
법자 The Good, the Bad and the Ugly〉 속 주인공 클린트 이스트우드 역시
'이름 없는 남자'로 묘사된다. 비록 평론가들은 그 인물을 도덕적으로 애
매한 인물, 지혜롭지도, 반듯하지도 않은 인물로 규정하지만, 말이 거의 없

21 세르지오 레오네 Sergio Leone 1929~1989 : 이탈리아 출신 영화감독. 기존의 영웅주의 할리
　우드 서부영화에서 벗어나 '스파게티 웨스턴'이라 불리는 새로운 서부영화를 개척했다.
　같은 이탈리아 출신 음악가 엔니오 모리꼬네 Ennio Morricone와 함께 여러 작품을 제작했다.

는 이 무명의 살인청부업자는 죄 없는 사람을 헤치는 법이 없다. 도덕적 강직함은 그의 트레이드마크가 아니고, 그를 움직이는 동인은 어떤 부당한 세력에게 복수를 하는 것이다. 그 사색적 침묵만 빼면 몸에서 화약 냄새 풀풀 풍기는 우리의 주인공은 꽤 개연성 있는 인물이다. 너무나 과격해서 언제 어디로 튈지 모르는 용수철, 사회적 관습에 무관심한 외톨이인 그는 초기 서부영화에 으레 등장하던 훨씬 정의로운 주인공들과는 전혀 다른 인물이다.

속담에 주로 등장하듯 일부 문화권에서 말이 없는 여인은 늘 칭송의 대상이었다. 그리고 말수가 적은 남자는 존경과 두려움의 대상이었다. 침묵하는 여성들의 자리는 오늘날 그것을 사회적 약자임을 드러내는 표시로 보는 비판에 침범당했지만, 남성의 과묵함은 여전히 많은 곳에서 내면적 강인함의 표시로 여겨지고 있다.

살인청부업자뿐 아니라 공직자 역시 과묵할수록 강인하다. 파리 국립 도서관에 소장되어 있는 고대 이집트 문서 〈프리세 파피루스 Prisse Papyrus〉는 예수의 출생을 기점으로 최소 1800년 전에 작성된 글이다. 그 문서에 의하면 카겜니 Kagemni라는 이름의 궁정 관료는 아래와 같은 깨달음을 얻었다고 한다.

> 공손한 사람은 번창한다.
> 칭송받는 사람들은 겸손한 이들이다.
> 천막은 침묵을 향해 열려 있다. (조용하고 겸손한 사람은 인기가 많다.)
> 침묵하는 이의 자리는 늘 마련되어 있다. (조용한 사람은 늘 환영받는다.)
> 그러니 쨱쨱거리지 말라!

추가적이고 실제적인 충고는 또 다른 고대 이집트 문서로 중왕국 때 작성된 〈프타호테프의 가르침 Instruction of Ptahhotep〉에서 찾아볼 수 있다.

> 살다가 당신과 수준이 비슷한
> 논객을 만나면
> 침묵함으로써 그보다 더 빛나는 존재가 되어라.
> 그가 계속 악랄하게 떠드는 동안
> 청자의 귀에는 너무 많은 말들이 쏟아질지니
> 당신의 이름이 판관의 마음속에 더 나은 자의 이름으로 새겨질 것이다.

　강인함의 침묵은 때때로 자신만만하고 위협적인 침묵보다는 섬세한 침묵으로 간주된다. 클린트 이스트우드가 연기하는 주인공이 과거에 자신이 겪었던 부당한 일을 떠올리면서 누군가 힘없는 사람을 도울 때, 그는 어쩌면 아이스킬로스의 프로메테우스가 했던 말을 곱씹고 있었을지도 모른다.

> 아니, 나의 침묵이 자신감이나 의도적인 계획에서 비롯된다고 생각하지 말라.
> 이런 식으로 혹사당하는 내 자신을 지켜보는 동안, 고통스러운 생각이 가차 없이 내 심장을 갉아먹고 있으니.

　이런 유형의 사람들은 계속 침묵한다. 예수가 태어나기 5년 전, 고대 로마의 시인 오비디우스 Ovidius의 시 〈사랑의 치료약 Remedia amoris〉에 표현된 가치관이 이 침묵을 잘 보여준다. "그대를 슬프게 하는 것들에 대해 말하지 말라. 그저 남몰래 슬퍼하라. …… 침묵하는 사람은 강인하다." 라는 시 구절에서 특히 마지막 문장은 시의 맥락과 무관하게 자주 인용된다. 사실 오비디우스는 한 여인을 버리려는 남자에게 충고하려는 의도로

이 말을 했던 것인데 말이다!

Nec dic, quid doleas: clam tamen usque dole

Nec peccata refer, ne diluat: ipse favebis,

Ut melior causa causa sit illa tua.

Qui silet, est firmus;

그대를 슬프게 하는 것들에 대해 말하지 말라. 그저 남몰래 슬퍼하라.

고치고 말겠다는 의도로 여인의 결점을 입에 담지 말고, 자신의 결점을
돌아보라.

그리하면 그대가 그 여인보다 훨씬 나은 사람이 되리니.

침묵하는 사람은 강인하다.

아내에게 버림받은 영국 시인 조지 메러디스[22]의 〈현대의 사랑 Modern
Love〉이란 소네트 35절에는 전통적 성 역할 관념이 전도된 표현이 나온
다. 시인은 '비밀이 많은' 여인의 본성에 한탄한다. "아, 말 없는 생물들을
조심하라. 그들은 행동으로 당신을 처벌할지니. 그들은 떠나는 걸음걸이
또한 가뿐하다."

침묵은 목격자가 긍정적이든 부정적이든 자신의 주관적인 생각을 강
인하고 과묵한 사람에게 투사하는 것을 용인한다. 예컨대 잉글랜드, 스코
틀랜드, 아일랜드의 '호국경'이었던 올리버 크롬웰[23]은 이런 이중적 투사

22 조지 메러디스 George Meredith 1828~1909 : 영국의 시인, 소설가. 현란하고 난해한 문장을
   구사한 주지주의 작가로 평가된다. 여러 작품에서 여성문제를 다룬 진보적 작가이기도
   했다. 스물한 살에 결혼한 아내가 화가와 도주를 하는 바람에 외로운 삶을 살았다. 하지
   만 하디를 비롯해 신인작가를 발굴하는 등 당시 문단에서는 큰 영향력을 행사했다.
23 올리버 크롬웰 Oliver Cromwell 1599~1658 : 영국의 군인, 정치가. 청교도 혁명 때 공화정을
   수립하고 '호국경 Lord Protector'의 자리에 올라 행정권, 군사권, 외교권, 인사권 등 전권을
   장악하고 휘둘렀다.

가 가능함을 보여주는 인물이다. 19세기에 이그나티오스의 서한문을 수집해 묶은 학자는 이그나티오스가 과묵한 주교의 덕을 칭송했다는 사실을 설명하면서, 크롬웰에 대한 토머스 칼라일의 글을 끌어다가 우호적 관점에서 두 인물을 비교했다. 칼라일은 이렇게 말했다. "크롬웰이 남긴 말은, 나아가 그의 말에서 우리가 정성껏 읽어내고 기록한 그의 침묵과 무의식적인 본능은, 여러모로 볼 때 한 열정적인 인간을 연구하는 행위에 대한 보상이 될 것이다." 그러나 크롬웰의 아일랜드 대학살에서 그의 음흉한 존재감을 읽어내는 사람들 눈에는 크롬웰의 침묵이 전혀 탐탁지 않을 것이다. 그들은 오히려 그 침묵에서, "Les gens sans bruit sont dangereux", 즉 "침묵하는 사람들은 위험하다."라는 교훈을 담고 있는, 급류와 강에 대한 라퐁텐의 우화를 떠올릴 것이다. 영국의 저술가 토머스 풀러 Thomas Fuller 역시 1732년 같은 의미의 격언을 남겼다. "침묵하는 사람은 잔잔한 물처럼 속을 알 수 없고 위험하다."

세르지오 레오네의 반영웅적 주인공들은 늘 위험한 분위기와 유황 냄새를 물씬 풍겼다. 또 밀턴의 ≪실낙원≫에 등장하는 추락한 천사들은 신에게 불복한 죄로 영원한 침묵 속에 갇히는 벌을 받았다.

> 진리와 정의에서 벗어난 힘은 험담과 치욕일 뿐,
> 칭찬할 만한 가치가 전혀 없다.
> 그런데도 허영심으로 영광을 갈망하고
> 오명(汚名)을 떨쳐 명성을 얻고자 한다면,
> 그들에게 주어질 운명은 영원한 침묵뿐.

이탈리아인이었던 레오네는 어두운 서부영화를 감독할 당시 옛날 이탈리아 극작가에게 매료되어 있었던 모양이다. 이탈리아 비극의 창시자인 극작가 비토리오 알피에리 Vittorio Alfieri의 〈파찌의 음모 La Congiura dei Pazzi〉 첫 장에 나오는 대사를 영화의 마지막 장면에 집어넣었던 것이다. "Alta vendetta, D'alto silenzio è figlia" "처절한 복수는 깊은 침묵의 딸이다."

나약함의 침묵

고전주의 시대에는 말을 잘 못하는 사람을 보면 "혓바닥 위에 수소 한 마리"가 올라가 있는 것 같다고 말하고는 했다. 그 "수소"는 상상력을 발휘해보면 어떤 동전일 수도, 나아가 더 비유적으로 말하자면 진짜 동물 수소일 수도 있다. 오늘날에도 당연히 몇 마디 할 줄 알았던 사람이 머뭇거리면 이렇게 말한다. "혓바닥에 고양이를 올려놨나." 중압감이란 측면에서 볼 때 오늘날 표현보다는 옛날 표현이 훨씬 더 실감나는 것 같다.

고대 그리스 문학에는 침묵이 남자와 동석해 있는 여성에게 어울린다는 믿음이 자주 등장한다. 아이아스가 전리품으로 취한 첩 테크메사를 질책하는 대사를 읽어 보면 그 맥락을 확실히 알 수 있다. "침묵은 여성이 지녀야 할 장신구다." 소포클레스의 〈아이아스 Ajax〉에 나오는 이 대사는 여러 글에서 종종 인용된다. 어렵게 말문을 연 테크메사는 그 질책이(심지어 그 시대에도) 진부하기 짝이 없는 문장이라는 논평을 곁들여가며 그에 대한 자신의 생각을 표현한다. 소포클레스는 여성의 의견이 실제로 가치가 있을 수 있다는 사실을 인정함으로써 테크메사의 주장에 힘을 실어준다. 그러고는 아이아스를 고뇌로 정신이 나가버려서 자신에게 분별력을 찾아주려고 애쓰는 테크메사를 묵살하는 미치광이로 그려낸다. 양떼를 적군이라 생각하고 몰살한 아이아스는 그 직후 감정적으로 완전히 무너져 내린 상태에서 정신을 차리지만 스스로 침묵에 잠겼다가 결국은 테크메사에게 자신이 무슨 짓을 저질렀는지 묻는다. 소포클레스는 남성이 여성에게 요구하는 침묵을 이런 식으로 아이러니하게 그려냄으로써 사실은 여성들이 더 똑똑할지도 모른다는 사실을 인정한 것이다. 아리스토파네스[24]는 여기에서 한 걸음 더 나아가, 〈리시스트라테〉에서 자신들에게 강요된 침묵을 비웃는 여자들의 모습을 그린다. 파업을 주동한 리시스트라테한테 치안판사가 어째서 여자들이 나랏일에 간섭하는 것이냐고 묻는 극중 장면에서, 아리스토파네스는 리시스트라테의 입을 빌려 다음과 같이 말한다.

조용히 해주시면 이야기를 계속하겠습니다.
지난 수년 간 우리는 가망 없는 전쟁에 이리저리 끌려 다녔습니다.
침묵 속에서 얌전히 잊혀 가면서도
따져 묻는 법 없이 견뎠습니다. 우리의 외로움과,
끝없이 짓궂은 난동을 부려대는, 당신네 남자들의 자식들을요.
침묵하느라 입술이 아픈데도, 그러는 동안 침묵과
절친한 사이가 되어가면서도, 우리는 계속 입을 악물었습니다.
당신네들한테도 그 기나긴 나날, 우리는 벙어리처럼 귀 기울이기만 했는데도,
세상만사가 여전히 그냥 굴러가다니 이 얼마나 끔찍한 일입니까.
당신네들은 노상 전쟁과 그 전쟁의 정치적 의의에 대해

---

24 아리스토파네스 Aristophanes BC 445~385 : 그리스의 극작가. 대표적인 희극작가이다. 44편의 희극을 창작했다고 전하나 그 중 현전하는 것은 11편이다. 〈여자의 평화〉란 제목으로 번역되기도 하는 〈리시스트라테 Lysistrata〉는 펠로폰네소스 전쟁에 지친 아테네와 스파르타의 여자들이 연합하여 섹스 파업을 벌임으로써 남자들을 설득해 전쟁을 끝내게 한다는 유쾌한 내용의 희극이다.

집에서 큰 소리로 끝없이 떠들어댔습니다. 그동안,
대수롭지 않은 척했어도, 보기엔 멀쩡한 것 같았어도
우리의 가슴은 슬픔으로 문드러졌습니다. 그래서 가끔 이렇게 물었죠.
"종전을 기념하는 비석에는 무슨 내용이 새겨질까요?
여보, 오늘 의회에서는 무슨 얘기가 나왔나요?"
그러면 당신네들은 으르렁거리며 이렇게 말했습니다.
"당신은 당신 일이나 해. 입 함부로 놀리지 말고, 아니면 다른 데로 꺼지든가."
그래서 우리는 입을 다물었답니다.

　여자들 : 이제부터 나는 이 세상에 살고 있는 그 어떤 남자를 위해서도
　침묵하지 않을 거예요. 절대로, 절대로 그러지 않을 거예요.

　위 글에는 침묵도 그 자체로 하나의 표현방법이 될 수 있으며 의미심장한 침묵을 그저 단순한 복종으로 여겨서는 안 된다는 강력한 힌트가 숨어 있다. 물론, 여자는 계속 침묵해야 한다고 생각하는 남자들은 비웃음을 산다고 해서 여성의 목소리를 억압하는 짓을 그만두지 않지만 말이다. 또, 메난드로스는 훗날 이렇게 썼다. "결혼 적령기에 이른 딸은 설사 말한마디 하지 않는다고 해도, 바로 그 침묵으로 자기 자신에 대해 수많은 것을 말한다." 하지만 코넬 대학교에서 소포클레스를 연구하는 학자 부시넬 Bushnell은, 그리스 시대 여자들이 허구 문학을 관람하기 위해 객석에 입장하는 것이 허용되었는지 그 여부는 확실하지 않다고 지적했다.
　나중에 다시 살펴보겠지만, 초기 기독교 내에서 여성의 참여를 어느 정도로 제한할 것인가를 놓고 논쟁이 벌어졌다. 현대의 신학자들은 사도 바오로가 고린도인들에게 보낸 서한문에서 건넨 조언에 동의하지 않는다. 상당히 명쾌한 그 조언의 내용은 이것이다. "성인들의 모든 교회에서 그

러하듯 여자들은 교회 안에서 계속 침묵해야 합니다. 율법에도 나와 있듯 여자들이 말하는 것은 허용되지 않으니 그 말씀에 복종해야 합니다."(고린도전서 14장 34절)

몇 세기가 흐르는 동안에도 고대 그리스 극장에서나 들려오던 진부한 그 문장은 계속 반복됐다. 예컨대 에라스무스가 자신의 격언집에 라틴어로 "Mulierem ornat silentium"이란 문장을 수록했고 종교개혁가 츠빙글리는 그 문장을 번역해 열광적으로 활용했다. "…… 침묵은 언제나 아내의 가장 아름다운 장신구다." 심지어는 이런 속담도 있다. "말이 많은 아내는 순결하지 않다."

1582년 출간된 최초의 여성 문집 ≪여성 기념비 Monument of Matrones≫에서 엮은이 토머스 벤틀리 Thomas Bentley는 이렇게 서술했다. "맑은 정신, 침묵, 수줍음, 몸과 마음의 순결함, 이것들보다 아가씨를 더 아름답게 만들어주는 것은 아무것도 없다. 그리고 이것들 중 단 하나라도 잃으면, 주님이 보시기에 그 여자는 더 이상 아가씨가 아니라 매춘부다." 그래도 셰익스피어는 이런 침묵에 어떤 힘이 있다는 사실을 이해하고 있었던 모양이다. 그래서 ≪자에는 자로 Measure for Measure≫에서 클로디오는 자기 여동생의 젊음과 여성스러움 속에서 그 힘을 알아차리고 이렇게 말한다. "그 애한테는 굳이 말로 하지 않고도 남자의 마음을 움직이는 표현 능력이 있습니다." 이와 마찬가지로 영국의 작가 리처드 브래스웨이트 Richard Brathwait는 1631년 출간한 소설 ≪영국 귀부인 English Gentlewoman≫에서 이렇게 말했다. "여성의 침묵은, 말로 표현할 경우 우는 소리에 불과할 내용을 가장 성공적으로 전달해주는, 사람의 마음을 움직이는 일종의 수사법이다." 캐나다 댈하우지 대학교에서 여성 문학을 연구하는 크리스티나 럭키제이 Christina Luckyj 교수는 근대 초기 영국문학 속 여성의 침묵을 다룬 자신의 논문에서 위 문장을 인용하면서, 침묵이 그 자체로 강력한 힘을 발휘한다는 이 표현은 여성의 침묵과 '얌전함'을 동일시하려는 온갖 의도를 무력화시키고자 하는 브래스웨이트 나름의 노력이라고 평가했다. 럭키제이의 연구는 침묵하는 여성이 일부 남자들에게는 변함없이 매력적인 존재라는 사실을 분명히 보여주었다.

한편, 1732년 토머스 풀러는 격언집을 출간하면서 옛 격언마다 변형된 문장을 하나씩 달았다. 풀러의 '널리 알려져 있고 대화와 사업에 유용하게 사용할 수 있는 인상적인 문장 모음' 가운데 이런 문장이 있다. "침묵은 여자에게 가장 잘 어울리는 보석이다. 그러나 한물 간 스타일이다." 또 다른 격언에는 약간 아쉬운 듯 이런 문장을 달았다. "침묵은 여자의 가장 나쁜 습관이 아니다." 그렇다면 여자들이 소리 내어 말할 때 남자들은 그 여자들을 가르치려고 드는 것 말고 어떤 행동을 해야 할까? 17세기 중엽 영국의 극작가 윌리엄 대버넌트 William D'Avenant는 ≪플리머스에서 온 소식 New from Plymouth≫이라는 희곡에서 한 등장인물의 입을 통해 이렇게 충고한다. "침묵은 이제 여자가 말을 할 때 남자가 갖추어야 할 최고의 덕목이 되었다."

계기가 무엇인지는 알 수 없지만 1839년 헨리 데이비드 소로는 주위를 침묵시키는 남자와 여자의 힘에 대해 각기 견해를 밝혔다. 그 해 2월 9일 소로가 쓴 수수께끼 같은 문장은 여러 글에서 자주 인용된다. "방 한 개를 침묵에 잠기게 만들려면 남자 한 명이 필요하다." 소로가 그 날 일기에 쓴 문장은 이것 하나뿐이다. 아무런 맥락도 없다. 혹, 소로가 어떤 행사에 참석했는데 한 남자가 여성한테서는 찾아볼 수 없는 남성성을 강력하게 뿜어내며 그 자리에 화려하게 입장했던 것은 아닐까? 혹, 여자라면 절대로 그런 엉성하고 요령 없는 행동을 하지 않을 상황에서 한 남자가 저지른 무례함 때문에 모든 대화가 중단되는 현장을 목격하거나, 소로 자신이 그런 실수를 범한 것은 아닐까? 아니면, 그저 혼자 생각에 잠겨 앉아 있었던 것은 아닐까? 그것도 아니면, 방 하나를 가득 채운 사람들을 성공적으로 침묵시키는 일은 오직 남자만이 할 수 있다고, 진심으로 그렇게 생각했던 것은 아닐까? 우리는 알 수 없는 일이다.

사회적으로 취약한 약자들을 침묵시키는 수법에 대해서는 뒷장에서 다시 살펴볼 것이다.

의식으로서의 침묵

옛날 이집트의 네페르타리 왕비 Queen Nefertari의 궁전에서 일하던 애니라는 이름의 한 남자가 〈필경사 교육 Instructions of the Scribe〉이란 글을 남겼는데, 그 가운데 '평범한 인간'에게 남기는 충고가 들어 있다.

> 주님의 집 안에서는 목소리를 높이지 말라.
> 그 분께서는 고성을 혐오하시니.
> 사랑이 충만한 심장으로 홀로 기도하라.
> 그 심장 안에 모든 언어가 숨어 있을지니.
> 그리만 해도, 그 분께서 그대의 요구를 허락하시고
> 그대의 언어를 들으실지니.

종교의식, 명상에서 침묵이 담당하는 기능에 대해서는 8장에서 다시 살펴볼 것이다. 그때 알게 되겠지만, 관습적 의미에서 스스로를 비종교적 인간이라 생각하는 사람들도 소음으로 가득한 우리의 세속적인 세계 속에 침묵의 공간이 필요하다는 사실만큼은 인정하게 될 것이다.

만족스러움의 침묵

사람들은 육체적으로 만족스러울 때도 침묵한다. 운이 좋다면 잠시나마 우리를 둘러싸고 있는 세계와 잘 조화된 듯한 기분 좋은 균형감을 느낄 수 있다. 그것은 감각적으로 느껴지는 침묵을 차마 훼손하고 싶지 않은 그런 기분이다. 뒤에 6장에서 다시 살펴보겠지만 그 침묵은, 19세기 영국의 시인이자 화가인 단테 가브리엘 로제티 Dante Gabriel Rossetti가 어느 여름날 '햇살 잔뜩 머금은' 시골에서 두 연인이 그 자연의 일부가 되어 느끼는 "눈에 보이는 침묵 visible silence"이라고 표현했던 침묵이다.

게으름의 침묵

침묵할 때는 대부분, 심지어 명상을 할 때조차도 어떤 의도가 있다고들 말한다. 현명한 사람들은 자신들이 만나고 있는 사람에게 이로움을 주려고 말을 삼간다. 수도사나 수녀는 회개하려는 목적에서, 혹은 주님의 말씀을 더 잘 들으려고 침묵하며, 심지어 말문이 막혀서 침묵하는 사람도 생각을 다시 집중해 자신을 둘러싸고 있는 세계에 반응할 여지를 남기려고 침묵한다. 그러나 아무런 이유 없이 침묵하는 것처럼 보이는 사람들도 있다. 그런 식으로 침묵하는 사람들은 책임을 회피하려는 것으로 여겨질 수 있다. 그래서 4세기 때 밀라노의 주교였던 성 암브로시우스 St. Ambrose는 이 '게으름의 침묵'을 늘 경계의 대상으로 삼았다. 앞서 살펴본 바와 같이, 전쟁터의 선봉에 선 병사들이 침묵하면 주위 사람들은 그것을 일종의 게으름으로 받아들이고 실망감을 느낀다. 그 판단은 옳은 것일 수도 있고 잘못된 것일 수도 있다. 그러나 일상생활에 몸과 마음을 치료해주는 휴식이 필요한 것처럼, 얼핏 보기에는 무의미해 보이는 침묵도 의식적이든 무의식적이든 하나의 치료법으로 기능할 수 있다는 주장도 일리는 있다. 예컨대 펜실베이니아를 개척한 영국의 선교사 윌리엄 펜 William Penn은 자녀들에게 이렇게 가르쳤다.

> 침묵을 마음속 깊이 사랑해라. 말이 몸에 해롭듯 생각은 문제를 일으킨다. 말과 마찬가지로 생각도 너무 많이 하면 기력이 쇠하고 죄를 짓게 된다. 진정한 침묵은 마음의 휴식이다. 잠이 몸에 영양을 공급하고 원기를 채워주는 것처럼 침묵은 정신에 그런 역할을 한다. 침묵은 참으로 훌륭한 미덕이다. 어리석음을 덮어주고 비밀을 지켜주며 논쟁을 피하게 해줄 뿐 아니라 죄 짓는 것을 방지해주기 때문이다. 욥기 13장 5절, 잠언 10장 19절, 12장 13절, 13장 3절, 18장 6-7절, 17장 28절 말씀에도 나와 있듯.

침묵은 치료약이다. 많은 이들에게 침묵의 즐거움은 영적, 정신적 건강의 전제조건이다. 소음이 사라지기만 해도 정말로 육체적인 편안함을 느낄 수 있지 않는가. 1836년 아직 젊은이였던 미국의 시인 올리버 웬델 홈즈 Oliver Wendell Holmes는 짜증나는 오르간 연주자를 소재로 한 기발한 시에서 그 편안함을 생생하게 표현하고 있다. 〈음악 연주자 The Music-Grinders〉란 그 시에서 가장 유명한 구절은 이것이다.

> 잠시 후, 찜질팩처럼 침묵이 찾아와
> 소리에 구타당한 상처를 치료해 준다.

그보다 최근에 웨일즈의 시인이자 방랑자인 윌리엄 헨리 데이비스 William Henry Davies는 시 〈여가 Leisure〉에서 이렇게 물었다.

> 가만히 앉아서 뭔가를 멍하니 바라볼 여유가 없다면,

신경 쓸 일로만 가득한 그것이 무슨 인생인가?

나뭇가지 아래에 앉아서 양떼와 소떼를
멍하니 바라볼 여유가 없다면 말이다.

그러고는 이렇게 덧붙였다.

가만히 앉아서 뭔가를 멍하니 바라볼 여유가 없다면,
신경 쓸 일로만 가득한 그것은 불쌍한 인생이다.

사실 그냥 누워서 빈둥거리는 것과 명상적 기술의 안내를 받아 침잠하는 것은 종이 한 장 차이다. 앉아서 명상을 하면서 보상을 바라거나 '결과'를 기대하지 말라는, 경험 많은 영적 지도자들의 경고는 흔히 듣는 이야기이다. 표면적으로 볼 때 정신을 놓든 정신을 집중하든, 저 두 가지 형태의 침묵은 모두 정신과 육체를 이롭게 한다.

물론 전혀 의미 없는 침묵도 있을 수 있다. 광고 포스터 같은 곳에서 흔히 발견되는 농담 같은 선언적 문구가 그것이다. "때때로 나는 앉아서 생각한다. 그리고 때로는 그냥 앉아 있기만 한다."

죽음의 침묵

뉴욕의 시인 아델라이드 크랩시 Adelaide Crapsey는 〈삼화음 Triad〉이라는 오행시에서 이렇게 말했다.

세상에는

침묵하는 것이 세 가지 있다.
하늘에서 내리는 눈…… 동이
트기 전 시간…… 방금 막 죽은
사람의 입.

방금 막 사랑하는 사람을 떠나보낸 사람의 침묵보다 더 강력한 것은 없다. 대답이 돌아오길 바라며 고인에게 말을 걸지만 정상적인 방법으로는 아무런 대답도 들려오지 않는다는 깨달음, 이 얼마나 무시무시한 일인가. 셰익스피어의 비극 마지막 장면에서 햄릿이 말하듯 "남은 것은 침묵뿐이다. ……"

완벽한 침묵을 일컫는 영어 표현 '죽음의 침묵 dead silence'은 참으로 적절한 표현이다. 조로아스터교도들은 사람이 죽으면 제국주의자들에게 '침묵의 탑 towers of silence'이라 알려진 구조물에 시신을 모신다. 우리도 유명한 사람이 죽으면 일, 이 분간 다 함께 묵념을 함으로써 경의를 표한다. 유행어 중에는 이런 표현도 있다. '시체처럼 침묵하는 silent as the dead', '죽도록 멍청한 dumb as death', '무덤처럼 적막한 still as the grave' 등. 미국의 해양생물학자 레이첼 카슨 Rachel Carson이 쓴 책 가운데 1962년 출간된 인상적인 책이 한 권 있다. 인류의 무분별한 살충제 사용이 새와 인간에게 잠재적으로 치명적인 결과를 초래할 것이라는 충격적인 예언을 담은 그 책의 제목은 ≪침묵의 봄 Silent Spring≫이다.

고대 유대인 지도자들은, 상갓집에서 미주알고주알 설명을 늘어놓는 것은 특히 시기적으로 부적절한 행동이니 상중에는 침묵해야 한다는 기록을 남겼다. 구약성서에 나오는 "입을 다물 때와 입을 열 때"(전도서 3장 7절)는 널리 알려진 구절이다. 아래 글은 그 구절의 뜻을 잘 보여주는 한 가지 사례이다.

랍비 마나의 부인이 소포리스에서 세상을 떠났다. 에이번은 문상을 가 마나에게 이렇게 말했다. "스승님께서 율법서 ≪토라 Torah≫에서 내용을 뽑아 몇 말씀 해주시죠." 그러자 마나는 이렇게 대답했다. 지금이 바로 그 ≪토라≫에서 말하는 침묵해야 하는 때, 그 무엇보다 침묵을 우선해야 하 는 때라고.

성경 시편에는 죽은 뒤 인간의 미래, 죽어버려서 주님을 칭송할 수 없 는 상태를 이야기한 구절이 여러 군데 나온다. 그 가운데, 훗날 기독교 글 쟁이들의 예상에나 나오는 천상의 찬양을 언급한 구절은 하나도 없다. 시 편에서는 무덤 같은 침묵이 종착역이다. '침묵의 땅'(고대 그리스인들은 자 기네 언어로 성경을 번역하면서 이 땅을 일컫는 '셰올 Sheol'이란 명칭을 '하데스 Hades'로 옮겼다.)이라 불리는 그곳은 망자들이 가는 곳, 주님을 칭송하는 노래를 부르는 사람이 한 명도 없는 곳이다.(시편 17장, 94장, 115장)

미국의 시인 헨리 롱펠로 Henry Longfellow는 우리의 삶이 끝나는 침묵 에 깊은 관심을 보였다. 그래서 〈신학자 이야기: 엘리자베스 The Theologian's Tale: Elizabeth〉란 시에 이런 인상 깊은 구절을 남겼다.

밤을 가르는 배와 사람들이 서로 주고받는 말.
깜박이는 신호와 어둠 속 저 멀리에서 들려오는 목소리.
인생이란 바다 위에서 우리는 서로를 지나치며 말한다.
한 번의 시선과 한 번의 목소리를 주고받으며. 그러고는 다시 어둠과 침
묵.

반(反) 낭만주의 경향의 시들을 언급하면서 분노한 소설가 올더스 헉 슬리 Aldous Huxley는 그 시들을 깎아내리며 농담조로 이렇게 말했다. "나

머지 인간들은 모두 침묵했다면 얼마나 좋을까! 워즈워스 Wordsworth만 빼고, 콜리지 Coleridge만 빼고, 셸리 Shelly만 빼고 다른 시인들은 모두 침묵했다면 얼마나 좋을까!" (워즈워스, 콜리지, 셸리는 모두 18세기 초반의 낭만주의 시인들이다. — 옮긴이) 그러나 제 1차 세계대전에 참전해 그 참상을 목격한 영국 시인 지크프리트 사순 Siegfried Sassoon 같은 이에게는 침묵이 농담처럼 이야기할 소재가 못 되었던 모양이다. 사순은 영국의 '집에서 안전하게 여름을 나면서도' 전쟁의 악몽에 시달렸다. 그래서 〈전쟁 경험 억누르기 Repression of War Experience〉란 시에 이렇게 썼다.

> 가만히 앉아 손톱을 씹는다. 담배 파이프를 내려놓고,
> 침묵에 귀 기울인다. 천장 위에서
> 커다랗고 희뿌연 나방 한 마리가 퍼덕이며 여기저기 부딪치는 소리에.
> 정원은 아직 일어나지 않는 뭔가를
> 집 밖 숨 막히는 공기 속에서 기다리고 있다.

사순은 이 시와 〈죽음의 침상 The Death Bed〉이란 제목의 다른 시에서, 그것이 방 안의 침묵이든 죽음의 침묵이든, 침묵과 안전함을 동일시하고 침묵에 호의적인 태도로 그것을 끊임없이 들려오는 총소리와 대비시킨다.

망자들이 기억과 어떤 분위기를 통해 우리에게 계속 말을 건네는 데에는 여러 방식이 있다. 그런 식으로 인간과 소통하는 존재들은 예를 들면 제임스 조이스의 단편소설 〈망자 The Dead〉 같은 작품에 잘 그려져 있다. 19세기 미국의 시인 메디슨 케이와인 Madison Cawein은 〈침묵의 사냥꾼들 Hunters of the Silence〉이라는 시에 이렇게 썼다.

우리의 뇌와 심장을 지배하는 침묵, 유령을 사냥하는 사냥꾼들이 있다. 그들은 바로 내 저택에서 따로 방 한 칸을 차지하고 있다.

고인들이 우리에게 영향을 끼치는 까닭은, 그들이 살아 있을 때 우리가 했던 행동, 혹은 하지 못했던 행동에 대해 우리가 끝없이 후회하고 죄책감을 느끼기 때문이다. 그러나 존경했던 사람들의 도덕적 힘과 사고가 우리의 의식과 잠재의식에 영향을 줄 경우에는 그 침묵이란 유산이 훨씬 더 긍정적으로 작용할 수 있다. 누군가가 이 유산을 하나의 영상으로 인식한다고 해보자. 그것을 철저하게 주관적인 경험이라고 말할 수 있을까? 구체적으로 형상화된 목소리와 대화의 형태로 그 영향이 지속된다면, 그 영상은 죽음의 침묵을 조금이나마 덜어준다. 토머스 하디는 〈아버지의 바이올린에 부쳐 To My Father's Violin〉이란 시에서, 아버지의 낡은 바이올린을 발견하고는 '어둠의 장막 밑에' 존재하는 아버지의 모습을 상상했던 일을 떠올린다. 하디는 아버지가 바이올린을 향해 "얘, 너 계속 그 밑에 들어가 있고 싶니?"라고 묻는 것은 아닐까 궁금해 한다. "바이올린, 네 현을 울려 네가 아직 아버지를 보내지 못했다는 사실을 들려주면, 그 소리에 아버지가 기꺼워할지도 모르는데." 영국의 평론가 해리슨 D. Harrison은 이렇게 생각했다. "그 바이올린은 아버지의 심장을 향해 말을 건네는 것이 아니다. 아버지의 부재와 아버지의 침묵을 향해 말을 건네는 것이다." 하지만 그것은 시인의 마음을 드러내는 매개체이기도 하다. 그 바이올린은 자신을 기다리고 있을 죽은 아버지와 하디가 나누는 끊임없는 대화에 대한 확실한 은유이다.

침묵당하는 사람 입장에서는 침묵이 그 자체로 죽음처럼 느껴질 수 있다. 이런 사람들이 선택한 행동 중 일부는 때로 매우 위험한 결과를 초래한다. 알제리의 문필가 타하르 자우트 Tahar Djaout는 1993년 과격분자에게 암살당하기 전, 자신은 이슬람교에 대한 자신의 관점을 철회할 마음이 없다고 선언했었다. 전기 작가 수키스 J. Sukys는 이때 자우트가 사용한 표현을 빌려 자우트의 일대기 제목으로 삼았다. "침묵은 죽음이다. 아무 말도 하지 않으면 죽는다. 그리고 말을 해도 죽는다. 그러니 말을 하고 죽어라."

2장

침묵은 바쁘다

직장에서 바쁘거나 집에서 뭔가에 열중하고 있을 때는 침묵을 인식하지 못할지도 모른다. 그러나 침묵은 사라지지 않고 사람들의 의사소통 과정에 매우 의미심장한 방식으로 스며든다. 상대방을 오해할 가능성은 항상 있다. 심지어 청자가 화자를 비교적 잘 알고 있는 가족이나 친한 친구 사이에도 말이다. 그렇다면 우연히 알게 된 직장동료나 낯선 사람, 특히 우리와 전혀 다른 배경이나 문화에서 살아온 사람과의 소통에서 의미를 잘못 받아들일 가능성은 얼마나 더 클까? 소통의 한 측면인 침묵은 이런 의미에서 쉽게 간과되거나 오해될 수 있다. 문화 간 혹은 국가 간 맥락의 차이 때문에, 침묵은 사업이나 다른 문제로 얽혀있는 사람들을 불행한 결과로 이끌 수 있다.

말을 하다가 중간에 멈추는 것의 의미를 유럽인과 아시아인은 서로 다르게 받아들인다. 낯선 사람을 만났을 때 계속 침묵하는 것이 미국 이민자의 후손들에게는 대개 별 뜻이 없지만 미국 원주민의 후손들에게는 중요한 의미가 있다. 다른 사람이 어떤 말을 했을 때 그 말에 대답하기 전에 몇 초 동안 기다리는 것이, 어떤 곳에서는 그저 훌륭한 매너와 정중함의 표시가 되기도 한다. 이런 행동이 다른 곳에서는 서로 소원해지게 만드는 원인이 될 수도 있다. 대화 중에 '번갈아 말하는 것'도 어디에서나 자연스러운 확고한 규칙이 아니라 문화, 사회에 따라 형성된 규칙이다.

1970년대에 나는 아일랜드 텔레비전 방송국의 한 다큐멘터리의 조사, 제작에 참여한 적이 있다. 아일랜드의 과잉 검열이 극에 달했던 1940년 대 출간된 어떤 책 한 권을 둘러싼 출판논쟁을 다룬 프로그램이었다. 그 책에는 모닥불 가에서나 주고받는 소박한 이야기가 실려 있었는데, 주인 공인 늙은 재단사와 그의 아내 앤스티는 코크 주 서쪽 외곽 구간바라 마 을에 살았다. 내가 그 마을에서 인터뷰한 이들은 대개 나이가 매우 많아 서 (그 중 한 분은 102세로 그 재단사의 결혼식에 직접 참석했다고 했다) 빠르게 소멸해간 시대의 여러 장면들을 들려주었다. 노인들과 이야기를 하다 보 면 그들의 대화 방식 때문에, 혹 내가 말 중간에 끼어든 것은 아닌가, 부적 절한 순간에 발언한 것은 아닌가, 그런 기분이 들어 종종 당황스러웠다. 또 그들의 부드러운 말투와 적절한 속도에 대면 내 말투가 무미건조하고 툭툭 끊기는 것처럼 느껴졌다. 공연히 더 낭만적으로 평가하는 것이 아니 라, 문자 교육과 자동차 엔진이 일반적으로 보급되기 전 그 옛날에도 특 유의 대화 방식 덕분에 코크 주 서부와 케리 주 사람들은 말솜씨가 유창 했다. 내가 보기에 그때 내가 경험한 구어 문화는 아이들이 학교교육을 받게 된 요즘의 교육적 환경에서 형성된 그것과는 확연히 다른 것이었다.

급하게 말을 하고 공백을 '잡담'으로 채우는 것은 전자기기의 소음으 로 넘쳐나는 우리 시대 소통방식의 한 특질일 뿐, 대화에 집중하는 유일 한 방법은 결코 아니다.

미국 원주민

1964년부터 1969년 사이에 16개월에 걸쳐 애리조나 아파치족 거주 지에서 진행된 침묵과 소통에 관한 중대한 연구를 통해, 바쏘는 다른 미국인들이 침묵을 불편하게 받아들이는 특정 상황에서 원주민들은 '단어를 포기하는 것이 당연하다.'고 믿는다는 사실을 알아냈다. 그 대상이 아파치족 사람이든 아니든 낯선 사람을 만나는 일이 생기면 그 믿음이 특히 더 잘 드러났다. "사람들이 많이 모인 큰 모임에서는 '낯선 사람들' 사이에 말이 거의 오가지 않아도 별로 티가 나지 않는 경향이 있지만 훨씬 작은 모임에서는 그런 현상이 눈에 확 들어온다." 바쏘는 이렇게 기록하고는 아래 사례를 덧붙였다. 열심히 소떼를 모으던 네 남자 중 한 명이 들려준 이야기라고 했다.

예전에 A, B, X, 그리고 저랑 이렇게 넷이서 저 아래 그리슨 평원에서 소를 친 적이 있어요. 저기 저 X란 남자는 (씨브큐에서 65킬로미터 정도 떨어진) 이스트포크에서 왔는데 B의 아내도 그 동네 출신이었죠. 하지만 X는 A를 몰랐고 내가 보기엔 A를 전에 본 적도 없는 것 같았어요. 첫날 나는 X랑 함께 일했어요. 밤에 다함께 야영하면서 우리는 B랑은 대화를 나누었지만, X와 A는 서로에게 한마디도 하지 않았어요. 둘째 날도 똑같았어요. 셋째 날도 마찬가지였고요. 넷째 날 밤 모닥불 가에 모여 앉았는데 X랑 A는 여전히 서로 말을 하지 않았어요. 그러다가 A가 말했죠. "음, 여기에 나한테는 낯선 사람이 한 명 있는데, 며칠 그 사람을 지켜본 결과 괜찮은 사람이라는 걸 나도 알게 됐어." 그 뒤로 X와 A는 많은 대화를 나눴어요. …… 처음에는 두 사람이 서로 몰랐기 때문에 마음을 느긋하게 먹었던 거죠.

다른 미국인들은 침묵이 찾아오면 불안감에 잡담을 잔뜩 늘어놓으며 빈 간극을 급히 메우려고 들지 모르는 상황에서, 원주민의 이 후손들은 처음에는 '마음을 느긋하게 먹는' 쪽을 훨씬 선호했다. 이 아파치족 사회에서는, 제 삼자가 낯선 사람을 다른 이들에게 정중하게 '소개'하는 행동이 주제넘고 필요 없는 짓이라 여겨진다. 바쏘는 대화에 성급하게 마구 끼어드는 낯선 사람을 아파치족 사람들이 대놓고 의심스러운 눈초리로 바라보는 모습을 종종 목격했다. 그들은 그런 사람을 보면 급한 도움이 필요한 사람, 혹은 술 취한 사람, 둘 중 하나일 것이라 여겼다.

남녀교제 초기에는 아파치족 사람들 간에도 낯선 사람들 사이의 이런 침묵 현상이 나타난다. 같은 집안에 속해 있는 남녀 간의 교제는 금지되어 있었고, 젊은 남녀는 주로 로데오나 제사의식처럼 온 부족이 다함께 모이는 공식적인 행사에서나 만날 수 있었다. 한 번에 한 시간 정도, 연인은 완벽한 침묵 속에서 손을 잡은 채 서 있거나 앉아 있었다. 한 젊은이가 바쏘에게 말했다. "처음에는 그렇게 하는 게 훨씬 좋아요. 그러다가 시간이 좀 지나서 서로 잘 알게 되면 수줍음이 사라져서 더 깊은 대화를 나눌 수 있으니까요." 젊은 여자가 말을 많이 하는 행동은, 그 여자가 남자들과 지내는 데 익숙한 헤픈 여자라는 표식으로 간주되었다. 침묵 속에서 서로를 알아가는 관습이 어느 문화권에서나 높은 평가를 받는 것은 아니다. 물론 왁자지껄한 말이나 '재잘재잘' 소리로 빈 공간을 메우는 편이 훨씬 낫지 않느냐는 의문이 들 수도 있다.

다른 문화권에서는 가족과 사별한 사람을 위로하거나 대화에 끌어들여 슬픔을 조금이라도 잊게 하려는 것과 달리, 애리조나의 아파치족 사람들은 최근에 상을 당한 사람이 있는 자리에서는 장례 후 몇 주까지도 침묵을 유지한다.

또한 왠지 좀 슬프지만, 낯선 사람들 사이의 침묵 현상이 기숙학교에 다니는 아이들이 집에 왔을 때 아파치 부족의 부모자식 사이에 나타나기도 한다. 바쏘의 연구에 따르면, 이런 외부의 학교교육에 노출된 아이들이 변해서 자신의 문화와 부모로부터 멀어지는 일들을 과거에 여러 번 겪으면서 부모들은 아이들이 자기네를 업신여기게 될지도 모른다고 믿게 되었던 것이다. 그래서 아이들이 버스에서 내리면 부모들은 말을 정신없이 쏟아내는 대신 15분 정도 침묵을 유지했다. 부모가 자식에게 시시콜콜 캐묻는 것은 부적절한 행동으로 여겨졌고, 부모가 아이들과 제대로 이런저런 대화를 나눠야겠다는 마음을 먹기까지는 며칠이 걸릴 수도 있었다. 서부 아파치족 문화에서 침묵이 보편적으로 일어나는 현상이라는 사실을 모르면, 부모자식 간의 이런 침묵이 그저, 새로운 문화적 가치를 받아들이는 것은 고사하고 기숙학교에 있는 아이들을 방문하는 것조차 꺼리는 부모 쪽의 수치심과 무기력감에서 비롯된 것은 아닐까 그런 염려가 들 수도 있다.

바쏘의 연구가 특히나 더 가치 있는 까닭은, 그가 아파치족의 침묵 그 자체를 하나의 문화현상으로 탐구했기 때문이다. 일부 다른 연구자들과 달리 그는 미국 원주민들 사이의 침묵을 현대 문명에 제대로 대처하지 못한 무능함의 증표로 보지 않았던 것이다. 물론 사회적인 요소, 혹은 다른 요소들이 원주민들을 겁주어 그들을 주눅 든 패배자, 무언의 반골로 만들었을 수도 있지만, 바쏘가 알아낸 사실은 특정 환경에서 침묵을 선호하는 독특한 문화적 전통이 아파치족 내에서 계속 유지되고 있다는 것이었다.

자신이 어떤 상황에 처해 있는지 그 의미를 정확히 설명하자면 아무래도 대화에 급히 끼어드는 사람이 더 유리할 것 같다는 일반적인 결론이 옳지 않을 수도 있다. 같은 상황에서 누군가는 잡담을, 또 다른 누군가는 침묵을 선택하는 것이다. 이것은 어떤 유형의 소통 방식이 다른 쪽보다 본질적으로 확실히 더 낫냐를 판단하는 문제가 아니라, 잡담과 침묵이 각기 어떤 역할을 하며 어떤 중요성을 띠느냐를 이해하는 문제이다. 어떤 이들은 잡담을 다정하다기보다는 가식적인 것이라 여길지도 모른다. 끊임없이 이야기하는 모습은 함께 있는 사람들 안에서 주도권을 쥐려는 몸부림으로 보일 수 있다. 반면에 침묵은 모임 구성원들로 하여금 자신이 다른 이들보다 어딘가 부족할 거라는 의심을 함부로 하지 못하게 하는 일종의 경고로 작용할 수 있다.

바쏘가 아파치족 이후에 다른 미국 원주민들을 대상으로 진행한 연구에는, 30여 년 전 코크 주 서부에서 내가 노인들과 함께 지내며 겪었던 그런 경험이 더 잘 반영되어 있다. 1976년 언어인류학자 수전 엄스턴 필립스 S. U. Phillips는 웜 스프링 인디언들이 앵글로색슨족보다 말하는 도중에 멈추는 시간이 더 길다는 것을 알아냈다. 그들은 또한 번갈아 말을 할 때도 앵글로색슨족보다 더 길게 말했고, 말하는 도중에 서로 끼어드는 법이 거의 없었다. 1990년 조지타운 대학교의 언어학자 론 스콜른 Ron Scollon과 그의 연구팀은, 말을 하다가 잠깐 쉬고 있을 뿐인데 앵글로색슨족 사람이 그 틈을 낚아채 말을 시작하면 에서베스칸 인디언들은 몹시 불쾌해한다고 기록했다. 에서베스칸인들은 이렇게 누가 끼어들면 자신들이 자유롭게 의사를 표현할 기회조차 빼앗겼다고 느낀다. 스콜른 연구팀의 기록을 옮겨보면 이렇다.

사실, 에서베스칸인들과 대화하는 가장 좋은 방법은 침묵이다. 이 사람들은 별다른 이야깃거리 없이 함께 조용히 앉아 있는 편한 상태를 즐긴다. 물론 이 경우는 세계 다른 문화권에서는 찾아보기 힘든 극단적인 사례이지만, 이것은 우리가 늘 경험해온 사교적인 대화, 이를테면 신중하게 고른 어휘와 상대를 깊이 배려하며 꺼낸 새로운 화제로 이루어지는 (우리가 바라는) 그런 대화에 상응하는 하나의 소통 방식이다.

중국과 일본

소통을 연구하는 인류학자 거디쿤스트 W. B. Gudykunst는 이렇게 말했다. "우리의 문화는 우리가 말하는 언어에 영향을 준다. 그리고 우리가 언어를 사용하는 방식이 다시 우리의 문화에 영향을 준다." 거디쿤스트의 이 말은 명확히 참인 명제지만 매일 다른 사람들과 만나다보면 잊고 지내게 되는 명제이기도 하다. 이 명제를 생생하게 보여주는 사례를 하나 들자면 침묵을 대하는 아시아인과 서구인의 태도 차이를 꼽을 수 있다. 유럽인과 아메리카인은 대개 아시아인에 비해 대화를 훨씬 중요하게 여기고 즐기며, 전자는 말을 사회 통제의 수단으로 간주하고 후자는 침묵을 전략으로 삼는다. '아시아 연구 발전 프로그램 ASDP:Asian Studies Development Program'이란 한 기관은 서구인들이 동양인 파트너와 더 잘 지낼 수 있는 방법을 제공하고자 웹사이트에 아래 글을 게시해 놓았다.

말하는 중간에 끼어들지 않는 것이 무엇보다 특히 중요하다. 동양인들은 이를 매우 무례한 행동으로 여긴다. 미국에서는 다른 사람의 말이 끝나기 전에 말을 하면 자신이 할 말을 새로 시작하려는 것으로 여기지만, 아시아에서는 누군가의 말이 끝난 뒤 너무 금방 말을 시작하면 말하는 중간에 끼어든 것으로 간주한다. 동양인과 대화를 하다 보면 중간에 침묵이 자주 생기는데 미국인들은 이 침묵을 불편해한다. 하지만 이 침묵은, 그 순간 그 동양인이 상대의 말을 곰곰이 생각해보고 있거나 적절한 대답을 구상하고 있다는 것을 의미한다. 그러니 제발 그 침묵을 메우려고 애쓰지 말라! 미국인들은 그 침묵을 너무 불안하게 생각한 나머지 협상을 망치는 경우가 종종 있다. 그런 침묵의 시간이 찾아오면, 당신도 곰곰이 생각에 잠긴 것처럼 고개를 약간 들어 올리고 파트너의 머리 위 허공을 물끄러미 응시하라.

ASDP는 동서양 센터 East-West Center와 하와이 대학교가 공동으로 운영하는 국제 연구기관이다. 그곳 연구원들은, 부서별로 혹은 과정별로 아시아 문제를 연구하고 싶어 하는 대학원, 대학교 등 여러 교육기관의 교수들에게 지침을 마련해주고자 온라인상에 여러 안내문을 게시한다. 안타깝게도 위 글은 이제 더 이상 그 사이트에서 볼 수 없게 되었지만, 중국 시장에서 판로를 찾는 중소기업을 대상으로 미국 상무부 산하 상업지원국이 제공하는 안내문에서 그 내용의 일부를 찾아볼 수 있다.

(www.buyusa.gov/fresno/83.html)

침묵이 길어지더라도 불안해하지 말라. 중국인과의 소통에서는 이것도 중요한 한 부분이다. 하지만 그 침묵이 협상 상대 역시 불편하게 할 수 있다는 사실을 기억하라.

IT관련 잡지 CIO의 집필진인 글래서 Perry Glasser와 패스터 Richard Pastore는 자신들의 관점에서 중국의 업무 문화를 이렇게 평가했다.

선생에게 질문하거나 반론을 제기하라고 학생들을 독려하는 서양의 교육 방식이 중국인들에게는 아직 알려져 있지 않다. 중국에서는, 선생은 강의하고 학생들은 성실하게 그 내용을 필기한다. 의견을 교환하는 소리는 전혀 들리지 않는다. 그런데 IT 업종 종사자들을 가르치거나 사용자들을 훈련시키려는 서양인 관리자한테는 이 침묵이 몹시 불편할 수 있다.

이런 침묵에 대처하는 한 가지 방안은 중국인의 방식에 미국인이 맞추는 것이다. 또 다른 방안은 중국인을 변화시키려고 시도해 보는 것이다. 글래서와 패스터는 이렇게 보고했다. "메러디안 리소스 컨설턴트의 메이

메이 폭스의 말처럼, 중국인에게는 질문이나 끼어들기를 해보라고 권해야 한다. 그래서 논제를 먼저 살펴보고 나서 질문을 뽑아놓을 수 있게 직원들에게 자료를 미리 제공해야 한다." 그렇다면 중국인 특유의 업무처리 방식을 그냥 인정하지 않고 변화시켜야 하는 까닭은 무엇일까? 그것이 전적으로 명쾌하지 못한 방식이기 때문이다.

평론가 청 K. Cheung은 제 2차 세계대전 중 캐나다인들의 일본인 박해를 다룬, 일본계 캐나다 작가 조이 코가와 Joy Kogawa의 소설 ≪오바상 Obasan おばさん≫을 분석하면서 이렇게 기록했다.

영어로 '침묵'은 '말, 언어, 표현'의 반대 의미로 쓰이는 경우가 많다. 이와 달리 중국인과 일본인 등장인물에게 '침묵'은 '소음, 동작, 소동'의 반의어이다. 미국에서 침묵은 대개 수동적인 태도로 간주된다. 중국과 일본에서 침묵은 전통적으로 '사려 깊음, 신중함, 섬세함'의 표시로 인식된다.

아일랜드인과 중국인의 침묵 활용을 통해 두 문화 사이의 차이를 연구한 학자 빌리엣 리엔 Billiet Lien은, "중국인 응답자들이 침묵을 더 고도로 발전된 소통의 형태로 취급할수록, 아일랜드인 응답자들은 당황스러움과 불편함을 더 크게 느낀다."는 사실을 발견했다. 뭔가에 동의하지 않으면 아일랜드인은 반드시 자기 의사를 말로 표현해야 한다고 믿고 있었지만, 중국인 응답자들은 "침묵을 계속 유지하면서도! 자연스럽게 반대의사를 표할 수 있다."고 믿고 있었다. 그런데 다소 역설적이게도 리엔은, 자신이 잘 알고 있는 사람들과 함께 있는 상황에서는 오히려 아일랜드인이 중국인보다 침묵을 더 편하게 느낀다는 사실을 알아냈다.

중국 경제가 급성장함에 따라 서구인들이 중국에서 사업을 할 기회가 점점 더 많이 창출되고 있다. 따라서 문화적 차이를 연구하고 이해해야 햐는 실제적인 이유가 생겨난 것이다. 그리고 아시아 국가들 가운데 침묵으로 서구인을 불안감에 빠뜨리는 나라는 비단 중국뿐이 아니다. 예컨대, 국제적 소통을 연구하는 사바스 A. M. Sabath는 인도네시아인과 사업을 할 때에는 이런 점에 유의하라고 경고한다.

> 인도네시아인과 사업적인 관계를 맺을 때에는 참을성 있고 성실한 모습을 보여라. …… 협상 중인 인도네시아인이 말을 거의 하지 않더라도, 그 침묵을 부정적인 반응으로 여기지 말라. 인도네시아에서 사업체를 운영 중인 사람들 중에는 전체 회의에서 결론이 나기 전까지는 냉담한 태도를 유지하는 사람이 많다. 한 가지 더, 이 나라 국민들은 천성적으로 말투가 부드럽다는 것을 기억하라. 그러니 자신의 목소리 톤이 높아지지는 않는지 항상 의식하고 큰 목소리나 거친 소리를 내는 것을 삼가라.

이제 일본 이야기를 해보자. 일본인의 소통을 연구하는 야스다카 사이 Yasutaka Sai는 일본인 중에는 대중교통수단 안에서 옆에 앉은 사람과 대화를 하는 사람이 거의 없다고 지적하면서 이렇게 적었다.

> 개개인으로 볼 때 일본인들은 서구인보다 말수가 훨씬 적다. 뭔가를 나서서 진술하는 경우도 거의 없고 세세히 설명하는 경우도 별로 없으며 일반적으로 말도 적게 하는 편이다. 일본인 부모와 교사들은 말을 너무 많이 하지 않도록 자제하는 법을 아이들에게 가르친다. 어른들은, 말이 너무 많거나 말을 너무 유창하게 하는 아이를 보면 부끄러움을 모르고 얄팍하며 전반적으로 예의 없는 수다쟁이라며 그 아이를 나무란다. 성인이라도 자기 생각을 너무 있는 대로 다 표현하면 욕을 먹는 경우가 종종 있다. 말이 많은 것은 염치없는 성격을 보여주는 표식으로 여겨지고, 말이 많은 사람은 사회적 압력을 거스르는 부정적 인물로 인식된다. 비평도 특히 그 대상

이 어린 청년, 여성, 조직의 신참일 경우에는 가혹한 처사로 간주되는 경향이 있다.

다키에 스기야마 레브라는 일본인들의 대화에서 침묵이 차지하는 중요성을 다룬 한 논문에서, "이미 잘 알려져 있는 바와 같이, 그들의 소통 공간에서는 침묵이 단순한 공백이 아니라 하나의 소통 행위"라는 사실을 우리에게 주지시킨 뒤 이렇게 덧붙였다. "종교학자 메츠 Metz가 과격한 오순절파에서부터 조용한 퀘이커교에 이르기까지 찬양 유형에 따라 기독교 분파를 도식화한 것과 유사한 방식으로, 소리와 침묵이 지속되는 유형에 따라 문화를 분류할 수 있다면, 일본 문화가 침묵 쪽으로 많이 기울어 있다는 사실을 보여주는 증거는 무수히 많다." 레브라는 그런 경향을 파악할 수 있는 한 가지 간단한 방식으로 미국과 일본의 TV에서 방영되는 드라마를 비교해볼 것을 제안했다. 그저 눈을 감고 듣기만 해도 대사의 양이 현격하게 차이가 나는 것을 곧바로 알게 되리라는 것이었다. 레브라는 심지어 이웃나라인 중국이나 한국과 비교해 봐도 일본의 침묵 성향이 더 크다는 인상을 받는다고 서술했다. 일본에서는 침묵이 수동적으로 용인될 뿐 아니라, 다양한 문화적 기대치와 규준을 통해 적극적으로 권장된다. 일본인의 소통 방식을 연구하는 학자 마츠모토 M. Matsumoto가 외국인을 혼란스럽게 만드는 '하라게이 はらげい'라는 이름의 독특한 현상에 대해 기발한 연구를 발표한 적이 있다. '하라게이'는 상호 만족스러운 결과를 도출해내기 위해서 자신이 상대하고 있는 사람을 말없이 포용하는, 독특하고 미묘한 침묵의 활용법인 것으로 보인다.

역설적이게도 일본어에서는 침묵이 영어나 다른 언어에서보다 훨씬 많은 의미를 청자에게 전달하는 언어적 기능을 수행한다. 일본어로 '아이즈찌 あいづち'라 불리는 침묵의 이 기능은, 영어권에서 격려의 끄덕임

이나 "으흠, 그럼," 따위의 추임새와 동등한 기능을 담당한다. 이런 끄덕임이나 추임새는 말문이 막힌 화자를 다독여주고 청자가 그 말에 관심이 있다는 사실을 화자에게 알려준다. 일본인과의 대화에서는 침묵이 청자의 이런 언어적 활동을 대신해준다. 이 침묵은 소리와 침묵 간의 관계를 생생하게 보여주는 현상이다. 레브라는 '아이즈찌'가 나타나지 않는다면 그것은 청자가 적대감이나 불신을 느끼고 있다는 표시라면서, 일본인 청자가 행하는 언어 이면적 표현 방식을 모두 합하면 오히려 상대인 미국인보다 훨씬 많은 것을 표현하는 것 같다고 말했다. 또 "이 '아이즈찌'를 너무 자주 시도 때도 없이, 그리고 너무 시끄럽게 활용하는 일본인 청자한테 영어권 화자는 짜증을 느끼는 것 같다."고 덧붙였다. 이는, 현재 침묵하고 있는 사람이나 이제 말을 시작하려는 사람을 북돋워주는 '언어 이면적 소통 방식'을 다른 유럽인들보다 훨씬 더 적게 사용하는 핀란드인들 역시 조용한 민족으로 통하는 것과 일맥상통하는 이야기이다. 침묵학자 레토넨 J. Lehtonen과 사자바라 K. Sajavarra는 핀란드인들이 고갯짓, 표정, 간헐적인 무언의 중얼거림을 통해, 그리고 (대개는 먼 곳을 향해 있는) 시선을 가끔씩 화자와 맞춤으로써 그런 의사를 전달한다고 기록했다.

일본에 대한 레브라의 평가는, 대개 특정 국가의 문화 연구에만 내재되어 있어 오해를 불러일으키는 과장된 문화적 예외주의와는 거리가 먼 정확한 것이었다. 예컨대, 여러 민족이, 혹은 개인이 일본인에 대한 나시다 T. Nashida의 다음 글처럼 행동한다고 말할 수는 없지 않은가?

어떤 사람은 거절하고 싶은 부탁을 받으면 적절한 시간 안에 대답을 하지 않고 계속 뜸을 들인다. 이것은 그 부탁을 한 사람한테 부정적인 의사를 전달하는 것이다. 그러면 부탁한 사람은, 결국 확실한 대답을 들을 수 있는 시간이 되었을 때 분명한 거절의 말을 들을 마음의 준비를 할 것이다.

일본인들은 어떻게 보면 침묵의 모순된 가치 때문에 침묵을 중시한다. 침묵은 한편으로는 내면적 강인함의 표시가 될 수도 있지만, 한편으로는 다른 사람이라면 칭송할 만한 발언을 진실하게 했을 상황에서조차 남의 문제에 말려들거나 곤란함에 빠지고 싶지 않은 마음, 혹은 개인적인 약점이나 결점 등을 숨기는 수단이 될 수도 있다. 말을 할 때 거짓된, 혹은 솔직한 언어 사용 두 가지가 모두 가능한 것과 마찬가지로, 침묵 역시 솔직함과 은폐 의도 두 가지 의미를 모두 내포할 수 있다. 일본에서는 정치인이 말이 없거나 말이 어눌하다고 해서 반드시 불리하지는 않다. 일본 사회에서는 상류층으로 올라갈수록 말을 줄여야 할지도 모른다. 과거에는 때때로 침묵이 비천한 신분층의 의무인 경우도 있었지만, 오늘날에는 그것이 그 사람의 우월한 신분을 드러내는 상징적 권위인 경우도 있다.

침묵을 존중하는 성향 때문에 일본인들은 공적인 토론에서도 서구인들이 익숙한 방식대로 경쟁적으로 발언하거나 남의 말에 끼어들 틈을 노리기보다는, 차례로 한 사람씩 말을 하며 그동안 다른 사람들은 그 말에 일방적으로 귀를 기울이는 방식을 고수한다고 레브라는 기록했다. 물론 레브라가 기록한 아래 내용처럼 어느 한 가지 방식이 다른 방식보다 반드시 우수한 것은 아니다.

언젠가 호놀룰루의 한 식당에서 식사를 하고 있는 일본인 단체 관광객들을 목격했을 때, 나는 그 일방적인 대화에 충격을 받았다. 남녀 열두어 명 정도 되는 그 사람들은 나란히 앉아서 식사를 하며 대화를 나누고 있었다. 잠시 후, 몇몇 목소리가 크게 들려오자 다른 사람들은 모두 청자의 역할에 들어갔다. 마침내 한 남자가 혐오스러울 정도로 큰 목소리로 외치며 나머지 모든 사람들을 자신의 청중으로 삼았다.

침묵이 일본인 사회에서 매우 중대한 의미가 있는 것만큼은 명백하다. 그렇다고 해서, 입 밖으로 나온 말과 비례해 침묵의 가치를 공연히 낭만적으로 미화해서도, 또 침묵을 사회적 맥락과 동떨어진 독립적인 것으로 인식해서도 안 된다. 레브라가 언급했듯, 때로는 일본인들도 침묵에 불만을 느끼기도 하고, 결과적으로 그 불만은 일기를 쓴다든가 차후에 다시 제삼자를 통해 침묵하던 사람한테 연락을 취한다든가 하는 침묵을 보충하는 행동으로 이어지기도 한다. 그러나 문화적으로 침묵을 대하는 태도가 다르다는 사실 하나만도, 서구인과 일본인이 가끔씩 서로를 오해하는 하나의 원인이 될 수 있다. 문화인류학자 하루 야마다 Haru Yamada는 이런 오해를 유발하는 다양한 문화적 요소를 연구한 한 논문에서, 스타일이 비슷한 두 영화를 비교하면서 다양한 관점을 제시했다. 존 스터지스 John Sturges 감독의 1960년 작 〈황야의 7인 The Magnificent Seven〉과 구로사와 아키라 Kurosawa Akira 감독의 1954년 작 〈7인의 사무라이 Seven Samurari〉가 그것이다. 원작인 일본 영화 〈7인의 사무라이〉를 토대로 미국 영화 〈황야의 7인〉이 만들어졌다. 야마다는 이렇게 말했다. "〈황야의 7인〉에 나오는, 페어플레이 규칙을 정하는 대화는 원작에는 아예 없는 장면이다."

말을 하는 미국 총잡이와 침묵하는 일본 칼잡이의 차이가, 침묵과 말을 바라보는 두 민족의 관점 차이를 보여준다. 이런 차이는 미국과 일본 각자의 역사 속에 스며 있는 구비문학이나 종교 문헌에서도 찾아볼 수 있다.

야마다는, 단어라는 언어적 형태를 포함하는 온갖 형태의 궁극적 비움, 그리고 침묵의 신성불가침성을 종종 교리의 맨 앞에 놓는 불교, 도교, 유교의 특징을 설명했다. 그러고는 이런 종교들의 성향 때문에 일본인들이 다른 민족들보다 말에 중요성을 덜 부여하게 되었다면서 이렇게 썼다.

침묵에 관한 일본의 한 전설에 따르면, 오직 배꼽만이 진실을 말한다고 한다. 따라서 최고의 소통은 아무 말도 하지 않고 '하라게이(말 그대로 배꼽 기술)'를 통해 침묵으로 소통하는 것이다. 내장을 이용하는 이런 소통은, 이상적인 부부 사이에 나타나는 '아-홈 내뱉기'에서 살펴볼 수 있다. 남편이 "아" 하면 아내가 그 즉시 이해하고 "홈"하고 대답한다는 것이다. 말하자면 가장 이상적인 소통은 말을 하지 않는 소통이다.

이런 침묵은, 뒤에 다시 살펴볼 전 세계 보편적인 현상인 배우자의 침묵, 즉 결혼 생활을 지속하길 바라는 서양 부부가 이상적인 모습이자 나아가 필수적인 요소로 여기는 언어적 대화의 절대적 결핍과 혼돈해서는 안 된다. 연인들뿐 아니라 업무상 사람을 많이 만나는 사람들 역시 침묵의 중요성을 인정한다. 야스다카 사이는 이렇게 말했다.

수다스러운 사람은 남들의 귀를 고달프게 만들 뿐 아니라, 조화로운 분위기를 유지해야 하는 상황이라면 그 자리에 해가 될 수 있다. 무엇보다도 말이 많은 사람은 진실성이 없는 사람과 동격으로 여겨질 수 있다. 일본인과의 대화에서는, 아무리 단어를 엄선한다고 해도 말을 끊지 않고 길게 발언을 하는 것보다는 적절한 순간 침묵하는 것이 영향력과 결속력을 증대시킬 수 있는 훨씬 더 강력한 방법이다. 개인적으로 진실한 사람이라는 느낌을 주어 신뢰를 쌓고자 한다면 이런 침묵의 리듬과 간접 화법을 기꺼이 배워야 한다. 어떤 이는 일본인들의 이런 태도가, "말이 없는 사람은 땅을 얻지 못한다.", "끽끽대는 바퀴가 기름칠을 받는다."와 같은 속담에 잘 드러나 있는 미국인들의 사고방식과 정반대라는 결론을 내릴지도 모른다.

저자는 일본인 사업가 대부분이 '표현으로서의 침묵'의 가치에 공감한다고 덧붙였다. 그러므로 사업상 사람을 만나는 자리에서는 침묵의 중요성을 이해하는 것이 결정적으로 필요하다. 하루 야마다는 일본인 은행 중역들이 미국인 중역들보다 더 자주, 그리고 더 길게 침묵에 잠긴다는 사실을 알아냈다. "미국 은행 회의에서는 1분당 평균 0.75초의 침묵이 발생한 데 비해, 일본 회의에서는 5.15초의 침묵이 발생했다. 특히, 일본인들의 최장 침묵 시간은 분당 8.5초로 미국인들의 최장 침묵 시간인 4.6초의 두 배에 달하는 시간이었다." 야마다는 일본인들이 침묵을 유대감의 한 형태, 혹은 상호 협력의 필요성을 인정하는 행위로 인식한다고 생각했다. 말은 화자하고만 유난히 밀접하게 연결되어 있는 반면, 침묵은 동석한 모두가 공유하는 것이기 때문이다.

사회학자 모란 R. T. Moran은 서구인의 태도를 아시아인의 태도와 비교하면서 이렇게 말했다. "미국인은 침묵을 근심, 적대감, 어색함 등 부정적인 의미와 관련짓는다. ……" 그러나 뒤에서 다시 살펴볼 데보라 테넌은 침묵을 미국 전역에 일반적으로 나타나는 현상으로 파악했고, 브루노 T. J. Bruneau 역시 최근에 이런 논지를 전개했다. "미국인들의 소통방식에 대한 고정관념과 반대로, 미국인들도 침묵을 사용한다. 침묵과 침묵시키기가 정확한 표현에 도움을 주기 때문이다. 물론 다른 나라의 수많은 사회학적 집단들과는 다른 방식으로 침묵을 사용하는 것이긴 하지만 말이다." 그러고는 이렇게 주장했다. "미국의 시끄러운 사회 집단들 안에도 겉으로 드러나는 모습과는 다른 성향이 있다." 나케인 I. Nakane 역시 그런 정형화에 반기를 들었는데, 나케인의 연구는 문화 간 소통에서, 특히 일본인과의 교류에서 침묵의 역할을 이해하는 데 도움을 준다.

혹 몇 세기 전에는 서구에서도 침묵이 더 중요하게 사용되지는 않았을까? 과거에는 녹음 기술이 전무했기 때문에 현대와 비교해 대화 중에 어떤 부분에서 말을 멈추었는지를 통시적으로 파악하기는 쉽지 않다. 그래도 20세기의 후반 세기에 여러 지방에서 녹음된 구비문학 테이프들은 남아 있으니 침묵이나 말 멈춤이 시대적으로 각기 어떻게 다른 양상을 띠었는지 장차 면밀히 검토될 것이다. 내 인생만 돌아보아도 요즘처럼 아일랜드인이 서로의 말 중간에 끼어드는 시대는 없었던 것 같다. 그리고 예전에는 조용하거나 말을 '재촉'하지 않는 성향도 하나의 고유한 개인의 성격으로 지금보다는 훨씬 더 존중받았다. 내 지인 중에 나와 같은 세대로 아일랜드에서 태어나 미국에 거주하며 아시아에서 일을 하는 친구가 있다. 그 친구가 2005년 베링해 위 3만 9천 피트 상공에 떠 있는 일본행 비행기 안에서 나에게 이런 편지를 써 보냈다.

　　대화 중에 침묵이 조성되는 데는 여러 이유가 있겠지만, 우리는 외국인이기 때문에 그런 상황이 닥치면 오해를 합니다. 그 침묵은 일본인들이 우리와 소통하려고 안간힘을 쓰는 와중에 발생하는 언어적 문제일 수도 있고, 선종불교에서 늘 완벽을 추구하듯 자신이 할 말을 내면적으로 검토를 끝마치기 전까지는 그 말을 입 밖에 내지 않는 일본인들의 성향에서 비롯된 문제일 수도 있습니다. 어쩌면 서구인은 더 이상 사용하지 않는 방식으로 정중함을 표하는 것인지도 모르겠네요. 우리는 서로의 말을 빨리 끝내려고 냉큼 끼어드는 반면, 일본인들은 우리가 스스로 말을 맺기를 기다려 줍니다. 제 생각에는 이 세 가지 원인이 모두 뒤섞인 것 같은데 그 중에서도 존중과 정중함을 표하려는 것이 가장 큰 원인인 듯합니다. 다른 문화의 가능성에 열린 태도와 닫힌 태도를 모두 갖추고 있는 사람이라면, 그 침묵을 듣고 받아들일 수도, 혹은 서양인으로서의 자아를 내세워 모두의 발을 밟는 실례를 범할 수도 있을 거라 생각합니다. 문제는 자신이 이 두 가지 중 어느 쪽에 속하는지 본인은 모른다는 겁니다. 문화, 연령, 서열, 지위, 전통 등을 모두 고려한, 서양과는 다른 소통 방식이 일본에 존재한다는 것만큼은 분명한 사실입니다. 그리고 침묵이 그 안에서 하나의 역할을 수행한다는 것도요. 그들은 그 침묵의 뉘앙스를 이해하지만, 우리는 그동안 꼭 고삐 풀린 망아지처럼 굴답니다.

그러나 하루 야마다는, 모임에서 계속 침묵하는 일본인들이 눈에 보이는 것만큼 항상 조용하지는 않다는 것이 그 침묵의 큰 특징 중 하나라고 지적했다. 모임에 참여한 사람들이 목표를 달성하고 모임의 성과를 끌어낼 수 있는 최선의 방법을 고심하는 동안에도 각자의 내면에서는 동요가 일어날 수 있다는 것이다. 야마다는 이렇게 말했다.

……일본인들이 대화를 나누는 것을 옆에서 듣고 있으면 (단어 사이의) 텅 빈 침묵만 들린다. 하지만 실제로 대화에 참여하고 있는 일본인에게는 이 침묵이 '삿시 さっし'(추측)라는 적극적인 청취를 요구하는 행위이지 결코 텅 빈 것이 아니다. 매번 침묵이 찾아올 때마다 사회자는 이렇게 묻는다. "모두들 이해하셨습니까?", "이 주제에 대해 더 이야기하기를 바라십니까? 아직 이야기가 더 필요합니까?", "이제 다른 주제로 넘어가도 되겠습니까?"

'여백, 멈춤'이란 뜻의 칸지(かんじ: 일본에서 쓰는 한자) '마 ま(間)'는 문을 통해 쏟아지는 햇살에 비유할 수 있다고 야마다는 덧붙였다. 함축적 의미와 은근한 소통이 침묵을 통해 어떻게 빛날 수 있는가를 잘 보여준다는 의미에서 말이다. 서구인들은 회의 말미에 확실한 결론이나 결과물을 얻고 싶어 하는 경향이 강한 반면, 일본인 중역들은 논란의 여지가 있는 문제일 경우 억지로 결론을 내리고 그 결론을 거부하기보다는 여러 차례 침묵의 시간을 보낸 뒤 흐지부지된 그 상태 그대로 토론을 그냥 끝내는

쪽을 선호한다고 야마다는 설명했다. 그러고는 서구인들도 토론 과정을 반추해볼 수 있도록 침묵의 이런 활용법을 배워보는 것이 어떻겠냐고 제안했다. "그렇게 하면 적어도 침묵이 조금 더 짧게 느껴지기는 할 것"이라면서 말이다. 하지만 모든 사업적 모임에서 침묵이 일본인에게 유리하게 작용하는 것은 아니라는 의견도 있다. 야스다카 사이의 주장에 따르면 일본인 관리자들의 입장에서도, 표현이나 명쾌한 진술을 하지 않으려는 경향은 '저들의 의도가 무엇인가?', '외국인과는 어느 지점에서 타협해야 하는가?' 등 결론이 필요한 문제들을 더욱 애매하게 만들 수 있고, "이런 모호한 진술은 오해를 초래할 뿐더러 화자가 믿을 만한 사람이 못 된다는 표시로 여겨질 수 있다."고 한다.

매니지먼트 컨설턴트 같은 실무자들은 물론 야마다 같은 학자들도, 여러 문화권을 오가며 협상을 진행하느라 바쁜 사업가들에게 실제적인 조언을 건넸다. 예컨대 문화학자 브리슬린 R. W. Brislin과 킴 E. S. Kim은 "개별 문화가 국제 기업 업무의 일부인 문화권 간 소통에 어떤 영향을 끼치는가?"라는 논제의 내용을 요약하고 열 가지 개념을 도출해 간단한 목록을 작성했다. '기나긴 침묵에 어떻게 대처할 것인가?'라는 주제도 그 목록의 항목 중 하나이다. 그 항목에 달린 전문가들의 조언을 다시 요약해보면 다음과 같다.

- 기나긴 침묵이 찾아와도 겁먹지 말 것.
- 항상 간극을 반드시 메워야 하는 것은 아니라는 사실을 명심할 것.
- 때로는 침묵의 시간이 그 문제의 중요성을 의미한다는 사실을 기억할 것.

문화학자 미사 푸지오 Misa Fujio는 미국 기업 일본 지점에서 일하는 미국인 간부 한 명, 일본인 간부 한 명, 일본인 평직원 한 명이 진행한 한 시간의 회의를 분석했다. 푸지오의 연구는, 특히 침묵과 "네."라는 대답의 모호성 때문에 어떤 소통의 오류가 발생하는지, 미국인 간부와 일본인 간부가 정중함을 표현하려고 어떻게 다른 전략을 쓰는지에 초점이 맞추어져 있었다. 푸지오는 "영어가 세계 공용어가 된 시대에 영어권으로부터 뚝 떨어진 나라에서 각기 다른 문화권에 속하는 사람들이 소통을 통해 서로를 이해하고 대화를 함께 진행하기 위해" 영어 모국어 사용자와 모국어 사용자가 아닌 사람이 논제에 어떻게 접근하는가와 관련해 몇 가지 실용적인 조언을 건넸다.

…… 일본인이 침묵에 내성이 더 많은 것이 부인할 수 없는 사실인 한, 외국인과 소통하려는 일본인은 침묵을 메울 수 있는 어떤 수단을 강구해내야 한다. 예를 들어, "그 문제를 생각해볼 수 있는 시간을 좀 주십시오."라고 말하든가, 그저 "그러니까 지금 하신 말씀은 ……" 같은 단순한 말을 반복해서라도 침묵을 메워야 한다. 반대로 영어 모국어 사용자는 모국어 사용자가 아닌 사람들, 특히 일본인의 경우 언어적, 문화적 이유에서 말을 멈추는 일이 많다는 사실을 사전에 인지하고 회의에 들어가는 것이 바람직하다.

기업 채용

각기 다른 문화적 배경에서 성장한 사람들은 침묵과 그 외 비언어적 표현 수단을 사용하는 방식도 각기 다르기 때문에, 가장 유능한 인재를 채용하느라 여념이 없는 인사 담당자를 오해에 빠뜨릴 수 있다. 이 사실을 알지 못하면, 자신들과 표현 방식이 비슷한 사람들만 선호하는 편파 채용의 잘못을 저지르기 십상이다. 언어학자 젠킨스 S. Jenkins와 파라 I. Parra는 면접시험에서 비언어적 행동이 구술능력 평가에 어떤 영향을 끼치는지 연구했다. 지원자는 국제교육 보조원직에 응시한 스페인어 사용자 네 명, 중국어 사용자 네 명이었다. 위 연구자들이 나중에 논문에 다음과 같이 기록했듯, 오로지 입에서 나온 말만 점수에 반영하도록 그 시험 과정을 관리했다면 아마도 사뭇 다른 채용 결과가 나왔을 것이다.

> 면접시험의 녹화 영상을 자세히 분석한 결과, 비언어적 행동을 자주 사용한 지원자는 북미 면접관에게 좋은 점수를 받았고, 면접 과정과 채점 기준에 관심을 보인 지원자는 다소 떨어지는 언어 능력을 상쇄할 수 있을 만큼 높은 추가점수를 받은 것으로 드러났다. 면접 중에 청자와 화자의 역할, 즉 번갈아가며 바뀌는 자신의 역할에 맞게 반언어적(半言語的) 요소를 적절히 곁들여가며 비언어적 표현을 적극적으로 사용한 지원자는 면접관에게 상호작용 능력이 탁월하다는 인상을 주었다.

면접 자체를 동료들과의 대화나 토론 주제로 삼은 지원자는 면접을 그저 시험의 일종으로 생각한 지원자보다 훨씬 높은 점수를 받았다. 이런 사실로 볼 때 채용 시험이나 개인 면접에서는 면접관과 지원자 양쪽 모두의 경우, 말을 통한 소통이 입 밖으로 나온 단어를 모두 합친 것 외에 다른 요소들까지 합쳐져 이루어진다는 사실을 인지하고 있는 사람이 더 유리하다는 것을 알 수 있다.

아래 메리 먼터 Mary Munter의 글에는 다른 나라 사람들과 협상을 할 때 문화적 차이를 존중하지 않는 태도가 얼마나 위험한 것인가가 잘 요약되어 있다.

결론적으로 말해서, 자신의 문화에서 사용하는 비언어적 행동의 의미를 다른 문화에까지 적용하려 들지 말라. 베트남인들은 '찔리는 일'이 있어서가 아니라 존중심을 보여주기 위해 고개를 숙이고 땅을 바라본다. 미국인에 대면 러시아인들은 얼굴 표정이 훨씬 단조롭고 스칸디나비아 반도 사람들은 몸짓을 적게 쓰지만, 그렇다고 해서 그들이 열의가 없다는 뜻은 아니다. 이와 반대로 라틴, 지중해 문화권에 속하는 사람들은 미국인들에 비해 몸짓이 다양하고 신체 접촉도 잦지만, 그렇다고 해서 그들을 '강압적인' 사람들로 여겨서는 안 된다. 미국 내부에서도 남부인들은 말을 천천히 하는 경향이 있지만, 그렇다고 해서 그들을 '과묵하다'고 생각해서는 안 된다. 북부인들은 대체로 말이 빠르지만, 그렇다고 해서 그들이 거만한 것은 아니다. 미국인에 비해, 브라질인들은 남의 말에 더 자주 끼어들고, 아시아인들은 침묵을 더 중시하며, 아랍인들은 더 큰 목소리로 말한다.

직장에서의 침묵은 다른 문화권에 속한 사람들이 만나는 자리에만 국한되는 현상이 아니다. 예를 들어 침묵은, 가식적인 주장이나 침묵으로 일관하는 사측에 맞서는 피고용인들의 저항 전략이 될 수도 있다. 회사 측은 건전한 사명감 운운해가며 교묘하게 만들어진 기업 이념들을 유창하게 늘어놓지만, 대개 실제적인 조직 운영방침에 대해서는 일언반구조차 하지 않는다. 기업의 수습사원들은 간부들에게 좋은 인상을 주려면 어떤 말을 해야 하고 어떤 말을 하지 말아야 하는지 배워 나가면서, 열정과 현실 사이의 격차를 금방 깨닫는다. 이는 앞 장에서 살펴본 계산적인 침묵의 단적인 한 예이다. 영국의 연구자 브라운 A. Brown과 커플랜드 C. Coupland는 최근 한 연구를 통해, 영국에 본사를 둔 소매 체인 민간 대기업(연구에서 '베타 Beta'라 명명한 이 기업이 연구의 주된 대상이었다.)에서 교육과정을 수료한 수습사원들이 이런 현상을 잘 보여준다고 설명했다. 위 연구자들은, 수습사원들이 자신들의 입을 막으려는 의도로 해석되는 회사의 방침을 어떻게 수용하는가, 그리고 그 방침을 어떤 식으로 감수하며 일 하는가 등 그들의 업무 태도에 주목했다. 피고용인들은 표현적인 침묵의 기능을 교묘하게 전략적으로 활용하여 자기 자신을 드러내는 수단으로 삼고 있었다. 일찍이 데보라 테넌이 "침묵이 그것 하나만으로 무력함을 보여주는 자명한 증거가 될 수 없듯, 자유로운 입담 역시 그 사람이 주도권을 쥐고 있음을 보여주는 자명한 증거가 될 수 없다."고 강조했던 것처럼 말이다. 브라운과 커플랜드는 수습사원들이 연구자들의 질문에 답변을 하는 동안 스스로를 보호하기 위해 침묵을 어떻게 활용하는가를 특히 유심히 살펴보았다. "모르는 걸 모른다고 말하는 건 괜찮지 않아요?" 이런 질문을 하자 한 수습사원은 이렇게 대답했다. "모르는 것을 누군가에게 물어보기보다는 그 문제에 대해 제 스스로 좀 더 연구해봐야 하는 것 아닌가, 그런 생각이 들 때가 많아요. 직원 채용 시 베타에서는 알아서 일하는 사람, 어, 그러니까 남들한테 너무 많이 의존하지 않는 사람을 찾거든요." 다른 수습사원은 이렇게 말했다. "…… 가끔…… 좌절감을 느끼다 보면 엉뚱한 사람한테 내 마음을 털어놓게 되더라고요. 앞으로는 좀 더 조심해야 할 것 같아요." 또, 이렇게 말한 수습사원도 있었다. "제 생각에는…… 가끔은 요령껏 침묵할 필요도 있는 것 같아요. 그리고 또 잘 아시겠지만, 어떤 말을 입 밖에 낼 때에는 그 전에 미리 그 말을 실제로 연습해보는 방법도 고려해봐야 해요." 인터뷰를 마친 연구자들은 이렇게 결론 내렸다.

관리라는 것의 실체가 얼마나 부실한지는 누구나 다 안다. 기업이 늘어놓는 미사여구와 그 기업에서 직접 일하는 사람들의 경험은 갈등을 유발하고, 그 갈등은 결국 감정적 불화와 스트레스로 이어지는 일종의 '정신분열'을 초래할 수 있다. '침묵'은 부분적으로, 수습사원들이 중요하고 유능한 사람인 것처럼 자신을 이야기할 때 신참 입장에서 유용하게 사용할 수 있는 하나의 자원인 것으로 보인다. 예컨대 베타라는 기업의 문화가 그들이 묘사하듯 공식적으로는 하급직원의 참신한 아이디어를 장려하지만 실제로는 그것을 그다지 탐탁지 않아 하는 상황에서, 침묵은 그들로 하여금 행동의 책임을 효과적으로 모면하게 해주는 기능을 수행한다. …… 이는 그들이, 업무 이야기를 너무 자주 해서 불쾌감을 조성할 수도 있는 '위험 천만한 상황'에 엮이지 않고도 스스로 자아정체성을 지킬 수 있을 뿐 아니라 나아가 그것을 강화할 수 있다는 뜻이다.

피고용인의 조심스러운 침묵을 경영인들은 겸손함을 표하는 적절한 태도라 여긴다. 더욱이 그 주체가 배워야 할 것이 많은 수습사원인 경우에는 더더욱 그렇다. 그러나 피고용인들이 회사를 자기표현이 불가능하거나 내키지 않는 곳으로 느낀다면, 그 회사는 자신들이 보유한 자원을 최대한으로 활용하지 못하고 있는 것이다. 고용주 역시 그 실태를 알고 두려워해야 한다. 단기적으로 보면 잘 알지도 못하면서 엉뚱한 의견을 마구 내놓거나 감정적으로 미숙한 반응을 보이는 직원이 항상 회사에 보탬이 되는 것은 아니지만, 장기적으로 보면 그런 표현을 억압하는 행태는 직원들의 사기와 업무 수행 능력에 치명적인 악영향을 끼칠 수 있다.

최근, 쿠퍼 C. Cooper와 테오볼드 T. Theobald는 비할 데 없이 명쾌한 제목을 단 한 책에서, 사업가라면 다른 사람들이 자신을 어떻게 생각하고 있는지 이해하려고 안간힘을 써야 한다고 주장했다. 그 책 내용은 제목만 봐도 잘 알 수 있다. ≪닥치고 들어라! Shut up and Listen!≫

3장
침묵에 관한 이론들

"침묵이 무엇이냐?"는 질문을 받으면 어떤 사람들은 그것이 그저 소리의 부재일뿐이라는 듯 "아무것도 아니"라고 답한다. 그러나 아주 조용한 곳에 있어 보면, 예컨대 고요하고 깊은 밤 홀로 잠에서 깨어나 보면, 실제로 존재하는 침묵의 질감이 느껴진다. 그 느낌은 재미있을 수도, 무서울 수도 있다. 우리는 소음에서 벗어나면 반가움을 느낀다. 어쩌면 두려움을 숨길 수가 없어서 텅 빈 고요에 잠기고자 하는 것인지도 모르겠다. 우리가 살면서 만들어내는 소리가 얼마나 순간적이며 부질없는 것인지, 꼭 그런 생각에 잠기지 않고도 휘파람을 불며 묘지를 거니는 것을 좋아하는 사람들도 있다. 또 공간을 살찌우는 창의적인 것으로서 침묵을 즐기는 사람들도 있고, 신이 보낸 신호로서 침묵을 받아들이는 사람들도 있다. 소리와 침묵 사이의 관계는 너무나 미묘해서 그에 대해 아주 기본적인 질문을 던져도 사람들은 저마다 각기 다른 대답을 한다. 미국의 여성시인이자 페미니스트인 에이드리언 리치 Adrienne Rich는 〈침묵의 지도 제작법 Cartographies of Silence〉이란 시에서 '말해진 것'과 '말해질 수 없는 것, 혹은 말해지지 않은 것' 사이의 근본적인 긴장감을 관찰한다.

거짓말로 대화가 시작된다.
그리고 소위 일상 언어를

사용하는 화자들은 제각기 부빙(浮氷)에서 떨어져 나온
얼음조각 신세가 된 듯한 기분을 느낀다.

무력한 존재가 된 듯,
자연의 힘에 부닥친 듯.

시도 거짓말로 시작될 수 있다.
그러면 그 시는 갈가리 찢긴다.

하지만 대화에는 다른 규칙이 있다.
자신의 거짓 에너지로

스스로를 계속 충전하는 것이다. 그래도 대화는
찢길 수 없다. 우리의 핏속에 스며들어 계속 되풀이될 뿐.

그 사실을 부인하면서 응답 없는 바늘로
우리의 몸 안에 고립을 새길 뿐.

혹시 침묵이 소리보다 더 근원적인 것은 아닐까? 1838년 겨울, 소로는
이렇게 썼다.

모든 소리는 침묵과 거의 유사하다. '침묵', 그녀의 표면 위로 곧바로 터
져 나오는 것은 거품이다. 그 거품은 그녀의 내면에 흐르는 다산성과 힘의
상징이다. 침묵과 대조될 때 그 소리는 희미한 침묵의 중얼거림이 되어 우
리의 청각신경에 유쾌하게 와 닿는다. 침묵과 대조될수록, 침묵을 높이고
강렬하게 만들수록, 그 소리는 세상에서 가장 순수하고 조화로운 멜로디
가 된다.

반면 그보다 더 최근에 라캉을 계승한 정신분석학자 슬라보예 지젝
Slavoj Žižek은 아르헨티나의 시인 피자닉 Alejandra Pizarnik에 대해 감탄조
로 말했다. 지젝은 "단언하건대, 피자닉은 아주 작은 차이, 그러니까 '무
(無)'와 '유(有)'의 차이, 침묵과 파편난 목소리의 차이를 인식할 줄 아는
감산(減算)의 시인"이라고 평했다. 그러고는 꽃병의 이미지를 환기시킴
으로써 소로의 '거품'과는 현저하게 다른 은유를 창조해냈다.

태곳적부터 존재한 것은 침묵이 아니라 소음이었다. 그때 침묵은 쪼개
진 단어들이 부서지길 기다리고 있었고, 소음은 아직 형체가 배경과 분리
되지 않은 '실재' 속에 혼란스러운 웅얼거림으로 존재하고 있었다. 따라서
최초의 창조적 행위는 '침묵의 창조'였다. 하지만 침묵 자체가 부서진 것
이 아니라, 침묵이 스스로 '실재'의 혼란스러운 웅얼거림 속에 끼어들어
그것을 부수어버림으로써 단어가 발음될 수 있는 여백을 만든 것이었다.
침묵이라는 배경이 없으면 그 어떤 말도 적절하게 발음될 수 없다. 하이데
거가 말했듯, 모든 발화는 '침묵의 소리'를 향한 대답이다. 침묵을 창조하
는 일은, 즉 내부의 공간을 창조해내는 꽃병과 똑같은 방식으로 여백의 자
리를 침묵으로 둘러싸는 일은 각고의 노력이 필요하다.

침묵은 다양한 형태로 나타나기 때문에, 침묵의 양태와 기능에 대한 이
론적 접근 역시 다양한 방식으로 나타난다. 그 중에서도 문화적, 종교적,
사회학적 통찰이 침묵에 관한 연구와 저술이 성장하는 가운데 제자리를
찾았다.

1948년 출간된 막스 피카르트 Max Picard의 ≪침묵의 세계 Die Welt
des Schweigens≫는 침묵에 대한 선구적이고 매력적인 통찰을 담고 있다.
얇지만 인상적인 이 책의 내용에 따르면 피카르트는 침묵을 소리의 부재
이상의 것으로 여겼던 것이 분명하다. 침묵을 "단순히 말을 중단했을 때

만 생겨나는 것이 아닌 독자적인 현상"으로 기술했던 것이다. 그리고 침묵을 물질적이라기보다는 영적인 어떤 본질적 요소가 포함되어 있는 것으로 인식했던 것이다. 피카르트의 표현에 따르면, 침묵은 "자기 자신을 통해 자급자족적으로 존립하는 독립된 전체"이다.

침묵은 가장 먼저 태어난 원초적 현상이다. 침묵은 사랑, 믿음, 죽음 등 다른 원초적 현상들을 품고 있다. 다른 원초적 현상들 속에는 말보다 침묵이, 눈에 보이는 것보다 보이지 않는 것이 더 많이 들어 있다. 또한 한 명의 인간 속에도 그가 평생 쓸 수 있는 것보다 더 많은 양의 침묵이 들어 있다. 그것이, 모든 인간의 말이 신비에 둘러싸여 있는 이유이다. 한 인간 속의 침묵은 그 자신의 삶 저 너머로 뻗어나간다. 이 침묵 안에서 인간은 과거 세대, 그리고 미래 세대와 연결된다.

피카르트는 이렇게 침묵을 일종의 그물로 형상화했다. 그에게 침묵은 과거와 미래를, 그리고 신과 개인을 연결해주는 매개체요, 일상생활 속 말과 의미를 지탱해주는 중심 기둥이었다. 피카르트는 언어 자체, 그리고 언어의 사용과 관련된 요소들이 힘을 얻게 된 것은 모두 침묵 덕분이라고 생각했다. 그에게 침묵은, 신의 존재를 깨닫게 해줄 창조의 중요한 일면이었던 것이다. 피카르트의 이런 시적이고 창의적인 존재론적 접근방식은, 신앙인이 침묵에 어떤 식으로 신학적 가치를 부여하는지를 단적으로 보여주는 사례이다. 그러나 그는 침묵에 대한 종교적 관점을 남용하지는 않았다. 예컨대 침묵을 본질적으로 상호의존적인 현상으로 여기는 불교도들이, 피카르트와 똑같이 상당히 철학적인 방식으로 침묵을 이해할 가능성은 거의 없다. 물론 그들 역시 일상생활 속 침묵의 가치에 대한 피카르트의 관점에는 공감하겠지만 말이다.

침묵의 가치에 대한 피카르트의 웅변적 언명은 가끔씩 직관적으로 보일 때도 있고 면밀한 논리적 검토를 거치지 않은 것처럼 보일 때도 있다. 예를 들면 이런 부분이 그렇다.

존재하게 되면 침묵은 그때까지 자신 말고는 그 무엇도 존재한 적이 없었던 것처럼 존재한다.

침묵이 존재하는 곳에서는 인간이 침묵에게 관찰당한다. 인간이 침묵을 관찰하는 것이 아니라 침묵이 인간을 관찰한다. 인간은 침묵을 시험하지 않지만 침묵은 인간을 시험한다.

오로지 말만 존재하는 세계는 상상하기 어렵지만 오로지 침묵만 존재하는 세계는 상상할 수 있다.

그러나 마지막 문장에서 피카르트가 한 말, "오로지 침묵만 존재하는 세계를 상상하는 것"이 정말로 가능할까? 그런 침묵의 풍경 속에서 관념적인 관찰자, 즉 자신의 존재를 지우는 것이 어떻게 가능할까? 이 딜레마를 널리 알려진 의문문 버전으로 바꾸어 말하면 이렇다. "숲에서 나무 한 그루가 쓰러졌는데 만약 그 숲 안에 그 소리를 들은 사람이 아무도 없다면, 그 나무는 소음을 만들어낸 것일까?" 침묵을 경험하거나 인식할 사람이 아무도 존재하지 않는다면, 그 침묵이 존재하는 것이라고 어떻게 말할 수 있겠는가? 그런 침묵과 순전한 무(無)와의 차이점은 무엇일까? 차라리 우리의 우주라는 공간 전체에 아무런 생명이나 사물도, 아무런 경계도 없다고 상상해보는 편이 훨씬 쉬울 것 같다. 사실 그런 침묵은 관념 속에서나 가능할 뿐 현실 속에서는 불가능하다.

소음을 내며 달리던 사람들이 그 동작을 멈추면 "침묵에게 관찰당하는 것"을 느끼며, 정말로 인간이 침묵에게 시험당하기도 한다고 피카르트는 기록했다. 그때 사람들이 보이는 반응은, 그 사실을 곰곰 생각해보거나 명상에 잠기는 것이 아니라, 소음을 내며 다시 달리기 시작하는 것이다. 하지만 피카르트는 이렇게 믿고 있었다.

모든 '유용한 것'을 통틀어 우리에게 가장 많은 도움과 치유력을 베풀어 주는 것은 침묵이다. 목적도 없고 사용할 수도 없는 침묵이 오로지 목적지 향적인 것 곁에 난데없이 나타나서는, 바로 그 무목적성으로 목적지향적 인 것을 놀라게 만든다. 그리하여 목적지향적인 것의 일상적인 흐름을 중 단시킨다. 그 목적 없는 침묵은 사물들 속에 존재하는 건드릴 수 없는 어떤 요소를 강화해주며, 사용되는 과정에 사물들이 입게 되는 손실을 줄여준 다. 사물들을 손실의 세계로부터 온전함의 세계로 되돌려 보냄으로써 사 물들을 다시 온전하게 만들어주는 것이다. 목적 없는 침묵은 사물들에게 자신의 성스러운 무효용성을 나누어준다. 왜냐하면 그 침묵이야말로 성스 러운 무효용성 자체이기 때문이다.

피카르트는 이 부분에서, 힘없는 자들의 정당한 불평을 억압하려는 자 들이 강요하는 침묵이 아니라, 주체가 자유롭게 끌어안는 침묵에 대해 이 야기하고 있었다. 그는 침묵과 언어 사이의 활발한 관계에 관심이 매우 많았다. 언어의 내부에, 그리고 우리의 내부에 공식적으로 승인된 침묵의 자리가 없을 경우, 언어는 진실과 미(美)에서 분리된 불완전한 것이 되리 라는 것이 피카르트의 생각이었다. 피카르트의 연구는 엄격한 규율과 수 행을 강조하는 트라피스트 수도회의 수사 토머스 머튼 Thomas Merton에 게 지대한 영향을 끼쳤다. 머튼은 침묵의 회복력은 개인에게만 영향을 주 고 끝나는 것이 아니라 "진정한 소통의 부활을 위해서 반드시 필요한 것" 이라 믿었다.

일상생활에서 서로 주고받는 소통에 깊이가 없어지면, 우리는 언어를 단순한 일련의 기호로 여기기 마련이다. 이런 관점에서 볼 때 '컵'이나 '유리잔'은 그저 사물을 서술적이거나 실용적인 방식으로 구별해주는 편리한 언어적 꼬리표에 불과하다. 그러나 컵이나 유리잔 같은 단순한 단어도 우리의 서술 능력을 위축시킬 수 있다. 그래서 간혹 간단한 범주에 즉시 포함시킬 수 없는, 특별한 음료를 따라 마시는 술잔을 표현할 때는 폭넓은 어휘를 활용할 필요가 있다. 복잡한 감정이나 깨달음을 표현할 경우에는 그 언어란 것이 얼마나 더 제한적으로 느껴지는지 모른다. 그런데도 우리는 언어에 너무나 크게 의존하고 있다. 그러다 보니 우리가 쓰는 어휘가 우리를 결정짓고 심각할 정도로 우리를 좌절시킨다. 제한적인 언어로, 우리 자신에게 세상을 설명하고 우리가 이해한 것을 또 남들에게 설명하느라 진이 빠질 지경이다. 어쩌면 우리는 말로 표현할 수 있는 것보다 훨씬 독특한 상황에 놓여 있는 것인지도 모른다. 이를테면, 이미 의미가 구체화된 어휘들이 존재하는데도 아직 배우지 못했기 때문에 우리의 개인적인 단어 구사력과 이해력이 그 어휘들을 활용하기에는 턱없이 부족하다든가, 혹은 우리의 통찰에 충분히 부합하는 독특한 단어들이 문화적으로 부족하다든가, 하는 그런 상황 말이다. 물론 그런 요구에 맞게 새로운 단어들이 만들어지는 경우도 간혹 있을 것이다. 하지만 번역가들만 절감하는 문제인지 몰라도, 하나의 언어에는 존재하는 단어가 다른 언어에는 줄기차게 생기지 않는 경우도 종종 있다.

다른 관점에서 보자면, 우리의 감수성이 고조된 순간에 '딱 알맞은 단어'를 떠올리면 그 언어는 우리의 존재 자체를 통해 울려 퍼지는 것인지도 모른다. 피카르트가 언어를 본질적으로 침묵과 연결된 것으로 파악한 이유도 이 때문이었다. 그저 단어들이 스스로 발음되기 위해서, 자신들의 소리 주변에 침묵을 요구하는 것이 아니다. 단어들은 의미라는 면에서도 침묵에 의존하며 침묵 내부에 잠재되어 있는 존재들을 반영한다. 계속 침묵하는 행위는 단순하게 할 말 없음을 드러내주기도 하지만, 화자가 정신적 배터리를 조용히 재충전하거나 재장착하고 있음을 의미하기도 한다. 피카르트는 이렇게 말했다.

> 단순히 다른 단어에서 태어난 것일 뿐인 단어는 딱딱하고 공격적이다. 그리고 또 외롭다. 현대 사회의 우울증상의 대부분은, 인간이 말을 침묵에서 떼어냄으로써 말을 외롭게 만들었다는 사실에 기인한다. 이런 침묵을 향한 거부는 인간에게 죄책감이란 요소로 작용하고, 그 죄책감이 겉으로 표현된 것이 현대 사회의 우울증상이다. 이제 언어는 어두운 우울증상의 가장자리에 둘러싸여 있을 뿐, 더 이상 침묵의 가장자리에 둘러싸여 있지 않다.
>
> 언어는 반드시 침묵과 친밀한 관계를 유지해야 한다. 투명하고 가벼운 침묵의 성질이 언어 자체를 투명하고 가볍게 만들어주기 때문이다. 언어는 침묵 위에서 빛나는 구름, 즉 침묵이라는 잔잔한 호수 위에서 빛나는 구름과 같다. 침묵은 언어에게 재창조라는 자연적 원천이 되어주는 것은 물론, 언어 스스로 초래한 사악함으로부터 벗어날 수 있게 휴식과 정화의 원천이 되어준다. 언어는 침묵 속에서 숨을 죽인 뒤 자신의 폐를 순수하고 원초적인 공기로 가득 채운다.

성스러운 예배 의식이나 명상이란 맥락에서 보았을 때 침묵이 높은 자리를 차지하는 것은 말할 것도 없다. 이 내용에 대해서는 나중에 다시 자세히 살펴볼 것이다. 아무튼 피카르트는 자기 나름대로 온전한 침묵의 힘을 인식하고 있었다.

> 침묵 안에는 치유의 힘, 친근함뿐 아니라 어둠과 공포의 힘, 적막한 지하

에서 불쑥 솟아날 수 있는 힘, 죽음과 악마의 힘도 존재한다. 'Le silence é ternal de ces espaces infinis m'effraie' ("무한한 우주의 영원한 침묵은 나를 두렵게 만든다.") (파스칼 Pascal) 침묵에서 태어난 말은 침묵 안에 존재하는 파괴적이고 악마적인 힘과 연결될 위험이 있다. 매순간 지하에 도사리고 있는 악의적인 것이 말 속에 나타나서는, 마찬가지로 침묵에서 나와 세계에 모습을 드러내고 싶어 하는 친근함과 평온함을 밀어내려 한다.

책의 다른 문단에서 피카르트는 "태초에 말씀이 있으셨다. 그 말씀은 주님과 함께였다."(요한복음 1장 1절)는 사도 요한의 선언을 이해하는 한 가지 방식을 제시했다. 성스러운 태초의 시대가 지난 뒤 어느 시점부터인가 사람들이 자의적인 언어로 현실을 바라보기 시작했다는 것이다. 사람들이 쓰던 그 언어는 더 이상 "주님과 함께"가 아니었다. 그 언어의 뜻이 주님의 뜻과 일치하지 않았기 때문이다. 이 분리는 일종의 죄악이요, 완전함으로부터의 추락이었다. 그 뒤 언어적 바벨탑을 재건해 천국으로 되돌아가려는 노력이 어이없을 정도로 끊임없이 이어졌다. 피카르트의 다음 문장에 표현된 요점을 이해하려고, '언어'나 '이성 logos' 같은 단어의 최초 출처인 고대 문헌을 다룬 논문을 굳이 읽을 필요는 없다.

침묵은 인간의 마음속에 슬픔을 불러일으킨다. 침묵이 인간으로 하여금 언어 때문에 야기된 추락이 아직 일어나기 전 좋던 시절을 떠올리게 만들기 때문이다. 침묵은 인간으로 하여금 추락하기 전 시절을 열망하게 만들고, 동시에 인간을 불안하게 만든다. 왜냐하면 침묵 속에 있으면 언제든 언어가 불쑥 나타날 것 같은, 그리하여 그 언어와 함께 죄악 속으로 떨어졌던 첫 번째 추락이 또 다시 일어날 것만 같은 기분이 들기 때문이다.

아래 인용된 예처럼 침묵을 칭송하는 노래를 부른 것으로 보아 피카르트는 부동산 중개업자와 여행사 영업사원이 등장해 주택과 휴양지 리조트의 바람직한 덕목인 침묵을 소리 높여 떠들기 전 시대에 살았던 것이 분명하다.

> 침묵은 오늘날 아무런 '쓸모' 없는 유일한 현상이다. 수익과 실용성을 추구하는 요즘 세상과는 맞지 않는다. 침묵은 그저 존재할 뿐, 아무런 목적도 없어 보인다. 그리고 이용될 수도 없다. …… 말하자면 침묵은 '비생산적'이다. 그래서 무가치한 것으로 인식된다.

그 뒤로 거의 60년이 흘렀다. 이제 침묵은 사람들이 소중히 여기고 정확하게 값을 매기는 장소와 관련된 하나의 상품이 되었다. 침묵이 잠시나마 소음으로 가득한 세상과의 단절을 제공하기 때문이다. 고급 여행상품에서 침묵이 정말로 얼마나 악랄하게 이용되고 있는지는, 최근 최상류층의 기동성을 다룬 논문에서 저자가 사용한 '지독하게'라는 부사에 잘 나타나 있다. 그 저자는 "부르주아적 이미지마다 '지독하게' 따라다니는 것이 바로 이 침묵이란 용어"라고 주장했던 것이다. 1948년 당시 시민들이 침묵과 먼 삶을 산다고 생각했던 피카르트가, 온갖 운송수단과 다중채널 전자 자극으로 가득한 오늘날의 이 행성을 보면 과연 뭐라고 할 것인가?

20세기 중반에 침묵에 관심이 있었던 사람은 비단 피카르트만이 아니었다. 시드니 베이커 Sydney Baker는, '의식적이든 무의식적이든 발화의 목적은 침묵'이라는 생각을 토대로 정신분석 이론을 발전시킨 학자였다. 베이커는 개인 간의 동일시 능력 부족에서 비롯된 '부정적 침묵'과 연인이나 가까운 직장동료처럼 친밀한 사이에서 생기는 유쾌한 '긍정적 침묵'을 명확히 구분했다.

1959년 에드워드 홀 Edward Hall의 ≪침묵의 언어 The Silent Language≫

가 출간됐다. 홀은 문화 자체를, 단순한 언어를 초월한 모든 것을 아우르는 소통의 한 형태로 보고 문화가 행동에 영향을 끼치는 방식에 깊은 관심을 기울였다. 우리는 요람에서부터 우리가 속해 있는 문화를 흡수하며, 문화는 우리가 생각하고 말하는 양식을 형성한다. 특정 문화가 우리를 얼마나 제대로 꿰뚫고 있는지, 그 문화가 감정과 생각을 표현하거나 침묵하는 우리의 방식을 어떻게 형성시켜주는지, 우리는 인식하지 못할 수도 있다. 따라서 문화권을 넘어서는 소통을 할 때에는 그 안에 오해의 가능성이 늘 존재한다는 사실을 명심해야 한다. 홀의 연구는 후배 연구자들에게 큰 영향을 끼쳤고, 젠슨 Jenson, 브루노, 요하네슨 Johannesen 등은 소통에 기여하는 침묵에 대한 이해를 발전시키려는 힘겨운 도전에 뛰어들었다.

그 가운데 조지 스타이너 George Steiner는 1950년대 후반부터 1960년대 중반까지 몇 편의 기발한 에세이를 연달아 발표했고 그 글들을 묶어 ≪언어와 침묵 Language and Silence≫이란 제목의 단행본으로 출간했다. 스타이너 자신이 "언어, 문학, 그리고 비인간적인 자들에 대한 에세이"라고 불렀던 그 글들은 워낙 명쾌하고 강렬한 문체로 쓰여 있어서 40년이 훌쩍 지난 지금 보아도 읽는 재미가 쏠쏠하다. 스타이너의 문체는 이제 전문 용어로 가득한 기술집약적 글을 쓰는 학자들에게는 하나의 도전이 되었다. 스타이너의 명쾌한 문장은 식자율 감소와 현대사 속 비인간적 인물들에 깊은 관심이 있었던 그 자신에게 딱 어울리는 것이었다. 그의 에세이 가운데 가장 많은 나라에서 번역되고 사회적 파장을 가장 많이 일으킨 글은 아마도 〈언어로부터의 후퇴 The Retreat from the Word〉일 것이다. 그러나 그렇게 방대한 영역에 걸쳐 관심과 통찰을 보였음에도, 침묵에 대한 글을 쓰는 학자들이나 사회학자들은 스타이너를 언급하는 일이 별로 없는 듯하다. '과학적, 문학적' 관점과 '종교적' 관점의 분리는, 현대 사회 내 여러 훈육법의 분화를 반영하지만, 침묵, 혹은 발화와 침묵 간의 관계에 대해 통합적 안목을 키우고 싶어 하는 개인 독자들에게는 그 분리된 관점이 항상 도움이 되는 것은 아닌 모양이다. 실비아 몬티그리오 Silvia Montiglio는 이렇게 말했다. "······침묵에 관한 연구는 어떤 것이든, 그 연구대상이 너무나 다양해서 분류의 틀 속에 끼워 넣을 수 없는 한, 이리저리 분산되거나 그저 기술적 표현에 그치고 말 위험이 있다." 그러나 침묵이란 현상의 복잡성에도 학자들은 되풀이되는 유형과 패턴을 발견하는 일을 멈추지 않는다.

반면 스타이너 자신은 언어학자들의 연구에 경의를 표했다. 그에게 언어학은 문학과 '밀접하게 연관된 것'이었다. 그 에세이 모음집은 스타이너가 초판본에 썼듯 "근본적으로······ 언어에 대한 책"이었고, 스타이너는 우리가 의기소침한 침묵의 나락으로 떨어지기 전에 그 책이 우리를 구원할 수 있기를 바랐다.

폐허가 된 문명 위에 침묵이 다시 깃들면, 그것은 두 겹으로 접힌 침묵, '말'을 추모하는 시끄럽고 필사적인 침묵이 될 것이다.

스타이너는 문학과 예술 분야에서 굉장히 유명한 사람들까지도 비열한 행위를 옹호하려고 건전한 단어들을 오용하는 모습을 보고 엄청난 충격을 받았다. 스타이너는 나치 정권 하 독일을 이렇게 회상했다.

우리는 한 남자를 알고 있다. 남자는 저녁이면 괴테와 릴케의 책을 읽을 줄도 알고 바흐 Bach와 슈베르트 Schubert의 음악을 연주할 줄도 안다. 남자는 아침이면 하루 일과를 보내러 아우슈비츠 수용소로 출근한다. 남자가 책을 읽으면서도 그 내용을 이해하지 못했다든가, 남자의 청각이 안 좋다든가, 그런 말들은 모두 헛소리다. 문학이나 사회와 관련된 지식, 혹은 희망을 품은 지식은, 플라톤의 시대로부터, 그리고 매슈 아널드 Matthew Arnold의 시대로부터 자명해질 정도로 성장해왔다면서 과연 문화를 인도주의적 힘으로, 그리고 정신적 에너지를 행동으로 전환시키고 있는가? 더 심각한 것은 오늘날 이 세태가 문명사회의 미디어 탓만은 아니라는 것이다. 대학, 예술계, 출판계까지도 정치적 야만행위에 적절한 제동을 거는 데 실패했다. 아니, 심지어 그들은 종종 직접 나서서 그 야만행위를 환영하고 축하하고 옹호하기까지 한다. 도대체 왜?

스타이너에게 휴식의 원천으로서의 침묵은 부끄러움의 표시, 혹은 처벌의 한 형태로서의 침묵과 별 차이가 없었던 것 같다. 스타이너는 지난 백년 동안 언어에 가해져온 중압감, 살인을 용인하는 거짓말이란 평가를 언어가 이겨내지 못할까봐 늘 걱정이었다. 루트비히 비트겐슈타인 Ludwig Wittgenstein의 연구에 크게 매료된 스타이너는 그에 대해 이렇게 말했다. "근대 최고의 철학자 역시 언어의 나선에서 벗어나는 방법을 찾는 데 완전히 심취해 있었다."

우리가 '사실'이라 부르는 것은 어쩌면, 현실로부터 우리의 정신을 가리는 언어라는 수의로 만든 휘장에 불과할지도 모른다. 비트겐슈타인은 말이 또 다른 말을 낳는 상황에서, 발화가 무한대의 퇴보인 상황에서 과연 현실이란 것이 말로 표현될 수 있는 것인지 의문을 품으라고 우리를 촉구했다. 그리고 본인 역시 열정적으로, 그리고 엄격하게 이 딜레마에 매달렸다.

비트겐슈타인은 평생 ≪논리 철학 논고 Tractatus Logico-Philosophicus≫라는 단 한 권의 철학서밖에 출간하지 않은 저자였다. 1921년 독일에서 출간된 이 책의 초판본은 이듬해 영어로 번역되었다. 그는 직접 쓴 서문에서 이렇게 말했다.

> 이 책의 전체적 의미는 다음과 같이 요약될 수 있다. 말로 표현될 수 있
> 는 것은 무엇이든 명료하게 표현될 수 있다. 그리고 말할 수 없는 것에 대
> 해서는 침묵해야 한다.

비트겐슈타인은 이 문장으로 자신의 철학적 범주를 규정하고 있었다.
여러 글에서 종종 인용되는 마지막 문장만 따로 옮겨보자.

> Wovon man nicht sprechen kann, darüber muss man schweigen.
> 말할 수 없는 것에 대해서는 침묵해야 한다

이 명제는 저자가 언어와 철학의 제한성을 인식하고 있음을 보여주는
문장이다. 책이 출간되고 몇 년이 흐른 뒤 비트겐슈타인은 철학자라는 자
신의 지위를 버리고 그의 경력에서 다소 뜬금없이 느껴지는 교사가 되어
어린 학생들을 가르쳤다.

그렇지만 비트겐슈타인도, 그리고 스타이너도 언어의 제약에 대한 자
신들의 관점 때문에 언어 연구를 그만두지는 않았다. 비트겐슈타인은 훗
날 케임브리지의 교수가 되어 연구를 계속했고 그 결과물은 그의 사후 저
작물로 출간되었다. 그리고 스타이너는 언어와 침묵에 대해 상당히 자세
히 다룬 에세이들 계속 발표했다. 비트겐슈타인은 어떤 침묵에는 종교적
으로 중요한 의미가 담겨 있다고 생각했던 반면, 스타이너는 언어가 아닌
수학과 음악을 통해 현실의 한 측면에 어떻게 접근할 수 있는가, 그리고
그것을 어떻게 표현할 수 있는가에 대해 탐구했다.

다양한 유형의 정신과 치료와 침묵의 관계는, 점점 더 관심이 증대되고

있는 다른 영역에 속하는 독자적인 주제이므로 다른 장에서 좀 더 주의 깊게 살펴볼 것이다. 여기에서는 일찍이 1964년에 존 쿡 John Cook이, 끊임없는 말로 진행되는 정신과 치료가 별 효과가 없다는 사실을 입증할 만한 꽤 탄탄한 근거를 마련했다는 사실만 짚고 넘어가자. 그 무렵 일부 연구자들은, 사업적 환경에서 침묵이 어떤 기능을 하는지, 그리고 경영진이 실용적인 목적에서 그 침묵을 어떤 방식으로 활용하는지를 이미 연구 중이었다. 예를 들어 제임스 파는 침묵이 누군가의 말을 끌어내는 수단으로서 기능할 수 있지만, 예상치 못한 순간에 나타나거나 오해되는 경우 불안이나 짜증을 유발할 수도 있다는 사실을 알아냈다. 부머 Boomer 같은 다른 학자들은 대화 중에 나타나는 '망설임의 말 멈춤'에 어떤 중대한 의미가 있는지에 유난히 관심을 보였다.

앞에서 살펴봤듯이 키이스 바쏘는 1970년대에 북아메리카의 아파치 족 사람들과 함께 지냈다. 그 뒤로 바쏘의 연구는 침묵이 문화적 사회적 맥락에 따라 얼마나 다양한 의미를 지니는지 설명할 때마다 단골로 인용된다. 심지어 바쏘의 경쟁자였던 필립 벅 Philip Bock조차도 몇 세대 이전 영국에서 침묵이 사용된 방식을 이해하려는 흥미로운 연구에서 셰익스피어의 희곡을 분석하면서 바쏘의 연구를 언급했다. 침묵은 과거를 연구하는 사람들에게 독특한 문제를 선사한다. 현재 남아 있는 역사적, 문학적 문헌들의 경우 녹음테이프 같은 청각 자료가 존재하지 않는 것이 분명하고 그 문헌 안에 그 시절 사용된 억양과 침묵도 반영되어 있지 않기 때문이다. 우리의 직계 조상만 해도 후손인 우리와 다른 속도와 태도로 말을 했을 가능성이 상당히 크다는 사실은 이미 위에서 지적했다.

1980년대에 다우엔하우어 B. P. Dauenhauer는 막스 피카르트의 연구와 그에 앞서 피카르트에게 영향을 준 마르틴 하이데거와 가브리엘 마르셀

Gabriel Marcel의 이론을 토대로, 침묵이 항상 담론과 연결되어 있다는 자신만의 이론적 뼈대를 구축했다. 다우엔하우어에게 "침묵에 의미가 있는가?"라는 질문은 쓸모없는 것이었다. 그는 언제나 "침묵이 어떤 의미를 전달하는가?"라고 질문했다. 어떤 면에서 볼 때 그에게 침묵은, 심지어 맥락상 이해를 요하는 깊은 침묵일 경우에도 늘 이렇게 '수행적인' 것이었다.

데보라 태넌과 뮤리엘 새빌트로이크가 함께 여러 글을 엮어 출간한 ≪침묵에 대한 견해 Perspectives on Silence≫라는 책은 침묵과 관련된 1980년대 도서 가운데 가장 큰 영향력을 행사한 책이었다. 두 사람은 그 책을 '침묵 안에서 고통받는 사람들과 침묵 안에서 흥겨워하는 사람들'에게 헌정했다. 그들은 호세 오르테가 이 가세트 José Ortega y gasset의 ≪사람과 사람들 Man and People≫에서 다음 한 문단을 인용하는 것으로 서문을 대신했다.

언어가 존재하는 엄청나게 방대한 현실은, 말이 그 무엇보다도 침묵 속에 놓여 있다는 사실을 알지 못하면 이해하기 힘들다. 수많은 것들에 대해 말하기를 포기할 수 없는 사람은 결국 말을 할 수 없게 된다. 개개의 언어는 겉으로 드러난 현상과 침묵 사이의 관계를 드러내는 제각기 다른 방정식이다. 사람들은 모두 다른 것을 이야기하기 위해 말하지 않고 내버려두는 것이 있다.

≪침묵에 대한 견해≫는 몇 년에 걸쳐 편집되었다. 저자들은 워싱턴의 조지타운 대학교에서 '담화' 분석 수업을 진행하면서 인류학과 사회언어학을 전공하는 학생들에게 침묵을 소통 규칙의 일부로 이해해보라고 요구했다. 저자들은 책의 도입부에서 침묵을 "인간 소통에서 비교적 부정

적인 요소"로 묘사했다. 그러고는 말의 시작과 끝을 알려주는 지표로서의 침묵만 제외하고 전통적으로 침묵을 무시해온 과학과 언어학의 범주 안에서 그 사실을 규명해나가기 시작했다.

전통은 늘 침묵을 단순한 말의 부재라는 부정적 개념으로 정의해왔다. 그러나 오히려 언어 그 자체를 중점적으로 다루지 않는 인류학과 정신분석학 학자들은 어쩐지 침묵을 무시하는 경향이 훨씬 적은 것 같다.

발화가 물에 던져진 돌멩이라면, 어떤 유형의 침묵은 그 충격으로 잇따라 생겨난 잔물결에 비유될 수 있다. 침묵은 사실 발화 안에도 박혀 있다. 테넌과 새빌트로이크는 그 사실을 이렇게 지적했다. "침묵의 가장 작은 단위는…… 평소에는 알아채기 힘든 자음 사이의 휴지(休止)이다. 자음은 목소리의 흐름인 '발화', 즉 자음과 모음이 결합되어 형성된 일정한 패턴의 구성요소이다." 말을 할 때 단어 사이, 그리고 문장 사이의 나타나는 휴지가 발화 안에서도 역시 발견되는데 그것이 바로 침묵이라는 것이다. 이 휴지는 머뭇거림의 신호로 인식될 수도 있고, 인식되지 못한 채 그냥 넘어갈 수도 있다. 또 화자의 개성적 특성을 알려주는 단서를 제공할 수도 있다. 대화 중에 화자가 말을 멈추고 다른 사람들이 그 침묵에 반응하는 상황에 발생하는 더 유의미한 휴지도 있다. 아마도 이 휴지는 화자와 청자의 문화적 차이나 사회적 지위를 반영할 것이다. 두 저자는 이에 대해 이렇게 기록했다.

그 다음 수준의 침묵에는, 어빙 고프만 Erving Goffmann이 대화 중 '소강 상태 lulls'라고 불렀던, 화자와 청자가 모두 인식하는 휴지가 포함된다. 이보다 더 긴 휴지에는, 은워예[01]의 사례에서 보이는, 대화에 참여하고 있던 한쪽의 완전한 침묵이 있다. ('이보족 사람들 사이의 표현적인 침묵'을 보라.) 소설에서 청혼을 받은 한 이보족 아가씨는 자기 자리에 가만히 서서 아무 말도 하지 않음으로써 거절의 의사를 나타낸다. 그간 논의된 '침묵의 최대 범주'를 어디까지로 볼 것인가 하는 문제는, 단지 겉으로 표현되는 장점이 있다는 이유만으로 말을 더 인상적이고 중요한 것으로 인식하는 견해에 반박할 수 있는 체계와 배경을 제공한다. 이를 잘 보여주는 또 하나의 사례가 바로 이보족의 종교의식이다. …… 마을 전체에서 아이를 골라 제물로 바치는 침묵의 그 의식에 말이 끼어들면, 그 제물은 순결함을 잃은 더러운 생명으로 간주되고 그 결정은 취소된다.

이보족의 이 사례는, 중대한 특정 사회적 침묵이 어떤 방식으로 존재하는가를 잘 보여준다. 새빌트로이크는 나아가 젊은 남녀가 의사를 교환하는 다른 문화권의 사례를 언급하면서 이보족의 사례를 더욱 강조했다.

　　A : 제발 나랑 결혼해줘.
　　B : (머리를 숙이고 눈을 내리깐 채 침묵.) (수락의 의미)

이것은 일본인 화자 사이에서 일어나는 대화이다. 일본에서는 감정을 표현하는 이런 상황에서 여자(B)가 말을 하면 부적절한 처신으로 간주된다.

---

01 은워예 Nwoye : 아프리카 현대문학의 아버지라 불리는 나이지리아의 소설가 치누아 아체베 Chinua Achebe 1930~2013의 소설 ≪모든 것이 산산이 부서지다 Things Fall Apart≫에 나오는 인물이다. 나이지리아 이보 Igbo족 마을을 배경으로 마을의 지도자 오콩코라는 사내의 일생을 그렸다. 오콩코는 용감하고 호전적인 인물로 인간적인 실수들을 범하기도 하지만, 제국주의 열강의 수탈에 맞서 부족의 풍습과 문화를 지키려 애쓴다. 이 작품은 식민 지배의 실태를 현지인의 눈으로 날카롭게 포착한 수작으로 평가된다. 은워예는 주인공 오콩코의 아들로 아버지와는 대조적으로 섬세하며 내성적인 인물이다.

하지만 이것이 이보족 사이에서 일어난 대화라고 가정해보자. 만약 여자가 그 자리에 가만히 서서 아무 말도 하지 않으면 그것은 거부의 의사로, 여자가 도망치면 그것은 수락의 의사로 해석된다.

이런 사례들을 보면, 우리 자신의 문화와 언어에서 침묵이 어떤 의미가 있는지, 의식적으로든 무의식적으로든 우리가 외부인들에게 우리의 의사를 어떻게 전달하고 있는지 찬찬히 되짚어봐야 할 것 같은 생각이 든다.

테넌과 새빌트로이크의 이론을 개괄적으로 살펴볼 때, 두 사람이 그간 논의해온 '침묵의 최대 범주'는 사회적 환경 저 너머, 막스 피카르트를 사로잡았던 존재론적 사유를 포괄하는 지점까지 뻗어가지는 않았다.(두 사람의 책에서 막스 피카르트는 일대기만 잠깐 언급되었을 뿐이다.) 두 사람은 침묵 자체를 이해하는 것을 어렵게 만드는 침묵의 보편적인 특성이 무엇인지 명확히 문제 제기를 하지도 않았고, 침묵이 혹 경험과 현실을 초월한 어떤 경지에 도달하게 해주는 열쇠인 것은 아닌지 탐구하지도 않았다. 그러나 그 책에 글을 수록한 여러 학자들 가운데 한 명인 대니얼 말츠Daniel Maltz는 분명히 '유쾌한 소음과 경건한 침묵 : 오순절파의 시끄러운 찬양에 담긴 중대한 의미'라는 내용을 다루고 있었다. 게다가 새빌트로이크 자신도 종교적, 철학적 훈육에서 침묵이 차지하는 중요성을 언급한 적이 있었다. "말을 거의 하지 않는 것은 자연스러운 행동이다."라고 선언했던 중국의 현명한 스승 노자의 글을 인용하면서 이렇게 인정했던 것이다.

침묵을 지키는 것은 단순히 수동적인 행동이 아니다. 주님의 장소 안에서 침묵으로 공간을 창조하는 가톨릭과 퀘이커교의 미사 의식에서 알 수 있듯이 …… 그리고 침묵을 행동이나 욕망과 밀접하게 연관된 것으로 인식하는 동양인의 사고에서 알 수 있듯이.

테넌과 새빌트로이크의 에세이 모음집에 글을 실은 학자들은 정신분석학적, 민족학적 관점에서 바라본 휴지, 비언어적 소통, 침묵의 용법과 의미, 침묵을 바라보는 문화 간 관점 차이 등을 다루었다. 예를 들어 어떤 저자는 변호사의 첫인상을 이야기하면서 말을 머뭇거리는 목격자의 행동이 어떤 결과를 낳는지 이야기했고, 또 어떤 저자는 '감정처리 방식'에 따라 침묵과 소음의 양상이 어떻게 달라지는지 이탈리아인을 예로 들어 설명했다. 〈침묵하는 핀란드인 The Silent Finn〉에 대해 고찰한 저자가 있는가 하면, 몸짓의 사용방식에 대해 논의한 저자도 있었다. 론 스콜른은 《침묵에 대한 견해》에 기고한, 그리고 여러 사회적 파장을 일으킨 자신의 에세이에서 '은유 속의 고장 난 침묵' 이야기를 했다. 그의 의견에 따르면 우리의 행동은, 세상을 바라보는 우리의 가치관에 의해, 즉 특정 시공간에서 경험을 통해 우리가 듣고 배운 것이 반영된 우리의 관점에 의해 좌우된다고 한다. 예를 들면 그는 현대 서구인이 너무나 기계에 종속된 삶을 살게 된 나머지 현실의 다양한 측면을 기계 부품처럼 해석하게 되었다고 생각했다. 그래서 아무런 흥얼거림도, 아무런 소음도 들려오지 않으면 뭔가가 잘못되었다고 생각하고 그 원인을 우연히 발견한 침묵의 부정적 특성에서 찾는다는 것이다. 스콜른은 말했다.

연구자들은 기계를 인간의 의식과 대인관계의 상호작용 두 가지 모두의 모델로 인식하면서도 여전히 데카르트를 좋아한다. 결국 이것은 우리의 연구 방식에도, 그리고 소통을 기계에 은유하는 것을 이해하지 못하는 사람들과 상호작용할 때 나타나는 대인관계의 방식에도 중대한 영향을 끼친다.

스콜른은 "말을 멈추는 것은 인간 소통에서 상당히 중대한 의미가 있는 행위"라는 정신분석학자들과 언어심리학자들의 증언을 제시하고, 침묵이 여러 문화권에서 각기 다른 의미를 띤다는 사실에 중요성을 부여했다. 그러면서 대화에서 주도권을 잡기를 좋아하는 사람들은 말이 적은 사람들과 어울리길 좋아한다고 기록했다. 다른 사람들보다 말을 더 적게 멈추는 사람들, 다른 사람들이 말하다가 잠깐 말을 멈추면 그 틈에 잽싸게 끼어드는 사람들은, 다른 사람들로 하여금 자신이 말 한마디 제대로 못하는 사람이라고 느끼게 만든다. 그러면 그 사람들은 점점 더 둔감하게 행동하는 한편, 자신의 시무룩함, 수동성, 심지어 타인에 대한 적대감까지 떠올리며 애꿎은 자신을 탓할지도 모른다. 스콜른은 생소한 문화를 접하고 덫에 빠진 연구자가 한두 명이 아니라고 경고했다. 그 연구자들이 대화 중 휴지 감소현상을 기술하는 데 '생산성'이란 산업적 용어를 사용하면서 "현대 사회의…… 발생론적 은유"를 적용한다는 것이다. 스콜른은 이렇게 기록했다.

> 이것이 기계의 은유이다. 엔진이 계속 가동되고 있어야 한다고 가정한다면, 침묵은 엔진 고장의 표시가 될 것이다. 그들은 부드러운 대화란, 인간의 인식과 상호작용이라는 기계가 부드럽게 계속 가동 중인 자연스러운 상태라 생각한다.

스콜른이 이 글을 쓴 뒤로 전자매체, 핸드폰, 공공장소의 배경 '음악' 등이 급격하게 확산되면서 당연하게도, 대화라는 기계가 "자연스럽게" 흥얼거린다는 이 비유는 우리의 무의식 속에 강렬하게 자리 잡았다. 공격적인 소비지상주의 세상에서 온종일 '끝없이 움직이지' 않는 사람은 어딘가 고장이 난 것처럼 보이거나 스스로 그렇다고 느낀다. 사람들을 ('냉철하다'든가, '무심하다'든가 하는) 성격에 따라 분류하려는 경향 역시 문화적으로 결정되는 것이라는 자신의 견해를, 그리고 "그런 경향 자체도 실은 현대 산업사회의 중대한 일면"이라는 자신의 표현을, 스콜른은 자신의 이론적 틀로 입증할 수 있으리라 생각했다.

　데보라 테넌은 스콜른의 이 에세이가 실린 바로 그 책에 스콜른의 연구 결과와 이론을 다룬 자신의 글을 함께 실었다. 〈침묵, 그것만 빼고 Silence : Anything but〉란 제목의 그 에세이에서 테넌은 "사실 '주류' 미국인 화자들은 빠른 속도의 말보다 느린 속도의 말을 더 긍정적으로 평가하며, 말하다가 내용을 전환할 때 길게 쉬는 편을 더 선호한다."고 주장했다. 침묵에 대한 부정적인 평가는 다른 문화권에서 온 사람들과 소통하면서 문화적 기준이 달라서 예상했던 것보다 침묵이 더 길어질 때 생겨난다고 테넌은 생각했다. 따라서 서구인들이 빠른 속도의 말 자체를 침묵보다 반드시 높이 평가하는 것은 아니며 상황에 따라서는 부정적으로 판단하기도 한다는 것이었다. 그러나 적절한 시간에 대한 예상치가 다르기 때문에 느린 속도의 말을 높이 평가하는 공동체에 속해 있던 사람들은 기준이 다른 딴 문화권 사람들을 만나면 자신이 현재 듣고 있는 말에 나타나는 휴지나 침묵이 (자신들 기준에서 볼 때) 비정상적으로 긴 것은 아닌지 판단이 서지 않을 수 있다.

　소통에 관한 통합된 이론 속에서 침묵을 파악한 새빌트로이크는 이렇게 기록했다. "말과 마찬가지로 침묵 역시 단순한 소통의 단위가 아니라 여러 차원과 구조로 구성된 복잡한 것이다." 단적인 예로 침묵 중에는 소통의 한 형태인 것도 있지만 그렇지 않은 것도 있다. 다시 말해서 모든 침묵이 뭔가를 의미하는 것은 아니라는 뜻이다.

　게다가 소통의 한 형태인 침묵이라고 해서 모두 목소리와 무관한 행위인 것도 아니다. 물론 단순히 보면 침묵은 목소리와 무관한 행위이다. 그런데 일부 소통의 형태 중에는 목소리는 사용하지 않지만 단어 자체나 그에 부합하는 다른 표식에 의지하는 것들도 있다. 목소리와 무관한 소통행위 중 가장 확실한 것은 글쓰기이며, 청각 장애인을 위한 수화나 비교적 훨씬 조용한 곳에서 생활하는 종교 단체 사람들의 수신호를 거기에 포함시키는 이들도 있다. 눈짓과 몸짓 역시, 목소리와 무관한 비언어적 행위인 침묵을 통한 소통에 포함된다. 몸짓과 예술의 경계는 참으로 애매하다. 몸짓은 말 그대로 효율적으로 사용할 경우 언어적 기능을 수행할 수있지만, 행위예술가들의 몸짓은 그 행동을 설명해달라는 부탁을 받고 스스로 그것을 언어로 표현한 것보다 훨씬 많은 의미를 띨 수 있으며 실제로 그런 일이 자주 일어난다. 운전자에게 방향을 알려주는 사람의 몸짓은 마르셀 마르소 같은 마임예술가의 몸짓보다 훨씬 단순하다. 부동산 광고전단에 실린 집 그림은 화가가 그린 그 집 그림보다 집의 형체에 대해서는 더 많은 정보를 전달하겠지만 그 밖의 다른 의미는 훨씬 적을 것이다. 새빌트로이크는 글쓰기 같은 언어적 형식에도, 특히 일본인 저자들이 의미심장한 침묵을 표시하려고 점을 사용하는 것과 같은 방식으로 비언어적 여백이 들어갈 수 있다고 지적했다.

새빌트로이크는 침묵을 20개의 범주로 분류하는 대담하고 광범위한 노력을 기울임으로써 ≪침묵에 대한 견해≫에 수록한 자신의 원고를 끝맺었다. 여러 문화에 적용될 수 있는 그 범주화는, "침묵이 어떤 틀, 단서, 배경은 물론, 표현의 중심수단이나 대용물 등으로 다양하게 기여하는", 그리고 인류 전체가 보편적으로 활용하는 소통 체계의 특징과 복잡성을 반영하려는 의도로 시도된 것이었다. 침묵에 대한 새빌트로이크의 견해에 깊은 인상을 받은 폴란드의 한 젊은 학생이 연구에 참여하겠다며 포즈나니에서부터 워싱턴까지 찾아왔다. 그렇게 찾아온 애덤 자보르스키

Adam Jaworski는 1987년부터 다음 해까지 워싱턴의 미국 대학에서 연구년을 보냈다. 그 즈음 조지타운 근처에서 테넌과 함께 엮어 출간할 책을 마무리하고 있던 새빌트로이크는 연구보조였던 자보르스키의 도움을 많이 받았다. ≪침묵의 힘: 침묵에 대한 사회적, 실용적 관점 The Power of Silence: Social and Pragmatic Perspectives≫이라는 그 책은 1993년에 출간되었다. 언어심리학 전공자였던 자보르스키는 자신만의 독특한 통찰을 그 책에 반영했다. 그때부터 그 분야에 대한 자보르스키의 지속적인 관심은 이후 이루어진 수없이 많은 심층연구들에 영향을 끼쳤다. 자보르스키는 침묵이 일관적으로 논의될 수 있는 폭넓은 이론적 틀을 마련하려는 시도를 계속했다. 그의 접근 방식은 특히 자신의 수련에 관련된 다양한 이론에 의지하고 있어서, 우리의 삶에서 침묵이 차지하는 총체적 의미를 이해하는 복잡한 단계를 파악하는 데는 물론 침묵의 여러 측면을 강조하는 데도 도움이 된다. 그가 유난히 신뢰한 이론적 틀에는, 침묵을 정중함의 표시로 본 브라운 Brown과 레빈슨 Levinson의 이론, 리치 Leach의 금기 이론, 로시 Rosch의 원형 이론, 스퍼버 Sperber와 윌슨 Wilson의 관련성 이론, 고프만의 틀 분석 등이 있다. 자보르스키는 자신이 "침묵의 통합된 개념을 제시할 수 있었던 것도, '침묵은 무엇을 뜻하고 무엇을 소통하는가?'를 논한 여러 가설들을 공식화하는 데 정당성을 부여해주는 근본적인 이론을 세울 수 있었던" 것도 모두 자신이 침묵을 분석하기 위해 수많은 이론적 틀을 순순히 받아들인 덕분이라고 생각했다. 이와 동시에 그는 침묵에 대해 논할 때면 보편적으로 언급되는 일반적 근본 원리와, 소통에서 다양한 집단에 속한 사람들의 독특하고 뚜렷한 세계관을 드러내주는 침묵의 중요한 특질 사이의 차이점을 명확히 구분했다.

자보르스키는 침묵을 자기만의 고유의 본질을 띠는 독자적인 현상으로 취급하지 않으려고 주의했다. 그는 언제나 침묵을 현실의 다른 측면과 연관 지어 파악했고 주위에 마련된 환경과 밀접한 관련이 있는 것으로 보았다. 이를 입증하기 위해 일련의 언어적 항목으로 구성된 연속체를 고안해냈는데, 그 한쪽 끝에는 말이, 다른 한쪽 끝에는 침묵이 있었다. 이 틀 안에서 그는 침묵이 말로 진술되는 것, 행동으로 나타나는 것, 완전히 공식화(제도화)된 것 등 세 가지로 나뉜다면서 이 세 가지 원리에 따라 침묵에 접근했다. 그는 이렇게 말했다. 첫째, "지금껏 소통을 구성하는 것으로 논의되어온 진술로서의 침묵이 있다. …… 이 경우 주어진 자리에서 돌아가는 상황을 해석하다 보면 비언어적 요소와 상호작용의 시각적 측면이 상당히 큰 중요성을 획득하게 된다." 이를 뒤집어 말하면, 사람들이 말을 회피하는 경향이 그 사회의 가치관을 반영하거나 의미하는 사례도 많이 있다는 것이다. 자보르스키가 (앞서 살펴본,) 미국 원주민의 삶을 연구했던 필립의 논문 일부를 언급한 것도 이런 맥락에서였다. 자보르스키에게 두 번째 침묵, 즉 행동으로 나타나는 침묵은 대화상 비언어적 신호를 통칭하는 것으로 "제안의 침묵"이라는 그의 용어로 바꾸어 말할 수 있다. "뭔가를 언급하는 데 실패"할 경우, 혹은 말을 하다가 재빠른 계산이나 회피 의도 같은 어떤 언어심리학적 이유로 말을 멈출 경우, 그 순간의 침묵은 아무것도 아닌 것이나 그저 소리의 부재로 취급될 수 없다. 말이 중요할 수도 있지만 말의 부재 역시 중요할 수 있다. 정신과 의사들은 고객이나 환자의 침묵에 귀 기울이는 것이 이롭다는 것을 잘 안다. 이 분야 연구가 어떻게 발전해왔는지는 뒤에서 다시 살펴볼 것이다. 자보르스키가 만든 ("세 방향의 원형 지향적…… 침묵 분류 도구") 연장의 세 번째 다리는 그의 표현대로 말하면 "정형화된 침묵"이다. 그것은 매우 애매하고 체면을 손상시키는 상황에서 내뱉는 정형화된 말과 관련이 있다. 예를 들면 정중함의 필수요소인 침묵이 때때로 여기에 해당된다.

침묵을 세 가지 주요 유형으로 분류한 자보르스키의 노력은 꽤나 유용한 실험이었다. 그가 세운 이 윤곽은 세상에 존재하는 모든 침묵을 철저하게 다 포괄하는 것은 아니며, 어쩌면 본인이 발견한 침묵의 종류만도 다 다룰 수 없을 만큼 명쾌하지 못한 것일 수도 있다. 하지만 나타나는 상황에 따라 침묵의 의미가 달라진다는 사실을 우리에게 상기시켜주기에는 충분하다. 가끔씩 자보르스키가 최대한 많은 사회학적 꼭짓점에서 침묵에 달려들기로 마음먹은 것처럼 보일 때가 있지만, 그의 이론을 뒷받침하기 위해 그가 사용한 통찰의 가치에 반박하는 주장은 하나도 없다. 예를 들면 아래와 같다.

내가 관련성 이론을 참고한 까닭은, 대중매체 속 특정 형태의 화법이 그 결과 나타날 수 있는 침묵을 시청자로 하여금 완전한 소통 부재로 이해하게 만드는 이유는 무엇일까, 강압에 의한 피지배계급의 침묵이 리치의 금기 이론 메카니즘을 따르는 양상을 보여 온 이유는 무엇일까를 설명하기 위해서였다.

다시 말해 그가 관련성 이론을 활용한 까닭은, 만약 말 많은 대중매체가 어떤 사안에 대해 중요한 정보를 하나도 전달하지 않는다면 그 매체는 그 사안에 대해 침묵의 기능을 수행하고 있는 것이며, 그것이 얼마나 중요한 문제인지 설명하기 위해 새로운 관점이 필요한 사안일 경우에 특히 그런 일이 자주 일어난다는 주장을 펼치기 위해서였다. 그러니까 텔레비전 방송국에서 다루지 않는 사안이라 해도 최소한 TV에서 시끄럽게 떠들어대는 사안만큼의 중요성은 있다는 것이었다. 말 많은 매체일수록 일반적으로 사색적이며 영감을 주는 프로그램 제작을 회피하는 경향이 있다. 그래서 이 사회가 소수자들을 침묵시키는 방법, 소수자들이 실제로 활동 중, 발언 중일 때조차 그들의 말에 귀 기울이지 않는 사회의 문제점을 보여주기 위해 자보르스키는 금기이론을 활용한 것이었다.

자보르스키는 현재 웨일즈의 카디프 대학교에 재직하면서, 침묵을 대하는 문화 간 차이와 제도적 맥락에서 바라본 침묵의 의미를 중점적으로 다루는 간행물 ≪멀티링구아 Multilingua≫의 특집기사 편집 일을 하고 있다. 이 책의 인사말에서 그는 이렇게 말했다. "예전에는 침묵에 관한 글을 쓸 때면 이 분야가 그동안 무시되어 왔다든가 과소평가되었다든가 하는 약간 한탄조의 말로 글을 시작하는 것이 관례였다. …… 그러나 이제 그것은 필요하지도, 가능하지도 않은 말이다." 그리고 또 이렇게 말했다. 테넌과 새빌트로이크가 엮은 에세이집이 출간된 이래로 "침묵에 관한 논문과 선집들이 새로운 제목을 달고 출간되는 꾸준한 흐름이 계속 이어지고 있다."

침묵이 소수만 몰두해온 무명의 주제라는 오명을 벗고 주류의 지위에 오를 수 있도록 만들어준 이 마지막 도유식에는, 언어심리학, 담론 분석, 비언어적 소통 등 여러 분야의 표준 교재에서 다루어진 '침묵'이란 영역 전체가 포함된다.

≪멀티링구아≫에 특집기사로 게재된 에세이들 가운데 아일랜드의 출산 전 관리를 다룬 메리 오말리 Mary O'Malley의 글이 있다. 그 글은 언급되지 않고 사람들 안에 남아 있는 문제가 사회적 지위, 성격적 자질, 업무 관계 등을 나타내는 지표로서 얼마나 중요한지 잘 보여주었다. 예로 든 그 글 하나만 봐도, 침묵의 중요성을 이해하는 것이 얼마나 가치 있는 일

인지 충분히 입증되어 있고, 침묵 이론을 옹호하는 주장들 역시 명쾌하게 증명되어 있다.

커즌 Kurzon이나 코테릴 Cotterill 같은 저자들은 '침묵할 권리'를 인정하는 것이 법적으로 무슨 의미인지를 연구했는데, 그 주제는 표현적 침묵이란 범주 안에서 꾸준히 다루어진 문제였다. 특히 스튜어트 심 Stuart Sim은, 일반적 권리인 '침묵할 권리'는 물론 그 이상의, '정부나 상업 세력의 지속적인 간섭이나 침해를 받지 않고 침묵을 즐기며 그 안에 살 권리'가 누구에게나 있다는 주장을 적극적으로 펼쳤다. 2009년, 아일랜드의 록밴드 U2가 그들의 마지막 공연이 된 바르셀로나 투어를 시작했다. 지역 주민들은 U2가 리허설을 너무 오래 하며 심지어 밤늦게까지 연습할 수 있는 허가를 받았다며 항의했다. 이런 침해는 현대 사회에서 흔히 일어나는 일이다. 심은 2007년 출간된 저서 ≪침묵 지지 성명서:소음의 정치, 문화에 맞서기 Manifesto for Silence:Confronting the Politics and Culture of Noise≫에서 그 자신이, 침묵의 영토를 넘보는 수많은 세력에 맞서는 전사가 되겠노라고 선언했다. 이론가이자 논객인 심은 특히 전자기기의 급증이 어떤 역할을 하는지에 주목했다. 전직 선더랜드 대학교 비평이론 교수이기도 했던 심은 사업 세계에서 "침묵과 조용함은 일반적으로 기피의 대상"이라고 주장했다. "그것이 심사숙고하는 상태, 나아가 대부분의 경우 구매의사가 없는 상태를 나타내기 때문"이라는 것이다.

현대와 같은 공공연한 소비지상주의 사회에서, 후자, 즉 구매의사가 없는 상태일 경우 언제나 관심의 대상, 공격적인 마케팅의 시험대상이 될 것이다. 그럴 때는 범람하는 문화를 대기업이나 다국적기업의 강요 때문에 수용하지는 않겠다는 거부 의사를 나타내기 위해 침묵을 전략적 화법으로 사용할 수 있다. '소음의 정치'가 존재하는 것과 마찬가지로, 그 정반대인

'침묵의 정치' 역시 존재하며 또 존재해야만 한다.

심은 '소리'와 '조용함'이란 말보다 '소음'과 '침묵'이란 용어를 더 즐겨 썼다. 그 단어들이 요즘 일반적으로 쓰이는 용어들이기 때문이기도 하지만, 그 단어들이 논쟁 속 비판적 요소와 같은 감정적 만족감을 느끼게 해주기 때문이기도 하다. 심은 내용도 탄탄하고 표현도 명쾌한 그 책의 한 장에서 침묵과 침묵의 기술을 다루었다. 그 장은 예술, 언어, 문학, 철학, 종교 등의 여러 일면을 심의 주장과 관련해 제각각 살펴보는 형식으로 구성되어 있다. 심이 기초를 닦은 '침묵의 정치'를 옹호하는 이론은 조지 프로크닉 George Prochnik의 연구로 더 튼튼한 근거들을 마련하게 되었다. 프로크닉은 소리에 대한 자신의 예민함과 침묵을 향한 자신의 열망이 정상인지 아닌지 탐구하기 시작했다. 특히 정치적으로 침묵할 권리를 주장하는 이들을 지지하기 위해 유명한 선례들을 조사했다. 프로크닉이 떠올린 사람은 1787년 각고의 노력으로 미국 헌법의 탄생을 가능하게 만든 한 남자였다.(미국의 제 4대 대통령 제임스 메디슨 James Madison을 가리킨다. – 옮긴이) 그는 헌법제정회의의 집중력이 길에 지나다니는 교통수단의 소음으로 흩어지지 않도록 필라델피아의 독립 기념관의 거리 쪽 벽을 흙으로 발라 덮었다고 한다.

최근 페미니즘 저자인 사라 메이트랜드 Sara Maitland 역시 침묵을 향한 기나긴 개인적 여정을 기록한 글을 발표했다. 명시적이기보다는 암시적인 성향에서 여러 이론을 절충한 그 책에는 매력적이고 심도 깊은 이야기가 담겨 있다. 메이트랜드의 연구는 종교와 침묵을 다룬 장에서 다시 자세히 살펴볼 것이다.

스위스의 음향예술가 살로메 뵈글린 Salomé Voegelin 역시 다양한 종류의 침묵에 동참하는 행위에서 이끌어낼 수 있는 궁극적인 가치를 강조했다. 자신의 음향예술 철학은 "아이디어를 마구 떠올려 침묵을 대체하기보다는 침묵의 대상이 경험한 것을 끌어안기 위해" 고안된 것이라고 뵈글린은 기록했다. 독일의 철학자이자 음악가인 테오도어 아도르노 Theodore Adorno의 조언에 따르면, 뵈글린은 "침묵이 그 자체로 평가되고 있는 것인지 그 공정함에 의문을 품을 수 있는 통찰을" 제시하려고 애썼고, "음향예술 철학을 비논리적이며 독단적인 철학으로 만든 것은 침묵이 아니"라고 주장했다고 한다. 뵈글린은 "해석의 역할과 수고를 줄여주는 전략" 편에 서서 "최종 결론"을 내리는 것을 늘 삼갔다.

지금까지 우리는 다양한 영역에서 경험하고 적용할 수 있는 관련 이론들을 살펴보았다. 이것이 침묵의 독특한 사례들에 대한 이해를 높이는 데 상당히 큰 도움이 되었으리라 생각한다.

4장
침묵과 예술

자신들을 뮤즈에게 인도해줄 침묵을 추구하거나 작품의 구조 속에 직접 침묵을 녹여 넣는 등, 예술가들과 창조적인 사람들은 오랫동안 작품에 침묵을 활용해왔다. 앞서 살펴보았듯, 예술가들은 또 본인의 작품이나 예술 전반에 대해 공식적으로 침묵을 지키는 것이 적절한 처신이라고 생각한다. 더블린을 떠나 몇 년 동안 이탈리아 트리스테에 살았던 아일랜드 소설가 제임스 조임스 James Joyce에게는 침묵이 독창적인 방식으로 자신을 질식시켜버릴지 모르는 타인과의 밀접한 만남을 피하는 수단이었다. 그는 1914년부터 이듬해까지 연재 형식으로 발표한 자전적 소설 ≪젊은 예술가의 초상 A Portrait of the Artist as a Young Man≫에서 자신의 분신인 주인공 스티븐 디덜러스의 입을 빌려 이렇게 말했다.

나는 삶이나 예술의 몇 가지 방식을 통해 할 수 있는 만큼 최대한 자유롭게 나 자신을 표현해볼 생각이다. 내 스스로 써도 좋다고 허용한 단 세 가지 방어 무기인 침묵, 방랑, 교활함을 활용해서.

연극, 영화, 음악, 시, 문학 속에서 침묵은 강력하고 감동적인 힘을 발휘한다. 침묵의 존재나 침묵의 언급은 그 예술 작품에 대한 우리의 이해와 즐거움을 증가시킬 수도 있다. 예술가와 건축가는 예술품의 시각적, 공간적 차원을 통해 우리에게 침묵을 상기시킬 수도 있다. 침묵은 다양한 형태와 기술로 예술작품 속에 등장해 그 작품의 아름다움과 의미를 강조해준다. 침묵은 작품 안에서 사색이나 칭송의 대상이 되기도 하고 이야기의 주제가 되기도 하며 작품의 구조에서 근본적인 부분을 담당하기도 한다. 첫 장에서 침묵의 유형을 다루면서 설명을 위해 우리는 이미 여러 문학적, 시적 창작물들을 훑어보았다. 예술에서 침묵이 얼마나 중요한 역할을 하는지 설명하기 위해 이제 연극, 무용, 영화, 텔레비전, 음악과 함께 시와 소설 역시 다시 살펴보려고 한다.

서사문학

단어 사이의 공간은 소설이나 희곡의 구성에서 중대한 역할을 수행할 수 있다. 단편소설 형식의 경우 그런 여백을 흔히 찾아볼 수 있는 것은 아니지만, 그 여백은 단어가 사용되거나 배열되는 법을 이해하는 데 특히 중요한 몫을 한다. 그리고 그 여백들은 처음 힐끗 보았을 때 알게 되는 것보다 더 많은 의미를 전달할 수 있다. 예컨대, 아일랜드 소설가 존 몬테규 John Montague와 버나드 맥레버티 Bernard MacLaverty, 메리 베케트 Mary Beckett, 앤 데블린 Anne Devlin, 윌리엄 트레버 William Trevor의 작품들을 분석한 학자 로넌 맥도널드 Ronan Mcdonald는, 그 작가들이 사용한 단편소설 형태와 20세기 후반 몇십 년간 아일랜드 '문제'를 기록한 익숙한 저술 방식 사이에 공명이 존재한다는 사실을 알아냈다. 맥도널드는 특히 과묵함이나 침묵의 중요성, 서사적 간극을 이용한 역사적 힘의 정확한 묘사, 상징주의의 사용, 현실 모방이 아닌 다른 형식을 통해 사회 상황을 표현하려는 시도 등을 중점적으로 다루었다. 그는 단편소설 형식이 서술과 묘사 두 가지 방식에 모두 취약점이 있기는 하지만 풍자가 가능하다는 장르의 특성 덕분에, 절제된 표현이라는 반역적 전략을 실현하기 위한 하나의 표현 방식으로 시점의 생략을 사용하기도 했다고 주장했다.

영미작가 가운데 말할 수 있는 것과 말할 수 없는 것 사이의 장벽에 몹시 심취해 있던 이가 한 명 있었으니 바로 버지니아 울프 Virginia Woolf이다. 패트리샤 로렌스 Patricia Laurence는, 울프를 글쓰기에 침묵을 활용한 최초의 근대 여성 작가로 꼽았다. 울프는 침묵을 활용함으로써 새로운 정신적 언어를 창조해냈고, 침묵의 은유는 '부재나 억압의 은유'로부터 '존재나 힘의 은유'로 옮겨가는 데 기여했다. 침묵을 통한 표현방법을 찾으려던 울프의 투쟁은 여러 세대에 걸쳐 성별, 계급, 인종, 검열 때문에 문단에서 외면 받아온 작가들을 재평가하는 하나의 계기가 되었다.

중세 유럽의 낭만적 서사시로부터 현대 미국 소설에 이르기까지, 침묵이 소설 안에서 중요한 역할을 수행한 예는 어디에서나 찾아볼 수 있다. 반세기 전 틸리 올센 Tillie Olsen이 쓴 아래 글처럼 말이다.

> 문학 속에 나타난 침묵의 역사와 현재는 암울하다. 어떤 침묵은 몇 년 동안 독자들한테 굉장한 호평을 받지만, 어떤 침묵은 계속 숨어 있다. 어떤 침묵은 딱 한 작품에만 등장하고는 책에 나오는 것을 그만두었고, 어떤 침묵은 절대로 책의 지면에 모습을 드러내는 법이 없다.

미레일 슈나이더 Mireille Schnyder는 다소 엉뚱하긴 하지만 13세기 초반 독일에서 유행했던 기사 로맨스에서 침묵이 어떤 역할을 했는지를 주요 논제로 연구해왔다. 슈나이더는 하르트만 폰 아우에 Hartmann von Aue, 볼프람 폰 에셴바흐 Wolfram von Eschenbach, 고트프리트 폰 슈트라스부르크 Gottfried von strassburg 등 13세기 작가들의 작품을 중심으로 침묵의 언어를 연구했는데, 거기에는 수사법에서 침묵이 차지하는 자리, 독서라는 침묵의 행동, '언제나 밤과 숲을 배경으로 하는' 로맨스 속 말의 부재와 침묵의 자리 등의 주제가 포함된다. 로렌스 스턴 Laurence Stern의 신기한 18세기 영국 소설 ≪트리스트럼 샌디 Tristram Shandy≫에는 가끔씩 본문 자체가 툭툭 끊겨 침묵하는 부분이 나오는데 그런 부분의 단어 자리에는 괄호나 별표 따위가 쓰였다. 그보다 가까운 시기에 미국 작가들 중에서 침묵 현상과 침묵시키기 현상을 탐구한 사람으로는 히사예 야마모토 Hisaye Yamamoto와 애니 프루 E. Annie Proulx가 있다.

예술가나 작가들의 침묵은 그저 그 사람의 독특한 개성을 반영하는 것일 수도 있지만, 예술 작품 자체에 대한 관심이 분산되지 않기를 바라는 마음의 표현일 수도 있다. 그렇지 않다면, 1960년대 중반에 별 특징 없는 작품 한 편을 발표하고는 세상을 떠나던 2010년까지 인터뷰 한 번 하지 않은, 엄청난 성공작 ≪호밀밭의 파수꾼 Catcher in the Rye≫의 작가 샐린저 J. D. Salinger를 달리 어떻게 이해할 수가 있겠는가? 그러나 침묵에는 단순한 개인적 취향보다 더 중요한 의미가 있을 수 있다. 또한 그것은 예술 형식의 궁극적 한계, 그리고 인생의 모순을 표현하거나 해결하고자 하는 자신의 능력에 대한 작가의 평가일 수도 있다. 그런 의미에서 수전 손택 Susan Sontag은 이렇게 말했다. "예술은 결국 역전된 어떤 것으로 여겨지게 되었다."

프랑스의 시인 랭보 Arthur Rimbaud는 노예무역으로 돈을 벌려고 아비시니아로 갔다. 비트겐슈타인은 한동안 작은 마을의 교사로 일하다가 병원 잡역부라는 비천한 직업을 선택했다. 프랑스의 미술가 뒤샹 Marcel Duchamp은 체스선수가 되었다. 이 세 사람은 천직의 포기라는 전형적인 선택을 하면서, 자신들이 시, 철학, 미술 분야에서 이루었던 성취는 모두

하찮고 중요하지 않은 것이라고 단언했다.

하지만 그들이 선택한 영원한 침묵이 그들의 업적을 무효화하는 것은 아니다. 오히려 그 반대로 그 선택은 그들이 억지로 떼어낸 것에 추가적인 힘과 권위를 부여한다. 작품에 대한 부인이 역으로 작품에 타당성을 부여하는 새로운 원천이 되고 그 작품을 건드릴 수 없을 만큼 진지한 작품의 지위에 올려놓는 것이다. 그 진지함은 예술을 (비트겐슈타인의 경우에는 예술의 형태로 닦여진 철학을), 영원히 진지함을 잃지 않는 것, '종말', 정신적 포부를 각성시켜주는 영구적 수단으로 여긴다고 해서 얻어지는 것이 아니다.

사실 지식인들이 스스로에게 부과한 침묵이 항상 '영원히' 지속되는 것은 아니다. 예컨대 앞서 언급한 비트겐슈타인은 작은 마을 교사라는 즐겁지 않은 경험을 한 뒤 나중에 학계로 돌아와 철학자로서 활발한 삶을 살았다. 생전에 다시 저서를 출간하지는 않았지만 엄청나게 많은 글을 계속 썼기에 그 결과물이 그의 사후에 세상 빛을 본 것이다. 뒤샹은 1946년부터 20여 년간 유작인 〈에탕 도네 Étant donnés : 1. la chute d'eau, 2. le gaz d'éclairage〉 (주어진 것 : 1. 폭포, 2. 조명용 가스)란 제목의 웅장한 아상블라주 제작에 남몰래 몰두했다. 이 작품은 현재 미국 필라델피아 미술관에 전시되어 있다. 그들의 살아생전에 그 마지막 작품에 화답할 기회를 누린 대중은 한 명도 없었지만, 어떤 의미에서 볼 때 이 예술가들은 대중들과 여전히 대화를 나누고 있었던 것이다.

프랑스의 작가 모리스 블랑쇼 Maurice Blanchot는 고립된 삶을 살았던 것으로 유명하다. 블랑쇼는 고립되어 혼자 살아가며 공식적인 활동을 회피했지만, 그래도 가끔씩 모습을 드러내고 정치적인 발언을 하기도 했다. 그는 예술가라면 소리 내어 말할 의무가 있다는 생각은 전혀 하지 않았고, 작가는 침묵 속에 머물며 자신의 말로 하여금 스스로 말하게 해야 한다는 생각에 빠져 있었다. 문학작품이 그 자체 안에 논쟁의 힘을 품고 있다고 생각한 것이었다. 평론가 존슨 D. Johnson은 이 프랑스 작가의 부고 기사를 이렇게 썼다.

> 블랑쇼는 글쓰기 자체 안에서 자신의 목표를 발견해야 한다고 믿었다. 그가 추구한 목표는 언어의 사용법, 침묵의 실제, 그리고 죽음이라는 압도적인 현실 등이었다.

블랑쇼는 진실과 소통하는 질 높은 글쓰기에 집중하고자 심지어 줄거리조차 거부했다. 그러나 세상을 등진 사람이라는 그의 명성에도 불구하고, 역설적이게도 그는 프랑스에서 굉장히 존경받는 비평가로서 한 달에 한 번씩 잡지 ≪프랑스 신비평 La Nouvelle Revue Française≫에 칼럼을 게재하면서 그 글을 통해 작가의 역할에 대한 자신의 관점을 쇄신해나갔다. 한 익명의 작가는 장 폴랑 Jean Paulhan의 부고기사에 다음과 같이 기록했다.

> 장 폴랑의 ≪타르브의 꽃 Les Fleurs de Tarbes≫을 다룬 〈문학에 대한 논평은 가능한가? Comment la littérature est-elle possible〉라는 제목의 블랑쇼의 비평을 기점으로, 블랑쇼의 영원한 화두였던 저자, 혹은 이야기꾼의 직분과 문학의 본질에 대한 이론적 문제제기가 시작되었다. 블랑쇼는 폴랑이, 욕망의 대상을 향해 몸을 돌리자마자 그 대상을 상실하고 만 오르페우스, 정복할 수도, 말로 표현할 수 없는 미지의 장소, 즉 블랑쇼가 "L'espace littéraire"라고 부른 곳에서 정체성을 상실하고 만 오르페우스의 고독이라는 덫에 걸려들었다고 생각했다.

1955년 블랑쇼는 마침내 이렇게 선언했다.

글을 쓴다는 것, 그것은 스스로를 말을 멈추지 못하는 메아리로 만들어버리는 행위이다. 그 메아리는 스스로 말을 멈추지 못하기 때문에, 그 메아리가 되려면 어떻게든 그것을 침묵시켜야 한다. 나는 그렇게 멈추지 않는 말에 나의 결정이자 권한인 침묵을 부과한다. 나는 침묵의 명상과 방해받지 않은 긍정과 거대한 웅얼거림을 통해 인지능력을 키운다. 그 인지능력 위에서 언어는 가상의 존재가 된다. 그 인지능력 위에서 언어는 열려서 이미지가 되고, 그 이미지는 심오한 것, 즉 풍요롭되 모호하고 텅 빈 것을 말하는 수단이 된다. 이 침묵의 원천은 작가를 끌어들이는 소멸이다. 그것이 아니라면, 작가의 능력, 혹은 글을 쓰지 못하는 작가의 손이 보유하고 있는 개입 권한, 즉 언제나 아니라고 말할 수 있는, 그리고 필요할 경우 미래를 회복시켜 달라고 시간에 호소할 수 있는 작가의 일부가 그 침묵의 원천일 것이다.

작품의 문체를 칭찬할 경우, 그리고 작품의 가장 뛰어난 면으로 문체를 꼽을 경우, 우리가 칭찬하는 대상은 정확히 무엇일까? 우리는 표현법, 혹은 언어의 흥미로움이나 장점을 칭찬하는 것이 아니다. 엄밀하게 말해서 우리는 침묵, 그리고 침묵의 활기찬 힘을 칭찬하는 것이다. 작가는 그 힘 때문에 자신을 빼앗기고 포기하지만 그런 소멸의 와중에도 침묵 속에 존재하는 시작도 끝도 없는 말이 형태와 일관성과 분별력을 빚어낼 수 있도록, 단호하게 평정을 유지해주는 그 힘에 대한 권한을 잃지 않는다.

비트겐슈타인이나 블랑쇼 같은 사람들의 삶이 시사하는 바는, 침묵이 그 자체로 끝나는 완전한 것은 아니지만 표현이나 서술의 일부 형태와 관련이 있는 것이라는 사실이다. 심지어 세상과 가장 격리된 은둔자들조차도 침묵을 대개 창조, 혹은 감각적으로 인지할 수 있는 조물주와 관련된 것으로 보았다.

프랑스 작가라고 해서 모두가 일반 독자들이 보기에 블랑쇼만큼 난해했던 것은 아니다. 예컨대 1942년 나치 점령 하 프랑스에서 '베르코르 Vercors'라는 필명으로 해적판 도서를 출간하면서 (새뮤얼 베케트처럼) 작가이자 레지스탕스로서 활발히 활동했던 소설가 장 마르셀 브륄레르 Jean Marcel Bruller는 ≪바다의 침묵 Le Silence de la Mer≫이란 책에서 가족에게 연락을 취할 수 있는 방법을 그렸다. 가족들은 도의적으로 볼 때 집 앞에 진치고 있는 독일 병사들과 대화를 나누어서는 안 된다는 이야기를 들으면서도 그들과 소통을 하고 있을 것이 뻔했다.

사실 침묵을 문학 연구에 일관되게 필요한 현상으로 못 박기는 어렵다. 작품을 통해 그 어려움을 웅변적으로 호소한 작가로는 파스칼, 루소 Rousseau, 베케트 등이 있다. 그들은 모두 대상에 철저하게 객관적으로 접근하지 못하는 자신의 무능을 고백했던 것이다. 이에 대해 로블리 E. Loevlie는 이렇게 적었다.

무엇보다도 침묵은 실증적 관찰과 묘사에 저항한다. 침묵은 사물처럼 분석될 수도 없고 지칭되거나 정의될 수도 없다. 침묵은 서술에서 슬그머니 빠져나간다. 침묵을 이야기하는 것은 침묵을 잃는 것, 혹은 침묵을 미루는 것이다. 이처럼 침묵은 우리가 비평적 담론을 나눌 때면 항상 맨 앞에 나타나서 자신을 따라오라고, 자신을 붙잡을 수 있는지 딱 한 걸음만 내디뎌보라고 우리를 유혹하지만 절대로 잡히는 법이 없다. 침묵에 대한 비평적 담론은 연구의 대상보다 늘 저만치 뒤떨어져 있다. 침묵의 유혹적 자태는 유연성이라는 성질과 관련되어 있다. 엄밀히 말해서 침묵은 정의될 수 있는 것, 움켜쥘 수 있는 것이 아니기 때문에, 각기 다른 이해가 수없이 많이 존재하는 주제이며 온갖 목적을 달성하기 위해 어떤 애매한 방식으로 이용해도 부족함이 없는 수단이다. 개념에 '딱 맞는' 정의나 뜻이 존재하지 않기 때문에 온갖 예상과 지시에 써먹을 수 있는 것이 바로 침묵이다. 침묵은 언제나 이렇게 어딘가 다른 곳에 존재하는 것이다.

제임스 조이스의 단편소설 〈망자 The Dead〉는 강렬한 마지막 장면으로 유명하다. 그 마지막 장면의 한복판에는 침묵에 잠긴, 눈 덮인 풍경이 놓여 있다. 그리고 터키의 작가 오르한 파묵 Orhan Pamuk은 ≪눈 Snow≫ 이란 소설을 이렇게 시작한다.

눈의 침묵. 버스 운전사 바로 뒷자리에 앉은 남자가 생각했다. 만약 그것이 시의 첫 행이었다면, 남자는 눈의 침묵에 대한 내면적 느낌을 더 끄집어 냈을 것이다.

그리스 영어 연구회는 1996년 아테네 대학교에서 '이성 속의 자율：침묵의 해부학 Autonomy in Logos：Anatomies of Silence'이라는 주제로 콘퍼런스를 개최했다. 그 콘퍼런스에서 다루어진 침묵과 관련된 작가들 가운데 나중에 두 연구자 캐컬로스 Cacoullos와 시피아누 Sifianou가 따로 논문을 묶어 책으로 출간한 작가는 조셉 콘래드 Joseph Conrad, 파울 첼란 Paul Celan, 찰스 디킨스 Charles Dickens, 셰이머스 히니 Seamus Heaney, 헨리 제임스 Henry James, 데이비드 로렌스 David Herbert Lawrence 등이었다. 거기서 인용된 글 중에는 윌리엄 포크너 William Faulkner의 문장도 있었다. "나는 소리보다 침묵을 더 좋아한다. 이미지를 창조하려면 침묵 속에서 생겨난 단어들이 필요하기 때문이다. 즉, 천둥소리와 산문의 음악은 침묵 속에서 발생한다." 신학자이자 저술가인 데이비드 재스퍼 David Jasper는 창조적 매개체로서의 침묵과 주체로서의 침묵이 밀접하게 관련되어 있으며, 심지어 그것이 나치의 홀로코스트 같은 끔찍한 맥락일지라도 침묵을 다룬다는 데 문학의 특별한 가치가 있다고 주장하며 이렇게 말했다. "문학은 침묵의 한복판에서도 끊임없이 힘껏 말을 하려고 애쓴다. 문학은 원래 예민하기 때문이다. 모순적이게도 어떤 면에서 볼 때 신학은 귀머거리 세상을 향해, 어둠과 침묵에 잠긴 신을 향해 말을 하는 경우가 많지 않다." 수용소의 참상을 직접 경험한 이탈리아의 작가 프리모 레비 Primo Levi는 자신의 삶을 떠올려 그 경험을 적절한 글로 표현하려고 평생 안간힘을 썼다. 그런 개인적 경험이 없는 사람이라면 단순히 그 결과만 이용하는 것이라 해도, 특히 '말할 수 없는 것'과의 경계에 놓여 있는 것은 소재로 써먹지 않도록 조심할 필요가 있다. 때로는 침묵하는 것이 상책일 때도 있다.

시

풍요로움, 연약함과 강력함을 모두 내포하는 침묵의 양면성에 매료된 시인은 한두 명이 아니었다. 예를 들어 19세기 아프리카에서는 사람의 마음을 움직이는 침묵의 힘을 자세하게 노래한 〈침묵〉이란 스와힐리어 시가 등장했다. "깊은 침묵은 큰 소음을 낳는다."라는 오래된 스와힐리어 속담으로 시작되는 그 시는, 침묵 속에 미래가 있으니 침묵을 존중하라고 사람들에게 경고하고 있었다. 아시아에서는 20세기 최고의 한국 시인으로 꼽히는 서정주가 단 몇 줄의 시행에 침묵의 강력한 힘을 놀라울 만큼 잘 담아냈다.

> 하늘이
> 하도나
> 고요하시니
> 난초는
> 궁금해
> 꽃 피는 거라.

미국의 시인 월레스 스티븐스 Wallace Stevens 역시 〈찌르레기를 감상하는 열세 가지 방법 Thirteen Ways of Looking at a Blackbird〉이라는 시에서 이와 비슷한 시풍의 노래를 불렀다.

> 내가 어느 쪽을 더 좋아하는 것인지 모르겠다.
> 곡선의 아름다움인지,
> 아니면 비아냥거림의 아름다움인지.
> 찌르레기의 휘파람 소리인지,
> 아니면 그 노래가 끝난 직후인지.

러시아의 시인 표도르 튜체프 Fyodor Tyutchev도 〈침묵! Silentium!〉이란 시에서 어떤 생각이 일단 입 밖으로 나오고 나면 진실이 아닌 것이 된다며 말을 유보하라고 충고했다. 나중에 다시 살펴볼, 구약성서에 주석을 단 〈미드라시 Midrash〉의 유대교 저자들은 침묵을 얼마나 소중하게 생각했던지 값진 돌멩이(보석)와 동일한 것으로 여길 정도였다. 조지 엘리엇은 〈스페인 집시 The Spanish Gypsy〉라는 극시 형식의 장시에서 그 값진 돌멩이가 말해지지 않은 것들의 여러 측면을 언어보다 훨씬 더 웅변적으로 잘 표현할 수 있을 것이라 노래했다.

> 페딜마 (귀걸이를 꺼내고 보석들을 하나씩 들어올리며)
>   부탁이에요. 이 루비들을 여기에 끼워줘요.
>
> (돈 실바 귀걸이 안에 보석을 끼우기 시작한다.)
>
> 내가 옳았어요!
> 이 보석들한테는 생명이 있어요. 보석의 색이 말하잖아요.

단어가 말하지 못하는 것을. 그런 게 어디 한두 가지인가요.
재스민 향이 그렇고, 분수의 물줄기가 그렇고
저 먼 언덕 위에서 서서히 움직이는 그림자가 그렇고
비스듬히 비치는 달빛이 그렇고, 손뼉 치는 우리의 두 손이 그
렇잖아요.
오, 실바, 단어 주위에는 단어를 휩쓸어 익사시키는
바다가 있어요. 그대도 알고 있나요?
가끔씩 침묵 속에 앉아 있으면, 오렌지나무에서
불어오는 바람이 우리에게 보드라운 숨결을 내뿜는다는 것을.
그럴 때 그 숨결은 단어의 속삭임 같아요.
우리의 영혼은 더 쪼그라들어 점점 더 얇아지고 점점 더 분산
되고 있어요.
정말로 그렇지 않나요?

돈 실바   그래요, 내 사랑, 정말 그렇군요.
언어는 말해지지 않은 것의 깊이 위에 드리워진
부서진 빛에 불과해요. 그대가 사랑하는 단어들조차,
뭔가가 더욱 흐릿해질 때
의미가 더욱 커지는 그대의 목소리 안에서 떠다니니까요.

(돈 실바는 여전히 두 번째 귀걸이에 루비를 끼우느라 갖은 애
를 쓰지만 별 보람이 없고, 그동안 페덜마는 다시 보석함 위로
몸을 숙인다.)

침묵의 모호함을 직설적으로 다룬 수많은 시인 중에 에이드리언 리치
가 있다. 리치는 〈사랑 시 21편〉 중 9편에서 타인을 사랑하는 이의 침묵
에 대한 두려움과 존경심을 동시에 내보인다.

오늘 그대의 침묵은 살아 있는 것들을 익사시키는 호수요.
나는 태양을 향해 튀어 오르는 물방울을 보고 싶소.

나는 이 침묵이, 이 불확실한 삶이
두렵소. 이번만은 부드러운 바람이 불어와
이 종잇장 같은 수면을 열고 내가 그대를 위해 무엇을
할 수 있는지 보여주길 나는 기다리고 있소.
타인들을 위해, 그리고 나를 위해, 종종 말할 수 없는 것들을
말할 수 있게 만드는 그대를 위해.

창조적 환경으로서의 상대적 침묵의 가치를 알아보고 그것을 철저하게 지키고자 한 시는 여러 편 있지만, 그 중에서도 윌리엄 예이츠 William B. Yeats의 〈긴 다리 소금쟁이 Long-legged Fly〉는 이를 확실히 드러내고 있다.

큰 전쟁에 패해서
문명이 몰락하지 않도록,
개를 조용히 시키고, 조랑말은
저 멀리 말뚝에 매어 놓아라.
우리의 대장 카이사르는 막사 안에서
지도를 펼쳐 놓은 채
무(無) 위에 시선을 모으고 있다.
한 손으로 머리를 괴고.
시냇물 위 긴 다리 소금쟁이처럼
그의 정신은 침묵 속에 움직인다.

높디높은 탑들이 불타올라도

누구나 그 얼굴을 떠올릴 수 있도록,
이 외진 곳에서 움직여야 한다면
최대한 살그머니 움직여라.
여자라기보다는 어린아이에 가까운
소녀의 발은, 아무도 보지 않는다고 생각하는지
거리에서 배운
어설픈 춤을 연습한다.
시냇물 위 긴 다리 소금쟁이처럼
그녀의 정신은 침묵 속에 움직인다.

사춘기 소녀들이 자신들의 상상 속에 존재하는
첫 아담을 찾을 수 있게,
교황청의 성당 문을 닫아걸고
저 아이들을 하나도 들이지 말라.
저기 발판 위에
미켈란젤로가 비스듬히 기대어 서 있다.
쥐보다도 소리를 내지 않고
그의 손은 이리저리 움직인다.
시냇물 위 긴 다리 소금쟁이처럼
그의 정신은 침묵 위에서 움직인다.

침묵에는 일찍이 우리가 별로 신통치 않다고 여긴 다른 종류의 침묵도 있는데, 모순되게도 미국 미주리 주의 시인 마리안느 무어 Marianne Moore는 〈침묵 Silence〉이란 시에 그 침묵을 새겨 넣었다. 이 시에서 무어는 뭔가 자신의 삶과 얽힌 중대한 사실에 대해 스스로 침묵하고 있는 것처럼 보인다. 시에서 무어가 묘사하고 있는, 침묵의 진가를 알아본 무어의 아버지는 사실 현실 속 무어의 아버지가 아니다. 실제 무어의 아버지는 무어가 태어나기 전 신경쇠약에 걸려서 정신병원에 수감되었고 그래서 무어는 평생 아버지를 만난 적이 없다고 한다. 무어는 여기 언급된 딸의 역할은 다른 사람의 몫이라는 주석을 작품에 달았지만, 그 중 열네 행은 그 주석 없이 자주 인용된다.

> 아버지는 늘 이렇게 말씀하시고는 했다.
> "잘난 사람들은 남의 집 방문을 길게 하는 법이 없다.
> 그 사람들한테는 롱펠로의 무덤도
> 하버드의 유리 꽃 전시관도 구경거리가 안 된다.
> 그들은 고양이처럼 자족적인 사람들이다.
> 혼자 힘으로 먹이를 잡아먹는 고양이처럼.
> 흐느적거리는 생쥐 꼬리를 신발 끈인 양 입 밖으로 늘어뜨리고 있는 고양이처럼.
> 때때로 그들은 고독을 즐긴다.
> 그들은 자신들을 즐겁게 해주던 말에게
> 말을 강탈당한 것일 수도 있다.
> 가장 깊은 감정은 언제나 침묵 속에 모습을 드러낸다.
> 아니, 침묵이 아니라 통제 속에."
> 아버지는 "내 집을 네 숙소로 삼으라."는 맘에 없는 말은 하지도 않지만,
> 숙소도 거주지는 될 수 없다.

애니 딜라드 Annie Dillard는 퓰리처상을 수상한 미국의 시인이자 작가이다. 딜라드의 시집 ≪딱 이런 아침 Mornings Like This≫에 수록된 시들은 모두 독창적인 작품들이지만 그 중에는 다른 작품에서 빌려온 문장으로 이루어진 시들도 있다. 알려진 바로는 딜라드가 원래 있던 단어를 삭

제한 문장은 여러 개지만 새로 단어를 추가한 문장은 하나도 없다고 한다. 그 중 한 작품인 〈전원시 Pastoral〉의 경우 앞 장에서 살펴본 막스 피카르트의 ≪침묵의 세계≫를 토대로 한 작품이다.

나중에 다시 살펴볼, 신의 침묵이라 여겨지는 것에 몰두한 시인들은 한두 명이 아니지만, 특히 웨일즈의 시인 로널드 토머스 Ronald S. Thomas는 정말로 그것을 '주요 테마'로 삼은 시인이었다. 스코틀랜드의 시인 톰 레오나드 Tom Leonard는 대화 그 자체 속에 부재하는 것의 중요성을 명쾌하게 표현하는 방식으로, 주로 공연을 위한 시들을 창작했다. 평론가 맨슨 Manson은 '침묵에 접근'하는 레오나드의 방식을 "믿을 수 없을 만큼 감동적"이라고 평가했다.

시는 정확한 표현과 침묵 사이의 암시적 공간에 머문다. 피어슨 Pearson은 스테판 말라르메 Stéphane Mallarmé 연구를 통해, 다른 시인이었다면 침묵 속에서 상실하거나 단어들 속에 익사시켰을지도 모르는 것들을 미묘하게 표현할 줄 아는 말라르메의 능력을 고찰했다.

일상 언어가 사용되는 '보편적인 보도'는…… 모든 사실을 다 담고 있는 것처럼 보이지만 사실 그 안에 담겨 있는 내용이 거의 없다. 따라서 이것 역시 침묵의 한 형태일 수 있다. 반면 말라르메의 '시 Le Vers'는 그것이 산문시의 형태든 운문시의 형태든, 장황한 일상 언어보다 훨씬 순수하고 밀도 또한 훨씬 더 높다는 점에서 표현이자 소통으로 간주된다. 하지만 이런 시 세계 속에 살아가다 보니 말라르메는 이성과 비이성 사이에 갇힌 자신을 발견하기도 했다. 그곳에서 자신의 언어적 동전에 새로 그림을 새겨 넣는 와중에 말라르메는 시적 언어가 자신이 통제할 수 있는 것보다 더 많은 의미를 함축할 수 있다는 사실을 알게 되었다.

말하자면 시는 말의 수평선이다. 시는, 칠레의 시인 파블로 네루다 Pablo Neruda가 시 〈그것은 태어난다. It is Born〉에서 "아무것도 말할 필요가 없는 가장 끝 가장자리"라고 구체적으로 표현한 곳, 무한한 곳으로부터 모습을 드러낸다.

연극

극작가의 무기고 안에서는 침묵이 가장 막강한 무기로 여겨질 수 있다. 극작가는 대비를 통해 긴장감을 조성하고 중요성에 따라 실제 대사에 강약을 줌으로써 극적 효과를 높이기 위해, 단어 주변, 단어 사이, 단어 너머의 공간을 야무지게 활용한다. 관객은 침묵에 의해 무대 안으로 빨려 들어갈 수도, 모호함을 다루는 극작가의 방식에 매료될 수도 있다. 어찌 됐건 연극에서도 침묵은 두려운 것이다.

고대 그리스의 초기 극작가들은 목소리의 가치를 강조했다. 그들에게 목소리는 실비아 몬티그리오의 표현에 따르면 일종의 "구성 원리"였다. 그 작가들에게 '추론과 언어', 즉 '로고스'는 인간이란 존재를 다른 형태의 자연과 명확히 구분해주고 인간과 신을 직접 소통하게 해주며 정치적인 업무를 처리해주는 수단이었다. 목소리는 창조의 집행관인 반면 침묵은 전멸의 전조였다. 그리스 사회에서 침묵은 소리로 가득한 세상을 위협하는 존재였을 수도 있다. 몬티그리오는 이렇게 기록했다.

> ≪일리아드 Illiad≫의 언어 규범 내부에 존재하는 언어적 흐름의 골치 아프고 당황스러운 중단으로서, 비극 특유의 불가해성과 결연함을 드러내는 태도로서, 자연의 정상적인 흐름을 급작스럽게 유보하는 행위로서, 침묵

은 분열의 도래를 예고하고 불안감을 조성한다. 불길한 침묵은 시도 때도 없이 나타나 비명을 끊어버린다. 그리고 소리로 그것을 과잉 보상해 잃어 버린 균형을 되찾으려는 듯, 뻥 뚫린 공포는 다시 침묵의 정반대인 비명으로 침묵을 채운다.

그리스 연극에서 대개 어둠과 연결되어 있던 침묵은 극의 분위기나 등장인물의 성격을 드러내는 수단으로 쓰이는 경우가 많았다. 침묵의 연기를 강조해주는 것은 대사였다. "침묵은 여성들의 장신구"라는 그리스 격언은 남자들의 침묵이 일반적으로 바람직하게 여겨지지 않았다는 사실과 대비를 이룬다. 그것은 무대 위에서도 마찬가지였다. 몬티그리오가 지적했듯 실제로 "비극에서조차 침묵은 진짜 여자의 장신구인 적이 없었다." 하지만 그런데도 침묵은 자기 파괴적인 행동이나 지하의 음모를 상징하는 경우가 많았다. 남자의 침묵도 스파르타 같은 그리스 국가의 귀족사회에서 한때 점잖음의 표시로 여겨진 적이 있었지만 그 뒤 도시국가 민주주의가 발달하면서부터는 상대적으로 개방된 형태의 회의와 절차가 많았던 민주주의의 특성상 정확한 표현이 장려되기 시작했다. 그때부터 남자들한테는 우렁찬 발언이 기대되었는데, 그 정도가 어찌나 심했는지 몬티그리오의 설명에 따르면 민주주의가 시행된 아테네에서는 연극을 보러 온 관객들조차 자신을 그저 침묵의 구경꾼으로 여기지 않을 정도였다고 한다. 몬티그리오는 이렇게 말했다. "관객들이 장면마다 반응하느라 목소리를 내서 대소동이 일었던 것을 보면, 그 시대 연극 관객은 단순한 청자라기보다는 일단의 잠재적인 화자로 규정할 수 있다. 이것이 바로 그리스의 웅변가들이 로마 웅변가들과 달리 감탄의 침묵을 목표로 세우지 않았던 이유이다."

수전 손택은 소음과 참여적인 관객과 무슨 수를 써서라도 침묵을 유지하려는 수동적인 관객을 서로 대비시키면서 예술을 바라보는 우리의 사고에 차차 본질적인 변화가 일어났다는 것을 인지했다. 손택은 "근대적 의미에서 관객은 관음증 취미가 있는 구경꾼 집단"이라 규정하며 이렇게 기록했다.

적어도 니체가 ≪비극의 탄생 The Birth of Tragedy≫에서 "우리가 알고 있는 구경꾼으로서의 청중, 즉 배우가 무시하는 존재들이 그리스 시대에는 존재하지 않았다."고 말한 이래로, 우리 시대의 수많은 예술들은, 예술에서 관객을 제거하려는 욕망에 의해, 그리고 종종 '예술'을 완전히 제거하려는 하나의 시도로 스스로를 선물하는 대기업에 의해 움직이는 것 같다.

그러나 시끄러운 관중으로 명성이 자자했음에도 그리스 사람들은 침묵 자체의 연극적 가능성을 인식하고 있었다. 최근 한 연구는 그리스 비극의 아버지라 평가되는 아이스킬로스가 효과를 극대화하기 위해 아킬레우스의 침묵을 어떻게 활용했는지를 다루었다. 소실된 ≪아킬레우스 삼부작≫의 첫 편인 〈미르미돈 Myrmidon〉의 현재까지 남아 있는 일부 원고를 분석한 연구자 판텔리스 마이클라키스 Pantelis Michelakis는 아마도 아킬레우스가 연극 중반까지 침묵하고 있었을 것이란 의견을 내놓았다.

그리스 문학에서 침묵은 대개, 개인이든 집단이든 열등한 지위의 사람들에게 부과되는 것이었다. 그러나 〈미르미돈〉에서 무능함과 동격으로 사용된 것은 침묵이 아니라 언어였다. …… 침묵을 다른 누군가의 힘을 드러내는 바람직하지 못한 것으로 여기는 호메로스의 공연과 달리, 아이스킬로스의 공연에서는 침묵이 아킬레우스에게 자신들의 뜻을 관철시키려는 타인들에 맞서는 아킬레우스의 무기이자 단호함을 드러내는 일종의 자의식이었다.

아리스토파네스는 〈개구리〉[01]에서, 아이스킬로스의 아킬레우스가 보인 도발적이고 파괴적인 침묵을 중점적으로 패러디하고자…… 화가 나서 침묵에 잠긴 아킬레우스와 똑같은 모습으로 아이스킬로스를 등장시켰다. 극의 도입부에 시인 에우리피데스와 함께 등장한 아이스킬로스는 에우리피데스가 10행이 넘는 대사를 읊는 동안에도 침묵을 지킨다. 그 침묵에 디오니소스는 의문을 제기하고 에우리피데스 역시 한마디 거든다. [디오니소스] : 아이스킬로스, 자네는 왜 그렇게 입을 꾹 다물고 있는가? 에우리피데스의 말이 들리지 않는가? [에우리피데스] : 그 자는 연극이 이런 식으로 시작되는 것이 못마땅하고 어색할 겁니다. 노상 자기 비극에서 써먹던 간교한 행동을 여기서도 똑같이 하고 있네요.

마이클라키스는 이렇게 덧붙였다. "아리스토파네스는 단순히 아이스킬로스의 도발적인 침묵 사용을 지적하기만 한 것이 아니었다. 그 역시 침묵을 힘없는 사회적 약자들과 연관 짓는 관습적 시각을 되살리고자 했다."

지구 맞은편 일본에서는 14세기부터 '노(能)'라는 가면극이 공연되었다. 노는 텅 빔과 침묵을 예술적으로 그려내는 전통적 형태의 연극이다. 노에는 사건, 그리고 사건과 관련된 감정 표현을 다루는 극적 재현 장면이 그다지 많지 않다. 노는 절제된 표현과 암시, 무용과 마임과 음악을 활용한다. 그러나 노가 의도하는 바에 대해 지배계급 관객이 특정 이해를 얻을 수 있게 사회적 맥락 안에서 그런 공연이 이루어졌다는 사실은, 노에 나타나

01 개구리 Batrachoi : 〈리시스트라테〉, 〈구름 Nephelai〉과 함께 ≪아리스토파네스의 희극 삼부작≫ 중 하나로 꼽히는 작품이다. 작품 안에서 연극의 신 디오니소스는 도덕이 땅에 떨어지고 활기를 잃은 도시를 구원하기 위해 옛 시인들 중 한 명을 되살려 그 중대한 임무를 맡기기로 결정한다. 하데스의 명계로 내려간 디오니소스는 비극시인 에우리피데스와 아이스킬로스에게 논쟁 경연을 시킨다. 이 경쟁에서 침묵을 지킨 아이스킬로스는 가벼운 언어들을 마구 늘어놓은 에우리피데스에게 판정승을 거두고 디오니소스의 선택을 받는다.

는 언어의 부재가 반드시 개념적 소통의 부재를 뜻하지는 않는다는 사실을 시사한다. 아일랜드의 시인이자 극작가인 예이츠는 노에 매료되었고 그로부터 지대한 영향을 받았다. 예이츠는 노를 통해 희곡의 저자가 어떤 방식으로 "침묵 속에서 느끼고 상상할 수 있는 모든 것을 관객 앞에 펼쳐 보여야 하는지" 깨달았다. 최근에 연극연출가 무나카타 우에다 Munakata Ueda와 요시히로 구리타 Yoshihiro Kurita는 각각 셰익스피어의 영어 연극을 노 형식으로 각색하는 시도를 선보였다. 극작가이자 연출가인 겐주케 요코우치 Kensuke Yokouchi와 함께한 이 도전에 대해 구리타는 이렇게 말했다.

> 노 연극에서 허용되는 움직임은 순간적인 움직임뿐이다. 움직임의 순간 뒤에는 반드시 무대가 침묵해야만 그 움직임을 그 순간 너머로 확장시킬 수 있다. 노는 침묵과 움직임의 역전이다.

엘리자베스 시대 영국의 극작가들과 셰익스피어는 침묵의 중대성과 가능성을 스스로 알고 있었다. 예컨대 벤 존슨 Ben Jonson은 대사를 읊는 배우에게 초점이 맞추어져 있지 않은 장면들을 많이 썼다. 존슨의 〈연금술사 The Alchemist〉에는 주인공 아벨 드러거가 말 한마디 하지 않는 독특한 장면이 나온다. 그러나 그 장면 역시 드러거를 중심으로 연출된 장면이었다.

엘리자베스 시대 연극에서 침묵은 효과를 높이기 위해서도 사용되었지만, 거기에서 그치지 않고 주제나 관심의 대상을 형상화하는 데도 쓰였다. 그 가운데 가장 유명한 장면은 아마도, "남은 것은 침묵뿐"이라는 선언을 통해 죽음 이면의 소멸과 신비를 인정한 ≪햄릿≫의 대단원인 것이다. 침묵의 잠 앞에서 소음과 찰나의 움직임을 흘려보내는 셰익스피어의 인생관은 ≪템페스트 The Tempest≫ 속 탁월한 대사 몇 줄에도 잘 표현되어 있다.

> 마침내 우리의 잔치는 끝났다. 이 배우들은
> 앞서 말한 대로 모두 정령이었다. 그리고
> 그들은 이제 다 공기 속으로, 엷은 공기 속으로 녹아버렸다.
> 그리고 바닥없는 구조물처럼
> 구름을 뒤집어 쓴 탑들도, 호화로운 궁전들도,
> 엄숙한 사원들도, 거대한 이 지구 자체도,
> 아, 그리고 이 지구가 물려받은 모든 것들도 다 녹아버릴지니.
> 이렇게 사라진 이 실체 없는 야외극처럼
> 아무런 흔적조차 남기지 않은 채. 우리는 꿈이 빚어지듯
> 생겨난 존재들이다. 그리고 우리의 소소한 삶은
> 잠으로 둘러싸여 있다.

연극은 바람직하지 못한 침묵을 향해 목소리로 이의를 제기하는 강력한 매체가 될 수도 있다. 2005년 영국에 거주하는 일단의 소말리아 여성들이 버밍엄 레퍼토리 극단 Birmingham Repertory Theatre의 멀티미디어 공연에 참여해달라는 부탁을 받았다. 극단은 그들에게 소말리아 남성에게, 그리고 자신들이 살고 있는 이국 사회에 말을 건넬 수 있는 목소리를 제공했다. 이블린 샤프 Evlynn Sharp가 연출한 〈침묵 깨기：소말리아 여성들 큰 소리로 말하다 Breaking The Silence：Somali Women Speak out〉라는 제목의 이 공연을 주관한 단체는 '추방 작가 협회 Exiled Writers Ink'와 '아프리카의 뿔 여성 협회 The Horn of Africa Women's Association'였다. 후진국에서 온 사람들에게 이런 자리를 마련해주려는 서구인들은, 그 창작 작업이 그 후진국 사람들의 관점을 담아내는 것이지, 아무리 의도가 순수

하다 하더라도 에이전트, 단체, 출판사 등의 편의를 도모하는 것이 아니라는 사실을 유념할 필요가 있다.

마임

고대 시대부터 상연된 연극의 형태 가운데 침묵을 다루어온 또 하나의 독특한 예술이 바로 마임이다. 마임은 관객의 상상력을 자극하는 동작과 움직임으로 구성된다. 예를 들면 그리스 비극 공연자들은 때때로 연극의 도입부에 마임을 집어넣었다. 로마 시대에 마임, 또는 '팬터마임'은 그 자체로 독립된 여흥이었다. 그때 이미 마임은 대사를 외우는 관습적인 연극과 무용에서 분리되었던 것이다. 중세 이탈리아에서는 '코메디아 델라르테 Commedia dell' Arte'라는 희극이 발달했다. 그것은 굳이 마임에 의존하지 않고도 우렁찬 총천연색 무대를 연출할 수 있는 일종의 슬랩스틱 코미디였다. 그러나 이탈리아의 공연자들은 유럽 전역을 돌면서 각 지역의 기성 극단들과 경쟁을 하게 되었고, 기성 극단들은 코메디아 델라르테가 대사 없이 공연되게 된 데에는 자신들이 공이 컸다며 각자 권위를 주장하기에 이르렀다. 그래서 이탈리아 공연자들은 살아남기 위해 마임과 다른 기술들을 도입하기 시작했다.

마임은 몸짓으로 인간의 감정을 풍부하게 표현하기는 해도, 단순히 말하면 소리의 대체물이나 언어의 부재, 즉 침묵일 수 있다. 그러나 때때로 마임의 침묵은 애매한 언어보다 더 깊은 진실을 전달한다. 그 진실은 초월적 세계에 대한 힌트일는지도 모른다.

이탈리아 코메디아 델라르테의 등장인물들은 프랑스에서 새로운 정체성을 얻게 되었다. 어릿광대 아를레치노 Arlechinno는 알록달록 기운 옷을 입은 할리퀸 Harlequin이 되었고, 슬픈 얼굴의 페드롤리노 Pedrolino는 얼굴을 하얗게 칠한 피에로 Pierrot가 되었다. 오늘날 서커스단의 광대들은 이 분장을 하며 피에로가 그 분장의 원조일 것이라 믿는다. 프랑스 마임의 본거지는 1816년 개관한 피남빌 극장 Théâtre des Funambules이었다. 피남빌 극장은 1830년 7월 혁명 전까지 침묵의 극장으로 남아 있었다. 오신 케니 Osín Kenny는 이렇게 기록했다. "피남빌 극장은 이런 제약을 자신들만의 강점으로 활용했고, 그 결과 그 침묵의 극장은 반드시 방문해야 할 그 지역의 독특한 명물이 되었다." 하지만 케니는, 1830년 뒤에 피남빌을 방문한 프랑스의 소설가 제라르 드 네르발 Gérard de Nerval이 이렇게 실망감을 표현했다고 덧붙였다. "aujord'hui tous ces petits theêâtres babillent et fredonnent comme les grands." "이제 이 작은 극장도 거대한 극장들과 마찬가지로 와글와글 웅성댄다."는 뜻이다.

피남빌의 유명한 마임예술가 가운데 장 밥티스테 드뷔호 Jean-Baptiste Debureau는 모든 계급의 파리 시민들을 극장으로 끌어들인 인물이었다. 단순한 줄거리와 결합된 드뷔호의 복잡하고 미묘한 공연은 그에게 엄청난 환호성을 안겨 주었다. 1819년 피남빌 무대에 데뷔한 드뷔호는 그때부터 새로운 모습의 피에로 캐릭터를 개발해나갔다. 드뷔호는 콜롬빈과 그녀에게 구애하는 할리퀸, 할리퀸의 부자 연적 역겨운 판탈롱[02] 이야기처럼 코메디아 델라르테에서 널리 쓰이던 줄거리를 활용했다. 피에로는 억압받고 무시당하는 광대 캐릭터였다.

드뷔호는 요즘 시대에 맞는 적절한 모습의 인물들을 창조했다. 자넹 Jules Janin이 "피에로는 일반인"이라고 말했던 것과 달리 고티에 Theophile Gautier는 피에로를 "고대 노예, 근대 프롤레타리아"에 비유했다. 드뷔호는 주인보다 한 수 앞서는 재간둥이로 변형시킨 피에로를 당대 세도가들 앞에서 연기했다. 얼굴을 하얗게 분장함으로써 기다랗고 차분한 얼굴을 가득 채우는 풍부한 표정을 강조했다. 전통적인 피에로의 헐렁한 모자를 머리에 딱 붙는 검은 모자로 바꾼 사람도, 너풀대는 칼라를 떼어버리고 배기바지에 통 넓은 튜닉을 입은 사람도 바로 드뷔호였다.

드뷔호가 창조한 피에로 캐릭터는 마임의 전통이 유지되는 데 큰 몫을 했다. 그렇게 명맥을 유지하던 피에로는 무성영화 시대 찰리 채플린 Charlie Chaplin과 버스터 키튼 Buster Keaton이 '작은 사람 Little men'을 연기하면서 새로운 모습으로 다시 태어나게 되었다. 하지만 무대 위의 마임이 살아남는 데 가장 큰 역할을 한 사람은 마르셀 마르소였다. 마르소는 자칭 현대 마임의 아버지인 에티엔 드크루 Etienne Decroux의 제자였다. 마르소는 자신이 창조하고 '빕 Bip'이란 이름을 달아준 캐릭터를 아래와 같이 묘사했다.

Bip est une synthèse de la pantomime blanche qu'on a vu jouer par Jean-Louis dans Les Enfants du Paradis qui reproduit toute cette époque du Boulevard du Crime et des Funambules. Il y a d'une part le mélodrame oú ≪Margot a pleuré≫, comme dit Victor Hugo, et de l'autre le Théâtre des Funambules.

Bip est un petit-fils de pierrot, le héros silencieux, et de Petrolino qui était un personnage qui a influencé Pierrot dans la pantomime française.

---

02 콜롬빈 Colombine, 할리퀸, 판탈롱 Pantalon: 영국, 프랑스, 이탈리아 등에서 17세기경부터 널리 상연된 희극 〈할리퀸아드 Harlequinade〉의 등장인물들이다. 평민 아가씨 콜롬빈과 평민 청년 할리퀸은 서로 사랑하는 사이이다. 그러나 재물에 눈이 먼 콜롬빈의 아버지가 부자 판탈롱에게 딸을 시집보내려 한다. 가난한 젊은 남녀는 우여곡절 끝에 사랑의 결실을 맺는다. 주인공 할리퀸은 피에로와 마찬가지로 광대의 한 유형이다.

법은 〈인생유전〉03에서 장 루이가 연기한 팬터마임 블랑슈04의 완성판이다. 영화에서 장 루이는 '범죄대로'와 피남빌이 성업하던 시대 팬터마임 블랑슈 연기를 선보였다. 빅토르 위고 Victor Hugo의 말처럼 팬터마임 블랑슈의 일면에는 '마고05를 울리는' 멜로드라마가, 또 다른 일면에는 피남빌 극장이 있었다.

법은 침묵의 주인공 피에로의 아들이자, 프랑스 피에로를 탄생시킨 이탈리아 캐릭터 페드롤리노의 아들이었다.

위에서 마르소가 언급한 영화 〈인생 유전〉은 마르셀 카르네 감독의 작품으로 큰 호평을 받았다. 프랑스 원어 제목의 '천국'은 입장료가 가장 싼 극장 맨 꼭대기 자리를 말한다. 한 평론가는 이 영화가 19세기 중엽 파리에서 마임이 어떤 대중적 호소력을 지니고 있었는지 잘 보여주었다고 평했다.

---

03 인생유전 Les Enfants Du Paradis：마르셀 카르네 Marcel Carné 1906~1996 감독의 1945년 작이다. 제 2차 세계대전 중 나치 치하에서 제작된 이 영화는 19세기 중엽 파리를 배경으로 한다. '1부 범죄대로 Boulevard du Crime', '2부 하얀 남자'로 구성되어 있는데, '범죄대로' 는 범죄극과 마임 공연이 성행하던 19세기에 극장들이 모여 있던 파리 탬플대로를 부르던 별칭이며 '하얀 남자'는 하얗게 분장한 피에로를 지칭한다. 작품의 원어 제목인 '천국의 아이들'은 극장의 3등석, 맨 꼭대기 발코니 석을 부르는 프랑스 연극계 은어라고 한다. 서로 사랑하는 두 마임배우 밥티스테와 가랑스는 유명 연극배우 프레더릭이 끼어들면서 각자 다른 삶을 살게 된다. 밥티스테 역을 맡은 배우 장 루이 Jean-Louis는 스크린 안에 마임을 제대로 구현했다는 평가를 받았다.

04 팬터마임 블랑슈 pantomime blanche：'블랑슈'는 불어로 '하얗다'는 뜻이다. 팬터마임 블랑슈는 오늘날 얼굴을 하얗게 칠한 피에로의 마임을 통칭하는 용어로 쓰인다.

05 마고 Margot：프랑스의 시인이자 극작가인 알프레드 드 뮈세 Alfred de Musset 1810~1857의 단편소설 〈마고 Margot〉 속 비련의 여주인공으로, 프랑스 문학에서는 최루성 멜로드라마의 여주인공을 통칭하는 일종의 대명사로 쓰이기도 한다.

마임을 향한 밥티스테의 꿈같은 열정과 섬세한 감수성은 시끄럽고 화려한 배우 프레더릭의 불평, "다른 사람들이 굶주림과 갈증 때문에 죽는 것처럼 나는 이 침묵 때문에 죽고 말거야."라는 말과 강렬한 대조를 이룬다. 나중에 프레더릭은 '범죄대로'의 스타로서 엄청난 명성을 누리지만, 평범한 시민들은 팬터마임이라는 얇은 천에 포장된 밥티스테의 섬세한 이야기에 더 매력을 느낀다. 가슴을 저미는 한 작품에서 밥티스테는 연인과 지위를 모두 상실한 피에로를 연기한다. 그것도 할리퀸을 연기한 자신만만한 배우 프레더릭 앞에서.

2000년 마르소가 아일랜드 고전 극단 Irish Classical Theatre Company과 지역 대학의 손님 자격으로 뉴욕 버펄로를 방문했다. 르완도스키 J. Lewandowski는 마르소가 400명의 청중에게 이렇게 말했다고 기록했다. "감정을 호흡하면 생각을 창조할 수 있습니다. 호흡은…… 시입니다. 인생의 흐름을, 인생의 느낌을 내면으로 노래하는 시 말입니다. …… 입으로 말을 하면 그 말이 이미지를 창조하지만, 침묵을 지키더라도 침묵하는 그 순간의 자세가 이미지를 창조합니다." 르완도스키의 기록은 이렇게 이어진다.

마임의 역사와 마임예술에서 마르소가 세운 업적에 대한 토론이 시작되자, 마르소의 사진이 매달린 줄이 재빨리 설치되었다. 그 중에는 이런 사진도 있었다. 유람선 난간 위에 일흔일곱 살의 노인이 팔짱을 끼고 앉아 있었다. 몸이 앞뒤로 흔들리는 노인의 얼굴에는 아찔한 설렘과 지독한 뱃멀미의 자취가 고스란히 드러나 있었다. 마르소가 분노의 발작을 일으키며 한 남자의 가슴을 쥐어뜯고 있는 사진도, 바람을 가르며 걸음을 옮기려고 발버둥 치고 있는 사진도 있었다. 그것은 아마도 마르소의 동작 가운데 가장 유명한 동작일 터였다. 마이클 잭슨의 '문 워크'에서 영감을 얻어 창안해낸 것이라고 마르소가 말했던 바로 그 동작이었다.

　　마르소는 말했다. …… 마임 안에 침묵이 실제로 존재하는 것은 아니지만, 은유법으로서의, 혹은 현실에 관한 '하나의 시' 로서의 마임 안에는, 증오나 전쟁처럼 인간의 어깨를 무겁게 짓누르는 현재 상황을 잠깐 멈추어주는 여유가 있다고. "온 세상이 이렇게 소음으로 가득한데, 침묵 속에서 살아가다니 이 얼마나 멋진 일입니까!" 마르소는 두 손을 움직이며 외쳤다. 그 두 손은 마르소가 자신에게 "너무나 중요"하다고 말했던 생계유지의 도구였다. 그리고 나서 '소음'을 모방한 소리가 점점 커지면서 마르소의 침묵을 채웠다.

　　이 논문은 마임의 동작이 절대적 침묵이 아니라 상대적 침묵을 제공한다는 사실을 상기시킨다. "감성적이고 생동감 넘치는 마르소의 말은 언제나 침묵의 '소리', 즉 몸짓에 둘러싸여 있었다. 마르소는 말했다. '소리는 리듬을 드러내고 몸짓은 인간의 내면을 드러냅니다.'라고."

　　현대 극작가 가운데 침묵의 사용과 가장 밀접하게 관련되어 있는 작가는 새뮤얼 베케트이다. 베케트가 어찌나 침묵에 천착했던지, TV 프로그램 제작자인 션 오몰다 Séan Ó'Mórdha는 베케트의 인생과 작품을 다룬 TV 방영용 특집 다큐멘터리에 〈새뮤얼 베케트 : 침묵으로 가는 침묵 Samuel Beckett : Silence to Silence〉이라는 제목을 붙이기도 했다. 실제로 마임 희곡을 쓰기도 했던 (≪대사 없는 연극 1막 Act without Words Ⅰ≫, ≪대사 없는 연극 2막 Act without Words Ⅱ≫) 베케트의 희곡 작품 전반에는 마임의 영향이 뚜렷이 나타난다. 최근 자주 인용되는 이 문장은 베케트가 쓴 것으로 알려져 있다. "모든 말은 침묵과 무(無) 위에 묻은 불필요한 얼룩과 같다." 그러나 베케트의 경우에는 확실하게, 그가 실제로는 말을 침묵 위에 묻은 필요한 얼룩으로 보았다는 것이 진실이다. 앞서 살펴본 데어드르 베어가 인용한 베케트의 글 "침묵 위에 얼룩을 남기지 않았다면, 제가 삶이라는 그 끔찍하고 지난한 난관을 뚫고 어떻게 여기까지 올 수 있었겠습니까?"에서 알 수 있듯, 베케트의 관점을 이해하는 데는 이 사실이 중요하다. 굉장히 잘 알려진 그의 작품 몇 구절에도, 우리의 삶이 정해진 거리를 다 달리고 침묵 속으로 흘러들어간다 해도 그 삶은 어쩔 수 없이 말로 이루어져 있는 개울이라는 생각이 드러나 있다. "난 잘 모르겠다. 모든 말이 절대로 잠에서 깨어나지 않는다는 것 말고는, 그 외에는 아무것도 ……."

나는 계속 말할 것이다. 말이 하나라도 존재하는 한, 그것을 말해야 한다. 말이 나를 찾을 때까지. 말이 나에게 낯선 고통, 낯선 죄악에 대해 말할 때까지. 계속 말해야 한다. 어쩌면 내 이야기의 문턱까지 나를 데려다준 것이 말인지도 모르겠다. 나를 놀라게 할 이야기들을 열어줄 문 앞까지. 그 문이 열린다면, 그것은 나이리라, 그리고 침묵이리라. 내가 어디에 있는 것인지 난 잘 모르겠다. 나는 결코 알아낼 수 없을 것이다. 당신이 알지 못하는 침묵 속에서, 당신은 계속 말해야 한다. 나는 계속할 수 없지만 계속할 것이다.

2006년 4월 인디애나 주 그린캐슬의 드포 극단이 베케트의 단편 희곡 여섯 편을 상연하기로 결정하면서, 극단 측에서 〈당신이 모르는 침묵 속에서 In The Silence You Don't Know〉를 여섯 작품을 통칭하는 공연 제목으로 정한 것도 무리는 아니다. 극단 측은 이에 대해 이렇게 설명했다.

여섯 편 가운데 다섯 편이 짧은 연극이다. 그 중 세 편은 대사가 없고, 한 편은 아예 배우가 없다. 다른 한 편에는 항아리 밖으로 머리를 내민 배우 한 명이 등장할 뿐이다. 이것이 ≪고도를 기다리며 Waiting for Godot≫로 노벨 문학상을 수상한 아일랜드 극작가 새뮤얼 베케트가 창조해낸 존재론적 세계의 표본이다. 주위가 조용해지면 귓가에 침묵의 비명이 들려오면서 당신 앞에 펼쳐진 무(無)의 무의미한 공백과 적막함이 눈에 들어온다. …… 아이들에 대한 부모들의 분별 있는 단속 요함 ……

영국의 극작가 헤럴드 핀터 Herold Pinter 역시 연극에서 아무 말도 없는 상태를 잘 이용한 것으로 유명했다. 이런 이유로 그의 작품은 특히 상연 형태로 감상되어야 하고, 그 색다른 작품의 진가를 알아볼 수 있을 정도로 경험 많은 연출가가 감독을 맡아야 한다. 핀터는 침묵, 절제된 표현, 아리송한 잡담 등을 영리하게 활용해, 더 어둡고 더 거대한 현실이 도사리고 있는 위협적인 분위기를 자연스럽게 조성한다. 1959년 발표된 ≪관리인 The Caretaker≫은 성공을 거둔 여러 작품 가운데 첫 작품이다. 그 작품을 통해 관객들은, 핀터의 스타일을 지칭하는 '핀터레스크 Pinteresque'라는 형용사가 생겨날 정도로 그의 스타일에 결국 익숙해지게 되었다. 핀터의 짧은 희곡 중에는 오죽하면 ≪침묵 Silence≫이란 제목의 작품이 있을 정도다. 1969년 7월 2일 ≪침묵≫과 핀터의 또 다른 단막극 ≪풍경 Landscape≫이 왕립 셰익스피어 극단에 의해 올드위치 극장에서 초연되었다. 그때 한 평론가는 이렇게 찬탄했다.

두 편의 연극 모두 파편적으로 회상되는 과거의 기억들을 관객들이 직접 조립해 일관된 줄거리로 재구성해야 한다. 두 작품 모두에서 중요한 것은 과거가 아니라, 과거의 영향이 지금까지 계속되어 현재 관객의 눈앞에 펼쳐져 있는 올드위치 극장 무대 위까지 여파를 끼치고 있다는 사실이다.

그로부터 18년 뒤, 배우 존 트라볼타 John Travolta는 (1960년에 한 번 영화화되기도 했던) 핀터의 ≪덤웨이터≫[06]에 주연으로 출연해 핀터가 고집스럽게 다루어 온 침묵의 힘을 입증해보였다. 청부살인에 고용된 두 남자의 이야기에 ≪덤웨이터≫라는 제목을 달다니 이 얼마나 적절한 중의적 표현인가. 항간에 전하는 이야기에 의하면 영국의 작가 앨런 베넷 Alan Bennett은 우스갯소리로 2분 동안 침묵을 지키는 것만큼 핀터의 생일을 축하하는 적절한 방법은 다시없을 것이라 말했다고 한다.

침묵의 중대성에 관심을 기울여온 또 다른 유럽 작가로 러시아 태생의 프랑스 소설가이자 비평가인 나탈리 사로트 Nathalie Sarraute가 있다. 말을 통해 근본적 의도나 바람을 드러내는 법이 거의 없는 잠재의식에 매료된 사로트는, 말해지지 않은 것들로 인간이 삶을 어느 정도까지 통제할 수 있는지 그 능력의 한계를 탐구했다. 사로트의 연구 기저에는 '굴절성 tropisms' 이론이 놓여 있었다. '굴절성' 이론이란 언어를 배우기 이전에 습득한 존재론적 원칙들이 인간으로 하여금 특정 절차대로 말하고 행동하게 만든다는 개념이다. 수많은 독자들이 이런 내용을 다룬 사로트의 저서들을 어렵다고 느낀다. 1963년 사로트는 슈투트가르트 라디오에서 방송된 〈침묵 Silence〉이란 제목의 짧은 대본을 썼다. 그것은 연극에서 목소리와 음향, 그리고 대화 외적인 요소가 차지하는 중요성을 탐구한 사로트의 여러 저작 가운데 첫 번째 작품이었다.

---

06 덤웨이터 Dumb Waiter : 사전적으로 덤웨이터는 음식 운반용 소형 승강기를 지칭한다. 작품의 두 주인공 벤과 거스는 밀폐된 지하실 방 안에 앉아 살인 지령이 떨어지길 기다린다. 덤웨이터로 내려온 음식을 먹으며 앞뒤가 맞지 않는 대화를 이어가다가 거스가 담배를 피우러 방 밖으로 나간 사이에, 그 방에 들어오는 첫 번째 사람을 죽이라는 지령이 벤에게 전달된다. 지령에 따라 벤은 거스에게 총을 겨누고, 거스는 여러 현상에 의문을 품었다는 이유로 조직의 안전을 위협하는 존재로 규정되어 제거될 위기에 놓인다. '멍청하게 dumb' 어떤 일이 일어나기만을 '기다리는 사람 waiter'을 의미하기도 하는 '덤웨이터'라는 제목에는 분별없는 수동적인 인물과 그런 인물만을 요구하는 부조리한 사회에 대한 냉철한 풍자 인식이 담겨 있다.

남아프리카공화국의 작가이자 연극연출가인 아돌 푸가드 Athol Fugard
는 연극에서 침묵이 중심 역할을 수행한다는 사실을 인정하면서 이렇게
적었다. "연극, 그리고 나는 침묵의 가장 순수한 형태를 구현해내는 전문
의이다. 침묵에 점령당하고도 살아남은 여러 예술 가운데 가장 독보적인
존재는 단연 '가엾은 연극'이다. 연극은 공간, 그리고 시간, 그리고 침묵,
이렇게 삼차원으로 이루어지는 예술이기 때문이다."

무용

무용수들은 무대 위에 서면 침묵의 가능성을 참 잘 가지고 논다. 말 한
마디 없어도 우아한 무용 동작은 즐거움과 영감 두 가지를 모두 줄 수 있
다. 말의 부재가 무용을 침묵의 예술로 만드는 것은 아니지만, 때로 침묵
은 무용 공연에 하나의 본질적 요소로 작용한다. 무용에서 침묵은 움직임
이 제공하는 공간 속에서 파악되는 것인지도 모른다. 푸에르토리코의 안
무가 애나 산체스콜버그 Ana Sánchez-Colberg는 철학자 메를로퐁티
Merleau Ponty의 ≪지각의 현상학 Phenomenology of Perception≫에서 한
문장을 취해 이렇게 썼다. "세상으로부터의 퇴각을 나타내는 전조가 아
니라 신체적 차원으로의 돌입을 보여주는 신호로서 침묵은 사실 우리로
하여금 하나의 세계를 갖게 해주는 일반적인 수단이다."

스톡홀름 무용단의 버피 파키넌 Virpi Pahkinen은 여러 소재 중 ≪티벳
사자(死者)의 서(書)≫에서 가장 큰 영감을 얻었다고 한다. 2002년 파키
넌의 〈떨리는 손의 침묵 Silence of the Trembling Hands〉이 폴란드 국립 무
용단에 의해 포즈난에서 공연되었을 때 이자벨라 프리질루스카 Izabela
Przyluska는 이렇게 말했다. "겨우 17분짜리 연습 무용이었는데도 ……

예술을 통해서만 경험할 수 있는 깊고 맑은 빛 같은 기억 속으로 빠져들었다. 그것은 완벽과 조화를 향해 다가가는 무용, 신비를 깨우는 무용이었다. ……" 파키넌이 예전에, 영화 속에 침묵을 담은 위대한 영화감독이자 스웨덴 국립극단의 연극연출가인 잉그마르 베르히만 Ingmar Bergman과 함께 작업했었다는 사실은 하나도 놀랍지 않다.

연극적 침묵과 무용 사이의 또 다른 관계는 미국 버지니아 주 알링톤의 시네틱 극단[07]이 공연한 〈햄릿…… 남은 것은 침묵뿐이다〉에 뚜렷이 드러난다. ≪워싱턴 포스트 Washington Post≫의 윌리엄 트리플렛 William Triplett은 셰익스피어의 고전을 무언극으로 재창조한 이 수상작에 대해 이렇게 평했다. "결론적으로 말해서, 이 작품은 지금까지 관객 대부분이 보아온 그런 햄릿이 아니다. 그것은 직감으로 만나는 햄릿이다." 이런 사실을 보면, 예술가들이 하나의 예술작품을 재해석해 다른 형태의 예술로 변형시킬 때(이 경우에는 연극에서 무용으로) 그 작품 속에 내포되어 있는 근원적 진리가 전적으로 대본을 통해서만 표현되는 것이 아니라는 사실을 알 수 있다.

아일랜드 무용단의 태극권 안무가 칼리치 Kalichi는 침묵과 무용의 본질적 관계에 대해 웅변적으로 의문을 제기한 적이 있었다. 칼리치는 무용의 신체적, 정신적 치유력 양쪽 모두에 관심이 많았다. 최근 출간된 칼리치 책의 편집자가, 칼리치가 예전에 사람들에게 했던 질문을 그에게 다시

---

07 시네틱 극단 Synetic Theater: 고전을 재해석해 신체 표현을 통해 스토리를 전달하는 '동작 연극 physical theater' 극단이다. 알링턴의 크리스털시티 Crystalcity 극장을 주 공연장으로 사용한다. 2001년 설립된 이래로 수많은 작품을 공연했지만 그 중에서도 셰익스피어의 여러 작품을 무언극으로 상연해 호평을 받았다. 2002년 초연된 〈햄릿…… 남은 것은 침묵뿐이다 Hamlet…… the rest is silence〉는 이듬해 헬렌 헤이스 상 Helen Hayes Awards를 수상했다.

던졌다. "어떤 종류의 무용이 당신의 관심에서 벗어나 침묵을 향해 가게 될까요?" 그러자 칼리치는 이렇게 대답했다.

몇 년 전 어느 날 나는 꿈에서 깨어 이런 말을 종이에 적었습니다. "주님은 침묵의 심장 안에서 소리를 노래하신다." 나는 이 문장을 적은 종이를 깡통에 넣어 1988년부터 내 책상에 올려두었습니다. "주님은 침묵의 심장 안에서 소리를 노래하신다."는 그 문장은 그 뒤로 사라지지 않았습니다. "심장", "침묵", "소리를 노래하다." 같은 단어들이 지금도 내 안 어딘가에서 울리고 있습니다. 그리 멀지 않은 미래에 더 깊은 어딘가에서 그 질문, "어떤 종류의 무용이 당신의 관심에서 벗어나 침묵을 향해 가게 될까요?"가 다시 떠오른다고 해도 나는 그 질문에 답할 수 없을 것 같습니다.

무용과 연극의 중간에 어떤 실험적 형태의 무대 공연이 놓이기도 한다. 슬로베니아 류블랴나의 플라딘스코 극단이 공연한 〈침묵, 침묵, 침묵 Silence, Silence, Silence〉이 좋은 예이다. 비토 타우퍼 Vito Taufer가 연출한 그 공연은 다섯 개의 시각적 '시퀀스'로 구성된, 이미지즘적 율동 기반 공연이었다. 1996년 류블랴나에서 초연되었을 때 〈침묵, 침묵, 침묵〉은, 인류학적 환상과 신화를 꿈같은 이미지로 형상화한 작품이란 평가를 받았다. 2001년 라 마마 실험 극단이 이 작품을 공연하게 되었을 때 극단 대표는 이렇게 말했다.

이 공연은 슬로모션 율동으로 이루어진 다섯 개의 이미지즘적 에피소드로 나누어지는데, 각각의 무대에는 심장박동소리, 바람소리, 부드러운 악기 음악 등 섬세한 음악적 파노라마가 곁들여진다. 여섯 명의 배우는 빈틈없이 완벽한 움직임으로, 실제적인, 그리고 은유적인 침묵 두 가지 모두를 '돌파해나간다.' 정교하게 구성된 장면은 현실적 묘사를 거부한다. ……

툭 불거진 눈에 알루미늄 호일을 뒤집어쓴 어머니 대지, 혹은 릴리스[08]는 날카로운 목소리로 침묵을 산산조각 낸다. ……

라 마마 극단 측의 이야기에 따르면 이 작품에 지대한 영향을 끼친 한 가지 요소는, 유고슬라비아와 전쟁을 치르는 동안 슬로베니아 사람들 사이에 뿌리내린 이런 감정이라고 한다. "우리는 분열되어 살아갈 운명이다.", "우리가 무슨 짓을 하든, 우리 사이에는 무한한 침묵과 거리만이 존재할 것이다."

타우퍼는, 폭격이 있은 뒤 "구멍 속에 갇힌, 완전히 고립된, 외로운" 처지에 놓이게 된 사라예보에 대해, 그리고 "거기에서 벌어지고 있는, 말로 표현할 수 없을 만큼 끔찍한 일들에 대해 아무런 말도, 행동도 하지 못하는" 우리 자신에 대해 안타까움을 느꼈다. 그런 상황이 햄릿의 명제 "남은 것은 침묵뿐이다."를 상기시켰다. 이것이 이 공연 제목이 탄생하게 된 배경이다.

〈침묵, 침묵, 침묵〉의 실제 공연에 완전히 설득당한 평론가가 설사 단 한 명뿐이라 하더라도, 이 얼마나 흥미로운 발상인가.

---

08 릴리스 Lilith: 유대교 신화에 등장하는 밤의 여신이다. 때로 이브 이전의, 아담의 첫 아내라 불리기도 하는 이 여신은 호색적이고 악마적인 성향이 강했는데, 오히려 그 때문에 다산(多産)의 여신으로 농경민과 유목민들의 숭배를 받았다.

건축

인간이 만든 자연스러운 어떤 장소는 침묵에 대한 우리의 경험을 강화한다. 그저 그곳이 조용한 장소라서 그럴 수도 있지만, 그 장소의 고요함이 부분적으로는, 설계와 건축 단계에서 예컨대 바람소리나 시끄러운 울림 같은 오류를 줄이려고 애쓴 덕분에 얻어진 것일 수도 있다. 사실 설계하나만 잘해도 침묵을 강화할 수 있다. 균형 맞게 잘 꾸며진 젠 가든[09]이 그 방법을 잘 보여주는 좋은 예이다. 하지만 이런 종교적인 건물이 아니라 세속적인 건물의 건축에도 성스러운 측면이 있을 수 있다. 아무리 본질적으로 시끄러운 장소라 하더라도, 누군가는 그 장소가 좋은 기억을 묵묵히 떠올려주는 것을 경험하기도 한다. 한때 프랑스 문화부 장관을 지내기도 한 앙드레 말로 André Malraux는 ≪벽 없는 박물관 Museum without walls≫이라는 호평 받은 저서에서 파리 시를 그 자체로 하나의 박물관으로 묘사했다. 단어를 사용하지 않고 말을 건네는 파리를 앙드레 말로는 대화의 공간, 침묵의 목소리라 불렀다. 반면 메를로퐁티는 도시를 언어나 구조로 파악하지 않는 이런 낭만적인 관점을 거부했다. 흔히 볼 수 있는 일이지만, 평범한 박물관의 경우 사회 권력을 비롯한 여타의 힘들이 사물들의 복잡한 의미를 규정한다. 그럼에도 불구하고 도시의 골목길에도 금은 가 있고 대로에도 침묵은 있다. 침묵의 공간이 얼마나 중요한지 잘 알고 있었던 루이스 칸 Louis Kahn 같은 건축가는 콘크리트를 사용하더라도 자신의 작품 안에서 그 중요성을 입증해 보이려고 평생 안간힘을 썼다. 다른 건축가들 중에도, 침묵을 대하는 한 사회의 문화적 태도가, 특히 앞

---

09 젠 가든 zen garden : 일본 사찰에 조성되는 정원을 일컫는다. 보통 나무를 많이 심거나 연못을 파지 않고, 돌, 모래, 바위 등 마른 재료를 활용한다. 수도승들에게 제공되는 일종의 참선 장소인 젠 가든은 화려한 꽃나무 대신 자갈과 돌을 우주의 질서에 따라 배치함으로써 선종불교의 철학을 구현한 장소이다.

서 우리가 살펴본, 침묵을 대하는 핀란드인의 태도가 결과물인 건축물 자체에 어떻게 구현되는가를 고찰한 이들이 있었다. 이런 맥락에서 볼 때, 애리조나 주립대학 건축학과 교수이자 학과장인 맥스 언더우드 Max Underwood가 출간 계획 중인 침묵과 공간에 대한 책이 얼마나 흥미로울지 참으로 기대된다.

시각예술

스튜어트 심은 카시미르 말레비치 Kasimir Malevich와 알렉산더 로드첸코 Alexander Rodchenko 같은 러시아 시각예술가들, 그리고 로버트 라우센버그 Robert Rauschenberg, 로버트 라이먼 Robert Ryman, 애드 라인하르트 Ad Reinhardt 등의 미국 시각예술가들한테서 보이는 '구상으로부터의 후퇴 the retreat from composition'를 세계에 널리 퍼져 있는 침묵의 한 형태로 간주했다. 그러나 그들의 텅 빈 캔버스 역시 하나의 진술로 해석될 수 있다. 그리고 진술 역시 철저하기보다는 불안을 조장할 만큼 애매하거나 어눌할 수 있다. 따라서 정해진 틀이나 경계 내 시각적 구심점의 부재는 근본적으로 은유적 방식의 침묵이다. 고독과 침묵이 반드시 일치하지는 않는 것과 마찬가지로 열린 / 텅 빈 공간과 침묵도 반드시 일치하지는 않는다. 데이비드 호크니의 〈미국인 수집가〉[10] 같은 작품은 그 자체로, 구상

---

10 데이비드 호크니 David Hockney 1837~ 의 〈미국인 수집가 American Collectors〉의 여러 버전 중의 일부이다. 이 책의 원서 표지로 사용되었다.

으로부터 후퇴하려고 시도했던 그 어떤 작품보다도 훨씬 더 표현적 침묵을 잘 보여준다. 1968년 작인 이 작품 속에서 빛과 그림자, 사물과 사람의 미묘한 관계는, 종이 위에 그려진 것은 물론 말해지지 않은, 혹은 말할 수 없는 것들에 대해서도 많은 이야기를 들려준다.

아무튼, 이제 더 이상 그림의 소재를 통해서는 세상을 향해 할 말이 없어서 침묵을 지키는, '구상으로부터의 후퇴'와 관련된 시각예술가들의 관점에 실제로는 공감하지 않는 예술가들이 많다는 것만큼은 분명한 사실이다. 하지만 침묵에 잠겨 생각에 빠져들 수 있게끔 공간을 활용하는 일부 설치미술가들은 예외다. 예를 들어보자. 2009년 제 53회 베니스 비엔날레가 열리고 있던 웅장하고 유서 깊은 건물 '아르세날레 Arsenale'로 걸어 들어가면 브라질의 조형예술가 리지아 파페의 작품[11]을 가장 먼저 만날 수 있었다. 어두운 공간에 꿈결처럼 하늘거리는 섬유를 이용해 달빛에 비친 흑백 무지개를 3차원적으로 형상화한 그 작품은, 관람객으로 하여금 보는 순간 경외감에 빠져 할 말을 잃게 하는 힘이 있었다. 심지어 미국의 비디오 아티스트 토니 콘래드의 작품처럼, 실제로는 섬세한 종이 위에 날짜 별로 하얀 페인트를 칠한 것이지만, 딱 보기에는 그냥 텅 빈 액자처럼 보이는 작품도 있었다. 여러 개의 연작 그림으로 이루어진 그 작품은, 날짜에 따라 색이 바랜 정도가 다른 것을 보여줌으로써 시간의 경과에 대해 이야기하고 있었다. 〈노란 영화〉[12]라는 제목이 그런 의미를 더 확실히 전달해주었다. 그 해 베니스에 전시된 작품 중에는 '구상으로부터

---

11 리지아 파페 Lygia Pape 1927~2004의 2009년 베니스 비엔날레 출품작 〈Tteia I, C〉

의 후퇴'를 보여준 작품이 별로 없었다. 그나마 그 중 몇 작품은 정말로, 주변에 전시된 멀티미디어 설치미술품에서 흘러나와 침묵의 명상이 필요한 다른 작품을 망쳐버리는 소음공해 때문에 고통받고 있었다.

예술가들은 이런 전시라는 영역 밖에 존재하는, 자신이 부재를 갖고 노는 환경에 훨씬 더 강한 통제력을 행사한다. 프랑스의 예술가 이브 클라인은 1960년 〈허공으로의 도약〉[13]이란 제목의 유명한 사진에, 공간과 공간을 채우는 것의 관계를 펼쳐보였다. 사진 속에는 두 팔을 앞으로 뻗은 채 높은 문설주 위에서 보도 위로 몸을 날리는 클라인 자신의 모습이 담겨 있었다. 이 작품은 침묵이든 공간이든 그것을 완전한 것으로 끌어안으려는 시도가 얼마나 무용한 것인지를 강조하고 있었다. 2006년 파리 퐁피두센터에 이 작품이 전시되었을 때 한 신문은 이런 설명을 실었다. "…… 도약 자체는 조작된 것이 아니었다. 도약을 할 때, 클라인은 지면 위에 펼쳐놓은 방수포의 도움을 받았다. 사실 그것이 유일한(!!) 안전장치였다. 클라인은 마지막 사진에서 그 안전장치를 지우고 거기에, 도약에 앞서 찍어 놓았던 거리 사진을 붙여 넣었다."

---

12 토니 콘래드 Tony Conrad 1940~2016의 〈노란 영화 Yellow Movies〉 중 한 장면

13 이브 클라인 Yves Klein 1928~1962의 〈허공으로의 도약 The Leap into the Void〉

(합성 전)　　　　(합성 후)

침묵의 상대적 본질, 그리고 침묵 속에 우리의 생각을 투영함으로써 침묵을 '이해' 하려는 우리의 습관적 경향은, 1997년 터너상 수상작인 비디오 예술작품에 대한 톰 모튼 Tom Morton의 설명에 잘 나타나 있다. 질리언 웨어링의 〈60분의 침묵〉[14]이란 그 작품에는 제복을 입은 경찰관 26명이 등장해 단체사진을 찍는 사람들처럼 석 줄로 정렬한다. 잠시 동안은 모두들 침묵을 지키지만 "시간이 흘러감에 따라 코를 찡긋대는 사람, 엉덩이를 긁는 사람 등 생각을 잃어가는 사람들이 점점 늘어난다." 모튼은 이에 대해 이렇게 말했다. "여러분은 그 사람들의 머릿속에 지금 무엇이 있는지 궁금할 것이다. 그러나 얼마 안 가 여러분도 꼼지락거리는 그들의 손가락에서부터 이야기를 지어내게 될 것이다." 비디오가 거의 다 끝나갈 무렵 경찰관 한 명이 비명을 지른다. 모튼은 그 작품이 관람객으로 하여금 "미끄러운 스크린 앞에서 벗어나지 못하게 하는 힘이 있다."고 말하면서도 "꼭 무슨 인내심 테스트 같다."는 사실을 인정했다. 이런 것을 보면 침묵도 반응을 요구한다는 사실을 알 수 있다.

독자, 혹은 관객이 예술작품을 보고 직접 감정적 표현을 하는 것이 좋다고 생각하는 사람들은, 도대체 비평적 해석이 왜 필요한 것인지에 꾸준히 의문을 제기해왔다. 수전 손택은 〈침묵의 미학 Aesthetics of Silence〉에서 급류처럼 쏟아지는 장황하고 복잡한 비평과 맞서는 것이 매력적인 일이 될 수도 있다고 주장한 반면, 어떤 이들은 특정 예술가와 저자들이 침묵에 대한 자신의 의도를 드러내는 일과 쏟아지는 창의적 해석에 덤덤함

---

14 질리언 웨어링 Gillian Wearing 1963~ 의 〈60분의 침묵 Sixty-Minute Silence〉 캡처 장면

을 유지하는 일을 동시에 완벽하게 해내는 경우가 많지 않다는 사실과, 작품에 대한 비평가들이나 대중들의 의식적 해석이 자신에게 도움이 되든 말든 그것과 무관하게 예술가들이 대체로 자신의 뜻을 계속 속삭이고 있다는 사실을 잘 이해하고 있다. 그럼에도 스튜어트 심이 지적했듯, 손택의 다소 엘리트주의적인 분석은, 예술가와 대중의 관계에 필요한 소통의 보조수단으로서의 침묵의 상대적 가치와 필요를 일깨우는 데 기여한다는 장점이 있다.

5장

영화, TV, 음악
그리고 침묵

우리의 첫 번째 목표는 철저히 소음의 매체로서 영화, 방송, 음악을 살펴보는 것이겠지만, 나아가 작품의 표면 저변에 제작자가 의식적으로 깔아놓은 침묵에 대해서도 살펴보고자 한다.

영화

침묵의 매체로 가장 먼저 등장한 미디어는 필연적으로 영화일 수밖에 없다. 영화 초기에는 움직이는 영상에 소리를 입히는 사운드트랙 제작 기술이 없어서 줄거리보다 영상 자체가 훨씬 더 중요했기 때문이다. 단어 몇 개쯤은 카드에 적어 영화 화면에 삽입할 수 있었지만, 일관성 있게 넘어가는 일련의 화면을 중심으로 이야기가 전개되었던 만큼 그렇게 자주 쓰이는 방법은 아니었다. 극장주들은 다양한 전략을 동원해 영화라는 매체의 단점을 보완했다. 피아니스트를 비롯해 여러 음악가들이 극장에 고용되어 관객들에게 극적이고 낭만적인 배경음악을 제공하는 것은 흔한 일이었다. 때때로 변사가 화면 옆에 앉아서 해설이나 대화를 읽어주기도 했다. 발성영화가 발명되어 영화를 영원히 바꿔놓기 전까지 영화감독들은 스스로 말을 건네는 영상에만 전적으로 의지해야 했다. 이것이 데이비드 그리피스 David Wark Griffith와 그 시대 영화감독들이 느끼던 독특한 고충이었다. 배우의 대사 한마디 없이 관객들이 이야기를 따라갈 수 있게 연극과 문학 작품을 화면 프레임 안에 집어넣어야 했던 것이다.

　무성영화에서 유성영화로 넘어가는 과도기에 영화 화면에 소리를 입히려고 갖은 애를 쓴 러시아인이 있었으니, 영국의 극작가이자 연출가인 스티븐 폴리아코프 Stephen Poliakoff의 친할아버지였다. 1952년 런던에서 태어난 폴리아코프는 훗날 자신의 할아버지를 그린 연극 〈침묵 깨기 Breaking the Silence〉(1984년)를 제작했다. 분명한 사실은, 소리의 정착이 오히려 이야기 주변과 이야기 내부에 침묵을 포함한 창의적 장치들을 마련할 수 있는 기회를 제공해주었다는 것이다. 영화 초기 침묵에 대한 필요는 이후 작품에서 소통에 위협이 되는, 혹은 소통에 기여하는 침묵으로 이어졌다.

　그보다 최근에 〈필름 Film〉(1965년)이란 단순한 제목의 24분짜리 독특한 무성영화가 제작되었다. 그 작품은 새뮤얼 베케트가 콕 집어 영화를 목표로 대본을 집필한 유일한 작품이었다. 영화사에서 그 작품이 어떤 자리를 차지하는가는 물론, 저자가 극적 침묵을 얼마나 능숙하게 구현해냈는가 하는 의문으로 호기심을 자극했던 그 영화의 주인공은 버스터 키튼이 맡았다. 무성영화 시대 왕년의 인기 코미디 배우였던 키튼은, 찰리 채플린과 제로 모스텔이 각각 그 역을 하지 않겠다고, 그리고 할 수 없다고 거절하자 베케트한테 직접 제의를 받고 그 영화에 출연한 것이었다. 앨런 슈나이더 Alan Schneider가 감독하고 뉴욕에서 베케트가 참석한 가운데 촬영된 〈필름〉에는 대화도, 음악도 전혀 나오지 않는다. 베케트가 18세기 아일랜드 철학자 조지 버클리 George Berkeley의 "존재하는 것은 지각되는 것"이란 말을 입증해보이기 위해 그런 방법을 사용했던 것이다. 영화에서 키튼은 카메라 렌즈와 눈을 맞추지 않으려고 애쓴다. 그러나 결말

부분에 가면, 자신이 벗어나려고 했던 것이 실제로는 바로 자신의 시선이 었다는 사실만 깨달을 뿐이다. 타인들은 우리를 바라보지 않는데도 우리는 항상 자신을 바라본다. 이 영화를 "아일랜드 최고의 영화"라 평가한 질 들뢰즈 Gilles Deleuze의 간략한 분석에 따르면 베케트가 침묵을 다룬 독특한 이 작품에 대해 구체적인 언급을 한 적이 한 번도 없다고 하니 왠지 이상하지 않은가. 그러나 지각되고자 하는 시도는 그 어떤 것이든, 그 상황에서 말을 함으로써 이목을 끌고자 하는 그 인물의 성격을 은연중에 암시한다.

베케트와 키튼의 첫 번째 만남은 단지 어색하기만 한 것이 아니라 침묵으로 점철되어 있었다. 두 사람은 키튼이 묶고 있던 호텔 스위트룸에 앉아 있었는데, 베케트가 오기 전부터 키튼은 그곳에서 계속 맥주를 홀짝대며 TV로 야구 중계를 시청하고 있었다. 슈나이더는 훗날 이 만남을 이렇게 회상했다.

가끔씩 샘(베케트)이나 내가 키튼한테 관심을 내보이거나 그저 무의미한 대화를 이어 보려고 말을 꺼냈지만 아무 소용이 없었다. 키튼이 단음절로 대답을 하고는 곧바로 다시 양키스에, 아니 메츠였던가?아무튼 야구 경기에 신경을 쏟았기 때문이었다. 끔찍하고 무기력한 대화였다. 침묵이 끝없이 이어졌다. 7회 막간 휴식시간이 될 때까지. (그 시절에는 야구 경기 중에 관중들이 자리에서 일어서서 스트레칭을 하는 휴식시간이 있었다.)

유성영화가 정착된 뒤에도 침묵은 수많은 영화에서 효과를 배가시키는 장치로 중요한 역할을 담당했다. 〈라쇼몽 Rashomon〉(1950년), 〈천국과 지옥 High and Low〉(1963년), 〈8월의 광시곡 Rhapsody in August〉(1991년) 등, 거장으로 칭송받는 일본인 감독 구로사와 아키라의 작품을 보면 이 사실이 분명히 드러난다. 이런 특징은 일본의 평범한 범죄영화나 공포영화에도 명확히 드러나는데, 일본 영화에서는 폭력이나 충격의 전주곡으로 긴 침묵을 활용하는 일이 잦았기 때문이다. 그러나 주류 영화 제작자들은 침묵을 쓸모없는 것으로 여기거나 심지어는 관객들에게 생소하고 불건전한 것으로 여기는 경향이 강했다. 따라서 영화의 분위기, 인물, 플롯을 강화하기 위해 침묵의 잠재력을 활용하는 것은 대개 비상업적 영화감독들의 몫이었다. 영화 속에 활용된 침묵은, 이 책 전체를 통해 살펴본 일상생활 속 일반적인 침묵만큼 다양한 면모를 드러냈다. 침묵은 본질적으로 자연의 심장부에 존재하는 창의적 이원성의 일부이지, 단순히 선택에 의해 얻어지는 결과가 아니다.

유럽에서는 스웨덴 감독 잉그마르 베르히만이 침묵의 중요성을 작품 속에 종종 담아냈다. 베르히만의 작품 가운데 가장 잘 알려진 작품은 〈제 7의 봉인 The Seventh Seal〉(1957년)이다. 이 영화에서 주인공은 의인화된 죽음과 체스를 두며 죽음의 의미와 영적 구원을 애타게 부르짖지만 결국 그 해답을 얻지는 못한다. 그럼에도 이 영화는 뒤에서 다시 살펴볼 신의 침묵이란 주제를 가장 예술적으로 잘 구현한 충격적인 작품으로 평가된다. 영화의 배경은 십자군 원정에 참전했던 중세 기사 안토니우스 블로크가 흑사병이 창궐한 스웨덴으로 돌아오는 시점이다. 성지를 향해 떠나던 때 안토니우스는 신앙심 깊은 청년이었지만, 이제 의심과 불확실성으로 고통받는 인간이 되어 고국 땅으로 돌아온다. "자네는 의문을 품는 행위를 멈추지 않을 텐가?" 사신(死神)이 묻자 "아니, 절대 멈추지 않을 겁니다." 안토니우스가 대답한다. 베르히만의 다른 작품 중에 실제로 〈침묵 Tystnaden〉(1963년)이란 제목의 영화가 있다. 그 작품 역시 조물주의 분명한 무관심에 제각기 다르게 대처하는 사람들의 모습과 그 결과를 담고 있다. 베르히만이 10

년간 찍은 영화 〈외침과 속삭임 Cries and Whispers〉(1972년)은 고독, 가족 역학, 말해진 적 없는 죽는 순간의 기분 등을 탐구한 작품이다. 이 영화는 긴 침묵으로 시작되는데 그 침묵은 결국 몇 개의 시곗바늘 소리에 의해 깨진다.

스칸디나비아 출신 가운데 침묵의 효과를 극대화하여 활용한 감독은 비단 베르히만 한 명뿐이 아니었다. 가브리엘 악셀 Gabriel Axel 감독의 〈바베트의 만찬 Babette's Feast〉(1987년)은 1870년대 덴마크 유틀란드의 외딴 시골 마을을 배경으로 하는 흑백영화이다. 영화에 등장하는 할머니 자매는 젊어서 둘 다 작은 마을을 떠날 기회가 있었지만 아버지를 돌보고 공동체를 지키기 위해 마을에 남는다. 두 여인은 빈손으로 마을에 도착한 이방인 바베트를 가족으로 받아준다. 말로 표현되지 않는 인물들의 개인적 근심, 바베트의 비밀스러운 과거 등을 풀어나가다 보면 영화는 마침내 신앙과 감각 사이의 복잡한 관계를 보여주는 축하 잔치에 도달한다. 한 비평가는 이렇게 평했다. "영화 전반에 걸쳐 배경음악이 거의 쓰이지 않았다. 대부분의 미국인 관객이 이상하다고 여길 만한 대목이다. 영화 어느 부분에서나 침묵을 느낄 수 있다. 그 침묵 사이에 끼어드는 것은 파도소리, 바람소리, 문 여닫는 소리, 종이 부스럭거리는 소리 등 자연의 소리뿐이다." 영화 전체의 이런 분위기가, 영화의 제목이기도 한 '만찬'이 드디어 열렸을 때 그 만찬을 더욱 유쾌하게 만들어준다. 그 만찬은 소로가 말했던 침묵 위의 "거품"일 뿐 아니라, 나아가 에이드리언 리치의 "살아 있는 것들을 익사시키는 호수" 위에 핀 연꽃송이이다.

침묵의 본질에 천착하는 이 감독들의 성향을 보고 어떤 이는 스칸디나비아 반도의 기나긴 겨울밤을 떠올릴지도 모르겠다. 소련의 경우, 자연적, 정치적 환경 두 가지 모두가 안드레이 타르코프스키 Andrey Tarkovsky 같은 어두운 영화를 찍는 감독이 태어나는 데 일조했다. 〈솔라리스 Solaris〉(1972년)와 〈희생 The Sacrifice〉(1986년)을 비롯해 타르코프스키의 영화들은 황량함과 의미심장한 침묵으로 가득 차 있다. 그러나 그보다 더 놀라운 것은 소련보다 햇볕이 더 많이 드는 남쪽 지방에서도 침묵에 대한 언급이나 침묵의 사용이 늘 간과되기만 한 것은 아니라는 사실이다. 예컨대 이탈리아의 영화감독 페데리코 펠리니 Federico Fellini의 대표작이자 배우 아니타 에크버그 Anita Ekberg가 주연한 영화 〈달콤한 인생 La Dolce Vita (The Sweet Life)〉(1960년)에는, 로마의 트레비 분수의 물이 꺼지는 유명한 장면이 나온다. 마르첼로 마스트로이안니 Marcello Mastroianni는 저널리스트로 그 영화에 출연했다. 그 장면에서 할리우드의 인기 여배우인 에크버그와 가십 기자 마스트로이안니가 키스를 하자 분수의 물이 꺼져버린다. 그러자 낯설게 느껴질 만큼 고요한 침묵이 사방을 덮는다. 1996년 마스트로이안니가 세상을 떠났을 때 그에게 경의를 표하기 위해 트레비 분수는 다시 물이 꺼지고 검은 휘장이 씌워졌다. 그런데 그 영화에서 침묵을 의미심장하게 언급하고 있는 장면은 트레비 분수 신만이 아니었다. 예를 들면, 실존주의 철학자 스타이너가 자신의 어깨를 짓누르는 밤의 침묵에 대해 사색하는 장면, 마스트로이안니가 적막한 해변에 서 있는 마지막 장면도 그런 장면에 해당된다. 펠리니가 이 작품은 물론 다른 작품에서도 무성영화 시대부터 경력을 쌓아온 흑백영화 촬영감독 오텔로 마르텔리 Otello Martelli와 함께 작업을 했다는 사실은 굳이 말할 필요도 없다.

같은 이탈리아 영화감독이지만, 음악과 침묵을 활용해 그리움을 자아내는 공간을 창조해낸 인상적인 영화 한 편을 영어로 제작한 감독이 있다. 루치노 비스콘티 Luchino Visconti의 〈베니스에서의 죽음 Death in Venice〉(1971년)은 토마스 만 Thomas Mann의 동명 소설을 원작으로 하지만 상당히 다르게 각색된 작품으로, 더크 보가드 Dirk Bogarde가 분한 구스타프 폰 아셴바흐라는 노년의 작곡가 이야기를 들려준다. 아셴바흐는 관습과 세상의 시선을 초월하지 못한 자신의 삶을, 그리고 얼핏 직관적으로 목도한 삶의 미학과 다른 복잡성들을 제대로 표현해내지 못한 자신의 삶을 후회하는 것처럼 보인다. 20세기 초반 베니스의 한 리조트를 배경으로 하는 영화 속에서 아셴바흐는 같은 숙소에 묵는 미소년 타지오를 발견하고, 타지오의 모습으로 상징되는 어떤 가능성들이 자신에게서 영원히 멀어져버렸다는 사실을 깨닫는다. 아셴바흐가 자신보다 연배가 낮은 작곡가 알프리드와 격렬하게 논쟁을 벌이는 회상 장면에서 우리는 역으로, 평생 신중하게 닦아온, 예술과 인생을 다루는 아셴바흐만의 방식이 시련에 빠졌다는 사실을 알게 된다. 노년의 아셴바흐는 실제 음악가 구스타프 말러 Gustav Mahler를, 그보다 약간 젊은 알프리드는 훗날 작곡이란 개념에 혁신을 일으킨 것으로 평가되는 작곡가 아르놀트 쇤베르크 Arnold Schoenberg를 모델로 한 것으로 보인다. 그리고 영화 전반에는 말러의 음악이 흐른다. 타지오를 향한 아셴바흐의 동경심은, 세상을 떠난 아내와 사랑하는 딸, 그리고 자신의 젊은 과거와 이제 이지러져가는 자신의 가능성에 회한을 품은 아셴바흐의 우울함에서 비롯된 것이다. 이런 치명적 쓰라림은 〈베니스에서의 죽음〉 전반에 흐르는 침묵과 영화음악에 극명하게 드러난다. 어떤 면에서 그 영화는 낡은 유럽 사회의 쇠락과 관습의 해체를 상징한다고도 볼 수 있다.

아셴바흐가 세운 관습과 그가 얼핏 목도한 대안 사이의 긴장이 그를 지치게 만든다. 그리하여 경계심을 풀고 해변의 행상인이 파는 과즙 넘치는 딸기를 베어 무는 순간, 그는 베니스를 폐허로 만든 콜레라에 감염된다. 그리고 얼마 안 가 그것은 그의 실신과 객사로 이어진다. 죽음이라는 그 영화의 주제에, 그 순간 호텔에 머물고 있던 미소년에게 홀린 노인에 대한 묘사에 일부 관객들은 불편한 심경을 눈에 띄게 드러냈다. 보가드는 〈베니스에서의 죽음〉을 본 관객들이 처음에 어떤 반응을 보였는지 세 가지 예를 들어 설명했다. 그것은 예술을 즐기는 세 가지 태도인 것은 물론, 나아가 예술을 접하고 나서 관객들이 내보이는 확실하게 구분되는 세 가지 종류의 침묵이었다. 첫 번째 예는 비스콘티가 로스앤젤레스에서 마지막 감독판을 상영했을 때 '미국 자본 American Money'이 내보인 당황스러움의 침묵이었다. 전하는 바에 따르면 한 영화사 중역이 마침내 입을 열고 처음 내뱉은 말이, 이 영화음악을 누가 썼느냐는 질문이었다고 한다. 구스타프 말러가 작곡한 곡이라는 사실을 알려주자 그 '정장'은 당장 "그 남자랑 계약해!"라고 외쳤다고 한다. 그 다음 예는 영국 여왕을 비롯해 가족관계가 좋은 런던 사람들이 내보인 애매함의 침묵이었다. 그때 여왕이 시사회에 참석했던 것은 더크 보가드의 부유한 친구 한 명이 베니스를 도우려는 자선 시사회를 개최했기 때문이었다. 마지막 예는 칸 영화제 때 넋을 잃고 감탄하며 영화를 바라보던 관객들의 침묵이다. 마침내 영화가 끝나자 관객들은 자신의 눈앞에 펼쳐진 광경에 감격한 나머지 모두 기립했다고 한다.

우연일지 몰라도 사실 콜레라가 유행하던 때 베니스에서 세상을 떠난 작곡가는 말러가 아니라 위대한 낭만주의 작곡가 바그너 Richard Wagner 였다. 바그너는 훗날 그의 오페라에서 나치가 크게 영감을 받은 것으로도 유명하다. 그 아드리아 해변에서 그리 멀지 않은 트리스테에 제임스 조이스가 1904년부터 1915년까지 살았다. 조이스의 대표작 ≪더블린 사람들 Dubliners≫에는 떠도는 넋과 침묵을 떠올리게 하는 〈망자〉라는 단편소설이 실려 있다. 20세기 가장 뛰어난 단편소설 중 한 편으로 꼽히는 〈망자〉

는 존 허스튼 John Huston 감독에 의해 동명 영화로 각색, 제작되어 호평을 받았다.(1987년)

파올로 타비아니 Paolo Taviani와 비토리오 타비아니 Vittorio Taviani 형제는 〈파드레 파드로네 Padre Padrone〉(1977년)에서 침묵시키기와 억압의 과정을 탐구한다. 그 영화는 학교에 다니기보다 양을 치기를 바라는 아버지의 뜻에 따라 억지로 양치기가 된 한 소년이 무언의 고립 속에서 빠져나오고자 분투하는 과정을 그린 작품으로 실화를 바탕으로 한다. 그보다 최근에 팀 로스 Tim Roth는 어두운 영국 영화 〈전쟁 지역 War Zone〉(1999년)을 통해, 침묵에서 벗어나려는 소년이 아니라 자기 아버지와 누나의 근친상간을 알게 된 뒤 침묵 속으로 숨어드는 십대 소년의 모습을 그린다. 로스는 영화 줄거리를 구성할 때 미학적 측면을 고려하는 것이 얼마나 중요한지 시인한 바 있다.

…… 내가 십대 시절 보아온 그런 영화를 관객들이 그리워하는 한 어쩔 수 없다. 나도 그 영화들이 못 견디게 그립다. 넓은 화면에서 상영되던, 주의를 끄는 카메라워크도 없고 환상적인 풋워크도 없던 그런 영화 말이다.

[인터뷰 질문] 가장 독특한 영화 제작자는 누구인가?

타르코프스키, 비스콘티, 베르히만은 실험적 예술 전통을 세운 위대한 감독들이다. 나는 그 고요함이, 침묵이 그립다. 〈베니스에서의 죽음〉에 사용된 침묵과 카메라 조작법에서 영감을 많이 얻었다. 인간은 그저 인간일 뿐이다. 인간의 신체적, 언어적 상호작용을 지켜보는 일은 그 자체만으로도 흥미롭다. 오늘날 영화 제작자들은 그 사실을 별로 인정하지 않고, 또 인정하고 싶은 생각이 별로 없는 것처럼 보이지만 말이다.

최근 뉴질랜드 영화감독 제인 캠피온 Jane Campion이 연출한 영화 〈피아노 The Piano〉(1993년)는 침묵당하는 여성을 탐구했다는 점에서 극찬을 받았다. 19세기를 배경으로 하는 이 영화는 스스로 벙어리가 되길 선택했지만 피아노를 연주함으로써 자신의 감정을 표현하는 에이다라는 여인의 이야기를 들려준다. 이런 사연 때문에 에이다는, 아버지 뜻에 따라 얼굴도 모르는 남편에게 시집오면서 스코틀랜드에서부터 남반구까지 피아노를 가져온다. 둔감한 남편 알리스다는 무겁다며 피아노를 해변에 버려두고, 그 일이 계기가 되어 일련의 사건들이 벌어진 끝에 에이다는 다른 남자의 품 안에서 위안을 구하게 된다. 외면적으로 볼 때 이 영화는 두 권의 소설, 에밀리 브론테 Emily Bronte의 ≪폭풍의 언덕 Wuthering Heights≫과 제인 맨더 Jane Mander의 ≪뉴질랜드 강 이야기 The Story of a New Zealand River≫의 영향을 받은 것 같다. 평론가 클라우디아 고브만 Claudia Gorbmaan은 이렇게 말했다. "주인공 에이다는 피아노를 연주하는 음악가요, 벙어리다. 그래서 (서로의 말에 '귀를 기울이는' 사람들의 능력을 다룬 이 이야기에서는) 음악이 에이다의 목소리 몫까지 두 배의 역할을 담당한다. 에이다는 가끔씩. 음악을 연주함으로써, 혹은 연주를 갑자기 멈춤으로써 언어처럼 음악을 사용한다." 몸짓과 마찬가지로 음악을 이렇게 사용하는 방식 역시, 소리와 침묵 사이 어딘가에 길게 펼쳐져 있다.

일반적으로 수작이라는 호평을 받는 것은 사실이지만, 모든 사람이 캠피온의 영화를 좋아하는 것은 아니라는 사실 역시 인정해야 한다. 저명한 영화평론가 스탠리 카우프만 Stanley Kauffmann은 〈피아노〉를 이렇게 평했다.

불편하고 텅 빈 상징으로 가득한, 끈적거리는 헛소리 덩어리이다. ……
릴리언 기쉬 Lillian Gish가 뒷마당에 피아노를 내놓고 모차르트 Mozart를 연

주해 공격을 퍼붓는 인디언들을 진정시키던 영화, 그러니까 존 휴스턴 John
Huston의 〈용서받지 못한 자 The Unforgiven〉(1960년) 이후로, 여자와 피아노
를 소재로 한 영화 가운데 이보다 더 바보 같은 영화를 나는 본 적이 없다.

카우프만의 거친 어휘들은, 관객들 눈에는 침묵의 창의적 사용이 의미
있고 섬세한 표현이라기보다는 가식적이고 부담스러운 표현으로 비쳐질
수 있다는 일종의 경고이다.

침묵 중에는 그저 개인적인 비밀이 아니라 공공의 비밀을 유지하기 위
해 뭔가를 숨기는 침묵도 있다. 소냐라는 사춘기 소녀가 제 2차 세계대전
당시 자기 마을에서 일어난 일을 밝히기로 마음을 먹으면서 벌어지는 사
건을 다룬, 재기발랄하고 아름다운 독일 영화가 한 편 있다. 미하엘 페어회
벤 Michael Verhoeven 감독의 〈당돌한 소녀 Das Schreckliche Mädchen (The
Nasty Gril)〉(1990년)란 영화이다. 영화에서 소냐가 살았던 과거는 소냐가
어린 시절 믿었던 것보다 훨씬 끔찍한 세상이었다는 사실이 밝혀진다. '나
치' 과거는 시드니 루멧 Sidney Lumet의 〈전당포 The Pawnbroker〉(1964년)
에서도 중요한 요소로 작용한다. 영화의 마지막 장면에서 주연을 맡은 배
우 로드 스타이거 Rod Steiger는 적절하게 표현할 수 있는 말이 없어서가
아니라 극단적인 공포를 표현하기 위해 침묵의 비명을 지른다. 루멧 외에
도 '비명'을 떠올리게 하는 신기한 침묵을 잘 활용한 예술가가 또 있었으
니, 바로 상징적인 작품 〈절규 The Scream〉를 그린 노르웨이의 화가 에드
바르드 뭉크 Edvard Munch이다.

피지배계급이 투쟁의 대상으로 삼아야 하는 침묵에 관한 영화로는 팻
머피 Pat Murphy의 〈앤 데블린 Anne Devlin〉(1984년)이 있다. 자아 성찰적
이고 흐름이 느린 이 아일랜드 영화는 제국주의와 페미니즘이라는 두 가
지 주제를 동시에 다룬다. 엘리너 매니카 Eleanor Mannikka는 이 작품을

"역사적으로 도외시되어온 여성들의 역할에 대한 탐구"라 기술했다. 영화는 1803년 반역죄로 처형당한 아일랜드 민족지도자 로버트 에멧 Robert Emmet을 돕다가 데블린이라는 여성이 어떻게 투옥되고 어떤 고통을 당했는지를 직시한다. 데블린의 침묵은 그 자체로 저항의 무기가 되었는데, 영화 속 침묵과 여백이 그 사실을 반영한다. 저항적 침묵을 대변하는 또 다른 작품으로는 〈침묵에 대한 의문 A Question of Silence〉(1983년)이 있다. 영화 속에서 세 여주인공은 살인죄로 체포된다. 그날 옷가게에서 생전 처음 만난 세 여인은 가게 남직원이 그 중 한 명을 도둑으로 몰자 그 남자를 때려죽이고는 범행 사실을 묻는 검사에게 아무런 해명도 하지 않는다. 나중에 그 세 여인이 제각각 과거에 남자들한테 야만적인 대우를 받아왔으며 우연히 그 옷가게 남직원을 분노의 표적으로 삼은 것이라는 사실이 드러난다. 어떤 사람들은 그 영화가 계급의 경계를 넘어 억압받아 온 여성에 대한 통찰을 보여주었다고 평한다. 하지만 또 다른 이들은 마를렌 고리스 Marleen Gorris가 감독한 이 네덜란드 영화를, 살인을 정당화하려는 의도가 군데군데 숨어 있는 영화라고 평하기도 한다.

머피와 고리스의 영화에 등장하는 여성들이 침묵을 지키기로 스스로 결심했다면, 무피다 트라틀리 Moufida Tlatli의 〈궁전의 침묵 The Silences of the Palace〉(1994년)에 등장하는 여성들은 침묵을 강요당한다. 그들은 1950년대 북아프리카 한 왕자궁의 "침실 시중 궁녀"로서 다른 여성들에게 특정 권리를 행사한다. 이 튀니지 영화는 사실상 수감생활이나 다름없는 그 궁녀들의 삶을 보여준다. 궁녀 한 명이 말한다. "우리가 궁에서 배우는 첫 번째 규칙이 뭐냐고? 침묵." 흐름이 느리고 종종 침묵에 잠기는 이 영화를 통해 감독은 자신의 모국에서 과거에 여자들이 담당했던 역할과 합의점을 찾으려 애쓴다.

앞서 살펴보았듯이, 아무리 자기표현을 자유롭게 잘하는 사람도 어떤 특정한 상황에 처하면 말문이 막힐 수 있다. 이것이 낡은 설명과 공식이 통하지 않는 이유이며 새로운 의미가 발견되어야 하는 이유이다. 언어와 현실 사이의 이런 괴리를 탐구한 영화로는 베르톨루치 Bertolucci의 〈파리에서의 마지막 탱고 Last Tango in Paris〉(1972년), 벤더스 Wenders의 〈시간이 흐르면 Kings of the Road〉(1979년), 프랜시스 코폴라 F. Coppola의 〈지옥의 묵시록 Apocalypse Now〉(1917년) 등이 있다. 근래에 한 한국 영화에 등장한 남자주인공은 처음부터 끝까지 철저하고 신비로운 침묵에 휩싸여 있다. 김기덕 감독의 〈빈집(영어 제목 : 3-iron)〉(2004년)에서 이 침묵은 관객들로 하여금 이야기의 다른 결말을 떠올려보게 한다. 그 남자주인공이 혹시 여자주인공의 상상 속 허상인 것은 아닐까? 아니면 정말로 보이는 그대로, 타인의 집 문을 따고 들어가 사람들이 집을 비운 동안 그곳에서 살아가는 그림자 같은 존재일까? 김기덕 감독의 앞선 영화 〈봄 여름 가을 겨울 그리고 봄〉(2003년) 역시 의미심장한 침묵으로 채워져 있는 작품이다. 호수 위에 떠 있는 절에서 살아가는 한 승려의 일생을 그린 이 영화는 아름다운 풍경으로 시선을 사로잡는 묘하게 매력적인 영화이다.

프랑스의 영화감독 오종 Francois Ozon은 〈사랑의 추억 Sous Le Sable(Under the Sand)〉(2000년)에서 붕괴되지 않는 개인의 내면적 삶을 파고든다. 이 영화는 남편이 실종된 영문학 대학교수의 이야기이다. 카둘로 Cardullo는 이 영화에서 샬롯 램플링 Charlotte Rampling을 캐스팅한 것을 두고 오종이 "미묘한 심리적 상태와 언어 없이 소통하기 위해" 연륜 있는 여배우를 선택했다고 주장했다. 그랬더니 그 배우가 "몸짓, 표정, 그리고 문장(실제로 그 배우도 말을 하긴 한다.)을 통해" 그 소통을 해냈다는 것이다. 카둘로는 이렇게 말했다. "…… 로베르 브레송 Robert Bresson을 비롯해 역사상 최고의 감독들 중 일부는 항상 영화에 침묵을 집어넣었다. 그들에게 침묵은 청각적인 것인 동시에 시각적인 것이다. 그들에게 침묵은 단지 말의 부재가 아니라, 말해지지 않는 것으로 우리의 상상을 채워주는 인격적 존재이다." 카둘로는 영화가 침묵을 활용하기에 특히 적합한 장르라고 생각했다. 프레이밍과 클로즈업 등 촬영기술이 연극에서는 불가능할 작은 몸짓이나 표정을 통한 의사전달을 가능하게 해주며, 동시에 관객들로 하여금 사진에서는 불가능할 방식으로 이 침묵이 결국 소리에 의해 깨지리라 짐작할 수 있게 해주기 때문이란 것이었다. 이런 이유로 카둘로는 이렇게 말했다. "이 두 가지 목적을 동시에 달성할 수 있게 해주는 예술은 오직 영화뿐이다."

침묵을 활용한 영화의 사례들에서 알 수 있듯, 영화 속 침묵에는 '이야기를 들려주는 침묵'과 '이야기를 보여주는 침묵'이 있다고 말할 수 있다. 전자는 말 멈춤과 몸짓을 포함해 배우가 의미를 전달하기 위해 사용하는 모든 침묵을 포괄하며, 후자는 감독이 대사나 분위기를 조성하는 음악을 빼버림으로써 침묵 자체를 배경으로 삼는 극적 방법을 의미한다. 그러나 앞서 말했듯이 침묵의 범주를 너무 철저하게 나누려는 모든 시도는, 침묵을 규정하게 만들고 침묵이 우리의 일상생활을 둘러싸고 있는 날실과 씨실의 일부일 뿐이라는 사실을 간과하게 만들 위험이 있다. 예컨대 '내적 침묵'과 '외적 침묵'처럼 침묵을 간단히 범주화하는 것도 지나친 단순화의 오류를 범할 수 있다.

내용을 주로 서술하는 내러티브 방법론 분야에서 침묵과 관련해 가장 큰 족적을 남긴 작품은 독일의 영화감독 필립 그로닝 Philip Gröning의 인상적인 다큐멘터리 작품이다. 2005년 제작된 그 작품을 제작사 측은 "카르투시오 수도회의 모원(母院)이자, 삶의 대부분을 침묵 속에 보내는 수도사들의 공동체인 카르투시오 수도원 Grande Chartreuse의 내부를 다룬 최초의 영화"라고 소개했다. 〈위대한 침묵 Die Grosse Stille(Great Silence)〉이란 그 영화에 대해 연출진은 이렇게 말했다.

…… 군더더기가 전혀 없는 영화다. 침묵 속에 명상하며 살아가는 매우 간소한 수도사의 삶에 버금갈 정도다. 수도원의 찬송을 제외하고는 음악도 없고, 인터뷰도 없고, 논평도 없고, 추가적인 자료도 없다. …… 수도원을 묘사한다기보다는 영화 자체가 수도원 같다. 깨달음, 절대적 존재, 신께 자신의 삶 전체를 바치는 사람들의 삶을 가장 순수한 형태로 담아낸 영화다.

사실 이 말은 약간 오해의 소지가 있다. 특별히 정해진 수도사 한 명의 중요한 진술 몇 가지가 영화에 포함되어 있었고, 성경에서 인용한 구절도 여러 번 화면에 등장했기 때문이다. 그래도 군더더기가 없는 영화라는 말은 사실이며 그래서 일부 관객들은 이 영화를 지루하다고 느낀다. 그러나 독일의 전국 신문 《디벨트 Die Welt》의 한 평론가는 이 작품을 이렇게 호평했다.

이슬방울 떨어지는 소리, 마룻바닥에서 나는 끼익 소리, 심장박동 소리를 진정으로 듣게 되는 일은 오직 침묵 속에서만 가능하다. 그리고 말이 침묵의 행동이 되어야만 진정으로 볼 수 있게 된다. 이 영화에는 수도원 전체를 안내해주는 길잡이도, 내레이션도, 자막도 없다. 배우는 데 몇 년이 걸린 영화의 언어가 이 작품에서는 아무 소용이 없다. 이 영화는 딴 영화들과는 매우 다르게 '눈여겨 봄'과 '귀 기울여 들음'을 요구한다.

〈위대한 침묵〉과 같은 2005년에 개봉된 영화들 중에 〈갱스터 초치

Tsotsi〉라는 영화가 있다. 한 남아프리카공화국 소년의 가난과 고난을 그린 이 영화에서는 침묵이 조금 더 관습적이기는 하지만 매우 강력한 도구로 활용된다. 가빈 후드 Gavin Hood가 감독한 이 영화는 극작가 아돌 푸가드의 동명 소설을 원작으로 한다. 평론가 휘티 K. Whitty는 이렇게 말했다.

"모든 것은 다 두 눈 속에 담겨 있다." 이것이 후드의 연출 모토이다. 그래서 감정이 최고조에 달하는 장면이나 짧고 날카롭고 투박한 대화 사이에 침묵이 깔리는 장면이면 어김없이 배우의 얼굴이 화면을 가득 채운다. 굉장히 치밀하게 잘 쓰인 대본이다.

후드 감독의 말이다. "대화는 일부러 아껴서 꼭 필요하고 결정적인 순간에만 집어넣었고, 대체로 등장인물이 자신의 내면세계를 드러내는 은밀한 순간을 포착해내려고 카메라에만 의존했다."

세르지오 레오네 감독이 자신의 서부영화에 침묵을 얼마나 효율적으로 잘 써먹었는지는, 다양한 침묵의 '유형'이란 광범위한 맥락 안에서 이미 살펴보았다. 레오네와 〈위대한 침묵 The Great Silence〉(1968년)을 감독한 세르지오 코르부치 Sergio Corbucci 같은 서부영화 감독들은 말과 소리가 극적 긴장감을 만들어내는 유일한 수단이 아니라는 사실을 잘 알고 있었다. 그들의 영화에 등장하는 수수께끼 같은 침묵에 잠긴 그 인물들은 코일 용수철이었고, 미국 서부영화라는 더 큰 풍경화 속에서 보아도, 심각한 부상을 입은 병사들 앞에서 기독교적 통과제의를 펼쳐 보이는 눈에 확 띄는 존재들이었다. 그러나 예수가 고문을 당하면서도 지켰던 그 침묵은 스스로 죽음을 받아들이는 전주곡이었던데 반해, '스파게티 웨스턴' 주인공들의 침묵은 타인의 죽음을 알리는 신호탄인 경우가 많았다.

아무리 이렇게 짧은 글이라 해도 침묵과 영화를 논하면서 그 유명한 미국 영화를 이야기하지 않고 넘어가면 안 될 것 같다. 제목 하나만도 죽음의 현실과 최후를 상기시키는 소름 끼치는 촉매 역할을 톡톡히 하는 그 영화는 바로 조너선 드미 Jonathan Demme 감독의 〈양들의 침묵 The Silence of the Lambs〉이다. 영화 속에서 사람을 죽이고 피해자의 간을 뜯어 먹는 연쇄살인범은 수사관에게 범죄 속에 담긴 공포의 진실이 무엇인지 알려주기 위해 봄날 양들의 도살 장면을 떠올리게 한다. 이 영화에서 침묵의 소리는 부재를 의미한다. 절대로 쉽게 잊힐 수 있는 영화가 아니다.

방송

라디오 저널리스트들에게 표준 교과서나 마찬가지인 로버트 맥리시 Robert McLeish는 다음과 같이 지적했다. 국가가 연주되고 있다든가, 예배를 마치는 축복기도를 드리고 있다든가, 행사에서 한창 중요한 이야기가 나오고 있어서 침묵이 필요한 상황인데 "느닷없이 진행자가 혹 끼어들면 청취자 입장에서도 몹시 짜증이 나지만 결과적으로는 그 말 많은 진행자도 매우 당황스러운 처지에 놓이게 된다."

침묵과 논평 중 어느 것을 선택하느냐에 대해 이야기할 때, 여러 방송사들의 각기 다른 방송 스타일을 비교할 수 있는 기회를 시청자들에게 제공한 특별한 사건이 있었으니 바로 교황 요한 바오로 2세의 장례식이다. 생전에도 여러 논란을 몰고 다닌 교황이었기에 그의 장례식은, 심지어 요한 바오로 2세의 교회에 대한 가르침과 정책에 찬성하지 않는 사람들에게조차 깊은 인상을 남길 정도로 관심이 모아진 의식 행사였다. 그 행사를 지켜본 언론학자 맥다니엘 M. McDaniel은 이렇게 말했다.

잠에서 일찍 깨어 TV 채널을 이리저리 돌려보던 사람들은 교황의 장례식을 보도하는 방식이 크게 두 가지라는 사실을 알아챘다. 그것은 조용한 방식과 덜 조용한 방식이었다. 대부분의 TV 방송사들이 금요일 프로그램을 교황 요한 바오로 2세의 내용으로 채운 것을 볼 때 엄숙함을 선택한 것이 분명했다.

휴스턴 시간으로 새벽 세 시에 미사가 시작되자 CBS 방송사 앵커 해리 스미스 Harry Smith가 말했다. "이제 장례미사가 막 시작되려고 합니다." 반면 ABC 방송사는 좀 더 발 빠른 행보를 보였다. "우리는 되도록 이 문제를 다루지 않으려고 합니다. ……"

비앙코 R. Bianco는 이렇게 기술함으로써 그런 방송사에 못마땅한 시선을 보냈다.

…… 자신들이 그에 대해 언급하지 않으면 어떤 중대한 사건도 완벽해지지 않는다고 믿는 뉴스 진행자들과 방송사 측의 의례적인 말일 뿐이다. 그런 점에서 그들은 단순한 역사의 목격자가 아니다. 보아하니 그들은 자신들이 논평을 하지 않으면 역사가 일어나지 않는다고 믿는 모양이다. …… 기자들은 모여 있을 때 전체적으로 수다를 떨어서는 안 된다는 규칙이 얼마나 중요한지 잘 알고 있다. 하지만 그 규칙을 자신들에게 개인적으로 적용해야 한다고는 상상조차 하지 않는다. 하물며 장례식에서조차, 그것도 전 세계에 보도되는 침묵을 지키기로 되어 있는 장례식에서조차 그들은 남의 멘트는 일종의 침해이지만 자신의 멘트는 꼭 필요한 말이라고 여긴다.

그러나 시도 때도 없이 덜그럭거리는, 그칠 줄 모르는 수다는 특히 장례식에서만큼은 사절이다. 그것들이 불필요한 말인 것이 너무나 분명하기 때문이다.

별 특징 없이 입을 다물고 있던 진행자가 텔레비전에서 중계되는 큰 행사들을 하나의 기회로 삼는다면, 의심할 여지없이 오늘날 수많은 텔레비전은 왁자지껄한 소음으로 넘쳐나게 될 것이다. 방송 중에 갑자기 침묵이 생기면, 그리고 그 침묵이 잠깐 이상으로 길어지면 방송사는 소리가 끊긴 것에 대해 자동으로, 혹은 다급하게 사과를 한다. 잠시 후 다시 살펴볼 존 케이지 John Cage의 〈4분 33초〉라는 조용한 교향곡의 공연실황을 중계하면서 시청자의 그런 반응을 피하려고 BBC가 특별히 사과문을 내보냈던 것처럼 말이다.

때때로 극작가나 TV 프로그램 제작자는 예기치 않은 침묵을 활용해서, 혹은 침묵에 의미를 부여하는 소리나 침묵을 모방한 소리를 활용해서 어떤 순간을 극대화하려고, 텔레비전이나 라디오에 등장하는 인물들을 연구한다. 새뮤얼 베케트는 특히, 매체의 특성에 맞게 침묵을 이용해 치밀한 효과를 낼 수 있는 라디오 방송용 대본을 몇 편 쓴 적이 있다. 펄로프 Perloff가 호의적으로 평했듯 〈무너진 모든 것 All That Fall〉과 〈장작 Embers〉은 창의적인 도전이었다. 〈장작〉의 마지막 대사 "이것은 소리가 아니다."는 그 자체로 소리이다. 이 패러독스는 베케트가 작품에서 언어의 한계를 고백하고 있던 바로 그 순간에도 글을 계속 쓰고 있었다는 사실을 상기시킨다.

논픽션 프로그램 분야에서는 2005년 하비스트 영화사가 제작하고 아일랜드 RTE 방송국에서 방영한 텔레비전 다큐멘터리가 한 편 있다. ≪여인들 사이에서 Amongst Women≫와 ≪해돋이를 마주할지도 모르는 That They May Face the Rising Sun≫을 쓴 아일랜드 소설가 존 맥가헌 John McGahern의 삶을 다룬 그 다큐멘터리의 감독은, 이런 프로그램 제작자라면 누구나 떠올릴 빠른 음악을 넣지 않음으로써 맥가헌의 후기 작품들의 배경인 평화로운 자연을 아름답게 부각시켰다. 〈개인의 세상 A Private World〉이란 그 다큐멘터리의 시청자들은, 집 근처 들판을 한가롭게 거니는 맥가헌의 고요한 발걸음을 음미하며 따라가다 보니 어느새 그 평화로움에 함께 빠져들어 있었다. 그 작품이 처음부터 끝까지 조용한 분위기를 이어간 유일한 TV 프로그램은 아니었지만 상당히 보기 드문 작품인 것만은 확실하다.

음악

요즘은 침묵도 살 수 있는 모양이다. CD나 DVD를 이메일로 주문하거나 인터넷에서 특정 트랙을 다운로드 받으면 침묵을 손에 넣을 수 있다. 예컨대 아이튠즈는 애플 컴퓨터 음원 사이트에서 수백만 곡의 노래들과 함께 침묵 트랙을 제공한다. 애플사는 그 온라인 음원 판매에 대해 이렇게 설명했다. "침묵 트랙은 다른 음원들과 마찬가지로 99센트에 판매되며 30초 '미리듣기'를 제공한다. 또 무단 도용을 방지하기 위해(!) 애플사의 소프트웨어 관리와 통상적인 디지털 저작권법의 보호를 받는다." 사실 아무런 소리가 녹음되어 있지 않은데도 음원 사이트에서는 힙합그룹 슬럼 빌리지 Slum Village의 침묵 트랙 세 개와 '명쾌한 explicit'이란 태그가 달린 〈침묵 Silence〉 트랙 한 개가 판매 중이었다. 또 다른 침묵 트랙 치코네 유스 Ciccone Youth의 〈침묵〉(≪화이티 앨범 The Whitey Album≫ 수록)과 빌 쉐퍼 Bill Schaeffer의 〈침묵〉(≪곡물 알갱이 Grain of Sand≫ 수록), 프로젝트 그러지 Project Grudge의 〈일 분간의 침묵 One Minute of Silence〉 역시 노래 한 곡과 같은 조건에 다운로드할 수 있었다. 짐작컨대 이 트랙들은 아마도 모두 한 곡에서 발상을 빌려왔을 것이다. 침묵과 관련된 곡 가운데 가장 널리 알려진 그 창작곡은 존 케이지의 〈4분 33초〉이다. 사실 그 곡은 부분적으로 상업적인 이유에서 탄생하게 된 것일지도 모른다. 케이지가 한때 〈침묵의 구도자 Silent Prayer〉라는 곡을 공공장소에서 틀어주는 배경음악인 무드뮤직 테이프에 끼워 넣어 테이프 제작 기업을 통해 판매할 생각을 했었기 때문이다.

2002년 그룹 플라닛 The Planets의 ≪클래식 그래피티 Classical Graffiti≫란 앨범에 수록된 소리 없는 곡 때문에 격렬한 논쟁이 일어났다. 이 곡의 '작곡가' 마이크 뱃 Mike Batt이 케이지에게 부분적으로 저작권료를 지불하게 되었던 것이다. 뱃의 그 곡 〈일 분간의 침묵 One Minute of Silence〉에는 아무런 디지털 신호도 들어 있지 않았던 반면, 케이지의 〈4분 33초〉는 공연장에 음악가가 등장해 아무런 곡도 연주하지 않을 경우 그 장소에서 들리는 소리의 효과에 의존한 작품이었다. 한 영국 신문은 그 사건을 노골적으로 이렇게 기록했다. "이것은 상업적 의미의 분쟁이다. ≪클래식 그래피티≫는 지난 석 달 동안 클래식 분야에서 차트 1위를 기록했다. (케이지의 음반을 제작한) 피터스 에디션은 그 음원 수익의 일부가 탐났을 것이다. 흠, 누군들 안 그렇겠는가?" 피터스 에디션의 법적 소송은 성공을 거두었고, 전하는 바에 의하면 100만 파운드(한화 약 1억 6천4백만 원 – 옮긴이) 이상의 수익을 분배받게 되었다고 한다. "내 곡이 훨씬 뛰어난 침묵 작품이다. 케이지가 4분 33초나 걸려서 전달한 내용을 난 겨우 1분 만에 전달했으니까."라는 마이크 뱃의 주장에 대해 케이지의 재산 관리 회사가 어떤 반응을 보였는지는 알려지지 않았다.

침묵은 음악의 전제조건이자 작곡의 필수 요소다. 뵈글린이 말했듯이 음악과 같은 청각적 환경에서 침묵은 "소리의 부재가 아닌 소통으로서의 듣기의 시작"으로 간주되어야 한다. 작곡가와 청중 양쪽 모두 침묵을 음악의 맥락이자 내용으로 여기기 때문이다.

침묵은 실제로 미묘한 방식으로든 다른 방식으로든 작곡가의 모든 작업에 관여한다. 소리의 대조적 요소로 반드시 필요하기 때문이다. 솔직히 말하자면, 음표 사이를 전자악기 소리로 채워 넣는 일부 록 밴드의 음악은 어떤 사람들 귀에는 그저 끝없이 쏟아지는 소음으로만 들릴 뿐이다. 일반적으로 말해서, 때때로 1분 넘게 지속될 만큼 다양한 길이의 침묵을 적절히 활용하는 것은 음악작품을 구성하는 기본적 과정이다. 어떤 작곡가가 침묵을 어떻게 사용하는지 이해할 수 있다면 아마도 그 작곡가가 말하려는 것의 핵심을 알아들을 수 있을 것이다.

침묵을 예술적으로 다룬 20세기 곡들 중에서 가장 큰 파장을 일으킨 중요한 곡을 꼽자면 쇤베르크의 대작인 미완성 오페라 〈모세와 아론〉을 들 수 있다. 이 곡은 이집트에 억류되어 있던 유대인들을 이끌고 나온 두 형제, 모세와 아론을 하나의 시선으로 풀어낸 복잡하면서도 예술적인 작품이다. 쇤베르크는 가장 위대한 유대인 예언자 모세를 진실을 말하려고 안간힘을 쓰지만 자신이 경험한 성스러운 실체를 표현하기에 언어가 얼마나 턱없이 부족한지 그 한계를 깨닫는 인물로 그려낸다. 그리고 모세의 형 아론은, 사람들이 충성심과 공동 운명체라는 인식을 잃지 않게 타협할 줄 아는 중재자요, 행동가요, 조직가로서 모세보다 훨씬 현실적인 사람으로 그려낸다. 그리하여 이 두 인물 사이에 치열한 긴장감이 조성되는데, 여기에는 나치 치하의 독일에서 유대인으로 살았던, 그리고 아방가르드 작곡가로 살아온 쇤베르크 자신의 삶이 투영되어 있다. 쇤베르크는 그저 "성경 구절을 음악에 집어넣어" 형제 이야기를 노래 가사로 만든 것이 아니었다. 성경에 대한 자신의 해석을 토대로 모세와 아론 사이의 복잡한 갈등을 곡의 구조에 반영하는 방식으로 작곡을 한 것이었다. 쇤베르크는 오페라의 경계를 새로운 방식으로 확장했을 뿐 아니라 언어와 음악 사이의 치밀한 관계를 창조해냈다. 쇤베르크 같은 20세기 작곡가들은, 어떤 의미에서 이미 말러가 "마지막 진술을 마친" 현대 음악의 발전사에서 자신의 위치가 어디인지 가늠하면서 낡은 틀을 깨고 전진해나가려고 애쓴 것이었다. 이와 비슷한 방식으로 20세기 초 몇십 년 동안 제임스 조이스 역시 ≪율리시스 Ullysses≫, ≪피네건의 경야 Finnegan's Wake≫ 같은 소설을 통해 형식적 실험을 전개했다. 하지만 그렇다고 해서 쇤베르크가 유럽 클래식의 전통과 무관하단 말은 아니다. 오히려 그 반대로 쇤베르크는 바흐, 모차르트, 슈베르트의 작품을 좋아했으며 말러의 제자임을 자처하기도 했다.

아르놀트 쇤베르크는 1874년 오스트리아의 빈에서 태어났다. 그는 무조성(無調性)주의를 최초로 수용하고 자신만의 독특한 12음기법을 창안해낸 것으로 유명하다. 조성화음에 길들여진 사람들 귀에는 무조성 음악이 듣기가 불편했다. 조성화음은 16세기부터 20세기까지 음악의 큰 특징 중 하나요, 이후 등장한 일련의 대중적 형식들과 마찬가지로 서구 '클래식의 전통'과 밀접하게 관련되어 있었기 때문이다. 쇤베르크가 고안해낸 이 독특한 분위기의 무조성 작곡법을 12음기법이라 부른다. 쇤베르크의 표현에 따르면 이 12음기법은 "서로 딱 하나의 음하고만 관련이 있는 열두 개의 음으로 곡을 구성하는 방식"이다. 쇤베르크의 오페라 〈모세와 아론 Moses und Aron〉의 독일어 제목 역시 이 12음기법과 관련이 있는 것으로 보인다. 제목의 글자 수를 열세 글자를 피하고 열두 글자로 맞추기 위해서 영어 표기인 Aaron을 독일어 남자 이름으로 변형시켜 'a' 하나를 빼고 Aron으로 표기했던 것이다.

조지 스타이너는 이 오페라를 다룬 명쾌하고 인상적인 에세이에서 쇤베르크가 모세의 경험과 관점을 표현하기 위해 어떻게 침묵을 활용하고 있는지 논했다. 쇤베르크가 그려낸 모세의 초상은, 신을 만난 경험을 표현할 적절한 단어를 찾아내지 못하는 자신의 무능함에 좌절한 사내의 얼굴이었다. 신성을 잠시나마 목격했다는 그의 주장에 다른 사람들이 아무리 비방을 늘어놓아도 모세는 불완전한 언어로 그것을 표현해보려는 시도조차 하려고 하지 않았다. 유대인과 일부 문화권에서는 전통적으로 신의 이미지를 표현하는 것이 금지되어 있다. 왜냐하면 우리의 유한한 감각의 경계 밖에 존재하는 실체는 어떤 이미지를 동원한다 해도 있는 그대로 그려낼 수가 없기 때문이다. 이런 까닭에, 어쩌면 신의 이름조차도 실제로는 특정 형태로 발음할 수 없는 것인지도 모른다.

쇤베르크의 오페라에서 모세는 공식적인 발언을 하면서 몹시 높은 어조로 말을 한다. 스타이너는 그에 대해 이렇게 기록했다.

그랜드 오페라에서 주인공이 노래를 하지 않으면 그것은 무대예술이란 장르 특성상 강력한 힘을 발휘한다. 그것은 카산드라[01]의 기나긴 침묵이나

---

01 카산드라 Cassandra, 필라데스 Pylades : 아이스킬로스의 《오레스테스 삼부작》에 등장하는 인물들이다. 《오레스테스 삼부작》은 〈아가멤논〉, 〈제주를 바치는 여인들 Choēphoroi : The Libation Bearers〉, 〈자비로운 여신들 Eumenides : The Furies〉 이렇게 세 편의 비극으로 구성되어 있다. 내용을 간단히 정리하자면 이렇다. 트로이 원정을 떠난 아가멤논은 전쟁에서 승리하고 공주 카산드라를 전리품으로 취해 고향 미케네로 돌아온다. 아가멤논의 처 클리타임네스트라는 정부 아이기스토스와 손잡고 아가멤논과 카산드라를 살해한다. 아가멤논의 딸 엘렉트라는 동생 오레스테스를 외삼촌이 다스리는 포키스로 피신시킨다. 그곳에서 사촌 필라데스와 함께 자란 오레스테스는 아버지의 살해자를 죽이라는 신탁을 받고 미케네로 돌아온다. 누이 엘렉트라와 힘을 합쳐 어머니 클리타임네스트라와 그 정부를 죽여 신탁을 완수하지만 오레스테스는 부모를 죽인 죄로 다시 복수의 여신들 에리니에스에게 쫓기게 된다. 3부에서 오레스테스는 아폴론과 아테나의 도움으로 무죄를 선고받고 복수의 여신들은 '자비로운 여신들'로 승격된다. 카산드라는 트로이의 마지막 왕 프리아모스의 딸로 아폴론의 구애를 받아들이는 조건으로 예언능력을 선물 받았으나 능

필라데스가 〈제주를 바치는 여인들〉에서 보여준 갑작스러운 무언의 중재보다 훨씬 더 '충격적'이다. 그리고 나아가 거기에는 더 큰 의미가 있다.

자신이 목격한 비전을 표현적인 형태(음악)로 바꾸지 못하는 모세의 무능함, 자신이 신에게 받은 계시를 소통 가능한 것으로 바꾸지 못하는 모세의 무능함, 혼자 주님과 교감한 내용을 이스라엘이라는 신앙 공동체의 구성원들에게 전달해주지 못하는 모세의 무능함, 바로 이것이 이 오페라의 비극적 주제이다. 모세와 비교되는 아론의 유창한 표현력, 모세의 말 속에 숨겨져 있는 추상적 의미를 찾아내어 그 즉시 감각적인 형태(노래하는 목소리)로 옮길 줄 아는, 즉 번역할 줄 아는 아론의 재주가 형제를 화해할 수 없는 갈등의 수렁에 빠뜨린다. 모세는 아론 없이는 아무것도 할 수 없다. 말솜씨가 어눌한 모세한테는 아론이 입 속의 혀나 마찬가지이기 때문이다. 그러나 아론은 모세한테 계시를 듣고 그것을 다른 사람들에게 옮기는 바로 그 과정에서 모세의 생각을 축소하거나 누설한다. 〈모세와 아론〉 속에는 비트겐슈타인의 철학에 나타나는 것과 같은 침묵에 대한 본질적 인식이 들어 있다. 쇤베르크는 궁극적으로 파악된 것과 말로 표현될 수 있는 것 사이의 비극적 간극을 모색하고자 했던 것이다. 언어는 진실을 왜곡한다. 그리고 웅변적인 언어는 진실을 완전히 왜곡한다.

쇤베르크의 오페라에 그려진 모세를 이해하려면 모세가 신을 궁극적으로 상상, 인식, 표현할 수 없는 존재로 여겼다는 사실을 반드시 이해해야 한다. 반면 아론은 그런 신을 상상해내는 자신에게, 그런 신을 표현할 상징과 언어를 찾아내는 자신에게 큰 만족감을 느꼈다. 유커만 G. Uekermann은 "모세의 말은 아론의 해석 노래를 거치면서 청자의 기대에

력을 받은 뒤 약속을 어긴 죄로 설득력을 빼앗긴 인물이다. 그래서 아무리 정확한 예언을 해도 아무도 그 말을 믿어주지 않는다. 필라데스는 오레스테스가 온갖 모험과 시련을 겪는 동안 그 운명을 함께하는 사촌이자 친구이다.

따라 미묘하게 수정되고 각색되었다."고 말했다. 사람들을 약속의 땅으로 이끌고 가는 내내 아론의 이런 타협적인 발언은 모세를 당황스럽게 만들었다. 스타이너는 2막의 마지막 장면을 이렇게 기록했다.

모세는 홀로 남겨졌다. 혹시 아론의 말이 옳았던 것은 아닐까? 인식할 수도, 상상할 수도, 표현할 수도 없는 신의 실체를 아론처럼 감각적으로 느낄 수 있는 작은 기적으로, 단순한 상징으로 축소해야 했던 것은 아닐까? 그런 아론의 생각과 말(모세에게는 이 두 가지가 동일한 것이었다.)은 모세가 보기에는 모두 광기어린 것이었다. 그 비전을 표현하려는 시도 자체가 그에게는 범죄였던 것이다. 그 순간 오케스트라 전체는 침묵하고, 바이올린만 모두 똑같은 음으로 그 곡의 기본인 열두 개의 음을 거꾸로 연주한다. 그러면 모세는 "오, 언어여! 내게 그토록 부족한 그대 언어여!"라고 외치며 갈라진 땅 위로 무너진다.

이 장면은 오페라의 역사는 물론 현대 연극사를 통틀어 가장 감동적이고 극적인 장면이다. 주님의 뜻, 주님의 말씀이 아직 지상에 내려오지 않은 채 발화 저 너머에 존재하고 있다는 사실을 암시하는 동시에, 하나의 동작을 통해 음악이야말로 초월적인 힘을 전달하는 가장 완벽한 어법이 되어야 함을 보여주는 장면이기 때문이다. 그리고 이 모든 것들은 의미와 소통의 간극을 탐구하는 20세기 예술과 철학의 화두이기도 하다.

신을 이야기하는, 그리고 그 실체를 언어로 규정하는 철학적 도전에 관해서는 뒤에 다시 살펴볼 것이다. 스타이너는 이 오페라 이야기에 더 구체적이고 역사적인 함의가 담겨 있는데 그것이 쇤베르크가 이 작품을 완성하지 못한 이유를 설명해주는 열쇠가 될지도 모른다고 지적했다. 그러면서 오페라 〈모세와 아론〉을 "부상하는 나치즘에 저항하는 일종의 예방조치"라고 믿었던 독일의 유대인 철학자 테오도르 아도르노 Theodor

Adorno의 생각을 언급했다. 쇤베르크는 그 오페라에서 눈에 띄게 'Volk(국민)'와 'Führer(지도자)'라는 독일어 단어를 그대로 사용했는데, 그렇게 함으로써 이스라엘을 세상에서 가장 복잡하게 구성된 국민으로, 그리고 모세를 세상에서 가장 도덕적인 지도자로 규정하고자 한 의도가 제대로 적중했던 것이다. 그러나 스스로 점잖은 위치에서 내려와 뉘른베르크에서 슬로건을 외쳐대는 수백만 명의 악랄한 입으로 옮겨간 언어를 구해내려는 쇤베르크의 갖은 노력은 결국 비극적 종말을 맞이하고 말았다. 독일의 여러 오페라 하우스에서 수년간 경험을 쌓으면서 구상한 내용을 바르셀로나에서 곡으로 옮기느라 이 대작에 매달려 있는 동안, 쇤베르크는 독일 문명과 독일 국민 가운데 수많은 생명이 파멸을 향해 가고 있다는 확신을 얻게 되었던 것이다. 이 점에 대해 스타이너는 이렇게 생각했다.

2막의 마지막 장면이 엄청난 권위와 타당성을 얻게 된 것은 순전히 이 때문이다. 곧이어 유럽 전역을 휩쓸고 간 사건들이 말 그대로 언어를 넘어서는, 그리고 말이라는 인간의 의식적 행위로 규정하기에는 너무나 비인간적인 사건들이었던 것이다. 절망적으로 절규하고 침묵 속으로 무너져 내린 모세의 행동 차제가, (유대인 독일 작가 프란츠 카프카 Franz Kafka, 유대계 오스트리아 작가 헤르만 브로흐 Herman Broch, 러시아 출신 프랑스 극작가 아서 아다모프 Arthur Adamov의 작품들에서 찾아볼 수 있듯) 언어가 우리에게 실망을 안겨주었다는 사실을, 그리고 예술로는 그 야만적인 행위를 막을 수도, 점점 늘어나고 있는 형언할 수 없는 경험들을 제대로 표현할 수도 없다는 사실을 인정하는 행위였다. 〈모세와 아론〉이 형식적으로 미완성된 작품임에도 놀라운 결말을 보여주는 수작으로 평가되는 것은 이 때문이다. 쇤베르크는 더 이상 할 말이 남아 있지 않았던 것이다.

쇤베르크는 그 오페라의 마지막 막인 3막의 작곡을 시작하긴 했지만 끝내지 못하고 세상을 떠났다. 그 마지막 막에서는 모세가 등장해, 스스로 진실이라 여기는 것을 고수하는 사나이로서의 자신을 옹호할 계획이었다. 그런 식으로 3막의 대사(리브레토)는 어느 정도 쓰였지만 음악은 쇤베르크가 죽기 전까지도 만들어진 내용이 사실상 거의 없었다. 1933년 쇤베르크는 점점 퍼져나가는 반유대주의에 맞서 파리로 여행을 떠나면서 한때 젊어서 믿었던 루터 신교를 버리고 유대교도로 되돌아갔다. 파리에 도착하자마자 다시 미국으로 향한 쇤베르크는 1951년 8월 13일 로스앤젤레스에서 세상을 떠나기 전까지 계속 미국에서 살았다. 어떤 이들은 2막 공연을 마친 뒤에 쇤베르크가 남겨 놓은 3막 대본을 큰 소리로 읽어야 마땅하다고 주장하지만, 우리 시대 최고의 음악분석가였던 프랑스의 지휘자 피에르 불레즈 Pierre Boulez는 이 점에 대해 이렇게 말했다. "대본을 그냥 읽어보기만 해도, (반유대주의자로 유명했던 바그너의 오페라와 마찬가지로) 그 대본의 충격을 고스란히 전달하기 위해서는 음악이 필요하다는 사실을 알게 될 것이다. 모세와 아론 사이의 그 대화를 그대로 그냥 무대에 올린다면 그거야말로 클라이맥스의 감동을 진짜로 반감시키는 행위가 될 것이다." 성경이 우리에게 들려주는 이야기, 그러니까 백성들을 약속의 땅으로 인도하고 얼마 안 가 모세와 아론 형제가 둘 다 사막에서 죽었다는 이야기를 생각해보면, 어떤 면에서 볼 때 쇤베르크가 이 오페라를 끝내지 못한 것이 타당하게 느껴진다.

쇤베르크가 일찍이 로스앤젤레스에 살 때 가르친 젊은 제자가 한 명 있었으니 그가 바로 존 케이지이다. 혁신적인 음악가로 높이 추앙받는 존 케이지는 선종불교 전통의 영향을 크게 받아서 우연'과 '침묵' 두 가지를 붙잡고 씨름하다 보니 이 두 가지를 잘 활용하는 것으로 유명해진 작곡가였다. 1951년 침묵의 작품 〈4분 33초〉가 드디어 세상에 태어났다. 영국에서는 2004년 1월 16일 BBC 심포니 오케스트라가 최초로 〈4분 33초〉를 공연했다. 런던 바비칸 센터에서 열린 그 공연은 연간행사인 '작곡가 주말 Composer Weekend'의 오프닝 공연이었다. BBC 제 3 라디오 방송은 그 공연실황을 중계함으로써 5분 가까이 잔잔한 침묵을 내보내는 위험을 감수한 첫 번째 방송사가 되었다. 제 3 라디오 방송국에는 방송 중 일정 시간 이상 침묵이 계속되어 신호가 끊기면 그 전파 송출을 중단하게끔 설계된 긴급 복구 시스템이 갖추어져 있었는데 그날만큼은 그 시스템의 전원이 꺼졌다. 라디오 중계방송이 끝나고 약 한 시간 뒤 BBC 제 4 방송은 그 공연을 TV로 내보냈다. 그 당시 BBC 측의 보도 자료에 따르면 〈4분 33초〉는, 소리는 모두 음악이 될 수 있다는 케이지의 생각을, 그리고 "우리가 어디에서 무엇을 듣든 그 소리들은 대부분 소음"이라는 케이지의 생각을 증명해보인 작품이었다. 바비칸 센터에서 열린 그 공연에 대해 BBC 보도 자료는 이렇게 기록했다.

악보에 연주해야 할 음표가 전혀 없는데도 음악가들은 무대에 등장해 작곡가가 악보에 명시해 놓은 대로 세 개의 '악장'이 끝날 때마다 스코어 (모음악보)를 넘겼다.

소리의 울림이 없게 설계된 무반향실에서조차 우리는 미세한 소리로부터 완전히 벗어날 수 없다. 우리가 숨을 쉬기 때문이다. 케이지의 그 작품 역시 표면적으로 보면 침묵의 작품으로 보이지만 실제로는 완전한 침묵은 존재하지 않는다는 사실을 만천하에 알려준 작품이었다. 늘 마르셀 뒤샹의 병에 넣은 공기 〈파리의 공기 Air de Paris〉에 비교되었던 케이지의 〈4분 33초〉는 말하자면 깡통에 든 침묵이었다. 시각예술가로서 최고의 명성을 날렸고 케이지가 크나큰 존경을 표했던 뒤샹 역시 비록 제대로 교육을 받은 것은 아니었지만 직접 심혈을 기울여 미니멀리즘 형식의 음악을 작곡해본 적이 있었다. 뒤샹은 외관상 체스계에서도 은퇴함으로써 결국 자신의 모든 공적 페르소나를 침묵시키고야 말았다. 그런데 딱 한 번, 뒤샹이 은퇴를 통해 스스로에게 부과한 그 창조적인 고립을 케이지가 엎어버린 적이 있었다. 1968년 뒤샹이 세상을 떠나기 몇 달 전, 케이지가 토론토 예술 축제에서 함께 무대에 오르자고 뒤샹을 꾀었던 것이다. 오랜 세월 종종 사적으로 만나서 체스를 두었던 케이지와 뒤샹은 토론토에서 무대 위에 올라 체스를 두었다. 그 체스 판에는 전선이 연결되어 있어서 말을 움직일 때마다 전기장치가 작동해 몇몇 음악가들이 라이브로 연주하고 있던 음악 소리를 중단시켰다. 퍼포먼스인지 작품인지 몰라도 아무튼 〈재회 Reunion〉란 이름의 공연이었다. 그보다 훨씬 이전에(1958년) 케이지는 직접 이런 기록을 남겼다.

침묵 같은 것은
어디에도 존재하지 않습니다. 뭔가가
늘 우연히 소리를 만들어내기 때문입니다.
일단 정말로 듣기 시작하면,
그 누구도 생각을 떠올릴 수 없습니다.
이것은 정말 단순하지만 굉장히 긴박한 사안입니다.
그 다음이 존재하는지 여부는
신만이 알겠죠.

(주먹으로 탕 친다.)

나중에 그 작곡가는 이런 질문들을 던졌다.

침묵 같은 것이 세상에 존재합니까?

설사 사람들한테서 도망친다고 해도, 여전히 뭔가를 들어야 하지 않을까요?

어딘가 외딴 숲 속에 있다고 가정해봅시다. 그럼 졸졸 흐르는 시냇물 소리를 들어야 하지 않을까요?

늘 뭔가 들어야 할 것이 있다면, 평화와 고요는 전혀 존재하지 않는 걸까요?

만약 내 머릿속이 화음, 멜로디, 리듬으로 가득 차 있는데 전화벨이 울린다면, 내게, 내 평화와 고요에 무슨 일이 일어날까요?

그때 내 머릿속에 있던 것이 유럽적인 화음, 멜로디, 리듬이었다면, 대단히 미안하지만 이를테면 자바 섬의 음악사에, 다시 말해서, 내 머리에 과연 어떤 일이 일어났을까요?

1959년 케이지는 '무(無)에 관한 강연'에 이렇게 기록했다.

나는 여기에 있고   ,   아무런 할 말이 없습니다   .
                                    여러분 중에
어딘가로 나아가고 싶은 사람들이 있다면   ,   언제든 그들을 그대로
내버려두십시오   .   우리가 요구하는 것은
침묵입니다.   하지만 침묵이 요구하는 것은
                내가 계속 말을 하는 것입니다   .

같은 해 케이지는 '유(有)에 대한 강연'에 이렇게 적었다.

이것은 유에 대한 강연이며   따라서 자연스럽게 무에 대한 강연이
기도 합니다 . 유와 무에 대해 말하자면   그 둘은 서로 정반대가 아니
라

오히려 서로를 계속 존재하게 해주는 상대입니다.　　　뭔가 확실히
할 말이 있을 때는　　　말을 하는 것이 더 어렵습니다.　　　왜 냐 하
면 우리로 하여금
계속 말을 하게 해주는 언어가　　　우리의 삶을 위해 필요한 방식대로
가 아닌
언어 그 자체를 지키기 위해　　　필요한 방식대로 존재하기 때문입
니다.

케이지의 침묵이 인간과 자연의 행위를 드러내주는 침묵이었다면, 아
일랜드 작곡가 존 태브너 John Tavener는 '신에 대한 열망'을 표현하려고
자신의 음악에 침묵을 활용했고, 그러면서 작곡에 활용되는 이런 종류의
침묵을 그리스 정교회의 종교적 상징인 천사들의 꽁꽁 얼어붙은 시선에
비유했다.

소음공해

침묵의 공간이 소음에 오염되는 현상은, 언제 어디에나 사람이 북적대
는 요즘 시대에 점점 관심이 높아지고 있는 문제이다. 20세기가 끝나갈
무렵 미국을 여행한 한 네덜란드인은 다소 과장이 좀 섞였을지 몰라도,
그 나라가 처해 있는 이 문제에 대해 이렇게 진심 어린 우려를 표명했다.

미국 전역을 여행하면서 내가 가장 절실하게 느꼈던 것은, 완전한 침묵
이 존재하지 않는다는 사실이었다. 어느 도시에서 누구를 만나든 그런 상
황에는 언제나 윙윙거리는 지속적인 소음이 존재했다. 사람들이 침묵을
두려워한다는 생각이 들 정도였다. 그 지속적인 소음은 피상성을 강화한

다. 이 세상에는 개인의 지성에 공격을 가하는 소음이라고 모두가 인정하는 그런 종류의 청각적 공해도 존재한다고 프랑스의 철학자 롤랑 바르트 Roland Barthes는 말한다. 그런 공해는 진정한 듣기를 방해한다.

암스테르담 자유 대학교 블레즈 파스칼 학회 Blaise Pascal Institute의 이사인 한 W. Haan은 비판적인 어조로 미국에서의 경험과 아프리카 사람들 속에서 연구했던 경험을 비교했다. 아프리카인들은 아직 아프리카 문화의 일부인 전통음악을 마음껏 누리고 있었다. "아프리카 전통음악 안에서 침묵은 자연스럽게 일정 공간을 차지한다. 자연의 소리들이 결합되어 음악을 형성한다는 사실은 하나도 놀랍지 않다. 침묵 역시 자연의 일부이니까." 이어서 한은 이렇게 기록했다.

때로 아프리카 음악의 스승이라고 불리기도 하는 카메룬의 음악가 프랜시스 베베이 Francis Bebey는 저서 ≪아프리카 음악:민족 예술 African Music:A People's Art≫에서 아프리카 음악을 처음 접한 비아프리카인들이 그 음악을 생소하고 어렵고 별 매력 없는 음악으로 느끼는 현상에 대해 기술했다. 그럴 경우 결론적으로 그 음악은 흥미 없는 것이 되고 만다. 베베이는 아프리카 음악을 연구하려면 시간과 인내심이 필요하다고 강조했다. 아프리카 문화와 음악을 진정으로 이해하려면, 오랜 시간 관심을 갖고 세심하게 보고 들어야 할 뿐 아니라 편견과 너무 성급하게 판단하려는 태도 역시 버려야 한다는 것이었다.
가장 큰 문제는 아프리카 음악의 목적이 우리가 일반적으로 음악에 기대하는 목적과 너무나 근본적으로 다르다는 것이다. 아프리카 음악가들은 소리를 활용해 삶과 삶의 모든 양상을 표현하려고 한다. 그러나 그들의 근본적인 목표는 소리를 '즐겁게' 들리도록 결합하는 것이 아니기 때문에 상당히 에둘러 표현하는 방식을 취한다. 자연의 소리를 결합해 음악 속에 녹여내는 것이다.

바다 밑의 소음 수준도 점점 심해지고 있다. 환경운동가들은 다른 소음의 진원지들과 마찬가지로 거대 선박의 엔진 소리가 해양생물들에게 가하는 충격 역시 측정 가능할 정도로 심각해졌다며 우려를 표한다. 모든 정치적 성명에서 침묵이 어떤 자리를 차지해야 마땅한가를 논한 스튜어트 심의 주장은 앞서 이미 살펴보았다.

소음 공해를 걱정하는 사람들에게는 실망스럽겠지만, 최근에 유행하는 '침묵 디스코 silent disco'라는 현상은 불협화음에 저항하려는 반응이 아니다. '침묵 디스코'라는 그 용어는 젊은 사람들이 한 곳에 모여 평화로운 조화 속에 함께 움직이는 모습을 지칭하는 말이 아니다. 그저 스피커가 아닌 개인용 헤드폰으로 휴대용 음악기기에서 흘러나오는 각자 취향에 맞는 음악을 들으며 춤을 추는 장소를 일컫는 용어일 뿐이다. '침묵 디스코'는 평범한 디스코보다 옆 사람을 방해할 확률이 훨씬 적을지 몰라도 그것 역시 참가자들 개개인에게는 소음이 될 수 있다. 이안 존스톤 Ian Johnston이 이렇게 말했듯이 말이다. "슈베르트 음악에 맞추어 왈츠를 추는 클래식 애호가들이 하드코어 테크노 뮤직에 맞추어 열광적으로 몸을 흔들어 대는 사람들과 한 공간을 함께 쓰는 것도 가능하다. 이론적으로는."

6장

제약으로서의 침묵

영국의 대법관이었던 프랜시스 베이컨은 이렇게 말했다. "모든 종류의 제약은 사람을 불행하게 만들지만 그 중에서도 침묵의 제약은 세상에서 가장 끔찍한 제약이다." 침묵의 제약은, 당사자가 스스로에게 부과한 것, 말하자면 개인적 부적응이나 수줍음을 많이 타는 성격이 빚어낸 결과일 수도 있다. 그러나 직접적으로든 간접적으로든 타인에 의해 부과되는 경우가 훨씬 많다. 검열이나 다른 법적 장치를 이용해 표현의 자유를 억압하는 것이 가장 명백한 침묵시키기의 한 형태인 것은 분명한 사실이지만, 시민들로 하여금 자신의 관점을 확실히 밝히지 못하게 하는 방식이 정부의 조치뿐인 것은 아니다. 효과적으로 사람들을 침묵시키는 데는 오히려 개인적, 문화적, 사회적 요소들이 모든 법적 요소를 동원하는 것보다 더 강력한 힘을 발휘할 수 있다. 이 덫에 걸린 대표적인 사람들이 바로 여성, 소수 민족 구성원, 학생, 피고용인 등이다.

개인적 대인관계

사귀고 있는 두 사람 사이의 침묵은, 그들이 서로를 깊이 이해하고 있음을 보여주는 증거일 수도 있고 사랑이란 경험에 대한 그들의 놀라움을 드러내주는 신호일 수도 있으며 그들이 동일한 현실관을 공유하고 있음을 알려주는 표식일 수도 있다. 이런 '눈에 보이는 침묵'은 시 속에서 표현력을 얻는다. 단테 가브리엘 로제티는 훗날 영국의 작곡가 랄프 폰 윌리엄스 ralph vaughan williams에 의해 음악으로 새롭게 태어난 아름다운 소네트 〈침묵의 정오 Silent Noon〉에서 연인과 함께 있던 유난히 따뜻하던 어떤 날을 회상한다.

그대의 두 손이 길게 자란 싱그러운 잔디 위에 놓여 있네.
손가락 끝은 장밋빛 꽃송이처럼 붉고
그대의 두 눈은 평화롭게 미소 짓네. 부풀어 오른 하늘 밑
우리의 둥지를 둘러싸고 초원의 빛과 어둠이
여기저기 흩뿌려져 있고, 시선이 가 닿을 수 있는 저 멀리까지
금색 미나리아재비 꽃이 가득 핀 들판이 펼쳐져 있네. 그리고 그 들판 가
장자리에
카우 파슬리 꽃이 산사나무 울타리를 따라 은색 테두리를 그리고 있네.
모래시계처럼 잔잔한, 눈에 보이는 침묵.

햇살 잔뜩 머금은 포도원 깊은 곳에서 잠자리 한 마리가
하늘에서 풀려 내려온 한 가닥 푸른 실처럼 날아다니고
그렇게 날개 달린 시간이 저 위에서 우리를 향해 떨어져 내리네.
아! 불멸의 지참금을 마련하기 위해 우리는 서로의 심장을 와락 껴안
니,
그렇게 꼭 끌어안은 채 시간이 얼마나 흘렀는지 알 수 없지만,
그 시간 내내 두 겹으로 포개어져 있던 침묵은 바로 사랑의 노래였다네.

그러나 아무리 절친한 사이라 해도 둘 중 한 명은 자신의 감정과 생각을 만족스러운 방식으로 표현하지 못할 수도 있다. 그 사람이 원래 수줍

음이 많은 성격이어서 그럴 수도 있지만 억압적인 분위기의 가정에서 성장했거나 감정을 표현하려면 언어가 필요하다는 사실을 타인에게서나 책에서 배운 적이 없어서 그럴 수도 있다. 뭔가를 제대로 표현하지 못하는 이런 결점은 두고두고 문제를 일으킬 수 있다. 하퍼 M. S. Harper와 웰시 D. P. Welsh가, 스스로를 침묵시키는 청소년일수록 전반적으로 만족스러운 대인관계가 부족하며, 그렇게 스스로를 침묵시키거나 자기표현을 억제하는 태도가 청소년기 이성 관계를 형성하는 데 큰 영향을 끼치는 것 같다고 말한 이유도 이 때문이다. 미국의 이 두 연구자는 이런 주장을 통해 다음과 같은 결론을 끌어냈다. 스스로를 침묵시키는 태도는 소통 방식, 이성교제는 물론 궁극적으로 상관관계 속에서 그 사람이 개인으로서 얼마나 양질의 기능을 수행하는가에 이르기까지 대인관계의 여러 측면에 큰 영향을 끼친다. 스스로를 침묵시키는 유형의 사람들은 평균보다 훨씬 빨리 이성교제를 시작하면서도 상대방의 성적 행위 요구를 훨씬 편하게 거절하지 못하는 것으로 드러났다. 그리고 갈등이 생기면 대화가 부족하다고 불평하면서도 상대방에게 무조건 져주는 양상을 보였다. 상황이 이러니, 그런 사람일수록 우울증을 경험하는 비율이 훨씬 높다는 연구 결과도 실은 별로 놀랍지 않다. 그 연구 결과는, 외견상 자기표현을 제대로 하지 못하는 수줍음 많은 사람이 자기표현을 정확하게 하는 또래들보다 역설적으로 성적 행위를 할 때 더 적극적인 모습을 보일 수 있다는 사실을 알려준다.

가정 내에서 침묵은 배우자가 자신에게 냉담하다고 느끼는 사람에게 좌절감을 안겨줄 수 있다. 침묵을 지키는 그 배우자가 부부관계를 계속 유지하길 바라고 심지어 자신의 가정에 아무 문제가 없다고 생각하는 상황에서 이런 일이 일어나기도 한다. 이런 침묵이 조성되는 환경적 요인은 다양하다. 예컨대 남자들 중에는 자신의 감정을 표현하는 일을 그저 부적절하고 자의적인 행동으로 여기는 사람도 있고 자신의 감정을 표현하면 '겁쟁이'로 보일까봐 두려워하는 사람도 있다. 특히 남자는 경제적 압박이나 다른 외부적인 압박을 받게 되면, 자신의 감정으로부터 일정 거리를 유지하는 것이 자아의식을 보호하고 강인해 보일 수 있는 최선의 방법이라고 생각한다. 그 순간 남자의 머릿속에서는 영화나 연극에서 보았던 롤모델 사나이의 모습이 재연되고 있을지도 모른다. 남자의 이런 태도 때문에 배우자는 거부당하고 무시당한다는 기분을 느끼게 되고, 그 와중에 남편이 자신과 부부관계를 갖길 바라면 분노와 좌절감마저 느끼게 되는 것이다. 하지만 여자들 중에도 감정 표현을 부적절하고 자의적인 행동으로 여기는 사람, 혹은 감정적이고 의존적인 여성보다는 '현대적'인 여성처럼 보이고 싶어서 자기표현을 안 하는 사람이 있을 수 있다.

부부 사이의 침묵에 대한 불평은 부부상담 전문가들이 흔히 듣는 문제이다. 어떤 남자들은 연애를 하고 배우자를 얻기까지는 확실히 수고스러워 보이는 행동까지 해가며 열심히 표현을 해놓고는 결혼 뒤에는 조용하다 못해 과묵한 사람이 되어 버린다. 어쩌면 그들은 말이란 시시한 시간 낭비일 뿐이라고 생각하는지도 모른다. 향후 결혼생활에 악영향을 끼치든 말든, 그런 침묵은 적절한 결혼생활에 대한 자신의 생각을 보여주려는 치밀하게 의도된 침묵일 수 있다.

침묵을 자신의 트레이드마크로 삼음으로써 자신이 연인이나 배우자로서 빵점이라는 사실을 드러내는 사람을 보면 측은함이 느껴진다. 서로 할 말이 전혀 없어서, 혹은 대화를 지속하려고 애쓰는 걸 견딜 수가 없어서 식당에 앉아 말없이 식사만 하는 커플을 바라보고 있자면 어찌나 안타까운 마음이 드는지. 그러나 그 두 사람 모두가 그 침묵 속에서 깊이와 평화를 느낀다면, 그 침묵은 그들이 그만큼 원숙한 관계를 유지하고 있다는 사실을 보여주는 표시가 될 수도 있다. 1913년 아일랜드 시인 조지 윌리엄 러셀 George William Russell은 〈사랑의 침묵 The Silence of Love〉이라는 시에서 이렇게 말했다.

예전에 그대가 불같은 사랑을 몰고 내 삶 속으로 들어오기 전에는
나도 아름다운 말로 그대를 칭송할 수 있었다오.
노래를 불러 나의 새를 그 머나먼 둥지에서 꾀어낼 수 있었다오.
그런데 이제 둘이 함께 꽁꽁 묶여 매달려 보니 침묵이 최선이오.

바람도 가라앉고 삶도 숨죽이는 아름다운 침묵의 땅에서는
사람이 구름 그늘 속에 머무나니
나는 내 심장 속에 잠자고 있는 열정을 깨우지 않을 것이오.
우리를 향해 휘몰아치는 바람이 우리 둘을 갈라놓을지도 모르니까.

이 고요함을 두려워하지 말아요. 우리를 평화로 인도하는 부드러운
목소리와 함께 의심과 절망은 곧 멎을 테니까.
바람이 금문을 지나고 나면 우리의 꿈도 바뀔 것이오.
그러면 사랑스러운 양치기 개, 고요로 하여금 그 자리를 지키게 하겠소.

그러나 장기적으로 볼 때 어느 한쪽의, 아니면 양쪽 모두의 침묵이 고립으로 변질될 위험은 언제나 존재한다.

물론 그 관계의 당사자 한쪽이, 아니면 양쪽 모두가 한시적으로 침묵을 지켜야 하는 경우도 있다. 예컨대 '크리스채너티 투데이 인터내셔널 Christianity Today International (CTI)' 웹사이트에서 상담을 하는 정신과 전문의 레스와 레슬리 패럿 Les & Leslie Parrott 부부는 "대화가 불필요한 때

는 물론, 심지어 그 대화 때문에 상처를 받을 때도 있다."고 조언하며 이렇게 덧붙였다. "말을 하지 않는 행위, 그러니까 알맞은 때를 기다리거나 잠시 떠나 있는 행위, 혹은 그저 입 다물고 그럭저럭 지내는 행위 안에도 힘과 지혜는 존재할 수 있다." 패럿 부부는 상대방이 이미 다른 일에 열중하고 있을 때, 상대방이 말할 준비가 아직 안 되었을 때, 자신이 아무 보람도 없는 똑같은 소리를 이미 '백만 번'도 더 했을 때, 말보다는 생각할 시간이 절실하게 필요할 때 등이 말을 삼가야 할 경우에 해당된다고 설명했다. 물론 실제로 필요한 것은 행동인데 '문제'를 놓고 말싸움을 하느라 정작 행동을 미뤄놓는 경우도 있다. 어떤 상황에서 섹스 이야기를 하는 것도 이런 예 중 하나이다. 패럿 부부는 또, 부부가 짜증이 난 상태에서 대화를 하다 보면 원래 자신들이 무슨 문제로 싸우던 중이었는지 기억조차 하지 못하는 지경에 이르기도 하는데, 그 정도가 되면 마음껏 서로를 비난하기보다는 차라리 '입술을 깨무는' 것이 더 현명한 처사일 것이라고 예리하게 지적했다.

패럿 부부의 이 조언에는 성차별적 인식이 깔려 있지 않다. 합리적으로 균형 잡힌 부부생활을 하고 있는 사람들이라면 이 조언이 타당하다는 사실을 알 수 있을 것이다. 하지만 패럿 부부가 CTI 같은 기독교 단체에 속해 있기 때문에 이런 조언을 하는 것은 아닐까 의심하는 사람들도 있을 것이다. 적어도 기독교인이라면 (나중에 다시 살펴볼) 여성의 역할에 대한 성 바오로의 의견 정도는 읽었을 테니까. 그런 의심을 하는 사람들은 CTI가 전도사 빌리 그레이엄 Billy Graham이 미국에 설립한 단체라는 사실에 주목하면서, 이런 조언도 페미니즘일랑 저리 치워버리고 여성들을 침묵시키는 '기독교도의 권리'를 행사하려는 노력의 일환인 것은 아닐까 궁금해 한다. 성별 간 긴장이란 이 문제에 대해서는 앞으로도 살펴볼 기회들이 있을 것이다. 엄밀하게 말해서, 아무렇게나 침대에서 함께 뒹굴고 나서 나중에 한 명, 혹은 두 명 모두가 스스로 불행한 노리개가 된 듯한 기분을 느끼느니, 차라리 남녀 간에 긴장감을 유지하는 것이 훨씬 나은 선택이다.

분노나 학대에 대한 반응으로 나타나는 침묵은, 학대를 가하는 사람보다 학대를 당하는 사람이 훨씬 약한 존재임을 나타내는 표시가 될 수도 있지만 언제나 꼭 그런 것은 아니다. "신중할 줄 아는 것이 진정한 용기"라는 셰익스피어의 말처럼(≪헨리 4세≫) 때때로 몹시 화가 난 사람의 말에 대답이나 반응을 하지 않는 사람들이 있다. 사람은 누구나 자신의 말에 반대하는 사람이 없으면 더 빨리 화가 진정되고 정상인 상태로 돌아올 뿐 아니라 나아가 자신이 이성을 상실한 것에 대해 뉘우칠 가능성이 더 높기 때문이다. 화가 난 사람들은 종종 문을 쾅 닫거나 고양이를 발로 걷어차거나 재수 없이 그 자리에 있던 가족한테 장광설을 늘어놓는 등 가장 가까이 있는 대상에 화풀이를 한다. 그런 상황에서, 앞서 침묵의 유형에서 살펴본 '지혜로운 침묵'을 즐겨 쓰는 사람들은 그런 화풀이에 반응하는 것이 그저 상황을 더 악화시키는 것은 아닌지 찬찬히 가늠해본다. 물론 그런 전략이 관계 안에서 습관적으로 되풀이되면 그것은 그 사람이 침묵당하거나 위협당하고 있다는 증거가 될 수도 있지만, 사람들이 감정에 북받치면 어떻게 행동하는지는 당사자가 더 잘 알기 때문에 그저 학대를 가하는 사람보다 더 낮은 위치로 내려가지 않으려고 침묵의 반응을 보이는 그런 경우도 종종 있다. 이런 종류의 침묵은 전 세계 어디에서나 볼 수 있는 침묵일 뿐, 바쏘가 연구했던 서부 애리조나 아파치족에게서만 찾아볼 수 있는 독특한 현상은 절대 아니다. 그런데도 그곳에서 바쏘가 만난 사람들 중 한 명은 '마구 욕먹는' 존재가 되면 어떨 것 같으냐는 질문에 이런 적절한 해답을 내놓았다. "그렇게 욕을 퍼붓는 사람들은 자기가 지금 무슨 말을 하고 있는지도 몰라요. 그러니 우리도 그 사람을 알 수 없죠. 그런 사람을 만나면 그냥 피해버리세요. 그리고 그 사람이 고함을 지르면 자기 말하고 싶은 대로 마음껏 지껄이게 그냥 내버려두세요. 무슨 말이든 그냥 하게 내버려두라 그 말입니다."

한쪽 배우자가 철저하게 자기 자신 때문에 침묵하기로 마음먹은 상황에서 다른 배우자 역시 스스로 침묵하는 것은, 한쪽이 다른 한쪽을 강제로 침묵시키는 행위와 명확히 구분되어야 한다. 다른 사람을 억지로 침묵시키는 행위는 필연적으로 억압의 한 형태이다. 연구자 존 M. E, John과 네어 J. Nair는 대인관계나 사회생활에서 침묵을 지키는 것이 성관계라는 맥락 안에서 어떤 의미를 띠는지 그 복잡한 본질을 탐구해왔다. 두 연구자의 연구 대상은 사회관계가 복잡한 인도였다. 인도는 세계에서 가장 유명한 성생활 안내서 《카마수트라 Kamasutra》의 탄생지로 이름이 나 있다. 그러나 성을 스스럼없이 논하고 노골적으로 묘사할 수 있다고 해도 그런 분위기가 남녀 간 소통의 어려움을 제거해주는 보증수표인 것은 아니다.

한 가지 문제에 대해 침묵시킨다고 해서, 침묵당하는 그 사람이 다른 문제에 대해서도 반드시 침묵을 지키는 것은 아니다. 역설적이게도, 그게 뭔지 잘 모르거나 그 대가가 두려워서 자신의 근본적인 욕구를 제대로 표현하지 못하면, 다른 문제에 대해서 장황하게 말을 늘어놓음으로써 그에 대한 심적 보상을 받으려 들기도 한다. 그럴 경우 그 수다는 상당히 피상적으로 흘러갈 수 있다. 이런 맥락에서, 남자들보다 여자들이 말이 많을 것이란 가정 하에 농담 좋아하는 사람들이 웃음을 유발하는 방식을 눈여겨볼 필요가 있다. 실제로 그런 농담들은 어느 정도 여성비하 성향을 은

근히 퍼뜨림으로써 '침묵시키기'란 사회현상을 견해 차이의 문제로 축소해버린다. "어떤 여자가 침묵으로 고통받고 있다면 그 여자 전화기가 고장 난 것", "공중전화를 붙잡고 있는 여자가 상대방에게 건네는 작별인사를 들었다는 이유로 그 여자가 곧 통화를 끝내리라 생각하는 사람은 진정한 낙관론자", "난 지난 18개월 동안 아내한테 말 한마디 하지 않았어. 왜냐고? 아내의 말을 끊고 싶지 않았거든." 등 '무한 여성혐오 Misogyny Unlimited'라는 딱 어울리는 제목의 웹사이트에 게시되어 있는 농담들이 그 대표적 예이다. 이런 농담이 남녀 간의 간장을 완화해줄 수도 있지만, 남자로 하여금 여자의 말을 오해하거나 그 말에 무관심해지게 만들 수도 있다. 이런 농담은 전 세계에서 민간 전승되어온 수많은 속담들과 일맥상통한다. 시슬턴다이어 T. Thiselton-Dyer는 자신의 저서에서 '여성의 혀'에 대해 논하면서, "무슨 말을 하든, 여성의 말은 일반적으로 조심해서 받아들여야 하는 것으로 여겨져 왔다."고 말했다. "여자가 두 마디를 하면 한마디만 취하고 다른 한마디는 버려라."라는 아프리카 격언은 "여자의 말은 잔디에서 피어오르는 아지랑이처럼 쓸모없는 것이다."라는 동양 속담보다는 그래도 낫다고 해야 할까. 얼마나 많은 유럽의 유명 작가들이 침묵하는 여인을 최고의 여성으로 꼽았는지는 이미 앞에서 길게 살펴보았다.

여성도 때로는 남성들을 압도해 침묵하게 만들기도 하지만, 자료들을 살펴보면 아무래도 여성을 침묵시키는 일반적인 현상에 연구가 확실히 더 집중되어 있는 것 같다. 이런 불균등 현상은 일부 사회, 그리고 특정 계급에서 여성이 남성보다 훨씬 더 많이 침묵당해왔다는 사회적 상황과 밀접한 관련이 있다. 주위에 어떤 사람이 있느냐에 따라 침묵당하는 정도는 제각각 다를 수 있지만 침묵시키기는 똑같이 파괴적이고 극단적인 결과를 낳을 수 있다. 미국의 가수 수잔 베가 Suzanne Vega는 늘 가슴 저미는 곡조로 이런 현상을 노래했는데, 특히 〈루카 Luka〉라는 노래에는 전날 밤 늦게까지 자신의 아파트에서 흘러나간 폭행의 소음에 대해 이웃들에게 아무런 질문도 받지 못하는 여자가 나온다.

폭력적인 상황이 아니라 하더라도 상대방의 욕구나 바람 따위는 개의치 않고 부부사이에 침묵을 요구하거나 침묵을 유지하길 바라는 사람은, 배우자로 하여금 소외감을 느낀 나머지 다른 이성의 품을 찾아가게 만들 위험을 감수하는 것이다. 미국의 작가이자 여성 상담전문가인 델마 헤인 Dalma Heyn은 ≪미국인 아내의 에로틱한 침묵 The Erotic Silence of the American Wife≫이란 제목의 소설집을 출간했다. 이 책은 에로티시즘이나 성적 만족과 관련된 여성의 욕구가 얼마나 중요한지 우리에게 알려준다. 헤인은 사회적으로 규정된 기준에 자신을 맞추어 '착한 여자'나 '완벽한 아내'가 되려고 자신의 욕구를 모른 척하지 말라고 여성들에게 충고한다. 그러나 '침묵시키기'에 맞서는 해결책으로 헤인이 내린 처방은 차라리 소통보다 은밀한 연애를 추구하라는 것처럼 들린다. 소통은 너무 어려우니까 포기하라는 이런 충고는 그만큼 위험을 수반한다.

도덕적 의미에서가 아니라 인간적 의미에서, 침묵시키기 문제에 헤인보다 더 건설적으로 접근한 연구자로는 이스라엘 바르일란 대학교 사회학과 인류학 교수인 오를리 벤저민 Orly Benjamin이 있다. 벤저민은 몇몇 페미니즘 이론과 사회학적 관점을 끌어들여 교묘한 침묵시키기에 관한 논쟁을 일으키려고 애쓰는 한편, "한 명이 실제로 심한 내적 갈등을 겪고 있을 때조차" 당사자 두 명 다 '침묵시키지 않기 unsilencing'가 왜 필요한지 그 필요성을 의식적으로 인식하지 못하는 상황을 중점적으로 연구하고 있다. 그런 상황을 접하면 어떤 사람들은 제삼자에게 "공연히 끼어들지 말라"고 충고하는 경향이 있다. 갈등하고 있는 배우자에게 의심을 겉으로 표현하라고 부추김으로써 긁어 부스럼을 만드는 것은 그 어떤 제삼자라도 해서는 안 되는 역할이라는 것이다. 그러나 벤저민의 연구 목표는 침묵시키기의 과정을 분명하게 이해하고 그 관계의 질을 개선할 수 있게 당사자들을 돕는 것이다. 이를 위해 벤저민은 어떤 사회복지사를 예로 들었다. 그 사회복지사는 함께 해외여행을 갔을 때 돈을 쓰고 싶을 때마다 허락을 구해 남편의 동의를 얻어야만 하게끔 부부의 여행자금을 혼자서 관리한 남편의 방식에 '분노를 느끼고 있었다.' 그래서 "한 번은 땡전 한 푼 없이 남편 눈앞에서 사라져 남편을 곤경에 빠뜨릴 계획을 세웠으나 어찌된 일인지 그 계획은 흐지부지되었고 여행자금은 계속 같은 방식으로 관리되었다." 여행에서와 달리 그 사회복지사는, 남편이 "일반적으로 집 안에서 자기가 맡은 일을 확실히 하는 평등주의자"임을 자처하면서도 남편의 셔츠를 언제나 아내인 자신이 다림질하고 있는 현실을 놓고 남편과 토론을 한 적이 있었다. 벤저민은 일할 때 발생하는 은근히 '침묵시키기'와 협상의 미묘한 차이를 구분하면서, 이 문제를 어떻게 이해하든 그 핵심에는 '자아' 개념이 깔려 있어야 한다는 것을 전제로 이렇게 주장했다.

'침묵시키지 않기'라는 개념은, 일부 페미니즘 사회학자들이 채택한, 의식과 행위를 명확히 구분하는 고전 마르크시즘에 도전한다. 의식과 행위를 구분하는 마르크시즘은 자아의 개념을, 억압의 진실을 깨닫는 해방을 통해 허위의식에 저항할 수 있는 힘이라 가정한다. 이와 대조적으로 '침묵시키지 않기'는, 내적 갈등과 모순된 양가감정까지 아우르는 자아의 개념을 이해하는 데서부터 출발한다. '침묵시키기'는 자아를 조각난 것, 계속 변화하는 것으로 인식하는 페미니즘 이론을 근거로 한다. 그 이론에서 자아의 파편화는 (인종, 민족, 성별, 계급 등) 우리 자신을 형성하는 다양한 권력

위계질서를 반영할 뿐 아니라, 우리의 이념적 태도까지도 반영한다. 그 이념적 태도는 사회적 상호작용 내 자신의 위치를 수용할 것인가 아니면 거부할 것인가를 결정하는 우리 자신에 대한 변화해가는 인식을 포함한다.

이런 복잡 미묘한 '페미니즘적 자아 개념'이 그렇게 독특한 견해인 것은 아니지만, 그래도 벤저민의 이 진술은 침묵시키기의 과정이 어떻게 내면화되는가, 그리고 개인이 그 과정을 알아채기가 얼마나 힘든가를 떠올려보는 데 유용하며 때로는 자신을 설명하는 데에도 큰 도움이 된다. 더욱이 침묵시키기의 과정은, 가정 내 권력과 지위 관계까지 뒤얽힌 감정적 기대와 반응 때문에 더욱 복잡한 양상을 띠게 된다. 이로 인해 기존에 형성된 관계를 깨는 것이 더 고달파지고, 끝없이 체념의 시기와 수용의 시기가 번갈아 나타나는 불만족스러운 환경이 형성된다. 이런 순간에 대해 벤저민은 이렇게 말했다.

…… (예컨대 '실제' 인물들이 참여하는 라디오 토론 같은) 공적 담론에서 일어나고 있는 비슷한 추세의 도움 덕분인지, 합법적 횡포의 위기가 점점 심각해지는 추세. 이런 추세가 주도권을 쥐고 있는 사람의 입지를 약화시켜 '침묵시키지 않기'의 가능성을 구축하고 지탱해주기도 한다. 바로 이런 순간에 페미니즘을 토대로 한 그 대안이 힘을 얻게 된다. 그리하여 서로 입장이 다른 사람들 사이에서 권력 투쟁이라는 반사작용이 일어나기도 하고, '침묵시키지 않기'가 실현되기도 한다. 그러나 얼마 안 가, 그 '침묵시키지 않기'가 여성의 자산을 고려할 때 너무 큰 대가를 요구하는 것처럼 느껴지기 시작한다. 그런 순간이 오면 관계 내에서 흔들리던 권력의 추는 제자리로 돌아가 버리고 침묵시키기가 다시 시작된다. …… 결국 여성은 경험상 스스로 안전하고 합당하다고 느끼는 계급적 사회구조 속 원래 자리로 돌아가고 만다.

스스로를 침묵시키지 않으려는 여성의 시도가 어떤 식으로 유야무야 끝나버리는지에 대한 벤저민의 설명은 설득력이 있다. 가정 내의 그 계급적 관계를 진정으로 '자연스럽고' 당사자가 '자유롭게 선택한' 관계라 믿고 있는 사람들한테 그 시도가 그 나름 영향을 끼친다는 사실을 부인하는 것처럼 보이더라도 말이다. 따라서 저자의 일반적인 분석에서 가치를 발견하려는 사람들을 사기 당한 사람 취급해서는 안 된다. 여성을 결국 부수적인 존재로 전락시켜버리는 그런 관계가 다시 시작되면 여성은 물론 여성을 배려하는 남성도 좌절감을 느낄 수 있다.

여성과 사회

사실 성서에서 여성을 침묵시키라는 내용을 찾아낸 사람은 예수가 아니라 바오로와 그의 동료들이었다. 출처가 불분명한 내용들을 기록한 보수적인 집회서의 저자들은 "침묵하는 아내는 신의 선물이며 자기 수양만큼 값진 것은 없다."(집회서 26장 14절)고 말했지만, 사실 구약성서 전체에는 여성의 침묵을 이야기한 구절이 거의 없다. 기록에 의하면 예수 역시 그런 말을 한 적이 없다. 예수는 자신을 지지하는 여성들한테 둘러싸여 있었고 우물가에서 여인들과 대화를 나누는 등 사회적 관습에 얽매이지 않았다고 연구자 에리코 R. A. Eroco와 람사 G. M. Lamsa는 지적했다. 그러나 다른 연구자 킹 K. King은 예수 사후 첫 두 세기 동안 쏟아져 나온 기록들을 다 합쳐도 예수가 마리아에게 더 큰 가르침을 전해주었다는 기록은 파피루스 종이로 채 여덟 장이 안 된다고 논하면서, 이는 마리아가 그 가르침을 다른 사람들에게 전달하는 행동에 반발이 있었다는 사실을 보여주는 증거라고 말했다. 아무튼 바오로는 남녀에게 적합한 행동을 나열하면서, 여성은 '종속적'인 부류이므로 교회 안에서 침묵을 지켜야 하며, "교회 안에서 여성이 말을 하는 행위는 치욕스러운 짓"이라고 기록했다.(고린도전서 11장 5절, 14장 34절) 초기에는 바오로 자신도 예언하는 여성들에 대해 여러 번 언급했으면서 말이다. 바오로는 창세기의 천지창조 신화에서 신이 남녀를 창조할 때 여성을 두 번째로 만들었다는 내용을 취해 여성이 남성으로부터 만들어졌다는 가설을 강조하면서,(창세기 2장 21-22절, 고린도전서 11장 8절) 여성에게 복종을 요구하는 설교에 그 이야기를 써먹었다. 요제프 라칭거 Joseph Aloisius Ratzinger는 2005년 교황에 선출되어 베네딕토 16세가 되기 전 '천지창조를 근거로 한 사순절 설교 Lenten Homilies on the Creation' 시리즈를 집필했지만 그 내용을 여성의 지위와 관련된 것으로 설명하지는 않았다.

이 문제에 대한 바오로의 생각은 저자를 명확히 알 수 없는 신약성서 '디모테오에게 보내는 편지'에 이르러 한번 더 발전한다.(디모테오전서 2장 11절) 바오로는 자신의 주장을 뒷받침하기 위해 유대인의 율법과 규칙에 의존한 것으로 보인다. 율법에 의해 "모든 사람들이 침묵하게 될 것"(로마서 3장 19절)이라고 믿었던 것을 보면 바오로는 일반적인 반대 의견까지도 진심으로 일축해버리고 싶었던 모양이다. 그 뒤로 전후사정을 따져 바오로의 진술을 해명하려는 시도가 꾸준히 일어났다. 그러나 연구자 콜린스 R. F. Collins는, 성경 원문을 근거로 바오로가 자신의 의견을 뒷받침하기 위해 딱히 성경이나 율법의 특정 구절을 인용한 적이 없다는 사실을 지목하면서 여성에 관한 그 표현들은 바오로가 아닌 다른 누군가에 의해 삽입되었을 것이라는 주장은 터무니없는 소리라고 반발한다. 더욱더 놀라운 것은 바오로의 동료 디도 Titus가 사람들을 침묵시키려는 의도에서 이런 발언을 했다는 것이다. "크레타 섬에는 복종하지 않는 사람, 쓸데

없는 말만 늘어놓는 사람, 협잡꾼이 너무 많다. 그런 사람들 중에는 특히 할례를 받은 유대교인이 많다. 그런 자들은 침묵시켜야 한다. 왜냐하면 그런 자들은 부정한 이익을 얻으려고 가르쳐서는 안 될 것들을 가르쳐 가정 전체를 엉망으로 만들어버리기 때문이다."(디도서 1장 10-16절) 디도는 '부정한 이익'을 꾀하는 본성이 더러운 자들을 엄하게 질책해야 한다고 그저 그렇게 말하고 있는 듯 보이지만, 그 말 안에는 교회 지도층의 말에 순응하지 않는 기독교도와 이교도들에게 장래에 가해질 박해와 압제의 씨앗이 숨어 있었다.

여성들은 개인적으로든 집합적으로든, 자신들을 침묵시키려는 교회와 세속적인 권력층에 저항하는 투쟁을 전개해왔다. 연구자 암스트롱 K. Armstrong의 설명에 따르면 수많은 기독교 교회 내에서 남성과 동등한 권리를 요구하는 투쟁이 지금도 계속되고 있다고 한다.

일반적으로 민속 문화는 여성의 침묵을 장려하지만, 그 저변에는 여성의 정확한 표현이 강력한 힘을 발휘한다는 사실을 인정하는 전통적 지혜가 깔려 있다.

…… 중국인들이 즐겨 쓰는 속담 중에 이런 표현이 있다. "여자의 혀는 검이라서 여자는 녹슬지 않게 그것을 늘 잘 벼른다." 힌두스탄에는 이와 비교되는, "말은 내가 제일 잘하고 일은 손윗동서가 제일 잘한다."라는 속담도 있고 정반대 의미의, "여자의 힘은 여자의 혀에서 나온다."라는 속담도 있다. 그리고 웨일즈에도 이 속담과 같은 의미의 격언이 있다. "나이가 많든 적든, 여자의 힘은 여자의 혀에서 나온다."

자신들을 침묵시키려는 의도에 저항하려고 시도했던 일부 여성들이 전통적인 세계에서 어떤 대우를 받았는지는 앞서 침묵의 유형을 다루면서 잠시 살펴보았다. 여성들의 그런 시도가 쉽게 효과적인 성과를 거둔 경우는 거의 없었다. 훗날 청교도 혁명은 영국 여성들의 교육을 외관상 장려하는 것으로 보였고, 이런 정책은 여성들에게 소리 내어 말할 수 있는 힘을 불어넣어준 것으로 간주되었을 수 있다. 그러나 연구자 하네이 M. Hannay는 그 여성들이 받은 교육은 읽고 번역할 수 있는 능력, 성경과 자신들에게 허용된 진술에 대해서만 생각할 수 있는 능력을 갖추게 하려는 의도에서 시행된 것이었지 자신들의 근본적인 생각을 정확히 표현하는 능력을 장려하는 것이 아니었다고 설명한다. 어떤 의미에서 보면 학구적인 여성들을 위한 학문의 장이 수녀원에서 왕실로 옮겨간 것뿐이었던 셈이다.

그보다 최근에 사회가 자신을 침묵시키려 한다고 생각한 여성이 한 명 있었으니, 아프리카계 미국인 시인 오드리 로드 Audre Lorde이다. 로드의 경우 소리 내어 말하는 행위는 레즈비언으로서의 커밍아웃을 뜻하는 것이기도 했다. 결혼해 두 자녀를 낳았지만 그것은 유방암에 걸리기 전 일이었다. 유방암 투병을 하며 로드는 이런 깨달음을 얻었다고 한다. "나는 죽을 것이다. 당장이 아니라면 나중에라도. 나 자신에 대해 내가 말을 하든 말든." 그리하여 "우리를 옴짝달싹 못 하게 만드는 것은 차이가 아니라 침묵"이라는 결론을 내린 로드는 "당신의 침묵은 당신을 보호해주지 않는다."라고 선언하며 이런 질문을 던졌다.

내가 두려워했던 것은 무엇일까? 나는 지금껏 질문하는 것, 혹은 말하는 것이 고통과 죽음을 뜻한다고 믿었다. 그러나 우리는 모두 각기 다른 수많은 방식으로 평생 상처 받으며 살아간다. 그리고 그 고통은 죽음을 바꾸지도, 유예하지도 못한다. 죽음은 최후의 침묵이다. 내가 지금껏 말할 필요가 있는 말을 제대로 하며 살아왔는지, 혹 그저 작은 침묵에 대고 내 자신에 대해 살짝 털어놓은 것은 아닌지 생각해볼 겨를도 아직 없었는데, 언젠가는 소리 내어 말하리라 계획을 세우며 누군가 다른 사람의 목소리를 빌릴수 있기를 기다리고 있었는데, 이제 곧 그 죽음이 날 찾아올지도 모르겠다.

물론 지금도 나는 두렵다. 침묵을 언어와 행동으로 바꾸는 것은 자기 폭로의 행위이며 자기 폭로에는 언제나 큰 위험이 따르기 때문이다. …… 우리는 각자 두려움에 찬 자신의 얼굴을 그리며 살아간다. 그것은 경멸, 비난, 판단, 평가, 시련, 패배에 대한 두려움이다. 내 생각에 우리 대부분이 가장 두려워하는 것은 존재감인 것 같다. 존재감이 없다면 진정으로 살아가는 것이 아니므로. …… 그리고 우리를 가장 취약하게 만드는 그 존재감은가장 큰 힘을 발휘하게 해주는 원천이기도 하므로.

1990년 미국의 종교학자 주디스 플래스코 Judith Plaskow는 "침묵은 충만하면 만물의 질서에 스며든다."고 말했다. 플래스코는 대학원을 다니는 3년 동안 여성이 쓴 글을 단 한 글자도 읽지 못했다는 사실을 깨닫는데 긴 시간이 걸렸다고 기록했다. 플래스코가 생각해낸 침묵 듣기, 침묵을 부여할 여백 만들기, 침묵당한 사람들이 소리 내어 말할 권한을 누리는 구조 세우기로 이어지는 일련의 과정은 페미니즘은 물론 수많은 사람들의 인생 여정과 밀접한 관련이 있다.

평론가 세이퍼트 R. Seiffert의 분석에 따르면, 미국의 소설가 애니 프루는 소설 ≪항해 소식 The Shipping News≫과 다른 글을 통해 "말 없음이유발하는 오해는 물론 침묵할 권리에 대해서도 깊이 탐구했다."고 한다. 이런 관점에 따라 침묵당한 사람들의 모습을 그려낸 프루의 글에 대해 세이퍼트는 이렇게 말했다.

프루의 글은 독자로 하여금 조심스러운 과묵함에 더욱 면밀히 귀 기울이게 만든다. 그 과묵함은 엉성한 침묵으로 잘못 읽힐 수도, 잘못 들릴 수도 있는 과묵함이다. 트라우마 때문에 허가 굳은 것인지, 아니면 전략전술인지 몰라도, 아무튼 프루의 등장인물들이 보여주는 과묵함은 자신을 억제하고 소외시킬 수도 있지만 동시에 웅변적이고 강력한 무음의 음악성을 빚어낼 수도 있다.

〈브로크백 마운틴 Brokeback Mountain〉이란 단편소설을 원작으로 제작된 동명영화(2005년)가 성공을 거두면서 프루의 작품들은 더 많은 독자를 확보하게 되었다. 그 소설은 두 농장 일꾼 사이의 동성애적 관계를 둘러싼 두려움의 침묵을 다룬 작품이다. 2006년 영화감독과 관계자들이 오스카상 그 해의 작품상을 수상하게 만들려고 안간힘을 썼음에도 불구하고 영화가 수상에 실패하자, 프루는 시상식을 폄훼하는 삐딱한 글을 휘갈겨 써 영국 신문 ≪가디언 The Guardian≫에 게재했다. 때로는 침묵이 더 나은 선택일 수 있음을 보여준 사례였다.

우리의 경험을 묘사하기 위해 새로운 단어를 찾는 과정은 우리의 삶을 풍요롭게 만들어준다. 그 과정은 우리가 고통과 부당함을 극복하는 데 도움을 주기도 한다. 그러나 정확한 표현은 주위 사람들한테 위협이 될 수 있다. 이런 이유로 연구자 아이샤 길 Aisha Gill은 아시아 여성들을 대상으로 한 자신의 최근 연구에서 다음과 같은 주장을 펼쳤다.

이 연구에 참여한 여성들은 소리 내어 말함으로써, 폭력을 지적함으로써 중대한 침묵을 깨뜨린 사람들이었다. …… 그 여성들에게 '말하는 것'은 부당한 대우에 상처받은 자신의 감정을 겉으로 발산해버리는 행위였다. 그러나 그것은 사회적 위계질서에 위배되는 행위였으며 가정에서 쫓겨날 위험을 감수하는 행위였다. 예나 지금이나 아시아의 문화적 전통에서 이 행위는 분노의 행위라기보다는 비도덕적이고 수치스러운 행위로 간주된다. 말하는 행위는 무언가 사적인 영역에 남아 있어야 하는 문제를 공적인 문제로 만듦으로써 집안의 얼굴에 먹칠을 하는 행위이기 때문이다.

길은 그 여성들과 침묵당하는 다른 집단이 자신들의 침묵에 어느 정도 일조했을지도 모른다고 지적하면서, 자신이 그렇게 말하는 이유는 공공연하게 자행되는 침묵시키기를 정당화하기 위해서가 아니라 인간의 능력을 짚고 넘어가기 위해서라고 덧붙였다. 2009년 6월 22일 프랑스의 대통령 니콜라 사르코지 Nicolas Sarkozy는 이슬람 여성들이 입는 부르카에 대해 명백한 반대 의사를 표명했다. 부르카는 눈만 빼고 전신을 덮는 겉옷으로 수많은 페미니스트들이 침묵시키기의 수단이라 지적한 옷이었다. 사르코지는 "복종의 표시인 부르카는 프랑스에서 환영받지 못할 것"이라고 말했다. 일부 여성들은 입고 싶을 때는 그 옷 역시 마음껏 입을 수 있는 자유가 있었으면 좋겠다고 대답함으로써 사르코지의 의견에 반박했다. 개혁가들은 전 세계 도처의 여성들을 침묵시키지 않겠다는 열정에 휩싸인 나머지 서구 사회만의 개별적인 기풍을 다른 사회에 요구한다. 그리하여 자본주의 사회는 자신들이 돕고자 했던 사람들을 의도치 않게 공격해 소외시키기도 하고 전 세계 여성들의 처지가 점진적으로 개선될 수 있는 가능성을 오히려 더 훼손하기도 한다. 개혁가들은 어떤 사회운동을 시작하기 전에 그 운동이 자신들의 문화적 맥락 안에서 어떤 의미가 있는지, 그 운동의 근거, 목적, '담론 체계'가 확실히 마련되어 있는지 먼저 차근차근 따져볼 필요가 있다. 그래야만, '자신들의 지배가 원주민들을 위하는 최선책이라고 믿었던 제국주의자들과 선의의 선교사들'의 최신 버전으로 타인에게 비추어질 위험을 피할 수 있다. 서구의 자유주의자라면, 자신의 사회가 다른 사회에서 물질적 이득을 취하는 부당한 경제적, 사회적 현실을 직시하고, 자신들이 얼마나 다양한 방식으로 다른 민족을 억압하고 있는지 절감할 수 있어야 한다. 이에 대해 론 스콜른 연구팀은 다음과 같은 예를 들었다.

　　1992년 브라질에서 어스 서밋[01]의 연장으로 제 3세계 페미니스트들이 미국의 페미니스트들과 함께 문화적, 성적 정체성이란 주제에 관해 토론을 벌였다. 전하는 기록에 따르면, 이 회의에서 제 3세계 여성들은 미국 페미니스트들이 여성적 담론 체계가 아니라 북아메리카적 담론 체계를 수용하라고 전 세계 여성들에게 요구하는 듯한 느낌을 받았다고 한다. 미국 여성들은 미국인으로서의 정체성을 절대로 벗어던지지 못하면서, 그저 당시 어스 서밋에서 논의되고 있던 전 세계적 환경문제에 대한 책임을 모면하려는 수단으로 세계적인 페미니스트가 되라고 요구한다고 제 3세계 여성들은 주장했다.

　　우리는 현대화가 진행되는 과정에서 여성들을 침묵시키려는 의도들이 점차 약화되었다는 식으로 비약적인 결론을 내려서는 안 된다. 캐나다 브리티시컬럼비아에 거주하는 퍼스트 네이션[02] 여성들의 역사를 연구해온 미첼 M. Mitchell과 프랭클린 A. Franklin은 "유럽의 정복자들이 북아메리카로 건너오기 전 원주민 여성들의 목소리가 크고 또렷하던 시절이 있었다."고 말했다. 하지만 과거를 공연히 낭만적으로 미화해서도 안 된다. 아

---

01 어스 서밋 Earth Summit : 정식 명칭 국제연합환경개발회의 United Nations Conference on Environment and Development, UNCED이며 리우환경회의라고도 불린다. 지구 환경문제를 주제로 1992년 6월 브라질 리우데자네이루에서 개최된 회의로 185개국 대표와 114개국 정부 수반들이 참석했다. 이 회의의 연장으로 각국 민간단체들이 주관한 지구환경회의 Global Forum도 함께 열렸다.

02 퍼스트 네이션 First Nation : 캐나다에 거주하는 북아메리카 원주민을 지칭하는 표현으로 사람은 물론 그 거주 지역, 단체 등 폭넓은 의미로 다양하게 쓰인다.

일랜드에서도 기독교가 유입되기 전에는 꽤 높았던 여성의 지위가 기독교 사회가 된 뒤로 훨씬 낮아졌다는 의견이 간혹 방송에서 다루어지기도 하지만, 학문적 증거들을 따져보면 그 주장은 회의적으로 다시 검토해볼 필요가 있다.

다른 문화권에서 온 사람들을 대할 때 섬세함을 유지해야 한다고 해서, 개인에 대한 처우와 관련된 그 문화의 결점을 눈감아주어서는 안 된다. 교황 요한 바오로 2세는 로마 가톨릭 교회 내에서 여성이 성직자가 될 가능성이 있느냐는 주제가 사람들 입에 오르내리지 않기를 바랐고, 일부 이슬람 지도자들은 서양인 친구들이 이슬람 사회 내 여성의 지위라는 화제를 입에 올리는 것조차 싫어한다. 이슬람 여성들은 남자들보다 훨씬 적은 인권을 누리면서도 그 사회 내에서 자신들이 굉장히 존중받고 있다고 말할지도 모른다. 그러나 아무리 그렇게 말한다 해도 남성들이 여성들을 침묵시키는 것으로 보이는 이슬람 사회의 그 방식에 대해 끊임없이 제기되고 있는 우려에는 그 나름 타당성이 있다. 그 한 가지 예로 언론학자 잔 굿윈 Jan Goodwin은 저널리즘 연구의 일환으로 국적이 제각각 다른 이슬람 여성 열 명을 인터뷰해서 일부다처제, 조혼, 차도르 착용 같은 관습에 순응하거나 저항하는 그들의 방식을 보도하기도 했다.

2004년 11월 9일 파키스탄 도시 라왈핀디의 BBC 특파원 나디아 아스자드 Nadia Asjad는 스토킹을 당하고 있던 나즈마라는 한 파키스탄 소녀 이야기를 보도했다. 자신의 피부에 피로 나즈마의 이름을 새긴 그 남자는 나즈마의 몸을 더듬는가 하면 계속 음탕한 이야기들을 해댔다. 소녀는 변호사를 만났지만 그 변호사의 제안에 따라 법적 행동을 실행에 옮기는 것을 곧 포기했다. 스토커가 어떤 반응을 보일지 두려웠고 가족들이 자신을 집에 감금할까봐 겁이 났기 때문이었다.

"파키스탄에서 여자아이는 자신에게 무슨 일이 일어나든지 침묵을 지켜야 한다는 교육을 태어나는 그 순간부터 받는다." 정신분석학자이자 비정부기구 '이슬라마바드 여성 진보 협회 Progressive Woman's Association in Islamabad'의 간사인 샤나즈 보크하리 Shahnaz Bokhari는 말한다.

"소녀들은 자신을 위해 발언하는 것, 그리고 아버지, 남자형제, 남편을 거역하는 것은 죄악이라는 교육을 받고 자란다. 그렇게 소녀들한테서 용기와 자신감을 일찌감치 모조리 빼앗아놓고는 그 아이들에게 무슨 일이 생기면 이렇게 말하는 것이다. '걘 왜 저항하지 않았대? 왜 목소리를 높이지 않은 거야?'"

런던에 근거지를 둔 비정부 기구 '체인지 CHANGE'의 이사 조지나 애시워스 Georgina Ashworth는, '인권'이란 용어는 그 자체로 성별 지향적 의미로 사용될 수 있는 반면 '중립'이란 용어는 겉보기에만 그렇다고 주장한다. '체인지'는 설립 취지로 '여성의 인권과 인간으로서의 존엄성'은 '여권'과 확연히 다른 것이라는 인식의 고취를 표방한 이 시대 최초의 기구라는 평가를 받아왔다. 애시워스는 다음과 같은 논리를 전개했다.

사실, '중립'이란 신념 뒤에는 인권을 선택적으로 증진시키고 보호하는 통렬한 남성 중심적 편견이 숨어 있다. 바꾸어 말하면 법적 권한, 사회적으로 허용되는 행위 등 남성과 여성 사이의 차별적 위계질서를 지속시키는 제도의 유지에 '중립'이란 신념이 기여한다는 것이다.

일부 페미니스트들이 서구 사회 여러 나라에서 여성을 침묵시키는 행위에 대해 강력한 근거를 마련해주었다는 이유로 성경을, 그리고 나아가 특히 성 바오로를 비난하는 사실을 고려하면, 왜 성경이 스스로 말할 수 없게 만드는 것이냐는 기독교 교회 내부 지식인들의 불평은 상당히 아이러니하다. 시대를 불문하고 종교를 비판적으로 바라보는 사람들은, 교회 지도자들이 예수 그리스도의 목소리 자체보다 성경에 대한 자신들의 해석과 가르침을 더 중시하는 것은 아닐까 그런 의심을 품어왔던 것이다. 예수 그리스도를 직접 만났더라면 그들도 성경 내용을 선뜻 받아들이는 수용적인 독자가 되었을 텐데 말이다.

소수 민족

앞서 살펴본, 자신을 표현하려는 오드리 로드의 투쟁은 어쩌다 보니 백인과 이성애자 중심의 사회에 흑인 동성애자로 태어난 개인의 투쟁이었다. 그러나 자신을 표현하는 이런 어려움은 소수 민족의 구성원이란 이유로도 악화될 수 있다. 더 넓은 사회와의 관계에서든, 아니면 소수 민족의 문화 내에서든 말이다. 따라서 자신의 관심사를 정확히 표현하려는 여성의 투쟁은, 자신이 속해 있는 소수 민족 구성원 모두에게 적용되는 편견에 부딪칠 수도 있고, 거기서 더 나아가 소수 민족 공동체 내 여성에게만 유독 적용되는 편견에 부딪칠 수도 있다.

연구자 파텔 P. Patel은 소수 민족 여성에 대해 이렇게 적었다. "그간의 경험에 비추어볼 때, 영국에 거주하는 아시아 여성이 가정 폭력의 피해를 입고 정부에 보호를 요청할 경우 그들은 정부의 무관심, 혹은 심한 경우 적대감이라는 형태의 인종차별주의와 마주하게 될 가능성이 크다."

소수 민족 구성원들은 대부분 자신이 살고 있는 더 큰 공동체에서 자신의 관점이 환영받지 못한다는 사실을 알고 있다. 비판적 성향이 강한 사람일수록 그 사실을 더 뼈저리게 느낀다. 마치 그들이 가족과 함께 이주해온 그 사회 속에서 현재 차지하고 있는 위치에 감사해야 한다고 모두가 말하는 것처럼 느끼는 것이다. 일본계 미국인 작가 히사예 야마모토는 이런 현상을 허구적으로 다룬 흥미로운 글을 쓴 적이 있었다. 1950년 12월 20일 격주 신문 ≪퍼시픽 시티즌 Pacific Citizen≫에 처음 게재된 유명한 단편소설 〈윌셔 버스 Wilshire Bus〉에는 평소의 침묵을 깨고 가까이 있는 타인에게 넌지시 이의를 제기하는 한 이민자 여성이 나온다. 우리는 로스앤젤레스에 거주하는 그 말없는 일본인 여성의 뒤를 따라 그 여성이 종종 이용하는 노선버스에 함께 오른다. 그 버스에는 나이 지긋한 중국인 부부도 타고 있다. 잠시 후 한 백인 승객이 막돼먹은 행동을 하고 중국인 노부인이 그 행동에 제지를 가한다. 이 사건이 그 순간까지 침묵을 지키며 버스에 앉아 있던 그 일본인 여성을 딜레마에 빠뜨린다. 그녀는 계속 침묵을 지켜야 할까? 아니면 중국인 편을 들어야 할까?

침묵의 다양한 활용법 덕분에 야마모토는 평론가 청 King-Kok Cheung 의 〈침묵 표현하기 Articulate Silence〉라는 논문에서, 대표적인 이민 2세대 아시아계 여성작가 세 명 중 한 명으로 꼽혔다. 다른 두 사람은 중국계 맥신 홍 킹스턴 Maxine Hong Kingston과 앞에서 살펴본 일본계 캐나다 작가 조이 코가와이다. 청은 목소리 없는 몸짓, 우회적인 표현, 저자의 머뭇거림을 포함하는 침묵에 어떻게 효과적인 표현력을 부여할 수 있는지 이 세 작가가 그 방법을 확실히 보여주었다고 평가했다.

그런데 아시아계와 마찬가지로 미국에 이민 온 유럽 출신 여성들 역시 그곳에서 목소리를 내기가 힘들었다고 한다. 이탈리아계 미국 시인 마리아 마지오티 길란 Maria Mazziotti Gillan은 시를 통해 자기 자신을 표현하는 방법을 발견하게 되기까지의 과정을 이렇게 설명했다. "…… 내 시는 부끄러움과 침묵으로부터 나온다. 이탈리아계 미국인으로 성장하는 내내 내가 느낀 그 부끄러움은 참으로 강렬하고 압도적인 것이었다. 어찌나 부끄러웠던지 나는 내 인생의 초반 25년을 아무 말도 하지 못하고 그냥 흘려보냈다." 길란은 〈아르투로 Arturo〉라는 자신의 시만큼 "우리가 부끄러움과 침묵을 어떻게 배워왔는지 명쾌하게 설명해주는 글은 아마 없을 것"이라고 말했다.

전 세계 어느 지역에서나 이민자들은 모두 이와 비슷한 고통을 겪어왔다. 예컨대 페페 충 Pepe Choong은 19세기에 뉴질랜드로 이민 온 가난한 중국인들의 삶을 이렇게 기록했다. "누군가의 땅에 들어와도 좋다는 허락을 받았다는, 살 공간을 빌렸다는 만족감에 그들은 최대한 눈에 안 띄게 조용히 살아가려고 안간힘을 썼다. 행여 이목을 끌었다가는 그것이 더한 차별로 이어질까 겁이 났기 때문이었다." 페페 충이 인터뷰한 크리스틴은 1944년 웰링턴에서 태어난 중국계 뉴질랜드인이었다. 크리스틴은 이런 침묵을 으레 당연한 것으로 여기고 있었다.

크리스틴은 무심한 태도로 이렇게 덧붙였다. "무엇에 대한 글을 쓸 건데요?" …… 그 근본적인 질문에는 "무엇을 쓸 것인가?"라는 의미는 물론, "그 글을 누가 읽을 것인가?"라는 의미까지 담겨 있었다. 달리 말하면 이런 뜻이었다. 예상독자를 정했는가? 그 예상독자가 이 책 내용을 호의적으로 받아들일 것인가? 그 동네의 정치적, 사회적 분위기까지 고려하다니, 공정하게 말하자면 나로서는 떠올릴 수가 없는 생각이었다. 크리스틴 세대의 이민자 여성들에게 침묵은 자기 자리를 본능적으로 알고 있음을 보여주는 일종의 표식인 모양이었다.

이 뉴질랜드 사례는, 우리가 공동체 속의 특정 목소리에 귀 기울이려는 노력을 전혀 기울이지 않을 경우 침묵시키기와 편견이 그들을 수동적으로 만들 수 있다는 사실을 일깨워준다. 어쩌면 우리는 그 목소리에 귀 기울이지 않음으로써 무의식중에 그들을 하찮고 가난하고 사회에 해가 되는 존재로 취급하고 있는 것인지도 모른다.

말을 잘 못하는 언어장애를 일으키는 원인으로, 더 넓은 세상 속에서 편견에 부딪치는 일반적인 경험을 가장 먼저 꼽을 수 있지만 그 당사자가 속한 이민자 사회 내부에도 추가적인 원인이 존재할 수 있다. 아이샤 길은 남아시아 문화권 특유의 명예와 수치의 개념을 언급하면서 런던에 살고 있는 남아시아 여인들을 예로 들었다.

가족을 수치스럽게 만들면 어쩌나 하는 두려움이 그 여성들로 하여금 폭력과 강압적인 제재에 저항하면서 느낀 좌절감에 대해 일상적으로 침묵하게 만드는 원인이다. 그 여성들이 느끼는 수치심이 사회적으로 중대한 의미를 띠는 까닭은, 그 수치심에는 피해자를 비난하는 만연된 사회적 행태가 반영되어 있기 때문이다. 그 비난은 피해자 여성들 모두가 빠짐없이 경험하는 일관된 현상이다.

길이 기록했듯, "…… 침묵시키기가 복잡한 양상을 띠게 된 것은, 여성에게 가해진 폭력에 대해 오랜 세월 침묵해온 공동체를 흔들거나 시련에 빠뜨리지 않기 위한 필요조건으로 침묵을 내세우는 온갖 견해들 때문이다." 게다가 자신들의 경험을 명명하거나 분명하게 표현할 수 있는 어휘들이 당사자들의 혀를 통해 발전된 적이 없다는 사실로 인해 그 여인들의 처지는 더욱 복잡해진다. 오늘날 서구 사회에서 당연한 것으로 여겨지는 '가정 폭력'이란 용어가 완전히 이해되고 표현되고 정착되는 데만도, 서구가 아닌 더 보수적인 문화권에서는 자유민주주의 사회에서 걸렸던 것보다 훨씬 더 긴 시간이 걸린다.

그러나 서구 사회에서도, 그리고 심지어 최근까지도 사회적 제약이 다양한 영역에서 중요한 역할을 꽤 많이 수행해왔다는 사실을 잊어서는 안 된다. 획일적인 현대의 대도시에서 활동하고 있는 도시 학자들과 논객들은, 친척과 이웃들이 자신들에 대해 어떻게 생각하고 말하는지가 수많은 사람들에게 여전히 중요한 의미로 작용한다는 사실을 깨닫지 못할지도 모른다. 그런 공동체에서는 가족을 수치스럽게 만들거나 입방아거리로 만드는 행위가 그 가족 구성원 모두에게 불쾌한 사회적 결과를 초래하기도 한다. 그래서 "공동 빨래터에서 더러운 이불보를 세탁한 것"을 후회하는 사람이 생겨나는 것인지도 모르겠다.

피고용인

악의적인 괴롭힘이 여성들을 침묵시키는 한 가지 수단인 것은 분명하지만, 여성들만 그런 괴롭힘을 당하는 것은 아니다. 직장에도 괴롭힘 비슷한 문제들이 존재한다는 인식은 어느 사회에서나 공통적으로 나타난다. 괴롭힘의 한 가지 방식으로 조직 내부의 문제에 대해 침묵하게 만드는 강압적인 규제를 꼽을 수 있는데, 특히나 그 대상이 젊은 피고용인일 때는 이 목적이 쉽게 달성된다. 젊은이들은 스스로를 취약하며 상관 연줄에 붙어 있지 않으면 잃을 것이 많은 사람이라고 느끼기 때문이다. 상관들은 그 젊은이들을 침묵시키는 한 가지 방식으로 그들의 관점을 비웃거나 웃음거리로 만든다.

거대 조직의 경우에는 대개 기업 풍토 자체에 또 다른 형태의 침묵시키기 의도가 내재되어 있다. 거대 조직의 관리자들은 흔히, 자발적으로 행동할 것 같지 않은, 그러니까 기업 풍토의 표현인 조직 내 관습에 도전함으로써 평지풍파를 일으킬 가능성이 가장 낮아 보이는 사람을 고용한다. 앞서 언급한 영국의 연구자 브라운과 커플랜드의 최근 연구에서는, (연구 목적에서 임의로 '베타'라 명명한,) 영국에 본사를 둔 민간 소매 체인 대기업의 수습사원들이 침묵시키기를 주제로 이야기를 나누었다. 그들은 입 닥치고 눈치껏 대충 일 하는 방식을 배워나가고 있었다. 비록 '베타' 측은 그 수습사원들 역시 진취성과 창의력을 요구하는 팀의 일원이라고 계속 우겼지만, 피고용인 대다수는 조직 내 관습을 위배하지 않음으로써 긍정적인 인물로 비추어져야만 안전할 것이라 느끼고 있었다. 만약 피고용인들이 조직의 관례와 느슨한 규제에 대해 품고 있던 개인적 의구심을 표현할 수 있는 분위기가 금융계에 조성되어 있었다면 어쩌면 2009년의 전 지구적 금융위기는 일어나지 않았을지도 모른다.

고용상태를 유지하고자 하는 피고용인이 어느 정도까지 스스로를 침묵시킬 수 있느냐 하는 것은 그 개인의 성격과 관련된 주관적인 문제이지만 그 개인이 직장이 아닌 다른 곳에서 어느 정도까지 그것을 해소할 수 있느냐에 따라 좌우되기도 한다. 배우자나 친구에게 직장 일에 대해 큰 소리로 불평함으로써 그 침묵을 보상받을 수 있다면 상대적으로 직장에서 더 잘 침묵을 유지할 수 있을지도 모른다. 그러나 직장에서 큰 소리로 말하는 것이 항상 역효과를 낳는 것은 아니며, 그것이 조직에 도움이 되는 건설적인 발언인 경우에는 더욱 그렇다. 피고용인이 어느 정도까지 마음속에 품은 생각을 진심으로 자유롭게 말할 수 있느냐 하는 것은 고용형태에 따라 다양하게 나타난다. 피고용인은 하루 일과가 끝난 뒤 직장 일을 싹 잊을 수도 있고, 그 일을 계속 마음속에 품고 있을 정도로 조직의 현실과 자신의 개인적 가치가 공존하는 바람직한 방식으로 직장에 완벽히 적응할 수도 있다. 개인을 침묵시키는 현상은 대개 침묵을 공적으로 깨뜨린 것에 대가를 치르기를 요구하는 사회적 환경에서 발생한다. 그런 사회에서는 대가를 치르고서라도 침묵을 깨기로 결정내리기 전에 수많은 변수를 따져보아야 하기 때문이다.

학생과 학자

침묵시키기는 가정이나 직장에서만 일어나는 문제가 아니다. 어린이들은 학교에서, 그리고 학생들은 대학에서 침묵시키기를 경험하기도 한다. 길란은 이민자 어린이로서 미국 학교에 다니며 느꼈던 굴욕감을 글로 쓴 적이 있었다. 길란의 강렬한 표현은 여러 사실을 떠올려준다.

> 취학하기 전 나는 집에서 남부 이탈리아 방언으로 말을 했다. 하지만 우리 집 낡은 갈색 현관문 밖으로 한 발자국만 내딛어도 내가 있는 그곳은 미국이었다. 그리고 나는 학교와 거리에서는 영어로 말을 해야 한다는 사실을 곧바로 배웠다. 말릴 새도 없이 내 입에서 이탈리아 단어가 튀어나올까봐 학교에 있는 내내 나는 겁에 질려 있었다. 학교 선생님들은 늘 아이들을 겁주었고, 나는 그 선생님들로부터 침묵하는 법을, 얌전히 책상 위에 두 손을 포개고 앉아 있는 법을, 착한 소녀가 되는 법을 배웠다. 사실 나는 뭔가 다른 존재가 될까봐 두려웠다.

길란은 시 〈뉴저지 패터슨 공립학교 18번〉을 통해 그때의 감정을 표현했다. 길란은 시 속에서 감정을 표현할 적절한 단어를 찾아 헤매는 자신은 투명한 아웃사이더의 모습으로, 마침내 분노를 표현할 단어를 찾아낸 자신은 용감하고 힘 있는 사람의 모습으로 그려내고 있다.

> 푸른 유리처럼 불투명한

미스 윌슨 선생의 두 눈이 내게 고정되어 있다.
"우리는 영어로 말해야 한다.
우리가 있는 이곳은 미국이니까."
나도 "난 미국인이에요."라고 말하고 싶지만
내 말에 반하는 증거들이 산더미처럼 쌓여 있다.

어머니가 내 두피를 벅벅 문지른 다음
하얀 천 조각으로 빛나는 내 머리칼을 감싼다.
머리카락을 곱슬곱슬하게 만들어 주려고. 미스 윌슨 선생은
나를 창가로 끌고 가 내 머리를 들여다본다.
혹 머릿니가 있나 확인하려고. 내 얼굴은 어디든 숨고 싶다.

집에서는, 유창한 단어들이 내 입에서 흘러나온다.
나는 뿌듯함을 느끼며 재잘댄다. 그러나 학교에서는,
나는 침묵한다. 알맞은 영어 단어를 더듬더듬 떠올리면서,
이탈리아 단어가 장미꽃송이처럼
내 입에서 싹을 틔울까 걱정하면서,
잔가지가 그려진 옷을 입은
앵글로색슨족 선생들이
우리 교실에 연달아 들어올까봐 걱정하면서.

선생들은 말 한마디 없이 내게 말한다.
부끄러운 줄 알라고.
나는 부끄럽다.
그래서 내 스스로 뺑 차버린
그 나라를 부인한다.
자신을 혐오하라고 나를 가르치는

그 여선생들처럼,
나도 평온하고
건드릴 수 없는 존재가 되고 싶다.

몇 년 뒤, 캔자스시티의
한 정신병원에서
정신분석학 교수가 내게 말한다.
나를 보면 《타임》지 표지를 장식했던
이탈리아 마피아 두목이 떠오른다고.

나의 분노가
입 밖으로 맹독성을 뿜어낸다.

나는 온통 검은 옷을 입은
우리 어머니가 자랑스럽다.
아무리 말이 어눌해도
우리 아버지가 자랑스럽다.
우리 집 가득한 웃음소리와
소음이 자랑스럽다.

이봐요, 여선생님들. 나를 기억하나요?
그 침묵하던 아이 말이에요.
그 아이가 자기 목소리를 찾았답니다.
이제 곧 그 아이의 분노가
당신네들 집을 휩쓸어버릴 겁니다.

교사와 학생은 침묵의 가치를 각기 다르게 이해한다. 일부 학생들, 특히나 수줍음이 많은 학생들, 그리고 부모나 양육자가 영어를 제 1국어로 사용하지 않는 가정 출신의 학생들은, 자신들에게 접근, 이용, 채택이 허용된 '보조 장치'는 듣기, 생각하기, 반성하기뿐이라고 생각한다. 반면에 교사들은 이런 침묵을 부정적으로 평가한다.

뉴욕의 학교에 다니는 중국인 어린이들을 대상으로 한 최근의 한 연구는, 왜 이민자 아이들이 교실에서 침묵에 잠기는지를 두어 가지 근거를 들어 설명하면서 동시에, 이민자가 아닌데도 다른 아이들보다 조용히 지내는 아이들도 있다는 사실을 몇 가지 근거를 들어 설명했다. 후 Y. Hu와 펠에이젠크래프트 S. Fell-Eisenkraft는 자신의 행동을 바라보는 관점에 따라 중국인 학생들의 침묵을 네 가지로 분류했다. 그것은 수줍음이 많은 성격에서 비롯되는 침묵, 옳은 대답을 하지 못하면 어쩌나 하는 두려움에서 비롯되는 침묵, 배운 것을 말로 이야기하는 방식이 익숙하지 않아서 나타나는 침묵, 영어로 말하는 것이 자신 없어서 나타나는 침묵 등이다. 후는 중국 문화권에 속해 있는 사람의 관점에서 그 학생들의 침묵에 나타난 문화적 중요성을 논한 반면, 공저자 펠에이젠크래프트는 뉴욕 차이나타운의 교사로서 학교 내부인의 관점에서 그 학생들의 교육을 효과적으로 증진시킬 수 있는 방안에 대해 설명했다. 후는 독자들에게 '수줍음이 많다'는 표현을 당연하게 받아들이지 말라고 다음과 같이 충고했다. 그것이 단순히 성격을 뜻하는 표현이 아닐 수도 있다는 것이다.

'수줍음이 많다'는 단어를, 일반적으로 학급 토론 시간에 대체로 계속 침묵을 지키는 학생들의 성격을 표현하는 일종의 꼬리표로 사용하는 경우가 많다. 그러나 맥크로스키 McCroskey에 따르면 수줍음은 다음의 일곱 가지 요소가 각자, 혹은 두 개 이상 결합되어 나타나는 하나의 현상일 뿐이다. 그 일곱 가지 요소는 기술 부족, 사회적 내향성, 사회적 이질감, 인종적·문화적 차이, 학술적 대화에 참여해본 경험 부족, 토론 주제에 대한 자신감 부족, 소통에 대한 이해 부족 등이다.

　교사는 침묵을 지키는 아이들 개개인에 대해 부정적인 평가를 내리지 말고 아이들을 유심히 살펴보아 그 침묵의 원인이 무엇인지 알아내야 한다. 아이들이 침묵을 지키는 데에는 우리가 잘 모르는 문화적인 원인이 존재할 수도 있다는 생각을 늘 해야 한다. 실제로 열심히 표현을 하는 사람보다 침묵을 지키는 사람을 더 높게 평가하는 문화권도 있기 때문이다. 후가 위에서 범주화했듯 그런 '인종적·문화적 차이'는 침묵과 위계질서를 존중하는 문화적 성향에서 비롯되기도 한다. 지금껏 살펴보았듯 지구상에는 온갖 다양한 형태의 사회가 존재하기 때문이다. 따라서 학교에 사려 깊은 훌륭한 교사들이 많이 있고 학교가 이민자 아이들을 '침묵시키지' 않는데도, 그리고 학급 활동이나 토론에 적극적으로 참여해야 교육적인 효과를 진정으로 높일 수 있는 상황인데도, 그 아이들 스스로 침묵을 지키는 경우도 있다. 학교교육의 질을 최대한 높이려고 애쓸 경우 학생들의 다양한 문화가 교사들이 붙잡고 씨름해야 할 또 하나의 복잡한 과제가 된 것이다.

　그래도 최근에는, 꼭 완벽한 영어로 말하지 않아도 된다는 것을, 항상 '정답'을 말하지 않아도 괜찮다는 것을, 학급 토론에 참여한다고 해서 '억지로' 의견을 말해야 하는 것은 아니라는 사실을 발표하기 전 아이들이 이해할 수 있게 도움을 주려는 움직임이 늘고 있는 추세이다.

　당연하게도 문화적 태도에는 어린 아이들이나 사춘기 청소년들의 학교교육으로 제한할 수 없는, 훨씬 상위문화와 관련된 깊은 의미가 담겨 있다. 미국에서 대학원을 다니고 있는 터키 학생들을 대상으로 한 최근의 한 연구에서 연구자들은 그 학생들의 행동을 다음과 같은 사실과 연관 지어 설명했다.

개인주의와 집산주의가 번갈아 가며 등장하는 질곡의 역사를 겪어오다 보니 터키 사회에서는 전통적으로 아이들이 말을 많이 하지 않는 방향으로 사회화되었다. "행실이 바른 어린이는 말이 없다는 생각이 널리 퍼져 있었기" 때문이다. 이와 유사하게 교실에서도 학생들에게 기대되는 행동은 '듣기'이다. 터키 학생들은 질문을 받았을 때만 대답한다. 그리고 선생의 권위에 도전하는 것으로 여겨질 만한 행동이나 질문은 하면 안 된다고 생각한다.

이런 침묵을 둘러싼 근심을 창의적으로 해결할 수 있는 방법이 없는 것은 아니지만, 그러려면 교사, 혹은 교수와 학생의 관계가 끈끈하게 맺어진 강력한 관계라는 인식이 반드시 마음 깊이 깔려 있어야 한다. 이 문제를 다룬 일부 연구들은, 학생들이 개인적 인간으로서든 교육자로서든 선생을 형편없이 평가할 만한 근거가 수두룩하며 그런 까닭에 선생을 두려워한다는 사실을 인정하지 않는다. 교사들에게는 학생들의 행동은 물론 스스로의 행동까지 평가해야 할 도덕적, 직업적 의무가 있다. 그러나 학생, 교사, 급우, 교육행정가 모두에게는 그런 '과묵함'을 감소시키거나 '제거'할 각각의 '의무'가 있다는, 학생들의 '과묵함'과 관련된 피트레스 K. Petress의 의견은 너무 지나친 주장이다. 이런 가정은 수많은 의문을 낳는다. 이를테면 이런 의문 말이다. '침묵'과 '과묵함'을 동의어로 볼 수 있을까? 그 두 가지가 정말로 똑같은 것일까? 피트레스가 믿고 있는 대로, 교수, 학생, 대학 교직원까지를 포함하는 우리 모두에게 정말로 학생들의 과묵함, 혹은 침묵을 '감소시키거나 제거할' 윤리적 의무가 있는 것일까? 한 학생의 입을 열려고 그 학생한테 압력을 가하라고 동급생에게 요구하는 것 자체가 실은 공연한 부담을 주는 비윤리적인 행위인 것은 아닐까? 범죄자인 양 비난당할 그 학생들은 '침묵할 권리'조차 누릴 수 없는 것일까? 이렇게 보면, 차라리 다음과 같은 피트레스의 좀 더 평범한 주장이 동의하기에는 훨씬 쉬워 보인다.

누군가가 타인과의 대화에 열중하고 있다면, 그 사람은 그 상대에게 관심이 있고 그를 존중한다는 사실을 암묵적으로 보여주고 있는 것이다. 그리고 우리도 타인과 대화를 나눌 때면 자연스럽게 상대에게 관심과 존중을 기대한다. 학교에서 아이들에게 소통하는 법을 추가적으로 가르친답시고 이런 교훈을 굳이 가르칠 필요는 없다.

연구

무심결이든 의도적이든, 학자들이 함께 있는 사람들을 침묵시키는 것은 교실에서만 일어나는 일이 아니다. 따라서 연구자들은 연구 방법 때문에 비난받지 않더라도 자기 분야에서 역시 조심스럽게 처신해야 한다. 랜달 S. Randall과 코펜하버 T. Koppenhaver는 짐바브웨와 세네갈에서 진행한 질적 비교 연구에서 얻은 통찰을 활용해서, 질적 자료수집과 분석의 방법 속에 내재하는 몇몇 문제들을 이런 맥락에서 논의했다. 두 연구자는 그렇게 수집한 자료들이 어떤 연구에서 쓰여야 하며 어떤 연구에서 쓰여서는 안 되는지 설명했다. 특히 그들은 반구조적 심층 면담을 중점적인 대상으로, 어떤 특정 주제에 대해 응답자가 침묵을 지키는가 하는 그 대표성의 문제와 면담자의 성격이 인터뷰 주제에 끼치는 영향 면에서 어떤 역할을 하는가를 탐구했다. 특정 주제에 대한 응답자의 침묵은 해석과 이해 양쪽 모두에 중대한 문제를 일으킨다. 두 연구자는 이 문제에 대해 이렇게 기록했다.

연구 맥락이나 역점을 두는 부분이 제각각 다르다고 하더라도 (짐바브웨의 경제 침체나 에이즈, 세네갈 도시 지역의 양호한 교육 환경처럼) 여러 연구에서 자주 다루어지는 주제가 존재한다면, 그 주제에 사회 전반의 관심이 쏠려 있는 것은 물론, 그것이 연구 대상으로 삼기에 상당히 안전한 주제라는 인식이 널리 퍼져 있는 것이라 가정해도 좋다. 질적 연구의 장점은 주제에 대한 응답자의 반응을 통제할 수 있다는 것이지만, 그것이 누구나 결점을 지적할 수 있는 가정은 아닌지 늘 유의해야 한다. '토론'을 금지하는 것은 물론 '생각'조차 하지 못하게 말리는 주제일수록 이런 현상이 더 잘 나타날 것이다. 따라서 어떤 주제에 대해 응답자가 침묵한다면 분석가는 한 박자 쉬어가야 한다. 응답자가 침묵한다고 해서, 그 주제가 중요하지 않다든가 잠재적으로는 매우 중요할지 몰라도 그 누구와도 토론하고 싶지 않다든가, 항상 그런 뜻에서 침묵하는 것은 아닐 테니까.

이 문제는, 과연 월로프족 사람들이 인구통계학자들과 같은 방식으로 사망 위험률을 이해하는지 그 수치를 도출해내려고 연구자들이 세네갈에서 수집한 자료에 특히 잘 드러난다. 월로프족에게는 이슬람교가 매우 중요하며, "…… 연구 대상인 공동체 사람들은 대부분 이슬람교를 신자가 절대로 신의 의지에 도전해서는 안 되는 종교라고 해석하고 있다. 그러므로 이슬람교가 인구학에 상당히 유의미한 영향을 끼치는 것으로 보아야 한다. ……" 이렇게 볼 때 침묵 자체가 그 문제에 대해 생각해본 적도 없고 별다른 입장도 없다는 사실을 의미하지는 않는다.

따라서 응답자가 어떤 특정 주제에 대해 침묵한다고 해서 연구자가 반드시 그 주제는 하찮고 쓸데없는 이야기라는 결론에 도달하는 것은 아니다. 연구자가 특히 어떤 질문을 하느냐, 주제의 특정 부분에 관련된 질문을 조사 과정 중 얼마나 자주 하느냐에 따라 응답자의 반응이 달라지기도 하는데 이는, 연구 결과는 물론 '소음', 혹은 발화의 양과 침묵의 발생빈도에도 영향을 끼친다. 응답자의 침묵을 해석하려면 적어도 "…… 응답자의 관심사, 편견, 사회 인구학적 특징이 무엇인지 정도는 기본적으로 알고 있어야 한다. 그들이 무엇에 몰두하고 있는지를 기본적으로 알고 있으면 그들의 소음을 해석하는 데도 역시 도움이 된다."고 랜달과 코펜하버는 설득적으로 말한다. 반면에 연구자들의 선입견과 무시는, 인구학적 연구의 대상인 그 사람들이 표현하려는 바를 효과적으로 침묵시키게 될 것이다.

연구자의 편견과 연구결과 사이의 관계를 이해하는 것은, 어느 사회에서나 시행되는 여론조사의 정확도를 평가하는 것만큼 중요하다. 이 주제에 관해서는 공적 담론을 다루는 '침묵의 나선' 부분에서 더 자세히 살펴보자.

침묵시키지 않는 정치

어떤 사회든 자신이 태어난 사회에서 그냥 살아가고 있는 사람들의 대다수는, 집이든 해외든 그 사회의 영향권 안에 일부 억압받는 계층이 존재하며 그 계층에 대한, 깨져야 할 특별한 침묵도 존재한다는 사실을 인식하지 못할지도 모른다. 그리고 억압받는 그 계층이나 개인은 소리 내어 말하지 않기 때문에, 그들의 생각은 자신들의 처지를 개선할 수 있는 방향으로 명확하게 전달되지 않을 수도 있다. 주변화를 거부하려는, 그리고 그런 침묵을 깨려는 투쟁은 일종의 정치적 투쟁이다. 이런 정치적 투쟁은 다양한 형태를 취한다. 때로는 정부의 권력자들도 제지를 당할 필요가 있다. 그리고 때로는 암암리에 장벽으로 작용하는 널리 퍼져 있는 편견과 가정도 박살날 필요가 있다. 자신들의 이익을 관철시키기 위해 대중의 지지를 이용하는 다수 집단과 기득권층의 일상적인 정치적 소음은 사회적 약자들의 목소리를 익사시킬 수 있다. 시민들은 마음을 불편하게 만들거나 본인들의 삶에 변화와 희생을 요구할지 모르는 문제들에 각별히 귀를 기울일 마음이 전혀 없다. 언론사들은 시청자나 독자들의 관심과 구미에 민감하게 반응하며, 그들을 짜증스럽게 만드는 방향으로 해석되는 이야기를 다룸으로써 고객을 잃는 위험을 선뜻 감수하려고 들지 않는다. 하지만 기자가 침묵당하고 있는 어떤 문제와 가치관에 대해 기사를 쓴다 하더라도, 편집자가 그 기사의 게재를 승인한다 하더라도, 그 기자는 귀머거리 독자층에 부딪칠 수 있다. 침묵을 깨는 행위에는 화자뿐 아니라 청자도 필요한 법이다.

인권운동 지도자 마틴 루터 킹 Martin Luther King 목사는 미국의 베트남 전에 반대하는 한 중요한 연설에서, 우리가 용감하게 못마땅한 진실에 대해 소리 내어 말하고 귀 기울이는 상황들을 규정했다. 우리의 침묵이 바람직하지 못한 일련의 조치들에 동의하는 것으로 여겨질 상황이라면 그런 문제들에 대해 계속 공식적인 입장을 밝혀야 한다는 것이었다. 1967년 4월 4일 뉴욕시의 리버사이드 교회에서 킹 목사는 이렇게 말했다.

여러분 집행위원회가 최근 발표한 그 성명이 딱 제 마음입니다. "침묵이 배반인 때가 올 것"이라는 첫 문장을 읽는 순간 저는 그 말에 전적으로 공감했습니다. 이제 우리가 베트남에 관해 말해야 할 때가 왔습니다.

이 말이 진리라는 사실에는 의심의 여지가 없습니다. 그러나 이 말이 우리에게 요구하는 사명은 세상에서 가장 어려운 일입니다. 진실을 말하라고 요구하는 심리적 압박을 느끼더라도 사람들은 정부의 정책에 반대하는 일을 쉽게 떠맡으려 하지 않으며 전시에는 특히 더 그렇습니다. 별다른 어려움이 없으면 자신의 마음속에, 그리고 주변 세계에 존재하는 체제 순응적인 사고라는 무관심에 대항할 수 없는 것이 인간의 정신이기 때문입니다. 더구나 엄청난 갈등을 야기하는 사안일 경우 종종 그렇듯이 당면한 문제들이 당황스럽게 느껴질 때면, 우리는 언제나 그 불확실성의 최면에 걸리는 지경에 이르고 맙니다. 그러나 우리는 계속 전진해야 합니다.

그리고 밤의 침묵을 깨뜨리기 시작한 우리들 가운데 일부는 크게 소리 내어 말하는 것이 얼마나 고통스러운 소명인지를 이미 깨닫고 있습니다. 하지만 우리는 계속 말해야 합니다. 물론 우리의 제한된 시각에 걸맞은 겸손함을 잃어서는 안 되겠지만, 아무튼 계속 말해야만 합니다. ……

지난 2년여 세월 동안 나는 내 자신의 침묵이라는 배반을 박살내고, 불타오르는 내 가슴속에서 이야기를 끄집어내려고 애써왔습니다. 내가 베트남에서 자행되고 있는 파괴행위를 근본적으로 중단하라고 요구하자, 수많은 사람들이 내 길 위에 놓여 있는 그 지혜가 무엇인지 물어왔습니다. 종종 거대한 모습, 우렁찬 목소리로 내게 다가온 그 질문 속에 담긴 요점을 간추려보면 이렇습니다. "왜 우리가 지금 전쟁에 대해 이야기하고 있는 겁니까, 킹 목사님?", "어째서 우리가 반대 의견에 목소리를 보태야 합니까?", "평화와 인권을 혼동하지 마세요." "목사님을 지지하는 사람들의 대의명분에 목사님이 지금 흠집을 내고 있는 것 아닙니까?"

킹이 직접 그런 말을 한 적이 있는지는 확실하지 않지만 자주 인용되는 선언, "그 문제에 대해 침묵하던 나날에 우리의 삶이 종식을 고하기 시작했다." 역시 킹이 쓴 문장으로 알려져 있다.

민주주의 사회 안에서조차 소리 내어 지배층에 저항할 용기를 내기가 힘들 때가 종종 있다는 사실을 고려하면, 독재국가에서는 그것이 얼마나 더 힘들지 알 만하다. 독재자들이 반체제인사들과 소수자들을 폭력적으로 억압하는 일은 비일비재하다. 예컨대, 외부인들은 소련 정권 하 수용소 시스템이 어느 정도로 끔찍했는지 오랜 세월동안 그 참상을 알지 못했다. 그러다가 '수용소군도'의 재소자였던 알렉산드르 솔제니친 Alexander Solzhenitsyn이 그곳에 대한 글을 쓰면서, 어쩔 수 없이 러시아인과 외국인들 모두가 그 참상을 직시하게 되었다. 솔제니친은 스스로 다시 수감되거나 더 심각한 상황을 겪게 될지도 모르는 위험을 각오한 것이었지만, 그곳에서 일어나고 있던 일을 폭로한 그 용기는 반대로 소련 자체의 죽음을 앞당겼다. 솔제니친의 사례는 개인이 막강한 권력에 맞서 어떤 일을 할 수 있는지를 보여주었다. 노벨문학상 시상식에 참석한 솔제니친이 수상 소감에서 "진실을 밝히는 말 한마디에는 전 세계를 모두 합친 것보다 더 큰 의미가 있다."는 대담하고 유서 깊은 러시아 격언을 인용한 것은 어찌 보면 너무나 당연하다. 소감을 발표하면서 솔제니친은 자신이 소련에서 겪었던 일을 이렇게 털어놓았다.

침묵의 세대는 자기들끼리도, 후손들에게도 자신들에 대해 아무 말도 하지 않은 채 늙어가거나 죽어갑니다. 평생을 생매장되어 살다 간 안나 아흐마토바 Anna Akhmatova나 예브게니 자미아친 Evgenij Zamjatin 같은 작가들은 죽을 때까지 침묵 속에서 지탄을 받으며 창작했고 자신들이 쓴 글의 메아리를 들은 적이 없었습니다. 그것은 그 작가들의 개인적 비극인 것은 물론 나아가 국가 전체의 비극이자 국가 전체의 위기입니다. 어떤 경우에는 거기서 한 술 더 떠, 그 침묵 때문에 역사 전체가 이해되는 일이 완전히 중단되기도 합니다. 이것은 인류 전체의 위기입니다.

과테말라처럼 작은 나라에서조차 오랜 기간 압제의 역사를 겪어왔기에 침묵을 깨뜨리려는 작가들과 시인들이 계속 등장해 국민들의 고통과 경험을 표현할 수 있게 목소리를 빌려준다.

때로는 교묘한 정치적 압제보다 경제적 빈곤 때문에 작가들이 실질적으로 침묵하는 일이 발생하기도 한다. 나딘 펫와이스 Nadine Fettweis는 물자부족으로 온 나라에 책을 찍어낼 출판사가 없어서 책을 출간하지 못한 그 작가들을 "écrivains du silence", 즉 "침묵의 작가들"이라 불렀다. 또 아무리 강력하고 자유로운 국가라 하더라도 국가가 국민의 표현의 자유를 모조리 보장하지는 않는다. 정부에 비판적인 사람들, '불건전'하다고 여겨지는 사람들을 침묵시키고 싶은 유혹을 정부가 끊임없이 느끼기 때문이다. 뉴욕시의 쌍둥이 빌딩이 파괴된 뒤 미국 정부는 이른바 '테러와의 전쟁'을 선포했는데, 수감자들을 침묵시키면서 그 가학행위를 정부의 대테러방침으로 정당화하는 다양한 방식이 등장하는 데는 그리 오랜 시간이 걸리지 않았다. 어떤 이들은 다른 나라에서, 그러니까 인권이나 법률에 대한 존중심이 거의 없는 나라에서, 혹은 수감자들이 온갖 취조와 고문을 당하는 동안에도 그들의 존재 자체가 은폐되는 나라에서 미국 정부에 의해 살해되었다. 또 어떤 이들은 쿠바 관타나모에 있는 미군 수용소로 보내졌는데 그곳은 수감자들의 표현과 면회의 권리를 완전히 묵살하는 곳이었다. 그러나 그 권리들은 '테러와의 전쟁'이 선포되기 전에는 미국 내 모든 전쟁 포로와 민간인 수감자들에게 법적으로 보장되던 권리들이었다.

베트남전 이후, 미국과 다른 서방 민주주의 국가들은 전쟁의 진실을 침묵시킬 수 있는 온갖 방도를 찾아냈다. 그 중에서도 이라크와 영국령 포클랜드 제도에서 자행된 언론 규제와 공작은, 언론매체를 소유한 기업이 기자들의 이동을 허가한 경우에조차 가고 싶은 곳으로 가서 자신들이 목격한 것을 공개적으로 기사화할 수 있는 기자들의 자유를 박탈한 것으로 유명했다.

사회를 동요시키려는 수단으로 발언의 자유를 사용하는 과격한 체제 전복 집단으로부터 민주주의를 수호하려면 때로는 침묵시키기가 필요하다는 주장도 있을 수 있지만, 검열은 소수자들의 목소리를 침묵시킬 수 있는 가장 직접적인 방법이다. '섹션 31 Section 31'이라고 알려진 아일랜드 검열 법률이 그 단적인 예이다. 영국의 법률과 동등한 효력을 발휘하는 그 법은 아일랜드 독립을 주도한 신페인당, 아일랜드공화국군 Irish Republican Army : IRA을 비롯해 그 밖의 무장 군사조직의 대표들이 전파를 타지 못하게 오랜 세월 방송을 통제하는 데 부분적으로 기여했다. 당시 아일랜드 정당들은 그 단체들과 손잡고, 원할 경우 다른 당에 투표할 자유가 있음에도 고립무원에 빠져 있던 북아일랜드03 내 소수자들을 지지하는 발언을 하고자 했으나 그럴 수가 없었다. 일부 정치 분석가들과 언론 분석가들은, 그 조직의 대표들을 방송토론에서 배제시켰기 때문에 결과적으로 북아일랜드 문제가 더 악화되었고 아일랜드 해(海) 양쪽의 정치가들이 북아일랜드의 고립과 분쟁의 원인을 현실적으로 직시하게 되는 데도 더 오랜 시간이 걸리게 되었다고 지적했다.

03 북아일랜드 문제 : 아일랜드는 12세기부터 영국의 식민 지배를 받았다. 전통적으로 아일랜드에는 구교도가 많았기 때문에 영국은 17세기부터 얼스터를 비롯한 아일랜드 북부 지방에 신교도를 이주시키는 정책을 시행했다. 그 결과 그 지역 인구의 80퍼센트가 신교를 신봉하게 되었고 이 때문에 민족 분쟁이 일어났다. 오랜 세월 민족운동을 전개한 결과 1921년 아일랜드는 영국으로부터 독립했지만 얼스터 지방 6개주는 따로 북아일랜드를 수립하고 영국령으로 남았다. 이후 북아일랜드 정부가 취업차별, 불평등선거 등 여러 수단을 동원해 소수자인 구교도들을 탄압하자 북아일랜드 내 무장조직인 IRA를 중심으로 아일랜드 통일운동이 일어났다. 영국 정부는 북아일랜드 정부를, 아일랜드 정부는 IRA를 지원하면서 갈등이 격화되었으나 1985년 영국과 아일랜드 사이에 평화협정이 체결되고 1994년 IRA가 전면 휴전을 선언함으로써 분쟁은 일단락되었다.

침묵의 나선[04]

앞에서도 살펴보았듯 사회 내 특정 목소리를 침묵시키는 방법은 비단 정부의 압력과 직접 검열만이 아니다. 공공연한 편견, 두려움, 무시는 각기 하나씩만 있어도 다수 대중의 의견과 다른 가치관의 표현을 효과적으로 억압할 수 있다. 자신의 의견이 구식이거나 유행에 맞지 않는다는 생각이 들면, 다수를 이루는 일반 대중의 구성원들은 연구자 개인에게조차 자신의 의견 표현을 머뭇거린다. 1980년 처음 출간되어 큰 파장을 일으킨 책 ≪침묵의 나선≫의 제목은 저자 엘리사베스 노엘레노이만이 위에서 언급한 현상을 설명하려고 창조해낸 말이었다. 노엘레노이만은 공적 의견을 사회 통제의 한 형태로 기술하면서, 개인들이 자신 주변에 어떤 의견들이 있는지 거의 직감적으로 느끼고는 그 중 더 우세한 태도에 따라 행동을 결정한다고 주장했다. 이를 다른 말로 하면, 소수 쪽에 속하는 사람들은 웃음거리가 되거나 괴롭힘을 당할까 두려워 자신의 생각을 말하지 않을 것이라는 이야기다. 소수자들은 우세한 의견이 무엇인지 알아내려고 일부러 여론조사 결과를 찾아 읽지도 않지만, 굳이 소수 의견을 겉으로 표현해 스스로를 고립시키고 싶어 하지도 않는다.

이웃이 나에 대해 어떻게 생각하고 말할까 하는 두려움은 언제나 강력한 힘을 발휘하며, 특히 작은 공동체 안에서는 더더욱 그렇다. 사람들은 다수 의견에 반대하는 것처럼 보이는 말이나 행동에 대해 대체로 방어적

---

04 침묵의 나선 이론 Spiral of Silence Theory : 독일의 여성 커뮤니케이션학자 엘리사베스 노엘레노이만 Elisabeth Noelle-Neumann 1916~2010이 확립한 이론으로, 소수 의견을 지닌 사람들이 침묵함으로써 여론이 다수의 의견 쪽으로 나선, 혹은 소용돌이 모양으로 획일화되는 현상을 일컫는다. 사회적 존재인 인간은 사회 속에서 고립되는 것을 두려워하는 경향이 있기 때문에 끊임없이 주위를 관찰해 여론 동향을 파악하여 거기에 자신의 의견을 일치시키고 그에 따라 행동하려고 한다고 노엘레노이만은 설명했다.

인 태도를 취한다. 노엘레노이만은 이런 성향을 연구하면서 사람들이 연구자에게 사적으로 털어놓는 말이 영향을 발휘하기도 한다는 사실을 증명했다. 노엘레노이만이 이런 결론을 내릴 수 있었던 것은, 독일 최초의 여론조사 기관인 알렌스바흐 여론연구소의 설립자이자 소장으로서 일했던 경험, 그리고 마인츠 대학교 커뮤니케이션학과 교수로 재직했던 경험 덕분이었다. 노엘레노이만은 정치적인 과거 때문에 스스로를 침묵시키고 싶지 않았다. 나치 정권 시대 독일에는 정부로부터 급료를 받으며 미국을 비롯해 세계 여러 나라를 여행하는 학생 조직이 있었다. 그 조직의 회원이었던 노엘레노이만은 대학원생이던 1939년 독일 작가 협회에 지원서를 제출했지만 발표한 논문의 수가 적다는 이유로 퇴짜를 맞았다. 1941년 6월 8일 《다스 라이히 Das Reich》에 게재된 노엘레노이만의 논문은 《뉴욕 타임스 New York Times》, 《시카고 데일리뉴스 Chicago Daily News》를 비롯해 미국 언론사 내 유대인의 영향력을 공격한 내용이었다. 그로부터 43년 뒤 《침묵의 나선》 영어판이 시카고 대학교 출판부에서 출간된 것은 순전히 우연이었다. 워싱턴의 아메리칸 대학교 커뮤니케이션학과 교수 크리스토퍼 심프슨 Christopher Simpson은 나치와 관련된 노엘레노이만의 개인적 과거를 글로 써서 인터넷 상에 올린 적이 있었다. 심프슨은 그 일 때문에 자신이 법적 소송으로 협박을 당했다고 주장했다.

민주주의 국가의 연구에 포함시키기에는 노엘레노이만의 연구에 다소 이질적인 면이 있다는 사실이 드러난 것은 전쟁 직후였다. 노엘레노이만은 그 시절을 이렇게 회상했다.

1951년부터 1952년까지 뮌헨에 있던 나는 우연히 지식인들의 파티에 참석하게 되었다. …… 그 전에 그 사람들을 마지막으로 만난 것은…… 1943

년인가 1944년인가, 베를린 달렘 식물원이 있는 리모넨 가에서였다. ……
그곳 폭격기들이 드나드는 활주로 위에는……

그때 인터뷰의 기조를 이루고 있던 질문은 서독의 초대 총리였던 정치
가 콘라드 아데나워 Konrad Adenauer에 대한 질문이었다. 노엘레노이만
은 자신이 설립한 알렌스바흐 연구소에서 쓸 설문지를 사전 검사해보는
중이었다.

> 사실 나는 그 철도 신호부의 젊은 아내를 여러 번 만났다. 만날 때마다
> 같은 질문들을 반복적으로 던졌기 때문에 그 여자의 대답도 이미 알고 있
> 었다. 아데나워의 정책에 동의하지 않는다는 말을 적어도 여덟 번은 이미
> 들은 상태였으니까. 그러나 철저하게 원칙을 고수하며 양심적으로 행동한
> 다는 것은 …… 나는 다시 한 번 물었다. "당신은 아데나워의 정책에 동의
> 합니까? …… 아니면 동의하지 않습니까? ……" "동의합니다." 여자가 대
> 답했다. 나는 놀란 기색을 감추려고 안간힘을 썼다. 면담을 진행하는 사람
> 은 놀라는 모습을 내보여서는 안 되므로.

적절한 조사 결과, 그 여인은 결정적인 순간 갑자기 마음을 바꾼 수많
은 사람 중 한 명이었다는 사실이 드러났다. 이 결과로 노엘레노이만은
궁금증이 생겼다. "도대체 연방공화국 내 어떤 압력의 파장이 이 철도 신
호부의 아내에게 미친 것일까? 그리고 그런 의견에는 어떤 가치가 있는
것일까?" 그 질문에 대한 연구는 《침묵의 나선》 출간으로 이어졌다. 그
책에서 노엘레노이만은 원래의 통찰을 설명하려고 애쓰는 대신, 공공의
의견이 어떤 복잡한 방식으로 특정한 방향으로 흥하고 쇠하는지 규명하
려고 노력했다. 그러면서 오래 전부터 소수의 생각을 옹호하는 개인의 머

뭇거림에 대해 인식하고 있던 사람 중 한 명으로, ≪걸리버 여행기≫의 저자 조너선 스위프트의 상관 성직자였던 윌리엄 템플 경 Sir William Temple을 꼽았다. 1672년 템플은 이렇게 기록했다. "인간은 자신이 아예 모르거나 잘 모르는 것에 대해 감히 의견을 피력하는 일이 거의 없고, 또 그러기를 바라지도 않으며, 타인들도 모두 자신이 이미 갖고 있는 견해를 고수할 것이라 생각한다."

가정, 편견, 집합 역학, 고립에 대한 두려움 등이 우리의 견해를 형성하는 요소인 것은 분명하다. 1950년대 초반 미국의 심리학자 솔로몬 애시 Solomon Asch가 시행한 일련의 실험들은 이 사실을 도표로 증명한 작업이었다. 애시는 피시험자들에게 세 개의 선 가운데 네 번째 선과 길이가 같은 선을 고르라고 요구했다. 세 개의 선 가운데 하나는 네 번째 선과 길이가 정확히 똑같았고 사람들은 그 선을 곧바로 짚어냈다. 그 다음 애시는 정답으로 길이가 다른 선을 고르는 가짜 피시험자 몇몇을 테스트 초반에 의도적으로 투입해 실험 환경을 조작했다. 대다수가 정답이 아닌 쪽을 고르는 모습을 목격하자, 뒤이어 실험해 참여한 사람들 역시 대부분 틀린 답을 고르는 사태가 일어났다. 이론의 여지가 없는 간단한 문제에도 주관이 그렇게 흔들린다면, 그보다 훨씬 복잡하고 논란의 소지가 다분한 문제에 관해서라면 대중적 견해의 파도에 거슬러 헤엄치는 것이 얼마나 힘들겠는가.

노엘레노이만의 ≪침묵의 나선≫이 출간되자, 대중적 의견을 제시하는 동시에 그것을 형성하는 미디어, 기존 여론의 지배를 받는 응답자의 대답, 기존 여론과 응답자의 관계 등이 여론 형성에 영향을 끼칠 가능성을, 여론 조사 시 어느 정도까지 고려해야 하는가를 놓고 격렬한 논쟁이 벌어졌다. 노엘레노이만은 그 책에 이렇게 기록했다.

1972년 도쿄에서 열린 국제 심리학회에서 처음 그 내용을 발표했을 때도, 1980년과 1984년 각각 독일어판과 영어판 책을 출간했을 때도, 침묵의 나선이 진보된 여론 이론으로 평가될 것이라는 기대는 하지 않았다. 침묵의 나선 이론에는 민주주의적 여론 이론의 기반인 책임감 강하고 똑똑한 시민, 이상적인 시민을 위한 공간이 전혀 존재하지 않기 때문이다. 그리고 고전적인 민주주의적 여론 이론은 정부에게든 개인에게든 여론에 대한 두려움을 조장하지 않았기 때문이다.

저자는 "민주주의적 여론 이론은 사회적 존재로서 인간의 본질, 사회 심리학, 사회 내에서 개인을 응집시키는 요소 등의 주제를 다루지 않는다."고 주장했다. 어떤 이들은 그 책을, 과거 파시즘에 저항하지 못했던 행적에 대해 저자가 은근히 변명한 글이라 평가하기도 하는데, 그렇게 책을 적극적으로 읽는 것 역시 장려할 만한 한 가지 독서방법이기는 하다. 그런데 그 책에서 의아한 사실 한 가지는, 노엘레노이만이 1922년 출간된 세계적인 명서 ≪여론 Public Opinion≫의 저자이자 미국의 저널리스트인 월터 리프먼 Walter Lippmann의 의견에 동의할 뿐 아니라 그의 이론에 의지하고 있다는 점이다. 왜냐하면 제 2차 세계대전 중 나치를 위해 집필한, 미국 언론매체에 유대인이 끼치는 영향을 다룬 그 논문에서 노엘레노이만이 리프먼을 이렇게 묘사했었기 때문이다. "리프먼은 원래 독일 유대인이다. …… 중립이라는 위장을 가장 약삭빠르게 사용하는 영리한 저널리스트 리프먼은 교묘하게 독자들을 속여 미국은 사방의 적한테 둘러싸인 나라라는 결론을 내리게 만든다. 또 한때는 루스벨트의 적수인 거대 자본의 대변인이었으면서 이제는 아무렇지도 않게 정부의 개입을 지지한다. ……"

일반적으로 말해서 개인이 침묵을 유지하는가, 아니면 소리 내어 말하는가 하는 문제는 그 개인의 심리적 성향, 따돌림이나 조롱을 당하면 어쩌나 하는 두려움, 제대로 표현을 못하면 어쩌나 하는 긴장감 등 다양한 변수에 의해 달라진다. 따라서 침묵의 나선 이론에서 가치 있는 것으로 평가했던 여러 사회적 요소에 따라 철저하게 여론이 결정된다고 믿을 필요는 없다. 그리고 아직까지도 그 이론은 검증이 끝나지 않은 상태이다. 성숙한 민주주의 사회, 특히 개인의 진취성이 장려되는 시장경제 사회에서는 개인이 비교적 자유롭게 자신의 생각을 표현하고 다수의 의견에 반대한다. 그러나 그렇다고 해서 그 개인이 의식적으로든 무의식적으로든 사회 권력의 영향을 받을 가능성이 아예 없는 것은 아니다. 사회 권력은 개인의 사고를 형성하고 자신들을 불안하게 만들 관점을 개인이 갖지 못하게 훼방을 놓기 때문이다. 나아가 큰 소리로 발언하는 행위가 특정 진술과 관련해 문화적 상대성을 띨 수 있다는 사실을 기억하는 것 역시 중요하다. 형식과 내용 면에서 큰 소리로 발언된 특정 진술은 어떤 맥락에서는 다소 강요된 표현으로 보이더라도 다른 맥락에서는 상당히 보수적인 표현으로 보일 수 있기 때문이다.

글린 C. Glynn이 "여론을 이해하는 접근 방법 가운데 가장 연구가 많이 되었으면서도 가장 논란의 여지가 많은 이론"이라고 묘사했듯 지금까지 침묵의 나선 이론에 쏟아진 관심은 엄청난 것이었다. 2000년 9월 싱가포르에서 668명의 성인 대표를 상대로 시행된 전화 여론조사도 그 한 가지 예에 해당된다. 질문자는 응답자들에게 논란이 많은 두 가지 주제, 다른 인종 간의 결혼과 동성애자들이 차별받지 않을 권리가 공공연하게 논의될 가능성이 얼마나 될 것 같은지 의견을 말해달라고 요구했다. 그 연구가 시행되기 전부터 다른 인종 간 결혼과 동성애자들이 차별받지 않을 권리는 싱가포르에서 매우 민감한 사안이었음에도 신문에서 폭넓게 다루어진 적도, 정부에 의해 공식적으로 논의된 적도 없었다. 그 연구 결과는 침묵의 나선 가설에 일부 근거를 마련해준 것으로 평가된다.

즉, 향후 여론이 어느 방향으로 흘러갈 것인가 하는 인식과 그것이 얼마나 중요한 문제인가 하는 판단 사이의 상호작용이 얼마만큼 큰 소리로 의견을 말할 것인가를 결정하는 데 큰 영향을 끼쳤다. 실험 결과, 소리 내어 말하는 행위는 응답자들의 상호의존적 자아개념, 사회적으로 고립되는 것에 대한 두려움, 소통 불안, 그들이 느낀 사안의 중요성 등과도 관련이 있는 것으로 드러났다.

싱가포르 사람들은 대부분 정부에 공개적으로 반대하는 행위가 심각한 결과를 낳을 수 있다고 믿는다. 렁 W. K. Leong의 연구를 보면 싱가포르 응답자의 93퍼센트는 정부의 공식적인 정책에 반대할 경우 침묵을 지키는 쪽을 선호한다고 대답했다. 윌넛 L. Willnat은 동료들과 함께 무작위로 전화를 걸어서, 대부분 모르는 사람들뿐인 결혼피로연에서 사람들이 민감한 주제에 대해 토론을 벌이면서 본인 생각과 반대되는 관점을 옹호한다면 자신이 그 대화에 참여할 확률이 얼마나 될 것 같은지 네 단계의 보기 중 하나를 고르라고 요구했다. 그리고 응답자 개개인의 고립에 대한 두려움, 권력에 대한 두려움, 소통 불안, 자립이나 상호의존과 관련된 자아개념 등이 어느 정도 상태인지도 일일이 질문해 기록했다. 그래야만 소리 내어 말하기에 관한 그 중심 질문을 다른 지표들과 관련지어 분석할수 있었기 때문이다. 연구자들이 중요한 변수라고 생각했던 두 가지 요소, '공공 업무에 대한 자신의 관심도는 어느 정도인가?'와 '그것이 얼마나 중요한 문제라고 생각하는가?' 역시 마찬가지로 질문해 기록했다. 끝으로 이런 표준적 통제 지표들 외에 (자신들의 기준에서 볼 때) 개인적으로 언론매체를 얼마나 자주 접하는가 하는 빈도 역시 측정했다. 왜냐하면 연구자들은 "사람들이 여론 동향을 판단하는 데 언론매체가 중대한 영향을 미친다."고 생각했기 때문이다. 그 연구의 결과를 기록한 아래 글에는 침묵의 나선 이론에 대한 초기 평가가 담겨 있다.

> 이전 연구 결과와 유사하게, 지배적인 여론 동향에 대한 인식은 그것 하나만으로는 공적인 말하기에 약한 변수로 작용한다. 그러나 사안의 중요성 같은 다른 변수들과 결합해 분석해보면 상호작용 효과가 의미심장한 수준으로 나타난다.

싱가포르 연구의 응답자 대부분은 가상의 공적인 자리에서조차 다른 인종 간의 결혼과 동성애자들이 차별받지 않을 권리에 대해 말하기를 꺼리는 것으로 드러났다. 연구자들은 싱가포르 정부가 다른 인종 간의 결혼을 허용한 것을 알고 있었기 때문에 그 첫 번째 주제에 대한 설문 결과가 다소 놀라웠다. 두 번째 주제의 경우 응답자들은 동성애자 사이의 성행위가 싱가포르에서는 아직 처벌 제외 대상이 아니라는 지적으로 대답을 대신했다. 사람들이 말하고 싶어 하느냐, 그렇지 않느냐 하는 문제는 고립과 다른 근심거리에 대한 두려움이 각기 어느 정도 수준인가와 밀접하게 관련이 되어 있었다. 따라서 사람들이 침묵을 지킨다고 해서, 그들이 그 문제에 대해 아무런 느낌이나 의견이 없다는 뜻은 아니며, 그 침묵을 근거로 그들이 정치에 무관심하거 무식하다고 판단해서는 안 된다.

침묵의 나선 이론에 관련된 또 다른 실험이 있다. 미국의 연구자들은 1995년 일어난 심슨 재판[05]에 대한 사람들의 반응을 연구했다. 미국은 물론 다른 나라의 수많은 사람들이 그 사건의 세부내용을 자신들이 얼마나 잘 알고 있느냐와 무관하게 전직 축구선수에 대해 매우 강력한 의견을 피력했다. 미국의 유명한 운동선수가 아내를 살해한 혐의로 체포되어 재판에서 무죄 선고를 받은 그 사건은 흑인과 백인 사이의 여론을 양극화시켰다. 연구자들이 이 사례에서 얻어낸 결론은 일반적인 침묵의 나선 이론과 일치하지는 않지만, 응답자의 인종에 따라 자신이 표현한 의견이 일으킬 파장에 대한 관심 정도 역시 각기 달라진다는 사실을 보여주었다. 연구자들은 이렇게 기록했다.

누가 기꺼이 자신의 의견을 말하는가 하는 것은 예기치 않은 다양한 양태로 나타났는데 여기에는 중대한 의미가 있다. 다수 의견 집단 구성원(백인)이 소수 의견 집단 구성원(흑인)의 인터뷰에 응하고자 하는 비율이 그 반대의 경우, 그러니까 소수가 다수의 인터뷰에 응하고자 하는 비율보다 확실히 더 높았다.

최근 연구논문의 저자들은 그 분야 예전 연구의 내용을 많이 언급한다. 그리고 그 최근 연구의 결과에는 저자들이 엘리사베스 노엘레노이만이 이용했던 방법들을 개선하면서 부여한 미묘한 차이들이 반영되어 있다. 침묵의 나선 이론은 다양한 이론들에 의해 그 한계를 심각할 정도로 많이

---

05 심슨 재판 trial of O. J. Simpson 1947~ : O. J. 심슨은 미국의 미식축구 선수 출신 배우이다. 선수 시절 버펄로 빌스 소속으로 굉장한 활약을 보여 '백인들이 가장 사랑하는 흑인'이란 평가를 받기도 했고 1985년 명예의 전당에 헌액되기도 했다. 무릎 부상으로 1978년 은퇴 후 배우로 활동하다가 1985년 백인 여배우 니콜 브라운과 결혼했지만 1992년 이혼했다. 이혼 후 니콜은 심슨을 가정폭력 혐의로 고발했고 1994년 LA 저택에서 친구 골드먼과 함께 변사체로 발견되었다. 경찰은 용의자로 심슨을 지목했지만 변호사 '드림 팀'을 고용한 심슨은 인종차별 논리를 이용해 무죄 평결을 받았다. 형사재판에서 패배한 희생자 유가족은 소송을 제기해 1997년 민사재판에서 유죄와 3300만 달러 배상 평결을 끌어냈다. 심슨은 그 뒤 라스베이거스에서 불법 무기 소지, 강도, 침입, 납치 등 온갖 강력 범죄 혐의로 2007년 체포되어 실형을 선고 받았다.

지적받아왔지만, 수많은 개인과 집단이 특정 상황에서 자신의 의견을 단도직입적으로 표현하지 못하는 이유를 설명하는 출발점으로 삼기에 아직 손색이 없는 것만큼은 분명하다. 그 이유는 한마디로 '두려움'이란 단어로 요약될 수 있지만 그 두려움을 둘러싸고 있는 침묵의 나선은 앞으로도 세심하게 탐구해볼 가치가 충분하다.

'침묵하는 다수?'

'침묵하는 소수'가 존재한다면, 가끔 '침묵하는 다수'도 존재할 수 있지 않을까? 물론 '침묵하는 다수'라는 용어는, 투표로 선출된 정치가들이 자신의 의견과 목소리를 내고 있는 사람들의 의견이 일치하지 않을 경우에 의지하고 싶어 하는 대상을 일컫는 정치적인 개념이다. 어떤 정치가는 자기가 생각하기에 정부나 언론에 휘둘리는 이른바 대중이라는 사람들에게 자신의 의견을 말하라고 요구하기도 한다. 실재하는 존재로서든 가상 속 존재로서든, 그런 대중은 자신의 의견을 큰 소리로 표현하는 법이 없고 자신들의 관점이 언론에 잘 다루어지지 않는다고 느낀다. 베트남전 기간 중 대통령이었던 리처드 닉슨 Richard Nixon은 연설을 하면서 '침묵하는 다수'라는 말을 들먹였고 그 덕분에 이 연설은 아주 유명해졌다. 1969년 11월 3일 연설에서 닉슨은 베트남 파병을 추진했던 전임자 케네디 John F. Kennedy와 존슨 Lyndon Johnson의 고귀한 정신을 회상하면서 이렇게 말했다.

우리가 조금 다른 길을 걸은 것이었다면, 그리고 전체주의 권력에 질식사 당할지 모르는 수백만 명의 자유와 평화를 위해 마지막 희망을 품은 것이었다면, 역사가들이 미국은 세계에서 가장 강력한 국가였다고 기록하게 그냥 내버려두어서는 안 됩니다. 그래서 오늘 밤, 바로 여러분, 침묵하고 있는 다수, 나의 동포 미국 국민들에게 이렇게 지지를 호소합니다.

침묵의 신화

역사적으로 침묵당해온 소수자들조차 개성을 말살하고 진실을 왜곡하는 강력한 세력이 될 수 있다는 사실을 깨달은 일부 소수자들이 현재 어떤 상황에 놓여 있는지 살펴보면 침묵시키기의 복잡한 과정을 알 수 있다. 정체성이라는 문화적, 사회적 자아개념은 올가미가 되어 소수 집단의 지도자들을 옭아맬 수도 있다. 그런데도 그들이 그 올가미를 벗어던지기를 망설이는 이유는 정치의 퇴행을 막고자 하는 의지, 선배 선구자들에 대한 충성심. 자신이 속한 소수 집단의 현재 지도자로서 지지기반을 잃으면 어쩌나 하는 두려움 등이다.

캘리포니아 대학교 버클리 캠퍼스의 언어학과 부교수 존 맥워터[06]는 진정한 인종적 평등이 이루어지려면 새로운 관점이 필요하다고 주장해왔다. 맥워터는 "오늘날 미국의 수많은 흑인들은, '진짜' 흑인이라면 사

---

06 존 맥워터 John McWhorter 1965~ : 본인 역시 흑인인 맥워터는 저서 ≪패배: 흑인들의 자충수 Losing the Race : Self-Sabotage in Black America≫에서 인종차별 문제를 해결하려면 관점을 바꾸어야 한다고 주장했다. 즉, 백인들의 특권이나 흑인들이 당하는 불이익을 부각시켜 화를 부추기기보다는 여러 장애를 극복하고 성공한 흑인들의 사례를 본보기로 삼아 긍정적인 투지를 키워야 한다는 것이었다. 그러면서 차별 철폐를 위한 소수자 우대 정책으로 대학이나 회사에 들어간 흑인들은 능력을 발휘한다고 해도 불신만 받게 될 뿐 제대로 된 평가를 받지 못하며 그런 우대 조처 때문에 목표가 낮아져서 오히려 흑인들이 경쟁력을 잃게 된다고 설명했다. 결론적으로 흑인들의 침묵이 백인들은 승리자요, 자신들은 패배자라는 편견을 영속화함으로써 흑인들을 더 깊은 늪에 빠뜨린다는 것이다.

석에서는 개인의 결단력과 힘을 강조해야 하지만 공적으로는 희생자의 얼굴을 내보이는 역할을 충실히 수행해야 한다는 생각에 암묵적으로 동의한다."고 말했다. 맥워터는 경찰을 향한 비난을 비롯한 여러 비판에 타당한 근거가 있다는 사실을 인정하면서도, 2000년 ≪뉴욕 타임스≫가 실시한 여론 조사에서 "다음 세대에 미국이 해결해야 할 가장 중요한 문제는 인종차별이라고 대답한 흑인은 고작 7퍼센트에 불과하다."고 기록했다. 그러면서, 표면적으로는 사회가 개선, 진보된 것처럼 보이지만 진실은 "백인들을 마음 편하게 만들어줘서는 안 된다."고 주장하는 일부 구성원들에 의해 흑인 공동체 전체가 침묵당한 것이라고 설명했다.

　　대략 60세 미만의 미국 흑인들은, "젊은 흑인 세 명 가운데 한 명은 교도소에 갇혀 있거나 형사법에 연루되어 있는 상태"라는 말이 주문처럼 외워지다 못해 풍경의 한 단면을 이루던 시대에 성년기를 보냈다. 흑인 공동체를 지탱하는 수많은 이념들은, "백인들을 불편하게 만들자."는 실제적으로 확고하고 정신적으로 위안이 되는 그 주장을 교묘하게 근거로 활용한다.

　　맥워터가 파악한 이런 경향은 다른 지역에서도 익숙하게 나타나는 현상이다. 예컨대 북아일랜드에도 강압적 사회체제에서 벗어나는 와중에 성공을 거두어 지금도 상대적으로 부귀를 누리고 있는 사람들이 있는데 그들은 자신들의 개선된 상황에 심리적으로 적응하기 위해 여전히 안간힘을 쓰고 있다. 그래서 비평가들은 불평도 하나의 문화로서 지속되는 것 아니냐는 의문을 제기한다.

　　맥워터의 주장이나 위의 사례처럼 다른 상황에서 맥워터와 비슷한 논리를 전개한 연구자들의 주장은 '인과관계'에 위배되는 것처럼 보일 수도 있고 성급한 결론이라는 비판을 받을 수도 있다. 그러나 맥워터가 자신의 동족인 아프리카계 미국인들이 "경기력을 높여야" 한다고 생각했던 것과 마찬가지로, 일부 여성들은 그간 추구하던 것을 꽤 많이 성취한 페미니즘 덕분에 다양한 개혁이 전개되는 와중에 굉장히 민첩하게 대처해 성공한 여성들에게 짜증스러움을 느낀다. 자기들은 좋은 직장에 다니고 어머니 세대는 한 번도 누린 적 없는 생활 방식을 주도하고 있으면서 장황하고 잘못된 설명에 너무나 선뜻 동조한다는 이유에서이다. 또 다른 여성들은 심지어 서구사회에서조차도 평등과 권리를 쟁취하기 위한 전쟁이 아직 끝나지 않았다고 확신한다. 이런 문제들을 어떻게 바라보든, 맥워터의 책은 침묵시키기가 굉장히 다양한 방식으로 이루어질 수 있다는 사실을 일깨워주는 참으로 바람직한 지침서이다.

그러나 소수자들은 국가적 위기 같은 특별한 상황에서는 자신의 관점을 소리 내어 말하기가 더더욱 어렵다는 사실을 깨닫기도 한다. 그럴 때일수록 소수자들이 '한 배를 탄 사람'으로서 충성심을 보여줄 것이라 모두들 생각하기 때문이다. 2003년 개리 도핀 Gary Dauphin은 맥워터의 책을 논한 논문에서 이 점을 다음과 같이 신랄하게 지적했다.

요즘처럼 보수 세력의 우위, 경기 침체, 환경 문제, 우르릉대는 소리로 지구의 종말을 재촉하는 전쟁이 계속되는 고달픈 시대에는 사회 참여적 지식인, 특히 흑인 지식인의 시가(市價)가 폭락한다. …… 물론 이라크나 알카에다에 대해 의견을 표명한 흑인 지식인도 있겠지만, '실제적으로' 말해서 (강조하건대 이 '실제적'이라는 단어가 중요하다.) 그 의견들은 거의 눈에 뵈지도 않는다. 왜냐하면 그들은 타고난 기질 상 전쟁전문가에 어울리지 않는 사람들이기 때문이다. 흑인 작가 아미리 바라카 Amiri Baraka의 시 〈누군가가 미국을 날려버렸다 Somebody Blew up America〉를 놓고 벌어진 사소한 언쟁을 보면, 미국이 공격당하고 있을 때는 더더욱 신중해야 한다는 사실을 알 수 있다. 주로 강연이나 책에 휘둘리는 대중의 지지로 먹고사는 흑인 전문가들이 신문의 기명 논평란이나 CNN에 나와서 "9·11 테러에 대한 아프리카계 미국인으로서의 저의 입장은 ……" 운운하면 일말의 소속감도 없는 것처럼 보이기 십상이다.

하지만 이라크에 대한 신보수주의 흑인들의 관점 역시 TV나 신문 사설란에서 찾아보기 힘든 것은 마찬가지이다. 외교정책에 대한 흑인 신보수주의자들의 의견은 자기 부정적 가외성(加外性)을 띠기 때문이다. '미국인'이라고 하면 모든 다른 인종과 혼혈인을 배제하고 생각하는 신보수주의자들의 애매한 관점은 일반적으로 평범한 보수주의와 구분조차 되지 않는다. 만약 그 날의 토론 주제가 '아프리카의 이슬람 근본주의'가 아니라면, 그저 부통령 딕 채니 Dick Cheney나 국방부장관 도날드 럼즈펠드 Donald Rumsfeld가 어떤 조치를 취할지 발언하게 하려고 공연히 말하는 흑인 로봇을 앉혀놓을 필요는 없다. 그들이 무슨 조치를 취하든 누가 상관이나 하겠는가?

악마를 보지 못했다면 악마를 말하지 말라.

전 세계를 무대로 활동하는 비평가들은 어떤 문제를 논할 때 후진국이 외면당하는 경우가 종종 있다고 주장한다. 미국을 강타한 허리케인은 카리브 해 인근의 다른 나라를 강타한 허리케인보다 (심지어 동일한 허리케인 경우에도) 더 생생하고 자세하게 보도된다. 그리고 서구 국가에서 일어난 비행기 추락 사고는 다른 지역에서 일어난 그 어떤 끔찍한 참사보다더 굉장한 뉴스거리로 전 세계에 보도된다. 이런 현상이 벌어지는 부분적인 원인으로, 선진국은 소통 기술이 발달되어 있어서 언제든지 생생한 영상을 언론매체에 신속하게 올릴 준비가 되어 있다는 점을 꼽을 수 있다.그러나 힘없는 사람들에 관한 불쾌한 이야기에 귀 기울일 줄 모르는, 혹은 귀 기울이고 싶어 하지 않는, 특권을 누리는 자들의 '무능함'과 거리낌도 이런 현상의 원인 중 하나이다. 다른 지역의 경우 정말로 시선을 사로잡는 처참한 참사, 그러니까 2010년 아이티 지진 정도는 되어야 전 세계 헤드라인을 장악할 수 있다.

한편, 다른 지역 뉴스는 듣고 싶은 것만 골라 듣는 서구인의 편견을 극복한 경우라 하더라도, 비서구권 국가들 내부에 조장된 침묵 때문에 진실이 훨씬 더 왜곡된 기사도 있다. 2005년 파키스탄 대통령은 자국 내에서 발생한 카슈미르 지진 희생자들보다 인도양 쓰나미 희생자들에게 서방 국가들이 원조 물자를 먼저 보내주었으면 좋겠다고 말했다. 그의 말을 그대로 옮기자면 서양 관광객들 역시 쓰나미의 피해를 입었기 때문이었지만, 실제로는 세계의 이목을 부유한 아시아 이슬람 국가의 몰락으로부터 사태가 더 심각한 곳으로 옮겨보려는 의도가 다분했다. 이와 유사하게 일부 아프리카인들은 서구 국가들과 제약회사들이 아프리카 대륙의 에이즈 환자들에게 충분히 지원을 해주지 않는다고 비난하면서도 그 질병을 더욱 확산시키는 데 기여하는 본질적이고 문화적인 요인들에 대해서는 침묵한다. 아프리카 대륙의 여성들에 대한 처우와 남성들의 성 생활 태도가 그런 요인들 중 하나이다.

2005년 남아프리카 대통령의 대통령이었던 넬슨 만델라 Nelson Mandela의 아들까지 에이즈로 사망하는 일이 벌어졌다. 그보다 딱 4년 앞선 2001년 만델라의 후임 대통령이었던 타보 음베키 Thabo Mbeki는 과학적으로 규명된 HIV 바이러스와 에이즈 사이의 관련성을 무시하는 발언을 한 적이 있다. 자신의 나라가 과도하게 에이즈 '환자 취급'당하는 것을 피하고 싶었던 것이다. 전 세계인이 자신의 나라에서 병이 확산되는 주요 원인으로 나쁜 보건환경 대신 극심한 가난을 주목해 주었으면 싶었던 것이다. 그러나 이는 에이즈 문제를 잘못 이해한 것이었고, 남아프리카 공화국 보건부 소속 공무원들은 이 말을 듣고 경악했다. 음베키의 발언은 에이즈 위기로 계속 악화일로를 걷고 있던 그 나라의 지역적 상황을 무시한 발언이었기 때문이다. 그런 음베키가 2000년 더반에서 열린 국제 에이즈 콘퍼런스에서 개회를 선언하면서 세계 운동가들을 각성시키려는 의도로 내건 슬로건이 "침묵 깨기 Breaking the silence"였으니 이 얼마나 아이러니한 노릇인가. 같은 해 말 나탈 대학교의 인류학, 심리학 교수인 수잔 르클레르마들라라 Suzanne Leclerc-Madlala는 〈에이즈 소식 Aids Bulletin〉이란 글에서 "학자들이 꾸준히 연구해왔음에도 도무지 설명되지 않는 아프리카 에이즈라는 미스터리의 실체"를 고찰했다. 마찬가지로 아프리카를 '과도하게 환자 취급'하고 싶지 않았던 르클레르마들라라는 다른 데서 해답을 찾으면서 이렇게 기록했다.

그 미스터리는…… 에이즈에 대한 완강하고 다층적인 침묵, 혹은 전문가들이 '거부 the denial'라고 부르는, 에이즈를 아프리카 전염병으로 규정짓는 한결같은 현상과 관련지어 생각해야 한다. …… 그리고 그 침묵은 아프리카 인들이 '문화'라고 부르며…… 애지중지해 마지않는 '성우[07]'의 남용과 관련지어 생각해야 한다. 2000년 에이즈 콘퍼런스를 기점으로 2주간 벌어진 일들을 지켜보고 있자니 무방비로 에이즈 앞에 노출되어 있는 아프리카 여성들의 가망 없는 현실이 다시 떠올랐다. ……

인정하건대 그 전염병이 여성에게만 영향을 끼치는 것은 아니지만, 가망 없는 현실과 침묵 속에 속속들이 박혀 있는 유난히 통렬한 여성들의 속사정과 관련이 있는 것은 사실이다. 그리고 남성들은 그 속사정의 피해자가 아니다. 복합적인 침묵으로 똘똘 뭉친 에이즈의 그 무게 밑에서 수백만 명의 여성들이 신음하고 있다. '침묵 깨기'라는 제목의 200년 에이즈 콘퍼런스가 정말로 그들에게 도움이 되었을까?

청년, 중년 남성들의 성생활 태도와 습관을 개선하려는 정부 측의 확고한 조치는, 가장 위태로운 상황에 놓여 있는 인구 구성원 내부에 정치적 적대감을 조성할 우려가 있다. 이 문제에 대해 토론하기를 다들 그렇게 기피하는 이유도 이 때문인 것 같다.

그러나 르클레르마들라라 자신도 이 논문에서 충분히 언급하지 않은 내용들이 있었다. 2001년 이 논문이 '국제 여성 네트워크 Women's International Network'의 기관지인 ≪윈 뉴스 WIN News≫에 게재되었을 때 편집자는 강간과 일부다처제를 비롯해 저자가 침묵하고 있는 문제들을 지적하면서 이렇게 덧붙였다. "아프리카 전역에서 아무렇지도 않게 자행되고 있는 강간이란 문제를 이 논문에서 언급하기는 어려웠을 것이다. 그러나 아프리카 전역의 신문에는 매일 강간 기사가 수두룩하게 실리며 그럼에도 그 가해자들이 기소되었다는 소식을 나는 들어본 적이 거의 없다."

다른 문제는 다 차치하고 아프리카 에이즈를 이해하는 관점이 얼마나 다양한지만 보더라도, 침묵에 관심을 기울이는 것이, 그리고 갈등을 일으키는 모든 문제의 최종적 결론에서 침묵이 차지하는 의미에 관심을 기울이는 것이 정치적으로 얼마나 중요한 일인지 알 수 있다. 1998년 미국 대선 기간 중에 ≪월스트리트 저널 Wall Street Journal≫은 예산 부족 문제를 비롯해 '정책 부재 absent agenda'를 다룬 사설을 연재했다. 그 사설의 편집자는, 매우 중요한 문제임에도 보아하니 당선 가능성이 높은 두 후보

---

07 성우(聖牛) sacred cow: 일반적으로 미신, 우상숭배의 대상을 일컫는 '성우'라는 표현은 좀 더 넓은 의미로 '과도하게 신성시되어 의심, 비판, 부정이 허용되지 않는 비합리적 제도, 인습'을 뜻하기도 한다. 여기에서는 여성을 성적 노리개로 취급하는 아프리카의 성 문화를 의미한다.

모두 그 문제를 실질적으로 논하기에는 입장이 곤란하거나 그 문제에 무
관심한 것 같다고 지적했다.

7장
상담치료에서의 침묵

상담치료를 진행하면서 종종 침묵과 마주치는 사람들은 일상생활 속에서 침묵이 얼마나 강력한 힘을 발휘하는지 우리에게 많은 것을 알려준다. 정신과 전문의, 정신요법 의사, 사회복지사를 비롯해 그 밖의 모든 건강복지 전문가들은, 주변 사람들에 대한 좌절감을 표현하거나 주변 사람들을 겁주려는 의도로 침묵하는 고객을 만나는 일이 비일비재하다. 물론 그 고객, 혹은 환자의 침묵이 기쁨, 즐거움, 평화의 감정과 관련되어 있을 가능성도 있다. 하지만 그 침묵은 울화, 고통, 분노 등 다른 감정의 표현 수단이거나 부정의 표시일 가능성이 더 크다. 때로는 어떤 장애에서 침묵이 생겨나기도 한다. 원인이 무엇이든 그 침묵은 관심을 기울일 만한 가치가 있는 현상이다. 1905년 지그문트 프로이트[01]가 도라라는 환자의 사례를 언급하며 아래와 같이 말했듯이 말이다.

---

01 지그문트 프로이트 Sigmund Freud 1856~1939 : 오스트리아의 정신과 의사로 정신분석학과의 창시자이다. 의사와 환자 간의 대화를 통해 병리를 치료하는 임상치료 방식을 개척했다. 처음에는 최면치료를 병행했으나 그 효과에 의문을 품고 꿈을 해석해 무의식 속 억압된 충동을 찾아내는 방식을 치료에 도입하기 시작했다. 특히 어린 시절 성(性) 발달이 성인기의 성격과 정신 건강에 영향을 끼친다고 주장하면서 그 발달단계를 무의식적 성 충동을 의미하는 '리비도 Libido'의 흐름에 따라 다섯 단계로 구분했다. 일반적으로 사람은 구강기(0-2세) - 항문기(2-4세) - 남근기(4-6세) - 잠복기(6-12세) - 성욕기(12세 이후)를 거치는데 각 시기에 알맞게 욕구들이 충족되어야만 건강한 성인으로 성장할 수 있다는 것이었다. 프로이트의 이론은 규명 방식에 과학성이 부족하다는 이후로 훗날 많은 반론

보는 눈과 듣는 귀가 있는 사람이라면, 이 세상에 비밀을 지킬 수 있는 사람은 아무도 없다는 사실을 확실히 알 것이다. 입술이 침묵한다고 해도 손가락 끝이 말을 한다. 그렇게 온 몸에 난 구멍에서 배반의 기운이 배어 나온다.

침묵시키기 그 자체

자신을 위협하는 본능적인 충동, 발달단계상 용인하기 힘든 충동으로부터 자신을 방어하려고 사람이 침묵에 빠져드는 방식을 탐구한 연구자는 한두 명이 아니다. 예컨대 제릭스 M. A. Zeligs는 1961년 리비도가 원래 성감대에서 벗어나 발음기관으로 옮겨간 유형의 일부 사례를 근거로 발달단계상 침묵이 어떤 기능을 담당하는지 논했다. 영국의 정신분석학자 안드레아 사바디니 Andrea Sabbadini의 설명에 따르면 항문기의 여러 함축적 의미를 보여주는 침묵은 대놓고 공격적인 형태를 취하거나 아니면 양면적인 특징을 띤다고 한다. 과학자이자 프로이트의 친구였던 빌헬름 플리스 Wilhelm Fliess가 구강기, 항문기, 남근기 등 모든 발달단계 속에 침묵이 존재한다고 가정하면서 그 침묵들을 구분했던 반면, 사바디니는 '남근기의 침묵'이 존재한다는 가정 하에 다음과 같이 말했다.

청자의 귀와 마음을 꿰뚫는 능력 덕분에 말은 정신적으로는 물론 신체적으로도 경험될 수 있다. 언어는 종종 그 자체로 에로틱한 양상을 드러내며 (능동적이든 수동적이든) 뭔가를 유혹하려는 목적에서 사용된다. 이렇게

의 도전을 받았지만 정신분석학과 심리학이 획기적인 성장을 이루는 데 지대한 공헌을 한 것만은 부인할 수 없는 사실이다. 평생을 오스트리아 빈에서 살았던 프로이트는 고국이 나치에게 점령되자 유대인 탄압을 피해 영국으로 망명했고 그곳에서 사망했다.

볼 때 침묵은 무기력한 남근과 무의식적으로 연관되어 있으며, 남근기라는 발달단계와 관련된 여러 근심과 거세 공포에 저항하는 방어 수단으로 쓰일 수 있다. 계속 침묵하는 것은 성 공격성, 그리고 오이디푸스 콤플렉스로 특징지어지는 보복 행위의 위험에 노출되지 않게 부모, 분석가, 자기 자신을 보호하려는 행위이다. 따라서 침묵은 뭔가 옳지 않은 것이 입 밖으로 나오지 않게 자기 자신을 안정시키는 일종의 자기 검열 행위이다.

누군가는 이렇게 주장할지도 모르겠다. 조각가가 끌을 대기 전부터 대리석 덩어리 안에 이미 조각상이 존재하고 있는 것처럼, 언어도 발음되기 전부터 이미 '그곳에' 잠재적으로 존재하고 있는 것이라고. 정신분석적 관계는 물론 모든 대인관계가 다 마찬가지이다. 침묵은 오해, 비아냥거림, 조롱 등 적대적인 처우에 노출되지 않게 언어를 보호할 수 있지만, 역으로 언어장애를 일으킬 수도 있다. 안전하게 자신을 억누르는 수단인 침묵이 발언의 자유를 금지하는 독재정권, 감옥, 통제의 수단으로 전락할 수도 있는 것이다. 이럴 경우 그 조각상은 대리석 덩어리 속에 묻힌 채 영원히 모습을 드러내지 않을지도 모른다. 과거에 겪었던 고통의 상처가 너무나 쓰라린 나머지 경험이라는 현실을 단순히 인정하지 못하는 것은 물론 나아가 그것을 부정하기에 이르는 그런 경우도 있다. 예컨대 어려서 성적 학대를 당한 경우에는 이런 현상이 일어날 수 있다. 사회학자 에비에이터 제루바블 Eviatar Zerubavel은, 근친상간의 유혹을 이겨낸 미국의 소설가 캐스린 해리슨 Kathryn Harrison이 자서전에서 '어떤 감각은 깨우고 다른 감각은 죽어 있는 상태 그대로 내버려두는 선택적 자기 마취'라고 표현했던 과정을 언급하면서, 부정의 과정은 정신분석학적으로는 물론 사회학적으로도 미묘한, 개인과 집단 사이의 상호작용을 보여준다고 설명했다.

때로는 전문가들이 침묵에 잠기는 경우도 있는데 그런 행동을 할 때에는 스스로 그 이유를 이해하고 있어야 한다. 가장 기본적인 수준에서 말하자면, 환자나 고객이 무슨 말을 하고 있는 것인지 의사나 상담사가 명확히 듣는 것이 바람직하기 때문이다. 그러려면 주의 깊게 귀를 기울여야 한다. 아마도 과잉업무 때문이겠지만 서둘러 진단을 내리고 약을 처방하느라 바쁜 의사의 귓구멍에 자신의 이야기를 집어넣어주려고 안간힘을 써야 한다면 환자는 좌절감을 느낄 수밖에 없다.

고객이랑 대화를 해야지 안 그러면 그게 무슨 직업이냐고 믿고 싶은 유혹을 상담사가 이겨내지 못할 경우 또 다른 문제들이 발생한다. 물론, 말하는 행위를 통해 고통의 원인이라 생각되는 정신적 압박감을 해소하는 '대화 치료'의 형태로 정신분석학이 발전해온 것만은 사실이다. 그리고 말을 잘 못하는 결점이, 환자를 실제로 자유롭게 해주지는 못해도 현실 대처에 도움이 되는 진실을 의식적으로든 무의식적으로든 거부하려는 회피 성향, 혹은 퇴행 증상으로 간주되었던 것도 사실이다. 이런 맥락에서 보자면 침묵은 별 가치가 없다. 1890년대에 프로이트가 아래와 같은 글을 쓴 이유도 그 때문이다.

> 침묵이 길어질수록…… 내 의심과 걱정은 점점 더 커진다. 혹시 이 환자가 과거에 자신에게 일어났던 일을 지금 재배열, 재구성하여 못 쓰게 만드는 것은 아닐까?

그로부터 30년이 지난 1926년 프로이트는 한 정신분석가와 환자 이야기를 했다. "서로 이야기를 나누었다는 것 말고는 그 분석가와 환자 사이에 아무런 일도 일어나지 않았다. …… 분석가는 동의하에 규칙적으로 시간을 정해놓고 환자와 만났다. 그러고는 환자에게 말을 시키고 그 말에 귀를 기울인 다음, 차례로 자신이 말을 하고 환자로 하여금 그 말을 듣게 했다." 회의론자라면 말에 의존하는 그 분석가의 기술을 무시하지 않을까, 프로이트는 그런 의심을 품었던 것이 분명하다. 자신의 상상 속에서 "그게 다야? 햄릿 왕자의 대사처럼 말, 말, 말뿐이네."라고 생각하는 사람을 '공정한 사람'이라고 불렀던 것을 보면 말이다. 선동적인 웅변가 아돌프 히틀러가 득세하기 불과 몇 년 전, 프로이트는 그의 저서들 내용과 비교해보면 다소 미묘하게 느껴지는 어떤 문장에서 그 상상 속 회의론자에 대해 이렇게 적었다.

의심할 여지없이 그 친구는, 사람이 과연 얼마나 편하게 말을 다룰 수 있는가에 대한 메피스토펠레스의 조롱 어린 그 대사를 너무나 곱씹고 있는 것이 분명했다.

그러고는 이렇게 말하는 회의론자의 모습을 상상했다. "그러니까 자네가 말을 한다고 해서 환자의 질병이 혹 날아가 버린다면 그건 마술이지." 그 말에 프로이트는 이렇게 대답했다. "그 말이 정답이구먼. 효과가 그렇게 빨리 나타난다면야 그거야말로 마술이겠지." 그러나 사실 말의 중요성을 강조하던 순간에도 프로이트는 언제나 우리가 앞서 살펴본 침묵의 중대한 가치를 인정하고 있었다. 그리고 다른 학자들 역시 정신분석학적 과정 안에서 침묵의 자리가 어디인지 연구하고 있었다. 같은 해인 1926년, 같은 오스트리아 태생의 심리학자인 테오도어 라이크 Theodor Reik는 "정신분석학에서 말로 표현된 것은 가장 중요한 것이 아니다. 우리한테 더 중요한 것은 말이 감추고 있는 것과 침묵이 드러내고 있는 것을 알아내는 것"이라고 적었다. 그리고 그 뒤로 반세기 동안 '침묵과 정신분석학'이란 주제를 다룬 굵직굵직한 논문들이 드문드문 등장했다.

안드레아 사바디니가 웅변적인 어조로 침묵에 귀 기울여야 하는 이유를 역설한 것은 훨씬 최근의 일이다. 1989년 로마에서 열린 제36회 국제 정신분석학 협회 회의에서 사바디니는 곧이어 ≪영국 정신과치료 저널 British Journal of Psychotherapy≫에 게재한 자신의 논문 내용을 이야기했다.

> 정신분석학자가 환자들과의 소통을 의미하는 일에 주로 종사하는 사람이라면, 그리고 침묵에 중요한 의미가 있다는 사실을 믿는다면, 우리가 분석학자로서 다음으로 갖추어야 할 기능은 환자들의 침묵에 어떤 의미가 있는지 이해하는 것입니다. ……
>
> 침묵에 귀 기울이는 것은 간단한 일이 아닙니다. 왜냐하면 대개 타인에 의해 조성되는 침묵에 불안감을 느끼는 것으로 말하자면 분석가도 예외는 아니기 때문입니다. 이런 일이 일어나면, 무슨 일이 일어났는지, 그리고 그 이유가 무엇인지 깨닫기도 전에 우리의 분석 능력은 곧바로 악화됩니다. 막연히 관심이 있는 상태에서 상대방의 말에 귀를 기울이는 일반적인 능력과 점점 무관한 노력을 하게 되고, 우리가 그 사실을 깨닫기도 전에 지루함과 졸림에 빠져들어 '보복의' 침묵이나 성급한 해석 같은 부적절한 반응을 보이게 될지도 모릅니다.

사바디니는 또 이렇게 지적했다. "침묵은 인간의 언어와 반대되는 개념이 아니라 언어의 기본적인 요소이다." 그러고는 이렇게 물었다. "……말도 침묵처럼, 언어로는 도달할 수 없는 자아 내면의 무언가에 가닿지 않으려는 반발심의 한 형태가 될 수 있다면 믿을 수 있겠는가?" 사람들은 그저 혼란스러움을 덮어버리려고 많은 말을 하기도 한다. 또 갈피를 잡지 못하는 생각을 숨기려고 긴 글을 쓰기도 한다. 그러고 보니 영국의 시인이자 비평가인 알렉산더 포프 Alexander Pope가 1709년 ≪비평론 An essay on criticism≫에 쓴 문장이 떠오른다. "단어는 잎사귀와 같다. 아무리 잎사귀가 무성하게 자란 곳이라 해도 그 밑에서 감각의 열매가 발견되는 일은 거의 없다." 사바디니는 갑자기 말을 멈추는 환자를 예로 들어서 정신과 치료라는 맥락에서 침묵이 차지하는 미묘한 자리를 설명했다.

환자의 침묵이, 어머니 이야기든 형 이야기든 그 환자가 지금 하고 있던 이야기 내용과 관련이 있는가? 그 내용과 관련된 일련의 딴 생각이나 환상이나 기억이 불쑥 떠올라서 침묵하는 것인가? 아니면, 환자가 말하고 있는 동안 당신이 뭔가 다른 일, 다른 생각을 하거나 다른 기분을 느끼고 있다고 보고 말을 멈춘 것은 아닌가?

각기 다른 침묵은 각기 다른 의미를 내포하며, 그 의미는 대개 다양하고 중첩적인 양상을 띤다. 침묵은 그저 말의 부재가 아닌 능동적 존재이다.

예컨대 몇 초간 지속되는 침묵과 몇 분간 지속되는 침묵은 본질적으로 다르다. 상담시간 처음에 나타나는 침묵과 상담시간 중간에 나타나는 침묵은 다르다. 꿈 내용을 처음 말하고 나서 나타나는 침묵과 꿈을 해석한 뒤에 나타나는 침묵은 다르다. 평소에 말이 많은 환자의 침묵과 원래 말이 없는 환자의 침묵은 다르다. 상담 첫 시간의 침묵과 상담을 몇 년 진행한 후의 침묵은 다르다. ……

침묵은 장벽이 될 수도 있고 방패가 될 수도 있으며 다리가 될 수도 있다. 뭔가를 말하지 않고 넘어가는 회피 수단이 될 수도 있고 뭔가를 말 한마디 없이 말하는 표현 수단이 될 수도 있다. 이렇게 침묵은 분노, 흥분, 절망, 감사, 공허함, 즐거움, 부끄러움, 무기력함을 비롯해 온갖 감정을 표현할 수 있다.

사바디니는 꿈이나 어떤 징후와 마찬가지로 모든 침묵의 이면에는 무의식적 환상이 존재하는데 그 환상을 숨기는 동시에 표현하는 역할을 수

행하는 것이 바로 침묵이라고 믿었다. 사바디니의 다음과 같은 결론은 언론계에 종사하는 사람들 역시 마음 깊이 새겨두면 좋을 성 싶다. "자신이 현재 '무슨' 말을 하고 있는 것인지는 물론, 뭔가에 대해 '왜' 침묵하는 것인지까지 환자들이 스스로 이해할 수 있게 돕는 것, 그것이 정신분석가로서 우리가 수행해야 할 책임이다."

생산적인 침묵

초기의 심리학적 문헌들이 침묵을 '균질적인 현상'으로 기술했다면, 최근에는 이런 기록들이 많이 보인다. "정신과치료에서 침묵은 이제 다양한 근원적 과정에서 파생된 이질적이고 다중 결정적인 현상으로 여겨지는 추세다." 어떤 환자(혹은 고객)는 침묵하는 것에서 도움을 얻기도 한다. 오스트레일리아의 연구자인 기타 마티레스 Gita Martyres는 "감정적 경험을 표현하는 언어"로서의 침묵에 대해 이런 글을 쓴 적이 있었다. "…… 침묵은 인간의 상호작용에서 중요한 위치를 차지하지만 재빨리 말로 채워지는 불편한 일을 자주 겪는다." 마티레스는, 어느 때 나타나는가, 혹은 얼마나 지속되는가와 같은 침묵의 양적 변수는 파악하기가 쉬운 반면, 환자의 경험과 관련된 침묵의 질적 요소는 알아보기도 어렵고 기술하기도 어렵다고 믿었다. "…… 감정 표현에 사용되는 단어들은 대개 부적절하거나 지나치게 단순화되어 있다."고 생각했던 마티레스는, 침묵이 감정을 구분하고 감정과 협력하는 경험적 매체로 유용하게 쓰일 수 있다는 사실을 알아냈다. 마티레스 역시 사바디니와 마찬가지로 "각각의 침묵 속에 침묵을 통해 소통되는 뭔가가 존재한다는 사실을 인정해야만 한다."고 굳게 믿게 된 것이었다. 그래서 마티레스는 자신이 임상진료를 하는 동안 마주쳤던 다양한 침묵의 유형과 그 침묵에 대처하는 법을 연구해 논문으로 발표했다.

매사추세츠 대학교의 헤이디 르빗 박사 Dr. Heidi Levitt는 연구 목적에서, 각기 다른 정신치료 접근법을 경험해본 정신과 환자들을 인터뷰한 적이 있었다. 르빗이 침묵하는 동안에도 환자들이 다양한 방식으로 도움을 받을 수 있다는 사실을 르빗은 곧 알아챘다. 르빗은 환자들의 생산적인 침묵을 크게 세 개의 범주, 즉 감정적 침묵, 표현적 침묵, 반성적 침묵으로 분류했다. 2002년 발표된 르빗의 명쾌한 논문은 자기 성찰적 침묵의 구조가 어떻게 고객과 상담사 양쪽 모두의 만남의 질을 극대화하는가를 잘 보여준 유용한 설명서였다. 이런 정신과치료 이야기를 들으면, 윤리적 책임감이 강한 기자와 방송 PD들이 개인이 공개적으로 자신의 생각을 잘 표현할 수 있게 돕는 과정이 떠오른다. 정신과치료 과정과 기자가 기사를 작성하는 과정 사이의 공통점과 차이점에 대해 언젠가 연구해보면 참 흥미롭겠다는 생각도 든다. 상담사들은 인터뷰 대상자가 말하기 어려워하는 이야기들을 솔직하고 효과적으로 구성하는 법을 언론계 종사자들에게서 어느 정도 배울 수 있고, 방송 PD나 기자들은 언론매체에 실리는 것이 그 인터뷰 대상자에게 어떤 충격을 주는지 좀 더 잘 이해하는 법을 상담사들에게서 어느 정도 배울 수 있지 않을까? 언론비평가 말콤 J. Malcolm은 기자들을 "사람들의 허영심, 무지, 외로움을 먹으며 기생하는 주제에 사람들의 믿음을 이용해 그들을 등쳐먹고는 아무런 양심의 가책도 느끼지 않는" 사기꾼들이라고 비난했다. 아무리 좋은 의도로 기사를 쓴다고 하더라도 기자는 언제나 자신들의 경험을 정확히 표현하고 싶어하는 인터뷰 대상자들의 궁극적인 소망을 무의식중에 배반할 수 있기 때문이다.

르빗은 스스로 "생산적인 침묵"이라고 표현한 세 개의 범주를 고찰하면서 가장 먼저 감정적인 침묵에 주의를 기울였다. 그 침묵은 자신이 실제로 내뱉은 말 이면에 숨어 있는 암시적 의미나 자각에 환자가 주눅이 들어 있을 때 나타나는 침묵, 즉 부적절한 표현에서 벗어나고 싶을 때 나타나는 침묵이다. 르빗은 한 환자의 다음과 같은 표현을 인용했다.

 내가 하고 있는 말들 더 깊은 곳에 뭔가가 있다는 것은 나도 알고 있었어요. 그런데 이제는 내 목소리를 내어 그것을 말할 수 있을 것 같아요. 그래서 이미 해본 방식에 따라 그것들을 끄집어내려고 지금도 애쓰는 중이에요. 예전이었다면 그것들을 두려워했을지 모르지만 이제는 그렇지 않다는 것을 아니까. 더 깊은 곳에 있는 뭔가를 끄집어내어 보려고요.

르빗은 스스로 "현실화되지 않은 깊은 곳의 감각"이라 명명한 침묵을 설명하면서 위 환자의 예를 들었다. 그 침묵은 환자를 인도하는 힘으로서 기능하는 한편 동시에 환자 스스로 자신의 경험을 이해할 수 있게 도움을 주는 것 같았다. 언론매체를 연구하는 사람인 나는 이런 관점에서 묻고 싶다. 상담사가 아닌 텔레비전, 게임기, MP3 기계 등과 소통하는 사람들의 경우, 그들의 이런 "현실화되지 않은 깊은 곳의 감각"은 상업적으로 얼마나 야무지게 이용당하고 있는가? 제품 생산자들이 제품의 생산 목표를 확실히 정하려고, 혹은 소비자가 잠재의식 수준에서 자사 제품을 선택할 수 있게 조작하거나 그렇게 길들이려고 사람들의 감정적 경험을 정확하게 예측해내는 것을 보라. 그 얼마나 섬세하고 직관이 뛰어난 사람들인가?

르빗은 생산적인 침묵의 두 번째 범주, 즉 표현적인 침묵에 대해 고찰하면서 언어는 감정적인 자각에서 발생해 동시에 그 자각에서 떨어져나간다고 기록한 뒤, 자신과 어떤 환자 사이의 대화를 들려주었다.

> 환자 : 재미있네요. 지금 말씀드리는 것처럼 그 둘 사이의 갈등이라면 내
> 가 정말 잘 알아요.
> 나　: 둘 사이라고요?
> 환자 : 여러 감정을 느끼는 것과 그 감정을 소통할 단어를 찾아내려고 애
> 쓰는 것 사이의 갈등 말이에요. 왜냐하면 그 둘은 같은 게 아니거
> 든요. 절대 아니죠.
> 나　: 그 말씀은 그 둘 사이를 오가는 투쟁에 대해 알게 되었다는 뜻인
> 가요?
> 환자 : 흠, 아뇨. 어…… 투쟁이랄 것까지는 없지만요, 그 두 가지가 얼마
> 나 다른 상태인지 이제는 아주 잘 알아요. 전에는 그걸 몰랐거든
> 요.
> 나　: 그렇군요.
> 환자 : 정말 재미있어요. 어, 감정 속에 존재하는 것, 그 감정을 소통할 단
> 어를 찾아내려고 애쓰는 것은 자신을 그 감정 밖으로 끌어내는 것
> 을 뜻하잖아요.

르빗은 생산적인 침묵의 세 번째 범주이자 마지막 범주인 반성적 침묵
을 고찰하면서 이것은 의식이 점점 커져가는 순간에 나타나는 침묵이라
고 설명했다. 그 순간이 되면 환자는 경험의 중요성을 깨닫고 그 깨달음
에 맞게 서사적 탐험을 변경하는 것처럼 보인다. 어떤 의미에서 보면 한
걸음 뒤로 물러나 자신의 위치를 파악하는 것이다. 르빗은 그것을 다음과
같이 표현한 한 환자의 말을 논문에 인용했다.

> 그러니까 다음은…… 의식 있는 존재의 침묵이에요. …… 그리고 내 기

억대로라면 그것은 나 자신에게로 돌아오는 그런 종류의 의식이었던 것 같아요. 그 의식이 돌아오면 나는 어떤 신랄한 말을 할 생각이었어요. 신랄하다, 나는 그 단어가 좋아요. 세상에는 연료를 공급해주는 자리로 돌아가게 해주는 신랄한 표현이 있거든요.

다음은 르빗이 기록한 또 다른 환자의 기억이다.

그 순간 나는 말 그대로 이렇게 소리쳤어요. "아하! 세상에!" 내 경우에는 그것이 하나의 패턴이었던 것 같아요. 그 순간이 오지 않았다면 나는 아무것도 모르는 채 우울함만 느꼈겠죠. …… 그 순간은 "아하 순간"이라고 부르면 딱 맞아요. '세상에'도 물론 좋지만요. 그 순간 내내 그랬던 것 같아요. 그러니까 뭔가를 깨닫는 순간인 거죠.

환자들은 그 순간의 환희를 경험한 기억을, 그리고 상담사가 그 느낌을 말로 표현하기 전에 직접 '딱 하고' 그 기분을 느낄 수 있게 시간이 주어졌으면 하는 바람을 이야기하고 있었다. 여러 이유 중에서도 바로 이 이유 때문에, 상담사들이 "처음에 한 대답이 딱 맞는 답인지 확인할 수 있는 시간을 환자들에게 주려고" 환자들의 침묵 시간을 직접 조절하기를 바라는 것인지도 모르겠다고 르빗은 설명했다. 이 얼마나 언론계와 다른 세상인가. 언론계에서는 방송 프로그램 출연자들이 절대로 시청자가 눈치챌 수 있을 만큼 뜸을 들이지 않기를 바란다. 방송 진행자들은 방송 중에 '죽은 시간 dead time'이 생기는 것을 두려워한다. 하지만 르빗의 연구는 설사 다른 사람들을 다소 불편하게 만든다 하더라도 그런 시간은 절대로 '죽은' 시간이 아니라는 사실을 강력하게 보여준다.

그보다 최근(2010년)에 이루어진 한 연구에서 스타이너, 르빗, 그리고 다른 연구자들은 정신과치료의 침묵을 이해하는 다양한 방식과 관련해, "여러 종류의 침묵을 구분하는 과정 연구 방식은 순전히 경험에 의존하는 연구 방식보다 훨씬 더 정확하게 정신과치료에서의 침묵의 역할을 이해하게 해준다."고 기술했다.

고객이나 환자의 침묵은 생산적일 수도, 비생산적일 수도 있지만, 두 경우 모두 그 침묵을 관찰하고 거기에 반응하고 또 능숙하게 대답해야 하는 상담사에게는 일종의 도전이 된다. 예컨대 몇 년째 침묵에 빠져 있는 환자들과 함께 일하는 두 분석가 풀러 V. G. Fuller와 크로서 C. Crowther를 생각해보자. 고집스럽게 침묵을 지키는 환자들은 감정을 억제하고 싶은 욕구를 자신의 상담사에게 투사하고 있는 것이라고 두 연구자는 믿었다. "그렇게 하면 위축된 기분, 당황스러운 기분, 무기력한 기분과 그 기분을 억제하고 싶은 욕구를 상담사에게 떠넘기고 자신들은 그 사실을 부인할 수 있을 테니까." 그런 환자들은 분석가들을 경험해나가면서 분석가의 전문가적 자아를, 그리고 그들의 치료 레퍼토리와 대답과 기술을 최고 한도까지 시련에 빠뜨렸다. 두 분석가는 자신의 환자처럼 언어적 상호작용이 부족한 사람에게 대답하는 과정을 통해 스스로를 발전시킬 수 있으리라 믿는 것이 얼마나 파괴적인 환상인지 깨달았다. 그래도 그들은 임상 분석에서 침묵이 어떤 의미를 띠는지 스스로 토론하면서 분석가와 환자의 관계에 미치는 그 파괴적인 효과에 잘 대처해나갈 수 있었다.

침묵하는 전화 통화자

침묵의 문제는 긴급 전화 상담소에 전화를 거는 사람의 경우 더욱 복잡한 양상을 띤다. 연구자 스콧 B. Scott과 레스터 D. Lester의 설명에 따르면, 자살 예방 서비스가 처음 시작되었을 때 주된 상담 방식으로 채택한 것이 전화 상담이었기 때문에 '침묵의 전화 통화자'에게 효과적으로 대처하는 기술이 필연적으로 발전할 수밖에 없었다고 한다. 물론 사람은 누구나 자살 충동을 느낄 수 있지만 그저 전화를 걸어 아무 말도 하지 않는 것만으로는 그 충동을 지우기가 힘들다. 스콧은 '착한 사마리아인 모임 Samaritans' 회장이었고 레스터도 '국제 자살 예방 협회' 전임 회장이었기 때문에, 두 사람은 자살 사례를 접한 경험이 아주 많았다. 젊은 층을 포함해 전반적인 자살 발생 빈도가 우려스러울 정도로 높다는 사실을 고려하면, "개인, 혹은 사회가 침묵에 귀 기울 필요가 있다."는 두 연구자의 충고는 새겨들을 가치가 충분하다. 브로콥 D. Brockopp과 레스터는 침묵하는 통화자 중에 '문젯거리 통화자' 취급을 당해야 하는 사람은 없으며, 오히려 문제가 있는데도 전화를 안 거는 사람이야말로 골칫거리로 여겨져야 마땅하다고 충고한다. 그냥 수화기를 들고 듣기만 해도 도움이 될 수 있기 때문이다. 스콧과 레스터는 수전이라는 열여섯 살 소녀를 예로 들었다. 수전은 매일 점심때만 되면 술에 취해 있는 어머니를 상대하며 중요한 시험을 치르기 위해 공부를 끝내려고 안간힘을 쓰고 있었다. 그 지역 '친구가 되어주는 센터 Befriender Center'에 전화를 걸어보라고 수전에게 추천한 사람은 수전의 담당의였다. 수전은 수없이 많이 전화를 걸었지만 언제나 침묵을 지키기만 했다. 훗날 수전은 위기를 극복하는 데 센터가 어떤 도움을 주었는지 자신의 경험을 이렇게 설명했다.

> 다이얼을 돌리고…… 목소리를 듣는 것, 내게 필요한 것은 그게 다였다. 나는 그때 내 마음, 생각, 신체 속에 갇혀 있었다. 단어가 떠오르지 않았다. 꼭 목소리를 잃은 기분이었다. …… 몇 주 동안 나는 계속 센터에 전화를 걸었다. 그러면 누군가가 대답했다. 그 목소리가 어쩌나 듣기 좋던지!……

공연히 귀찮게 하는 것 같아 마음이 쓰였지만 그때 나는 누군가 날 돌보아줄 사람, 날 걱정해줄 사람, 내게 귀 기울여줄 사람이 필요했다. …… 나는 알고 있었다. 전화를 거는 일이 내 자신에게 상처 주는 짓을, 나 자신을 죽이는 짓을 멈추게 해주었다는 것을. 나는 밤늦은 시간에 전화를 걸었다. 언제나 서로를 죽일 듯이 비명을 질러대는 부모님의 부부싸움이 끝난 직후였다. 싸움 소리는 굉장했지만 부모님은 아직 서로 사랑하고 있었다. 하지만 나를 사랑하는 것 같지는 않았다. 나는 한 번도 그걸 느껴본 적이…… 그게 벌써 20년도 더 된 일이다. 지금도 내가 할 수 있는 말은 "감사합니다."라고 쓴 카드를 매년 한 장씩 센터에 보내는 것뿐이다.

스콧과 레스터는 최근에 정신과 전문의 자격증을 취득한 어떤 상담사가 맡았던 첫 환자의 슬픈 이야기를 들려주었다. 20대 초반 여성이었던 그 환자는 심리 상담을 8회 받고 오라는 집안 주치의의 말에 그 상담사를 찾아왔다고 한다. 환자는 매주 찾아왔지만 무려 5주 동안이나 말없이 침묵 속에 앉아만 있었다. 다섯 번째 상담이 끝나갈 무렵, 환자의 행동에 불안감을 느끼던 상담사는 이렇게 완벽한 침묵 속에 앉아만 있는 것은 두 사람 모두에게 시간 낭비인 것 같으니 말할 준비가 되면 비서와 통화해 다음 약속을 잡는 것이 좋겠다고 환자에게 말했다. 바로 그 다음 날 그 환자는 자살했다. 그 뒤로 15년이 지난 지금까지도 그 상담사는 여전히 자신이 그 환자에게 좀 더 주의 깊게 귀 기울이지 못했던 것을 안타깝게 느끼고 있었다. 연구자들은 이렇게 기록했다.

…… 침묵에 귀 기울이는 것은 위기에 처한 고객을 돕는 상담사들의 기본적인 임무이다. 엄청난 고통, 죽고 싶은 기분, 마음의 동요는 대개 전체적으로 개인적인, 그리고 사회적인 침묵에 뒤덮여 있다. 위기에 개입해 도움을 주는 행위의 핵심은 소통이기에, 때때로 상담사들은 고객의 침묵을

공유하는 것을 몹시 불편해한다. 그러나 침묵도 인간적 상호작용의 중요한 한 측면이다. 아무리 말로만 이루어지는 언어적 소통이라고 해도 그것이 무엇보다도 침묵이라는 배경과 밀접하게 관련되어 있기 때문이다. 침묵은 각기 다른 의미를 내포할 수 있다. 따라서 침묵은 단순한 말의 부재가 아니다. 오히려 그것은 '능동적인 존재'일 수 있다.

침묵하는 정신과 전문의

지금까지 우리는 주로 환자, 혹은 고객의 침묵에 대해 살펴보았다. 상담사도 여러 목적을 위해 침묵할 수 있지만, 설사 그것이 궁극적으로 도움이 된다 하더라도 환자 입장에서는 상담사의 침묵이 모두 유쾌한 것은 아니다. 라캉[02]은 스스로 침묵에 잠긴 환자들, 그리고 "요구의 그림자로부터 뒷걸음질 치는" 환자들이 분석가의 침묵에 좌절감을 느낄 수 있다는 사실을 알면서도, 분석가는 "환자의 좌절감과 결합된 '시니피에'가 다시 모습을 드러내도록" 자신의 침묵을 이용할 수 있다고 설명했다. 그러나 사바디니는 "침묵은 소통의 한 부분이며 오직 관계 내에서만 발생할 수 있다. 그것은 일종의 대인관계 현상이기 때문이다."라고 경고했다. 그

---

02 자크 라캉 Jaques Lacan 1901~1981 : 프랑스의 정신분석학자. 프로이트의 정신분석학과 소쉬르 Ferdinand de Saussure 1857~1913의 구조주의 언어학을 결합하여 인간의 본질에 철학적으로 접근하고자 했다. 진리 자체를 추구하기보다는 오히려 진리를 추구하는 철학자의 욕망에 주목한 라캉은, 인간은 태어나는 순간부터 언어적 질서에 의해 타자의 지배를 받는다고 생각했다. 따라서 인간의 욕망은 타자의 욕망이다. 구조주의 언어학에서 언어 기호는 두 요소 '시니피에 signifié'와 '시니피앙 signifiant', 즉 기의와 기표로 구성된다. 라캉은 언어의 의미인 시니피에보다 언어의 발음인 시니피앙이 인간의 정신에 더 지배적 영향을 끼치며 이 둘 사이에 경계선이 불분명할 경우 정신 문제가 발생할 수 있다고 생각했다.

러면서 환자를 통해 그 사실을 깨닫게 된 한 상담사를 사례로 들었다.

　C양의 침묵은 종종 내게 심각한 기술적 문제를 안겨줬다. 나는 알고 있
　었다. 그녀는 그냥 침묵하게 내버려두는 나의 행동을 나의 부족한 이해 능
　력과 치료 능력을 보여주는 증거로 여겼을 가능성이 크다는 것을. 나는 또
　알고 있었다. 내가 그녀의 침묵을 깼다면 그녀는 그것을 자신의 공간을 침
　범해 자신에게 고통을 안겨주려는 침략행위로 받아들였으리라는 사실을.
　내가 이 교착상태에서 벗어날 수 있는 유일한 방법은 가끔씩 C양에게 내가
　빠진 이 딜레마를 털어놓는 것뿐이었다.

　사바디니는 이렇게 덧붙였다. 상담사는 "거의 충동에 가까운 절실한
욕구를 느낄 수 있다. 빈 공간을 채우고 싶은 욕구, 자신이 '무슨' 말을 하
는 것인지도 모르면서 '뭔가' 말하고 싶은 욕구 말이다." 사바디니가 이
욕구를 잠재적으로 재앙을 일으킬 침략행위로 여기고 있었다는 사실은
'침묵하는 환자가 말의 홍수에 빠져 죽을 위험'이라는 그의 표현에도 암
시되어 있다. 사바디니는 위 표현을 쓰면서 1945년 나치 포로수용소에
갇혔던 미국 병사들을 떠올렸다. 그곳에서 기아의 참상을 목격한 병사들
은 그곳에서는 살아남았지만 그 뒤 자신도 모르는 사이에 과식을 함으로
써 스스로를 죽였기 때문이다.

　상담사는 침묵을 이용해 안정감, 이해, 자제심 등을 전달할 수 있지만,
레인 R. C. Lane, 코에팅 M. G. Koetting, 비숍 J. Bishop 등의 연구자들은 이
렇게 지적한다. "…… 만약 전문가가 이 방법을 아주 능숙하고 섬세하게
사용하지 않으면, 고객은 상담사의 침묵을 거리감, 무관심, 무성의함으로
느낄 수 있고, 이것은 결국 진실하고 안전해야 할 두 사람 사이의 치료 동
맹을 결렬시키는 결과로 이어지고 만다." 여기에 한마디 더 덧붙이자면,

이럴 경우 고객은 치료비 본전은커녕 거스름돈도 제대로 챙겨 받지 못한 만만한 손님이 된 듯한 기분을 느낄 수 있다.

최근 한 연구에서 미국 심리학 협회 American Psychological Association 소속으로 자격증을 소지한 경력직 상담사 81명을 대상으로 설문조사를 시행했다. 응답자들은 상담의 흐름을 방해하거나 공감을 표시하기 위해서가 아니라, 주로 깊은 생각이나 감정 표현을 이끌어내기 위해서, 그리고 책임감을 북돋워주기 위해서 침묵을 사용하는 것으로 보고되었다. 응답자들은 침묵을 지키는 동안에도 고객을 관찰하고 상담 방향에 대해 생각하고 관심을 표현한다고 대답했다. 연구자 힐 C. E. Hill, 톰프슨 B. J. Thompson, 라데니 N. Ladany가 이 설문조사에 대해 설명한 바에 따르면, "상담사 대부분은 적극적으로 문제를 해결하려는 고객한테는 편하게 침묵을 사용하지만 다른 유형의 고객한테는 침묵을 사용하기가 망설여진다."고 했다. 그들은 자신들의 의도를 오해할 우려가 있는 환자, 침묵 처벌을 경험한 적이 있는 환자, 정신분열증 환자, 피해망상증 환자, 잠재적으로 자신과 타인을 해칠 위험이 있는 환자 등에게는 침묵을 사용하지 않았다. 상담치료에서 침묵을 어떻게 사용할 것인가, 침묵 사용법을 어떻게 배울 것인가에 대한 관심이 점점 높아지고 있는데도, 아직까지 사람들을 돕는 기술을 다룬 이 분야 기본 교재에는 침묵을 언제 어떻게 사용하라는 설명이 거의 나와 있지 않다는 사실이 이 설문조사에서 드러났다. 위 연구자들이 짧게 인용하기도 한 이론적 논문과 경험적 논문은, 상담치료에서 침묵 사용이 어떤 결과를 초래하는가, 또 과연 권장할 만한 방법인가에 대해 상당히 모순된 내용을 담고 있었다.

힐, 톰프슨, 라데니의 설문조사는 또 상담사들이 상담 시간에 실제로 유지하는 침묵의 길이와 침묵을 대하는 그들의 태도 사이에는 직접적 상관관계가 없다는 사실을 밝혀냈다. 그러나 대개 침묵을 상대와 자신을 구분하는 경계선이나 방패로 이용하는 경우는, 남성 상담사가 여성 상담사보다 훨씬 잦았고, 모든 상담사가 모든 고객보다 훨씬 잦았으며, 남성 고객이 여성 고객보다 훨씬 잦았다. 이런 결과를 토대로 연구자들은 이런 결론을 내렸다. "…… 침묵은 남성에 의해 더 방어적으로 사용되는 것 같다. 이는 자연주의 연구 분야에서 향후 다루어봄직한 흥미로운 문제이다." 그들은 또 침묵 사용을 어떻게 생각하느냐 하는 문제가 상담사들이 이론적으로 어느 분야에 정통해 있는가와 관련되어 있다는 사실도 밝혀냈다. 그래서 정신역학 상담사들은 자신들의 통찰을 강조하기에 알맞은 깊은 생각을 끌어내기 위해 자주 침묵을 사용하는 반면, 인본주의 상담사들은 공감, 존중, 지지를 표현하기 위해 침묵을 자주 사용한다고 한다. 우리의 기질이나 특별한 경험이 우리가 어떤 방법을 선택하느냐에 영향을 끼친다는 사실을 다시 한 번 일깨워주는 참으로 쓸 만한 연구 결과이다.

정신과치료와 영적 문제

표트르 라즈스키 Piotr Rajski는 상담치료 분야에서 매우 독특한 이론적 지향점을 제시한 연구자 중 한 명이다. 캐나다 앨버타의 에드먼턴에서 심리학자로 활동 중인 라즈스키는, 주로 자신을 대상으로, 그리고 가끔씩은 부모님과 함께 '명상적 기도 Contemplative Pryer' 형태의 침묵을 시험하고 있다. 그는 이 침묵이야말로 상담사의 입장에서 스스로를 정화하고 균형을 회복할 수 있는 방법이라면서 "침묵은 주님을 찾아가는 왕도"라고 규정했다. 라즈스키는 자신의 내면에서 그 '성스러운 조각'을 찾아낸 것을 근거로 상담사는 더 이상 혼자서 환자를 상대하는 것이 아니라고 주장했다. "주님께서 상담사와 환자 두 사람 모두에 대한 사랑으로 상담 과정에 적극적으로 참여하신다."는 것이었다. 딱 잘라 말해서 이런 방식은 어떤 상담사나 환자들의 취향과는 전혀 맞지도 않거니와 어떤 상황에서는 매우 부적절한 방식이 될 것이다. 그러나 이 방식의 가치를 확신하는 라즈스키는 다음과 같이 기록했다.

1982년 즈음 나는 조증 환자를 한 명 맡고 있었다. 그 환자는 주로 끊임없이 이야기를 함으로써 자신을 드러냈다. 매번 상담시간마다 빠른 말투로 내가 끼어들 새도 없이 강렬한 이야기들을 계속 늘어놓는 통에 나는 이렇게 가다가는 아무 말도 할 수 없을 거라는 확신이 들었다. 그 시절 젊고 경험이 부족한 상담사였던 나는 그렇게 불균형한 역학관계가 형성되자 좌절감마저 느꼈다. 그래서 순전히 절망감에서 벗어나고 싶은 마음에 환자에게 눈을 감아달라고 요구했다. 그 환자를 내가 어떻게 설득해서 눈을 감게 만들었는지는 기억나지 않지만 그도 결국은 내 말에 동의했다.

그러자 다음 순간 너무나 놀라운 일이 일어났다. 잠시 동안은 계속 말을 빠르게 늘어놓던 환자의 목소리가 5분 정도 지나자 눈에 띄게 느려지기 시작했던 것이다. 그러면서 환자는 자신이 하고 있는 말에 대해 좀 더 깊이 생각하기 시작했다. 다시 5분 정도가 흐르자 환자는 완전히 진정되었다. 훨씬 깊이 심호흡을 하기 시작하면서 자신의 신체를 인식하게 된 것이었다. 환자는 남은 상담시간 내내 침묵에 잠겨 있었고 나 역시 환자와 함께 침묵했다.

마침내 눈을 떴을 때 환자는 완전히 다른 사람이 되어 있었다. 처음으로 나를 인정하고 나와 상호작용을 하기 시작했던 것이다. 우리는 더 이상 상담사와 환자의 관계가 아니었다. 우리는 마침내 그렇게 두 명의 인간적 존재로서 서로를 만나게 되었던 것이다.

비록 그 환자가 다시는 그런 모습을 보이지 않았노라고 곧바로 시인하기는 했어도 라즈스키의 이야기는 상당히 인상적이다. 그래도 라즈스키는 그 환자의 피고용인한테서 자기네 사장이 그 뒤로 일처리 능력이 극단적으로 향상되었다는 이야기를 들었다고 기록했다.

가정 지도나 상담에서 종교적인 요소의 자리를 고찰하는 것은 논란을 야기할 수 있다. 국제적으로 수많은 부부상담사들이 자신들의 뿌리인 종교 조직과 연계되어 있거나 종교단체 소속으로 활동하고 있다. 비종교적인 상담사들은 종교적인 상담사들이 환자들에게 영적인 주제를 꺼내어드는 것에 콧방귀를 뀔지 모르지만, 비종교적인 상담사들도 많은 환자들이 일상생활의 진실하고 소중한 일부라고 생각하는 종교적인 경험을 해본 적이 없다는 이유로, 그리고 그런 경험을 해본 사람들을 돕기에는 준비가 부실한 상담사라는 이유로 역시 비난을 받을 수 있다. 종교나 명상에서 침묵이 차지하는 자리는 다음 장에서 살펴보겠지만, 상담치료에서 침묵이 차지하는 자리는 그 자체로 잠재적인 가치가 있는 것으로 이해될 필요가 있다.

1990년 버진 A. E. Bergin과 젠슨 S. P. Jenson은 (정신과의사, 심리학자, 사회복지사, 부부상담사, 가정상담사 등) 몇몇 심리치료 분야 전문가들의 종교적 성향과 일반대중의 종교적 성향을 비교했다. 그 결과 부부상담사와 가정상담사가 그 중 가장 종교적이며 그런 점에서 그들의 생활방식이 일반대중의 생활방식과 가장 유사한 것으로 드러났다. 표면적으로 이런 결과가 나왔음에도 불구하고, 상담치료에 영적인 문제를 끌어들이고 종교적인 내용을 전달하는 것이 타당하다고 믿는 가정 상담사들을 대상으로 최근에 미국에서 시행된 한 연구의 연구자들은 이렇게 기록했다. "수년 동안 가정상담 분야에서 발표된 논문들은 환자의 삶에 나타나는 종교적, 영적 측면에 대해 침묵한다." 세상에서 종교가 담당하고 있는 역할이나 수 많은 사람들의 삶 속에서 종교가 차지하는 특별한 위치를 고려하면 그런 내용이 다루어지지 않았다니 다소 의아하다. 그러나 그 연구자들은 최근 에 와서 상황이 유의미할 정도로 좋아지고 있다고 기록했다. 그들은 방대 한 인원의 결혼상담사와 가정상담사들에게 설문조사를 실시했고 그들 중 자그마치 95퍼센트가 스스로를 영적인 인간이라 믿고 있다는 사실을 밝혀냈다. "영적인 문제를 탐구하는 데 일정한 시간을 투자한다."고 진술 한 사람은 82퍼센트, 규칙적으로 기도를 한다고 대답한 사람은 71퍼센 트였다. 그리고 그들 대부분은 자신의 경력을 영적 발전의 일부라고 여기 고 있었다. 연구자들은 또한 "놀랍게도 응답자의 95퍼센트가 영적인 건 강과 신체적인 건강이 관련되어 있다고 믿는다."는 사실도 밝혀냈다. 실 제 임상치료에서 영적인 문제가 고려되어야 한다고 믿는 사람은 62퍼센 트, 상담사가 환자에게 영적인 질문을 던지는 것을 적절한 치료라고 믿는 사람은 68퍼센트, 환자가 영적으로 성장할 수 있게 상담사가 돕는 것을 지당한 일이라고 믿는 사람은 고작 42퍼센트에 불과했지만 말이다. 연구 자들은 설문조사를 하면서 '영적'이라는 표현 대신 '종교적'이라는 용어 를 사용할 경우 그것을 적절한 치료법이라고 여기는 응답자의 퍼센트가 눈에 띄게 확 떨어지는 것을 알아냈다. 짐작컨대 그냥 '영적인' 사람보다 '종교적인' 사람으로 보이면 전도를 하려고 드는 사람, 혹은 편협한 종파 주의자로 비칠 가능성이 더 높다고 느끼는 모양이었다. 그러다 보니 응답 한 상담사의 4분의 3 정도가 영적인 훈련을 받은 적이 없었다. 전체 응답 자 중 겨우 38퍼센트(무작위로 선정한 미국 부부, 가정 상담사 협회 소속 회원 400명 중 153명)만이 그런 훈련을 받은 적이 있다고 대답했고 연구자들은 "…… 이런 주제에 관심이 없는 사람들의 경우 이 설문조사에 참여하지 않았을 가능성이 크다."고 시인했다. 보고서에 따르면 이 설문조사는 상담사의 행동이 아니라 태도를 측정하려는 의도로 시행되었다고 한다.

칼슨 T. Carlson과 다른 연구자들에 의해 시행된 이 설문조사는 일부 상담사들이 사용하고 있는 영적, 혹은 종교적 성격의 침묵에 의문을 제기했다. 다음 인용문은 그 설문조사에 참여했던 한 상담사의 말이다.

나는 종교적이거나 영적인 문제를 제기함으로써 상담을 시작하는 것이 타당한지에 대해서만 논의를 해야 한다고 말하는 상담사들을 여러 번 보았습니다. 그러나 우리가 상담사로서 말하지 않는 것들이 과연 어떤 효과를 발휘할지는 의문입니다. 상담치료에 도움만 된다면야 우리도 영적인 문제에 대해 기꺼이 이야기할 의사가 있다는 사실을 고객들에게 알려주지도 않는다면, 결국 아무 말도 하지 않는 우리의 행동은 그런 주제에 대해서 말하면 안 된다는 뜻으로 받아들여지지 않을까요.

이 설문조사에 참여한 응답자 가운데 종교적이거나 영적인 문제에 대한 토론으로 상담을 시작하는 경우가 꽤 있다고 대답한 상담사는 상당수에 이르렀지만, 심리치료 시간에 자신의 종교적인 명상 경험을 동원해 환자에게 침묵의 명상에 잠겨보라고 권했던 라즈스키보다 더 적극적인 방법을 제시한 사람은 아무도 없었다.

지금까지 우리는 일대일 상담 분석에서 침묵이 차지하는 부정적 측면과 긍정적 측면에 대해 살펴보았다. 침묵은 그룹 상담치료를 진행할 때에도, 개인, 하위그룹의 일원, 그룹을 이끌어나가는 사람, 그룹 전체 등 어느 입장에서든 적절한 요소로 쓰이는 경우가 종종 있다. 갠즈 J. S. Gans와 하버드 의과대학에서 공동연구를 진행하는 참으로 딱 어울리는 카운셀맨 E. F. Counselman이란 이름의 연구자는 그룹 상담치료에서 침묵이 나타나는 원인을 보편적인 기준에 따라 다섯 가지로 분류했다. "강화된 형태의 그룹 치료에서 침묵은 참여자의 방어적 심리를 반영하거나 그 참여자가 선호하는 그룹 내 위치를 표현하는 것으로 볼 수 있다."고 기록하면서 연구자들은 이렇게 주장했다. "때로 심리적 휴지 상태로 오인되기도 하는 침묵은 의미심장한 소통의 한 과정으로 평가되어야 한다."

언어장애

상담치료와 침묵 사이의 관계를 고찰하려면, 장애가 언어적 표현을 방해하거나 극도로 자제시키는 사람들의 경험을 짚고 넘어가야 마땅하다. 그런 경우에는 침묵이 독특한 표현 방식이 될 수 없다. 그것이 표현의 감옥으로 작용하기 때문이다. 따라서 시간을 들여 그런 사람들의 목소리에 귀 기울이는 부담스러운 행위는 특별한 인내심과 사고를 필요로 하는 도전이 되기도 하며, 특별한 상황 말고는 그 방법을 상담치료 기술과 자원으로 적절히 사용할 수 없게 되기도 한다.

심신을 약화시키는 언어 장애가 있는 사람에게는 단어 사이의 간격이 엄청나게 넓어 보인다. 전시(戰時) 영국 국민에게 연설을 하기 위해 심각한 말더듬 증상을 극복한 조지 6세[03]의 분투를 그린 옛날 뉴스릴 영화를 보면, 오스카 작품상을 석권한 최근 영화의 제목을 실제 제목인 〈킹스 스피치〉, 즉 〈왕의 연설〉이 아니라 〈킹스 사일런스〉, 즉 〈왕의 침묵〉이라고 정했더라면 훨씬 좋았을 것 같다는 생각이 든다.

신체적 장애 때문에 말을 할 수 없는 사람들은 사회적으로 침묵당하는 사람들과 구분하여 다른 범주로 따로 묶어야 한다. 후자, 즉 특별한 문화적, 정치적 이유에서 사회적으로 침묵당하는 사람들은 자신의 생각을 말하지 못하게 강요당하고 있다고 느낀다. 그들의 배제된 목소리에 관해서는 이미 앞 장에서 살펴보았다. 그러나 전자는 신체적으로 할 수만 있다면 아마도 말을 할 것이다.

미국의 영화감독과 동명이인인 아일랜드 작가 크리스토퍼 놀란 Christopher Nolan은 신체적으로 장애가 있는 사람이 자신의 어려움을 어느 정도 극복한 이야기를 쓴 적이 있다. 놀란의 나이 21세 때인 1987년 출간된 자서전 ≪시계의 눈 밑에서 Under the Eye of the Clock≫는 영국 최고의 문학상인 휘트브레드 상 Whitbread Book Awards 그 해의 작품상을 수상했다. 태어날 때 뇌에 산소 공급이 끊기는 바람에 거의 죽을 지경에 이르렀다가 살아난 놀란은 그 사고로 전신마비의 후유증을 얻었고 그 결과 언어의 형태로 명확히 의사소통을 할 수가 없었다. 몇 년 동안 자신의 생각과 관념을 표현하고 싶다는 욕구에 그의 마음은 활활 불타올랐다. 약물치료 덕분에 목 근육을 움직일 수 있게 되자, 놀란이 이마에 고정한 막대기로 키보드를 누르는 법을 배울 수 있도록 어머니는 곁에서 참을성 있게 정성껏 아들을 도왔다. 놀란은 더블린에 있는 센트럴 레미디얼 임상학

---

03 조지 6세 King George VI 1895~1952: 영국 윈저 왕가의 세 번째 왕으로 풀 네임은 앨버트 프레더릭 아서 조지이다. 차남으로 원래는 황태자가 아니었지만 1936년부터 1952년까지 재위하면서 제2차 세계대전 중 국민의 마음을 잘 어루만진 왕으로 평가된다. 1936년 즉위한 형 에드워드 8세는 두 번이나 이혼한 미국 여성 심프슨 Wallis Simpson과 사랑에 빠졌고 의회가 결혼에 반대하자 왕위를 내놓고 평생 평민으로 살았다. 형이 세기의 로맨스를 연출하는 바람에 얼떨결에 왕위에 오르게 된 조지 6세는 어려서부터 말을 더듬는 언어장애가 심했다. 행정권이나 의사결정권이 없는 상징적 존재인 왕으로서 국난의 시기에 연설을 통해 국민에게 희망을 불어넣는 역할을 수행해야 했기에 조지 6세는 몸부림에 가까운 노력으로 장애를 극복했다고 한다. 톰 후퍼 Tom Hooper 감독, 콜린 퍼스 Colin Firth 주연의 2010년 작 〈킹스 스피치 The King's Speech〉는 이 실화를 영화화한 작품으로 그 해 아카데미 작품상, 감독상, 각본상, 남우주연상을 수상했고 토론토 국제 영화제를 비롯해 세계 여러 영화제에서 상패를 쓸어 담았다.

교와 마운트 템플 중등학교에도 다녔다. 놀란의 첫 책은 ≪꿈을 가둔 댐의 폭발 Dam-burst of Dream≫이라는 참으로 어울리는 제목의 시 선집으로 1981년 출간되었다. 그로부터 6년 뒤 출간된 ≪시계의 눈 밑에서≫의 서문을 쓴 존 캐리 John Carey는 놀란에 대해 이렇게 말했다.

> 놀란은 산사태가 쏟아지듯 언어 속으로 곤두박질친다. 마치 그것이 죽음으로부터 도망치는 유일한 길인 양. 물론 사실이 그렇기도 하다. 그는 몇 년 동안이나 신체라는 관에 갇혀서 아무 말도 할 수가 없었다. 언어를 표현할 수 있는 길을 찾았을 때 그는 너무나 신이 나서 단어 집합, 말장난, 말 따라 하기, 두음 맞추기, 단어 겹쳐 쓰기 등 말로 할 수 있는 모든 놀이에 빠져들었다.

인간의 마음을 침묵이라는 덫에 가둘 수 있는 또 다른 장애는 자폐증이다. 예전에는 회자된 적조차 없는 그런 사람들의 이야기가 이제는 속속들이 세상에 나오고 있다. 션 배론 Sean Barron, 티토 뮤코패디에이 Tito Mukhopadhyay, 도나 윌리엄스 Donna Williams 등도 그런 사람들에 포함된다. 그들의 성공을, 가장 가까운 사람이 곁에서 열심히 도와주기만 하면 자폐증 아동 모두가 일관성 있게 글을 쓸 수 있을 것이라는 뜻으로 해석하는 것은 성급하다 못해 잔인한 처사이다. 그것이 단순한 도전이 아닌 이유는 특히 자폐증이라는 용어가 광범위한 장애를 통칭하는 용어로 쓰이기 때문이다. 그럼에도 샌프란시스코의 캘리포니아 대학교의 신경과학자인 마이크 머제니치 Mike Merzenich 박사는 2003년 티토 뮤코패디에이의 방송 인터뷰를 언급하면서 이렇게 말했다. "여기 우리에게 한 소년이 있다. 소년은 어머니와의 광범위한 경험적 상호작용을 통해 자신의 능력, 자신의 정신 속으로 들어가는 길을 찾아냈다. …… 저 바깥세상에 수

천 명, 아니 수만 명의 티토들이 존재할 수도 있다고 나는 생각한다."

1971년 발표된 다큐멘터리 영화 〈침묵과 어둠의 땅 Land des Schweigens und der Dunkelheit (Land of Silence and Darkness)〉의 주인공은 피니 Fini라는 여성이었다. 그 당시 56세였던 피니는 십대 후반 이후로 눈도 보이지 않고 귀도 들리지 않는 상태로 살아왔다고 한다. 어머니 손에 의해 침대에 갇힌 채 30년을 살아오는 동안 피니는 자신의 고립을 극복하고 비슷한 고통에 빠져 있는 사람들을 도우려고 발버둥 쳤다. 독일의 거장 영화감독 베르너 헤어조크 Werner Herzog가 제작, 감독한 그 다큐멘터리는, 많은 사람들이 보기에 견딜 수 없을 것만 같은 장애 때문에 침묵 속에 살아온 사람에게 귀를 기울인다. 그런 사람과 그 가족들의 투쟁은, 널리 알려진 미국 앨라배마 태생의 헬렌 켈러 Helen Keller 사례에서 볼 수 있듯 참으로 어마어마한 것이다. "가난한 집에서 성장한 갈색 머리 아일랜드계 고아"였던 애니 설리번 Annie Sullivan 선생의 도움 덕분에 켈러는 미국 대학에서 예술 학위를 취득한 최초의 시청각 장애인이 되었다. 켈러의 이야기는 1959년 브로드웨이 연극, 1962년 영화로 제작되었는데 두 작품 모두 앤 밴크로프트 Anne Bancroft와 패티 듀크 Patty Duke가 주연을 맡았고 제목도 똑같이 〈미라클 워커 The Miracle Worker(기적의 사회복지사)〉였다.

역경을 이겨내고자 분투한 또 다른 사람으로 귀도 나지 Guido Nasi를 들 수 있다. 아일랜드에 영어를 배우러 온 이탈리아 학생 나지는 그때 나이 열일곱 살로 처음으로 집을 떠나 생활하고 있었다. 1999년 페어뷰 공원에서 친구들과 함께 축구를 하고 있던 나지는 잠깐 동안 몇몇 더블린 청년들과 어울려 함께 놀았는데, 청년들과 헤어지고 나서 지갑이 사라진 것을 알았다. 그래서 그들을 쫓아가 지갑을 훔쳐간 것으로 짐작되는 청년을 붙잡았다. 뒤에 남은 청년 두 명은 나지를 알아보고 때리기 시작했다. 폭행이 계속

되고 있는데 한 남자가 끼어들더니 청년들에게 경찰이 도착하기 전에 얼른 도망치라고 충고했다. 나지가 남자 쪽으로 몸을 돌리자 남자는 맥주가 반쯤 들어 있는 병으로 나지의 머리를 가격했다. 나지는 보도 바닥에 머리를 꽝 찧으며 쓰러졌고 목뼈가 부러지는 바람에 결국 전신이 마비되고 말았다. 나지를 공격한 남자는 체포되어 죄를 자백했다. 그 당시 29세였던 폭행범은 알코올중독자로 사건이 있던 그 날에도 거의 하루 종일 술을 마셨다는 사실이 법정에서 밝혀졌다. 남자가 "술과 분노에 취해" 폭행을 저질렀다고 진술했던 것이다. 잠시 후 귀도 나지가 보낸 편지가 법정에서 낭독되었다. 다른 사람들의 도움을 받아 나지가 굉장히 어렵게 작성해 보내온 편지였다. 나지의 어조는 희생자가 된 충격과 상실감에 휩싸여 있었다.

　　왜 나는 읽거나 쓸 수 없는 걸까요? 왜 나는 그토록 즐겁고 만족스럽던 학교에 갈 수 없는 걸까요? 왜 나는 내 나이 청년들의 권리인 온갖 활동들을 아무것도 하지 못하고 단조로운 삶을 살고 있는 걸까요? 왜 나는 내 친구들이 대학을 졸업할 때까지 고등학교도 졸업할 수 없는 걸까요? 내 친구들은 점점 앞으로 나아가는데 왜 나만 뒤에 가만히 서서 늘 친구들과 헤어져야 하는 걸까요? 그게 왜 나인가요? 대체 왜?

　폭행범이 나지가 보낸 장문의 편지에 반박하며 아무 보람 없는 호소를 하고 있는 동안, 판사 휴 게이건은 귀도 나지의 처지를 생각하면 '죽음보다 가혹한 운명'이란 표현이 떠오른다고 말했다. 폭행 사건으로부터 2년이 흐른 뒤 나지는 그간 지지를 보내준 아일랜드 사람들에게 감사를 표하고자 휠체어를 타고 더블린으로 돌아왔다. 오스트리아 병원에서 치료를 받은 덕분에 약간 상태가 호전되기는 했으나, 나지 앞에 놓여 있는 미래는 여전히 삭막했다. 기사에 따르면 나지는 한쪽 손에 거의 힘을 주지 못한다고 했지만, 각고의 노력 끝에 ≪그냥 내 눈을 봐 : 침묵의 침대에서 흘러나오는 노래 Just Look into My Eyes : Verses from a Silent Bed≫라는 제목의 시집을 완성했다.

또 다른 형태의 침묵은 학습장애가 있는 사람들이 보이는 침묵이다. 지난 25년 동안 그 현상을 규명한 뛰어난 연구들이 그 이전보다 훨씬 더 많이 나타났다. 예컨대 1996년 셰필드 대학교 사회학과 소속의 팀과 웬디 부스 Tim & Wendy Booth는 특히 부정확한 표현과 무반응을 중심으로 학습장애가 있는 사람들에게 서사적 연구 방식을 사용하는 도전에 대해 탐구했다. 그들은 서사적 방식 자체에 대한 학구적 관심을 불러일으킴으로써, 과거 연구자들이 종종 간과했던 사람들, 즉 학습장애가 있는 사람들에게 그 방법을 적용하는 것이 어떤 가치가 있는지 연구하는 데 영감을 불어넣을 수 있었다고 설명했다. 그러면서 그런 사람들과 직접 대화하는 빈도가 최근 연구자들의 경우 예전보다 훨씬 높아졌다고 평가했다.

그러나 대부분의 경우 서사적 방식을 사용하는 연구자들이 스스로 할 이야기가 있는 사람들보다 학습장애가 있는 정보제공자들을 통계의 주요 원천으로 여겨온 것은 사실이다. 이것이 서사적 인구와 인터뷰 연구의 결정적 차이이다. 서사적 연구에서는 주체의 목소리가 서사의 준거 틀을 결정한다.

이런 맥락에서 볼 때 정보제공자가 자신이 한 말의 의미나 중요성을 다소 다르게 이해하는 상황이라 하더라도, 우리는 우리의 서사 연구를 뒷받침하기 위해 연구 통계를 얼마나 자주 이용해왔는지 스스로에게 질문을 던져볼 가치가 있다.

때때로 불분명한 표현은 사회적 억압에서 비롯되기도 하며 제대로 교육을 받지 못하는 가난한 환경 때문에 더욱 악화되기도 한다. 주원인이 사회적 문제이든, 개인적 문제이든 간에, 서사적 연구에 꼭 필요한 질문으로 여겨져 온 특정 유형의 질문에, 특히 정답이 정해져 있지 않은 질문에 대답하는 능력이 부족한 것도 불분명한 표현에 포함된다. 일부 정보제공자들은 경험을 일반화하는 것, 과거를 평가, 반추함으로써 현재에 의미를 부여하는 것을 어려워한다. 강력한 현재지향성은, "사람들이 과거를 재구성하는 데 사용하는 획기적인 사건이 사회적인 이유로 부족한" 정보제공자에게는 시간과 빈도에 대한 질문을 피해야 한다는 사실을 보여주는 현상일 수도 있다. 불분명한 표현의 침묵을 고찰할 때 관련지어 생각해보아야 하는 문제는 그것뿐이다.

　　자신을 잘 표현할 줄 아는 사람들은 말을 함으로써 쉽게 인터뷰 방향을 제시한다. 연구자들은 과묵한 사람과 인터뷰할 때는 그들이 말하지 않는 것에 좀 더 주의를 기울이여야 하며, (깨지기를 기다리고 있는) 표현적 침묵과 (스쳐지나가길 기다리고 있는) 닫힌 침묵을 구분하는 법을 배워야 한다.
　　이 두 가지 유형의 침묵을 구분하는 쉬운 요령 따위는 없다. 연구자가 너무 성급하게 포기해서는 안 된다는 것 말고는. 그 실마리는 대개 그 정보제공자 개인 특유의 성향인 경우가 많아서 그 사람을 잘 알아야지만 찾아낼 수 있다. 이런 이유로 표현이 불분명한 사람과 인터뷰를 할 때에는 몇 차례의 상담시간에 걸쳐 인터뷰를 진행해야 하며, 가능하다면 다른 상황, 다른 장소에서 그 사람과 함께 시간을 보내는 보충 작업도 이루어져야 한다.

이것은 유용한 조언이지만, 요즘같이 바쁜 세상에 끊임없이 서둘러 논문을 발표해야 하는 학자와 연구자들 중에, 자기표현을 잘 못하는 사람이 정말로 하고 싶어 하는 말이 무엇인지 알아내기 위해 그런 손 많이 가는 준비 작업을 감수할 사람이 몇이나 있을지 궁금하다. 팀과 웬디 부스는 논문에서 연구의 주요 대상이었던 정보제공자를 언급하면서 이렇게 시인했다.

대니 에이브버리 Danny Avebury는 우리가 2시간 반 동안이나 인터뷰를 하고도 사소한 사실 하나 건져내지 못한 대표적인 인물이다. 인터뷰의 대가들인 스터즈 터클이나 토니 파커도 대니 에이브버리의 세상에서는 살아 있는 것을 찾아내지 못할 것이다.

자기표현을 잘 못하는 사람들에게 귀를 기울이는 수고로움을 아끼지 않은 것으로 유명한 루이스 스터즈 터클 Louis Studs Terkel은 광범위한 사회 영역에 걸쳐 가난과 전쟁에 대한 개인적 기억을 수집한 미국의 역사가이다. 토니 파커 Tony Parker 역시 주로 소외계층 사람들을 인터뷰한 영국의 유명한 구술사가이다.

8장

신성한 침묵

종교적인 동기에서 침묵을 지키거나 권장하는 사람, 혹은 법정에서 사람들을 조용히 시키는 일을 수행하는 공무원을 지칭하는, 자주 사용하지 않는 특별한 단어가 하나 있다. 그 단어는 '침묵꾼 silentiary'이다. 공적으로든 사적으로든 침묵을 명령하거나 대개 영적인 의도에서 침묵을 수련하는 '침묵꾼'은 어느 시대에나 존재해왔다.

이집트

　성직자에 관한 고대 이집트와 메소포타미아 문헌에는 침묵 처방의 내용이 '자주' 등장한다고 알려져 있다. 이집트의 신 호루스 Horus는 손가락을 입에 대거나 물고 있는 천사 같은 아기의 모습으로 조각되었다. 그리스인들은 호루스를 침묵의 신으로 여기고 하포크라테스 Harpocrates라는 이름을 붙여주었다. 그래서 막스 형제[01] 코미디 팀이 침묵하는 광대에게 하포라는 이름을 붙여준 것 같다. 플루타르크는 호루스에 대해 이렇게

01 막스 형제 Marx Brothers: 미국의 희극배우 형제이다. 처음에는 치코 Chico, 하포 Harpo, 그루초 Groucho, 제포 Zeppo 4인조였다가 1930년대 후반부터는 제포가 빠진 3인조로 활동했다. 보드빌 공연에서부터 슬랩스틱 코미디 실력을 닦은 막스 형제는 여러 편의 코미디 영화에 출연했다. 말이 빠르고 영계(chicks)를 좋아하는 치코, 하프를 연주하며 말이 없는

기록했다.

하포크라테스는 그저 불완전한 젖먹이 신이나 콩의 신이 아니라(일부 사
람들은 그렇게 이해하겠지만), 우리가 신에 대해 나누는 부실하고 불완전하
고 불확실한 대화를 일축하는 지배자로 이해되어야 한다. 이런 이유로 그
는 항상 손가락을 입에 대고 있는데, 이것은 말이 거의 없거나 늘 침묵하는
모습을 상징하는 것이다. '메소레 Mesore'라고 불리는 8월에 이집트인들이
하포크라테스에게 콩을 제물로 바치면서 다음과 같은 주문을 외운 것도
같은 이유에서이다. "혀는 운명이고, 혀는 신이다."

여기에서 '콩 pulse'은 먹을 수 있는 콩과(科)식물의 씨앗이나 그 씨앗
에서 자라난 식물 자체를 뜻하며 완두, 대두, 편두가 모두 여기에 속한다.
그런 의미에서 '콩의 신'은 '비옥함의 신'의 원형일 수 있다.

인도

인도의 후기 베다 시대(BC 1500~BC 800) 문헌에는 종교적인 의식 속
에 침묵의 자리가 있었다는 놀라운 기록이 나온다. 학자들이 힌두교 경전
인 브라마나 중에 가장 중요한 것으로 꼽는, 그리고 기원전 8세기부터 6
세기 사이에 기록된 것으로 알려진 ≪사타파타 브라마나 Satapatha
Brahmana≫에도 이와 비슷한 내용이 나온다. 아래 인용된 긴 글은 '불의
제단 Fire Altar'을 세우는 복잡한 의식을 다루고 있다. 그 의식이 중요한

하포, 불평(grouch) 많고 목에 작은 가방(grouch bag)을 걸고 다니는 그루초 등 삼형제의 예
명은 각자의 페르소나를 반영한 것이었다.

이유를 이글링 J. Eggeling은 이렇게 설명했다. "그 의식이 어떤 확고한 목적, 즉 외면적인 제물 숭배 의식을, 그 시대의 우월한 사색적 이론을 표현하는 실제적인 종교의식으로 승화시키고자 하는 목적에 따라 정교하게 다듬어진 의식이라고 믿는 데는 몇 가지 이유가 있다." 말하자면 ≪브라마나≫에 기술된 그 제사의식에는 이전 시대 제사의식에 비해 더 복잡하고 발전된 세계관이 반영되어 있다는 것이다. 이글링은 프라자파티 Prajapati가 모든 신 위에 군림하는 신이라고 설명했다. "그러나 프라자파티는 자신이 창조한 불의 신 아그니 Agni에 의해 부활된다. 아그니는 절단되어 불의 제단에 바쳐진 조물주의 몸을 새로이 모은 다음 '불의 영령의' 모습으로 그 몸뚱이 안에 스스로 들어가 프라자파티를 되살린다. 프라자파티의 모습을 하고 있는 신을 아그니라고 부르기도 하는 이유가 이것이다." 아그니는 모든 가정의 주인이자 손님으로 불리기도 한다. 다음은 이글링이 기록한 제사의식의 일부이다.

28. 이 시들은 모두 신(아그니-프라자파티)에 대한 똑같은 하나의 설명을 담고 있다. 아그니가 프라자파티를 어떻게 치유하고 어떻게 보존했는지를 노래한 것이다. 그리고 이 시들은 어누시투브 시이다. '어누시투브 Anushtubh'는 말이며 말은 이 세상의 모든 치료약이다. 그러니까 아그니는 모든 치료약을 동원해 프라자파티를 치유하는 것이다.

29. 이제 다음은 정의된 것과 정의되지 않은 것에 대한 설명이다. 아그니는 기도문을 외우며 수소 두 마리에 멍에를 씌우고 다른 이들은 모두 침묵한다. 아그니는 기도문을 외우며 쟁기로 네 개의 밭고랑을 갈고 다른 이들은 모두 침묵한다. 아그니는 침묵 속에 잔디뎀불을 몸에 걸치고, 기도문을 외우며 제단에 제주를 올린다. 아그니는 침묵 속에 단지에 채워진 물을 쏟아 붓고, 기도문을 외우며 씨앗을 뿌린다.

30. 이제 아그니는 프라자파티가 되었다. 프라자파티는 정의된 것이자 정의되지 않은 것이며, 제한된 것이자 제한되지 않은 것이다. 기도문을 외우면서 행하는 행동은 무엇이든 정의되고 제한된 형태로 프라자파티를 부활시키고, 침묵 속에 행하는 행동은 무엇이든 정의되지 않고 제한되지 않은 형태로 프라자파티를 부활시킨다. 누구든지 이 의미를 아는 사람은 이 의식을 행함으로써 전체를 되살려 프라자파티를 완성할 수 있다. 외면적인 형상은 정의된 것이되 내면적인 형상은 정의되지 않은 것이다. 아그니는 한 마리 짐승과 같은 존재이다. 따라서 짐승의 모습을 한 외양은 정의된 것이되, 내면은 정의되지 않은 것이다.

옛날 인도에서는 새 사찰이 건축되면 도시 전체에 침묵하라는 명령이 떨어졌다. 맥에빌리 T. McEvilley는 이것이 '에우페미아'[02] 혹은 제의적 침묵의 단적인 예라면서 "뭔가 불길한 말이 입 밖으로 튀어나오지 않도록 신들이 듣고 있을 때 말을 금하는 것"이라 설명했다.

오늘날까지도 인도의 종교적 관습에서는 침묵이 중요한 자리를 차지한다. 스와미 아비시크타난다[03]라는 이름으로 알려진 프랑스의 베네딕트회 수도사는 산야신이 선택하는, 모든 것을 포기하는 삶에 대해 "그들은 언제나 자신들의 근본적인 의무가 침묵, 은둔, 명상이라는 것을 잘 알고 있고 그 의무를 저버리는 법이 없다."고 진술하면서 마하트마 간디 Mahatma Gandhi가 힌두교 승려들의 수행 공동체인 아시람 ashram에 보낸

---

02 에우페미아 Euphemia : 고대 그리스에서 쓰이던 여자 이름으로 '말씨가 곱다'는 뜻이다.

03 스와미 아비시크타난다 Swami Abhishiktananda 1910~1973 : 프랑스에서 태어나 베네딕트 수도승이 되었다. 영적인 삶의 더 본질적 형태를 찾고자 1948년 인도로 이주해 힌두교 탁발승인 산야신 sannyasin의 수행방법을 연구했다. 힌두교와 기독교의 수행방법을 접목시킨 힌두-크리스천 대화법의 개척자로 불린다.

편지에서 다음 글을 인용했다.

> 산야신은 사람들의 사회를 포기하고 침묵과 고독 속에 살아왔습니다.
> 심지어 사람들 속에 있을 때에도 그는 태평한 대화에 끼지 않습니다. ……
> 그러나 성자가 세상사와 사람들의 개인적인 이야기에 관심을 기울이지 않
> 는다고 해서 그 사람이 자기중심적인 이기주의자란 뜻은 아닙니다. 오히
> 려 그 정반대로 ……

유대교

예수의 탄생 이후 살았던 유대교 현자들도 침묵을 갈고 닦아왔다. ≪바
빌로니아 탈무드 Babylonian Talmud≫라고 알려진 문헌에는 '적절한 순
서'의 기도문을 만들어낸 120명의 현자들과 그 기도문이 잊혔을 때 새로
이 기도문을 만든 시므온이라는 현자 이야기가 기록되어 있다. 거기에는
그렇게 만들어진 기도문 외에도 이런 구절이 기록되어 있다. "신께서 굽
어 살피시니, 유일신을 찬양하는 것을 금하라."

> 랍비 엘르아살이 말했다. 이 노래의 뜻은 무엇인가? '그 누가 주님의 위
> 대한 업적을 말로 표현할 수 있으며 모든 찬송을 그 분께 가닿게 할 수 있
> 겠는가?' (시편 106장 2절) …… '인간이 말을 한다고 해서 주님께서 그 말을
> 들으셔야 하는가?' (욥기 37장 20절) 그러자 케르파 기보라야의 랍비 유다가
> 다음과 같이 설교했다. 이 노래가 뜻하는 바는 무엇인가? '찬송이 침묵 속
> 에 주님을 기다리고 있나니.'(시편 65장 1절) 그러므로 최고의 치료약은 침
> 묵이다. 그때 랍비 디미가 다가와 말했다. 서쪽 팔레스타인에는 이런 말이
> 있다. 말은 1셀라의 값어치가 있고 침묵은 2셀라의 값어치가 있다.

'셀라'는 두로에서 쓰이던 은화로 무게 14.43그램이 나갔으며 1셀라는 이스라엘의 통화인 1셰켈과 같은 값으로 통했다. 코헨 A. Cohen은 "말은 은이요, 침묵은 금이다."라는 현대 격언에 '상응'하는 옛 격언이 바로 '셀라' 운운한 이 문장이라고 말했지만, 스티븐슨 B. E. Stevenson이나 플레벨 L. Flavell이 말했듯 탈무드의 현대어 버전을 찾는 것은 좀 과한 듯하다.

그렇다면 유대교에서 침묵의 본질은 무엇이었을까? ≪옥스퍼드 유대교 사전 Oxford Dictionary of the Jewish Religion≫에는 "침묵의 기도는 숭배자들이 주님을 큰 목소리로 부르거나 최소한 입술을 움직여 불렀던 고대 시대에는 알려져 있지 않았던 듯하다."라고 적혀 있다. 한나가 그리 하였듯 말이다.(사무엘상 1장 13절) 그러나 〈미시나〉에는 아주 오래전부터 침묵이 유대교의 숭배에서 일정한 자리를 차지하고 있었다고 분명히 적혀 있다. 위에 인용된 탈무드 글에도 그 사실은 분명히 드러나며, 훗날 등장한 축복기도 '트락타타 베라코스 Tractata Berakoth'에 관한 글에도 그런 내용이 담겨 있다.

맑은 정신이 아닐 때 자리에서 일어서서 '테필라 Tefillah(기도문 - 옮긴이)'를 외워도 되는 사람은 없다. 옛날부터 신실한 사람들은 적어도 한 시간을 기다린 뒤에야 테필라를 외웠다. 그래야 자신들의 마음이 주님께 곧장 전달될 테니까. 그렇게 기다리고 있는 시간에는 설사 왕이 인사를 건넨다고 해도 그들은 몸을 돌려 그 인사에 대답하지 않았다. 그리고 뱀이 발목을 휘감는다고 해도 기도를 중단하지 않았다.

위 글을 현대어로 번역한 댄비 Danby는 "그 침묵은 인간의 특정 죄악을 씻어내는 정화의 필수조건인 몰입을 요하는 행위였다."고 말했다. 율법 연구가 윌리엄스 A. L. Williams는 인용된 윗글에는 '주님'으로 번역되었지만 원래 그 단어의 뜻은 '어떤 장소 the Place'였다고 설명했다.

사람들은 자신들이 현명한 사람이라고 생각하는 사람이 말을 할 때까지 침묵 속에서 기다린다.(지혜서 8장 12절) 주님 앞에서 침묵하는 것, 그것은 주님께서 곧 말이나 행동으로 소통을 하실 것이라 여기고 두려움과 존경심을 표시하는 것이다. 유대인 예언가 엘리야가 호렙 산 동굴에서 침묵에 잠겨 있을 때 주님께서 나타나셨듯이 말이다.(열왕기상 19장 12-13절, 스바니야 1장 7절, 즈가리아 2장 13절, 아모스 8장 3절, 시편 62장 1절, 5절, 65장 7절) "주님께서는 거룩한 사원에 계시니, 그 분 앞에서는 온 세상을 침묵하게 하라!"(하박국 2장 19-20절) 믿는 자의 마음과 심장에 주님의 '말씀'이 곧장 들려올지도 모르니.

그리스

침묵은 고대 사회의 유명한 비밀 종교의식에서도 중요한 부분을 차지했다. 비밀결사의 구성원들은 축제의 날 일어난 일들에 대해 함구하기로 되어 있었고, 그 자체로 존경을 상징하는 침묵이 의식 전반에 녹아 있었다. 예수가 떠난 뒤 3세기경 신학자 성 히폴리투스 St. Hippolytus는 이렇게 회상했다.

프리기아 사람들은 이렇게 말했다. '그'(신과 인간을 아는 '완벽한 인간')는 수확한 녹색 옥수수 한 자루로 표현된다. 프리기아 사람들에 이어 아테네 사람들도 엘레우시스 비교[04] 장소에 들어가려면 먼저 와 있던 회원들에게

---

04 엘레우시스 비교 Eleusian Mysteries : 엘레우시스는 땅의 여신 데메테르 Demeter의 성도이

비의의 입장권인 크고 아름답고 완벽한 녹색 옥수수 한 자루를 침묵 속에 보여야 했다. 아테네 사람들 눈에는 이 옥수수 자체가 '형언할 수 없는' 존재에게서 뿜어져 나오는 장엄하고 완벽한 불꽃처럼 보였다.

솔비노인우드 C. Sourvinou-Inwood는 이 옥수수가 히폴리투스의 생각처럼 형언할 수 없는 성스러운 존재를 대신하는 빛으로 침묵 속에 걸렸다기보다는 그저 신의 재림을 상징하는 물건으로 침묵의 제단 위에 전시되어 있었을 것이라고 짐작했다. 기독교도였던 히폴리투스가 "기독교적 여과지를 통해 비의를 변형하고 재해석한 것"이란 이야기였다.

엘레우시스가 데메테르 숭배의 중심지였다는 점을 고려하면 옥수수를 상징적 의미로 전시했다는 사실은 하나도 놀랍지 않다. 농경사회의 '비옥함의 여신'이었던 데메테르는 때로 옥수수 화관을 쓴 모습으로 그려지기도 했다. 아테네에서 서쪽으로 20㎞ 정도 떨어져 있는 엘레우시스는 종교적으로 볼 때 고대 그리스에서 델포이에 이어 두 번째로 중요한 도시였다. 침묵이 참가자들의 의무였다는 점은 숭배와 제사의식 내용에 대해 우리가 얻을 수 있는 정보가 그만큼 없다는 뜻이지만, 기독교 교부 그레고리우스 Christian Gregory가 관심을 가졌다는 사실을 생각하면 무지도 그렇게 나쁜 것만은 아니다. 그레고리우스는 비아냥거리는 어조로 이렇게 말했던 것이다. "엘레우시스 사람들은 그 비의를 안다. 그리고 그 비의

다. 데메테르는 딸 페르세포네가 명계의 신 하데스에게 납치되자 슬픔에 차 대지를 황폐하게 만든다. 제우스가 중재에 나서고 명계에서 석류 한 알을 삼킨 페르세포네는 1년 중 4개월은 명계의 왕비로, 8개월은 어머니와 함께 살아가게 된다. 딸을 되찾은 데메테르가 기운을 회복하자 대지도 살아난다. 엘레우시스에서 행해진 비의는 이 두 여신을 섬기는 연례 축제로 풍년과 다산을 기원하는 큰 행사였다. 제의 내용에 대해서는 침묵 규정상 알려진 것이 거의 없지만, 축제가 끝나면 신도들은 아테나 신전까지 도보로 행진을 했다고 한다.

의 구경꾼인 우리도 안다. 그냥 침묵하는 것과 정말로 침묵할 가치가 있는 것이 어떻게 다른지."

그런데 실은 그리스의 철학자 피타고라스[05]가 세운 학교도 이런 종류의 침묵과 관련이 있었다. 이집트에서 교육을 받고 자란 피타고라스는 훗날 제자들이 말한 바에 따르면 늘 '범상치 않은 침묵'에 잠겨 있었다고 한다. 평범한 선생님 이상으로 피타고라스를 존경했던 제자들의 마음에도, 학교를 자신들이 존중하는 자기수양 공동체로 발전시킨 신중함에도 그 범상치 않은 본질은 나타난다. 그러나 다 해진 망토만 입고 개인재산은 공동재산으로 헌납해 말린 무화과, 종잇장처럼 얇게 누른 올리브와 치즈 따위의 제물을 마련하는 데 쓰고 살았기 때문에, 피타고라스의 이 독실한 추종자들은 시인 알렉시우스 Alexis가 "오물, 성에, 침묵, 우울함만 먹고, 그것도 아주 극소량만 먹고 살면서 씻지도 않는 사람들"이라고 묘사했던 것처럼 여러 시에서 풍자적인 모습으로 그려졌다. 플루타르크는 피타고라스학파 사람들이 물고기의 침묵을 존중하기 때문에 생선을 먹지 않으며, "신이 목소리 없이 역사(役事)를 통해 자신의 뜻을 현자들에게 전달한다는 이유로 침묵을 신성시한다,"고 말했다. 부시리스 Busiris는 연설로

---

05 피타고라스 Pythagoras BC 580~490: 그리스의 철학자, 수학자로 '피타고라스학파' 또는 '피타고라스 형제단'이라고 불리는 신비주의 단체를 이끌었다. 사모스 섬에서 태어나 여러 지역을 방랑하다가 이탈리아 남부 크로톤에서 웅변가로 이름을 날렸다. 도시 근교에 비폭력, 채식, 자연과의 합일 등을 사상적 기반으로 하는 학교를 세웠다. 3년간 성실성과 '지식에 대한 사랑 philosophy'을 증명해 보이는 수행 시험을 통과하고 5년간 침묵하겠다는 서약을 한 학생만이 이 학교에 입학할 수 있었고 입학생의 전 재산은 학교의 공동재산으로 관리되었다. 수학, 과학, 철학을 주로 가르쳤지만 심신의 건강을 위해 음악과 체육도 개설되어 있었고, 남녀차별이 없어서 여성도 입학은 물론 학년 진급도 할 수 있었다. '이상적인 인간'이 교육목표였던 이 학교는 공부 외에도 신비주의적 명상, 심신 단련, 채식 등을 병행하는 일종의 생활 공동체로서 그 안에서 결혼을 하고 자녀를 낳아 키우는 것도 가능했다.

엄청난 명성을 누렸던 사람들보다 침묵한 피타고라스의 제자들이 더 큰 존경을 받았다고 말했다.

피타고라스학파와 관련된 한 문헌에는 이런 충고가 기록되어 있다. "신들은 언제나 신실한 침묵으로 숭배되어야 한다." 그러나 메난드로스가 '판 Pan'의 제의를 다룬 연극의 한 장에서 "침묵 속에서는 그 신에게 도달할 수 없다고들 한다."고 말한 것을 보면, 피타고라스학파의 침묵이 그리스의 종교 제의에서 일반적으로 요구되는 태도는 아니었다는 것을 알 수 있다.

플루타르크는 유명한 그리스의 장군 알키비아데스 Alcibiades가 엘레우시스 비교에 대해 공식적으로 험담을 하고 명예훼손죄로 재산을 몰수당한 적이 있다고 기록했다. 그럼에도 불구하고 알키비아데스는 그런 비교의 제의에 실제적 가치가 있다는 사실을 인정했고, 적국 스파르타가 데켈레이아 지방을 점령한 뒤로는 처음으로 엘레우시스 비교도들의 엄숙한 행진을 용인했다.

사제들과 신도들과 제사 주관자들은 장군과 함께였다. 장군의 명령을 받은 병사들이 심오한 침묵 속에 질서정연하게 신도들을 에워싸고 있었다. 경건하고 장엄한 행진이었다. 알키비아데스를 시기하지 않는 혹자들은, 그때 그가 고위직 사제인 동시에 장군으로서 임무를 수행하고 있었노라고 말했다.

미트라[06]

예수 시대에 로마 점령지 전역에서 크게 유행했던 유명한 미트라 숭배 신앙의 입회의식에서도 침묵은 중요한 역할을 수행했다. 입회자들은, 자신을 강렬하게 바라보는 신을, 자신에게 돌진해오는 신을 보게 될 것이라는 이야기와 함께 이런 충고를 들었다.

> 곧바로 오른손 손가락을 입에 대고 이렇게 말하라. "침묵! 침묵! 침묵! 생명의 상징, 불멸의 신이시여!"

침묵이란 단어는 입회의식이 진행되는 동안 수도 없이 등장했다. 미트라에 관한 자료들을 방대하게 연구했던 벨기에의 고고학자 퀴몽 F. Cumont은, 그 입회의식에서 "후보들은 무엇보다도 자신에게 모습을 드러낸 교리와 제의를 누설하지 않도록 애썼다."고 기록했다. 초기의 영지주의[07] 이단의 의식에서도 이런 비밀은 중요한 몫을 담당했던 것 같다.

플루타르크는 '다변(多辯)'에 대한 담론에서 이렇게 기록했다.

---

06 미트라 Mithra : 인도와 페르시아 등 고대 아리아인들이 섬기던 빛, 진실, 맹약의 신이다. 인도에서는 태양신으로 숭배되었고, 페르시아에서는 천 개의 눈과 귀를 갖고 있어서 늘 깨어 있는 상태로 인간에게 진리를 전해주는 신으로 그려졌다. 로마 시대에는 민간의 밀의종교 미트라스로 발전되었고, 조로아스터교에서는 최고신 아후라 마즈다의 한 분신으로 숭배되었다.

07 영지주의 Gnosticism, Ophite : 헬레니즘 문화의 관점에서 기독교를 해석한 극단적 이원주의 사상으로 등장 초기부터 이단으로 분류되었다. 정신은 선하고 물질은 악하다는 이원론을 바탕으로, 만물을 창조한 기독교의 신은 저급한 신이며 인간의 몸으로 육화한 예수는 신으로 볼 수 없다고 주장했다. 영(靈)을 가두는 육(肉)이란 감옥에서 해방되기 위해 철저한 금욕주의를 추구했다.

…… 신들은 우리에게 침묵하라고 가르치며, 비교와 모든 종교 의식에는 침묵이 함께한다. 호머가 세상에서 가장 말 잘하는 오이디푸스, 텔레마커스, 페넬로페, 유모 등을 모두 눈에 띄게 과묵한 인물로 그려낸 것도 이런 이유 때문이었다.

플루타르크는 또 이런 기록도 남겼다. "…… 사람들은 말한다. 죽음의 침묵이 있는 자리에는 언제나 헤르메스가 함께한다고."

고대 풍습

수많은 종교와 성스러운 제사의식에서 침묵은 효과적으로 사용됨으로써 경험을 강화하는 중요한 역할을 담당했던 것이 분명하다. 그 침묵을 신성한 것으로 여기느냐, 아니면 악마적인 것으로 여기느냐 하는 문제는 문화적 관점에 따라 달라진다. 프란체스코회 수사 라쿠에바 Lacueva는 19세기 초반, 현재 볼리비아의 중심지인 안데스 산맥 기슭에서 유카레스족과 함께 생활하면서, 도자기 굽는 일이 매일 일어나는 평범한 사건이 아니라는 사실을 알게 되었다. 도자기를 구우려면 따라야 하는 특별한 의식이 있었고, 그 일은 대대로 여자들에 의해 전승되었다. 그 임무를 맡은 여인은 숲으로 엄숙하게 들어가 적당한 흙과 그 숲에서 가장 외딴 장소를 찾아냈다. 그러면 그 장소에 오두막이 한 채 지어졌다. "그들은 일을 하는 내내 정해진 의식을 따랐고 절대로 입을 여는 법이 없었다. 서로 간의 의사 전달도 몸짓으로 이루어졌다. 만약 말을 한마디라도 하면 가마 불에 구워지는 동안 도자기가 영락없이 모조리 깨진다고 그들은 믿고 있었다."

1844년 9월 9일 케이프코스트 성에 머물던 선교사 존 마틴 John Martin

은, 그 지역에서 매년 행해지는, '아본샘 Abonsam'이란 이름의 악령을 매우 큰 소음으로 쫓아내는 축제의 내용을 자세히 기록했다. 케이프코스트 성은 오늘날 가나의 영토에 속해 있는데, 영국이 1874년 '황금해안 Gold Coast'을 식민지로 삼으면서 그 성에 식민 행정부를 설치했다. 그곳은 오랜 세월 노예무역의 중심지였고, 2009년 버락 오바마가 미국 대통령으로서 처음 아프리카를 여행하는 동안 가족과 함께 그 성을 방문했던 것도 그 때문이었다. 아무튼, 앞서 말한 1844년 어느 특별한 날 저녁, 8시 정각이 되자 성에서 총소리가 울려 나왔다. 지역 주민들은 고함을 지르며 막대기로 자신의 집을 두드리고 머스캣 총을 쏘아댔다. 마틴이 보기에 그 소음은 세상 그 어떤 소리보다도 시끄러운 것 같았다.

이 풍습은 4주간의 죽은 듯한 침묵으로 진행된다. 그 기간에는 총소리가 나서도, 북소리가 나서도, 사람들 사이에 말소리가 나서도 안 된다. 그 기간에 그 규칙에 불응하고 마을에서 소리를 낸 원주민은 즉각 왕 앞으로 끌려가 무거운 벌금형에 처해진다. 만약 길에서 개, 돼지, 양, 염소 따위가 발견되면 그 동물은 죽임을 당하거나 다른 사람이 끌고 간다. 그래도 가축의 원래 주인은 아무런 보상을 요구할 수 없다. 이것은 '아본샘'을 속이기 위해 치밀하게 계획된 침묵으로, 그렇게 하면 아본샘이 방심하고 있다가 갑자기 터져 나오는 거대한 소음에 깜짝 놀란 나머지 겁에 질려 그 마을에서 도망친다는 것이다. 그 기간에는 사람이 죽어도 유족들은 4주간의 침묵이 끝날 때까지 곡조차 할 수 없다.

아프리카 이 지역에는 '침묵의 거래 silent trade'라는 거래 방식이 있었는데 이것은 제의적 침묵이 세속적 형태로 나타난 것이라고 한다. 기록에 의하면 가나에서는 상인들이 손님들이 볼 수 있게 물건을 펼쳐 놓으면 광부들이 자기가 지키고 싶은 물품 앞에 말없이 금을 걸었다고 한다. 북은 거래 중에 어느 한쪽이 발을 빼면 그 사실을 알리기 위해 사용되었다. 그러나 아프리카 문화인류학자 파리아스 de Moraes Farias는 그 증거로 그런 '바보 같은 물물교환'을 꼽는 것에 의문을 제기했다.

프레이저[08]가 말했듯이 고대 유럽의 종교적 풍습 역시 침묵과 관련이 있었다. 프레이저는 그 예로 이탈리아 남부 칼라브리아 산 피에트로의 풍습을 예로 들었다. "…… 그들은 부활절 일요일 새벽이 오기 전 토요일 밤에 강물 속으로 뛰어든다. 강물로 몸을 씻어내는 동안에는 그 어떤 말소리가 나서도 안 된다." 독일 라인 강변의 여러 마을에서도 "…… 부활절 밤이면 열한 시에서 열두 시 사이에 하인과 하녀들이 침묵 속에 강으로 걸어가 양동이에 물을 길었다."고 한다. 그러고는 그 물을 동물 사료에 섞었다. 그 물로 사료를 씻어내면 특별히 좋은 사료가 된다고 믿었던 것이다. 그리고 또 수탉 울음소리가 들리기 전 '신비로운 시간'이 되면 그 물이 포도주로 변할 것이라 믿고 그 물에 혀를 담그고 있다가 벌컥벌컥 들이켰다.

유럽 일부 지역에는 하지 전날 밤 저녁 침묵 속에 특정 식물을 뽑으면 그것으로 어떤 질병에 특효가 있는 약을 만들 수 있다는 믿음이 널리 퍼져 있었다. 예컨대 독일에는 이런 풍습이 있었다.

---

08 프레이저 James George Frazer 1854~1941 : 스코틀랜드 출신의 영국 인류학자. 평생 케임브리지에서 수학, 연구했으며 서양의 고대 종교와 신화를 집대성, 망라한 총 열세 권짜리 저작 ≪황금가지 : 비교 종교학 연구 The Golden Bough : A Study in Cmparative Religion≫를 출간했다. 인류의 정신 발전을 '주술 → 종교 → 과학'의 3단계로 도식화한 프레이저의 이론은 훗날 과도한 일반화라는 비판을 받았지만, 종교를 신학적 관점이 아닌 문화적 관점에서 해석하려는 최초의 시도였다는 점에 큰 의미가 있었고, 사회학, 인류학, 민속학, 종교학 등 다양한 문화적 영역에 지대한 영향을 끼쳤다. '황금가지'는 아리아인의 수목숭배 풍습에서 따온 용어로 떡갈나무의 기생목(寄生木)을 뜻한다.

튀링겐 주 소작농들은 하지 전날 밤 저녁 침묵 속에 더컷(금화)과 함께 묻어두었던 노란 뮤레인 뿌리를 작은 헝겊 조각에 넣어 피부에 붙이면 간질을 예방할 수 있다고 믿었다.

마찬가지로 마르크 브란덴부르크로 알려진 프로이센 공국 사람들도 하지 전날 밤 저녁 점술용으로 쓸 개암나무 막대기를 꺾는 동안 침묵을 지켰다. 다른 지역에도, 얼이 빠지거나 허약한 아이를 갈라진 나무 틈이나 버드나무로 만든 고리 사이로 통과시켜 치료하는 주술 같은 것이 있었는데, 이런 주술을 행할 때는 항상 침묵을 지켜야 했다.

퀘이커교[09]

퀘이커교 예배의식의 중앙에는 늘 침묵이 놓여 있었다. 누군가는, 잠시 후 우리가 살펴볼 종교 의식에서 명상이 담당하는 역할과 퀘이커교의 침묵을 관련짓기도 했다. 퀘이커교도들이 침묵하는 이유는, 소설가 버지니아 울프의 고모이자 스스로 작가이기도 했던 캐롤라인 스테판 Caroline

---

09 퀘이커교 Quaker : 1647년 영국인 조지 폭스 George Fox 1624~1691가 창시한 프로테스탄트의 한 교파이다. 퀘이커교는 '내면의 빛'을 통해 구원을 얻을 수 있다는 논리를 바탕으로 하기 때문에 종교적 제도, 성직자의 권위, 성경의 절대성 등을 모두 부인한다. 기존의 교회 형식 없이도 일정한 시간, 장소에 모여 침묵과 명상을 함으로써 깨달음을 얻을 수 있다는 것이다. 1652년 폭스가 결성한 퀘이커 공동체 '친구들의 모임 Society of Friends'에서 비롯된 교파의 정식 명칭은 '프렌드파'이지만, 폭스가 "깨달음을 얻으면 침묵을 깨지 말고 몸을 떨라.(quak)"고 말한 것에서 비롯된 조롱조의 '떠는 사람 Quaker'이란 단어가 더 일반적인 종파 명칭이 되었다. 일체의 외면적 권위와 권력을 부인하는 등 사회 개혁적 성향이 강해서 미국 원주민들과의 우호적 관계 유지, 노예제 철폐, 여권신장, 반전운동, 양심적 병역 거부 등 다양한 사회운동을 전개해왔다.

Stephen이 남긴 19세기 글에 잘 드러나 있다.

내가 보기에, 눈에 보이지 않는 부위에 논쟁이 남긴 상처를 치유할 수 있는 약은 침묵 말고는 없는 것 같다. 침묵을 바탕으로 하는 예배에 규칙적으로 참여하는 것만큼 절절한 효과를 입증해 보인 외부적인 도움은 내 경험상 전혀 없었다. 침묵이 내 마음을 끄는 근본적인 이유는 사실, 침묵은 아무것도 약속하지 않으며 도중에 주위에서 도움을 구하라고 나를 쑤셔대지도 않기 때문이다.

스테판의 설명에 따르면 침묵에는 다른 이점도 많다.

보이지 않는 존재를 침묵 속에서 기다리는 수행은, '훈육이란 이름으로' 제공될지 모르는 말들을 기꺼이 수용할 수 있는 마음가짐을 갖추는 데에도 특별한 효과가 있다. 말로써 표현된 단어는 종종 부실하고 언제나 불충분하며(성스러운 존재를 표현하는 모든 언어는 당연히 그럴 수밖에 없다.) 때때로 나의 개인적 바람과 전혀 무관하다. 가끔씩은 매우 인상적이고 도움이 되는 말도 있기는 하지만. 그러나 기나긴 침묵 뒤에 어떤 말을 들으면, 마른 땅이 이슬방울을 받듯 가시가 덜 돋친 마음으로 그 말을 더 깊이 새기게 된다. 그 전에 아무런 준비 없이 설교단에서 쏟아지는 말들을 들었을 때보다 훨씬 더.

아일랜드

아일랜드 가톨릭의 일부 신자들은 미사 의식 내내 해야 할 일이 너무 많다고 불평하면서도, 마지못해 부르는 자신들의 성가와 아일랜드 국교회 신자들이 부르는 성가를 비교한다. 겉보기에 열의가 부족해 보이는 그 분위기는, 신교도 엘리트들에게 식민 지배를 받아온 수세기의 역사, 박해받는 빈농들의 종교로 규정된 아일랜드 가톨릭의 본질적 특성, 종교적 열의의 표현방식을 선택할 수 있는 자유를 누리기에는 다소 억압적인 아일랜드 가톨릭 공동체 내부의 분위기, 단순히 문화적으로 다른 취향 등으로 설명될 수 있을 것이다. 말하자면 그들의 침묵은 교묘하게, 혹은 반쯤 무의식적으로 권위로부터 한 발짝 물러나고 싶은 마음과 눈에 띄고 싶어 하지 않는 개인적인 바람의 소산인 셈이다. 이유야 어쨌든, 성가를 부르고 싶어 하지 않는 그들의 태도는 다른 나라, 다른 문화권에서 온 사람들을 불안하게 만들 수 있다. 영국 성공회 사제였다가 미국에서 가톨릭으로 개종한 마셜 T. Marshall 같은 이는 새로운 환경에서 "발견되는 낯설고 생소한 요소들이 나는 여전히 불편하다."면서 이렇게 말했다. "'침묵의 아일랜드인'이라는 무음 현상이 미사 내내 성가를 부를 때마다 나타나다니!"

스포츠

오늘날 수많은 사람들이 열정적으로 스포츠 활동에 참여한다는 점을 고려하면, 그리고 일부 관중들이 이제 더 이상 종교적인 호소로는 채워지지 않는 공허함을 스포츠가 채워준다고 믿는다는 점을 고려하면, 실제로 스포츠 안에도 침묵 찬가가 존재하며 때로 그것이 ≪타임스≫지 뒷면에 실리기도 한다는 사실은 전혀 놀라울 것이 없다. 2009년 영국의 크리켓 팀이 호주로부터 '애시 컵 The Ashes'을 되찾아오기 위해 분투하기 전날 밤 ≪타임스≫지 스포츠 면 주필은 다음과 같은 사색에 잠겼다.

어떤 사람들은 가장 큰 함성이 터져 나오는 순간이 스포츠 최고의 순간이라고 생각한다. 그러나 그 생각은 틀렸다.

스포츠 최고의 순간은 침묵의 순간이다. 수천 명의 관중이 완전히 넋을 잃고 모두 똑같은 것을 주시하는 순간, 말을 멈추고 생각을 멈추고 숨쉬기를 멈추는 순간이다. 윔블던 경기가 열리는 센트럴 코트가 침묵에 잠기는 매치포인트의 순간, 우리는 서브를 넣을 선수가 잔디 위에 공을 튀기는 소리까지 들을 수 있다. 스타디움 옆 조형물까지 침묵에 잠기는 올림픽 100미터 결승 직전, 애시 컵 시리즈의 첫 투수가 초구를 던지기 직전, 모두가 침묵하고 모두가 숨죽인다. …… 모두가 뭔가가 시작되길 기다린다. 설사 그것이 나쁜 징조라 하더라도. 자, 이제 무슨 일이 벌어질 것인가?

엄밀하게 말해서 스포츠에서의 침묵이 예배의식이나 종교적 의미에서의 침묵과 똑같은 임무를 수행하는 것은 아니지만, 그 둘 사이에 닮은 구석이 전혀 없는 것도 아니다.

수도원 규칙

고대 인도의 경전 ≪바가바드기타 Bhagavadgita≫에는 "마음의 고요, 온화함, 과묵함, 자제심, 정화된 심장 등"을 비롯해 인간을 선하게 만들어주는 다양한 형태의 고행 방식이 나온다. 히브리 조각품을 보면 고요히 평정심을 유지한 채 고통을 감내해야 하는 순간도 있으리라는 생각이 든다.

주님은 당신을 기다리는 이에게,
 당신을 찾는 영혼에게 사랑을 베푸신다.
주님께서 구원해주시길

조용히 기다려야 마땅하다.
　　젊어서는 멍에를 메는 일도
　　　감수해야 마땅하다.
　　주님께서 우리에게 침묵을 부과하시면
　　　홀로 앉아 침묵해야 마땅하다.
　　(아직 희망이 남아 있다면)
　　　흙에 입술을 대어야 마땅하다.
　　때리는 사람에게는 뺨을 내어주고
　　세상이 주는 욕은 고스란히 받아들여야 마땅하다.(애가 3장 25-30절)

　비록 잠깐뿐이기는 했지만 욥은 주님께서 자신의 죄를 물어 벌을 내리시는 것이라고 느끼자 입을 열지 않았다.(욥기 9장 12-15절)

　앞에서 살펴본 피타고라스학파의 침묵은 아마도 단순히 비밀을 지키고 공동체를 지키는 것을 넘어서 그 공동체의 본질까지 더 깊게 만들어주었을 것이다. 맥에빌리는 비교 신앙에 대한 우리의 이해 때문에, 혹은 "'마우나 mauna(침묵 명상)'라는 인도의 전통이나 맹세된 침묵에 대한 지식" 때문에 피타고라스의 추종자들에 대해 잘못된 가정을 세울 수도 있다는 사실을 인정했다. 그럼에도 그는 그들의 침묵 수양이 가르침에 대한 내면의 사색적 반추와 관련되어 있다고 판단하기에 충분한 이유를 찾아냈다.

　과묵함, 혹은 침묵과 종교적 수양이 서로 연관되어 있다는 사실은 초기 기독교도들도 알고 있었다. 예컨대 예수가 떠난 바로 그 세기에 안티오크의 이그나티오스는 이렇게 충고했다.

　말하는 비기독교인이 되는 것보다 침묵하는 기독교인이 되는 게 더 낫다. 말하는 사람이 행동까지 한다면 그 사람은 가르쳐야 마땅하다. 그래서

한 분의 '스승'이 존재하는 것이다. '그 분'은 말씀하셨고 그 말씀은 이루어졌다. '그 분'께서 침묵 속에 행하신 일들도 모두 '성부'가 하신 일만큼 가치 있는 일들이다. 예수라는 이름의 '그 분'은 '성부'의 그 침묵에 진실로 귀 기울일 줄 안다. 그래서 그 분이 완벽한 것인지도 모른다. 그래서 말하면서 동시에 행동할 수 있는 것인지도, 그리고 그 침묵으로 인정받는 것인지도 모른다.

서기 382년 나지안주스의 그레고리우스 Gregory of Nazianzus는 그의 침묵 수련법이 왜 중요한지 설명해달라는 질문에 이렇게 대답했다. "그것이 말하는 것과 침묵하는 것 사이의 올바른 균형을 잡아주기 때문이오." 그러고는 에우게니우스에게 말했다. "며칠씩 단식을 하는 것이 그대의 철학이라면, 나의 철학은 침묵으로 수양을 하는 것이오. 우리 둘이 만나서 각자 타고난 재능을 서로 나누어 가진다면, 우리는 주님을 찬양할 수 있고 경건한 말은 물론 웅변적인 침묵의 열매를 제물로 바칠 수 있을 것이오." 5세기 말엽 사색적인 교부 율리아누스 포메리우스 Julianus Pomerius는 나쁜 버릇을 고칠 수 있는 바람직한 수련 방법 중 하나로 침묵을 꼽았다. "……왜냐하면 나쁜 버릇은 확고하게 벗어던지고 그 자리에 좋은 버릇을 채워 넣어야만 완전히 고칠 수 있기 때문이다." 그러지 않으면 그 나쁜 버릇이 언제든 돌아오려고 호시탐탐 때를 노린다는 것이었다. 그래서 포메리우스는 이렇게 조언했다.

그러므로 온화함으로 하여금 우리 안에 존재하는 잔인함에 맞서게 하라. 확고한 인내심으로 화를 조절하라. 순결로 욕망을 극복하라. 차분함으로 분노를 가라앉혀라. 조심스러운 침묵으로 수다를 억눌러라. 영적 기쁨으로 육욕을 잠재워라. 엄격한 금욕으로 예민한 촉각을 둔화시켜라. ……

기독교의 수도원 생활을 이해하게 해주는 자료로서 성경 다음으로 많이 읽히는 중요한 문헌은 아마도 ≪성 베네딕트 규칙서 the Rule of Saint Benedict≫일 것이다. 이탈리아 움브리아 주 누르시아 출신의 베네딕트는 가문의 부를 포기하고 제자들과 함께 큰 규모의 수도자 공동체를 결성했다. 훗날 조직된 종교 단체들은 베네딕트의 '규칙'을 가장 권위 있는 것으로 여겼다. 베네딕트는 주님의 종이 되겠다는 맹세는 물론 스스로 노동해서 자신을 부양하겠다는 맹세도 했는데, 그의 이런 자급자족적 태도는 점차 베네딕트 수도사들의 트레이드마크가 되었다. 이 베네딕트 규칙의 여섯 번째 조항이 바로 '말의 자제'로, 다음의 권고 내용이 포함되어 있었다.

예언자들의 가르침을 따라해보자. 나는 혀로 죄를 짓지 않도록 내 삶을 늘 감시하기로 결심했었다. 그래서 침묵했고 덕분에 겸손해졌으며 좋은 말도 아끼게 되었다.(obmutui et humiliatus sum et silui a bonis)(시편 39장 2-3절) 예언자들은 아무리 좋은 말이라도 침묵을 존중하는 뜻에서 말하지 않고 남겨두어야 할 때가 있다고 말한다. 그러니 죄를 범해 벌을 받지 않으려면 나쁜 말은 더더욱 삼가야 한다. 침묵은 너무나 중요한 것이기 때문에(propter taciturnitatis gravitatem), 대화 내용이 얼마나 건전하고 성스럽고 건설적이든 간에, 체계가 잡힌 수양 단체 중에 아무렇지 않게 발언을 허용하는 곳은 거의 없다. 성경에 적혀 있는 말씀을 떠올려보라. "말을 홍수처럼 쏟아내고 죄를 피할 수는 없다."(잠언 10장 19절) "사람이 죽고 사는 것은 혀에 달려 있다."(잠언 18장 21절) 말하고 가르치는 것은 스승의 몫이다. 수련생은 침묵하고 귀 기울여야 한다.(tacere et audire)

영어 단어 '과묵함 taciturn'에는 '침묵하다'라는 뜻 외에 '시무룩하다'는 분위기가 실려 있다. 그래서였을까, 베네딕트는 일곱 번째 조항에서 웃음소리를 경계하며 이렇게 적었다.

겸손에 도달하는 아홉 번째 단계는 수도사가 혀를 잘 간수하고 침묵하는 것(taciturnitatem habens), 질문을 받은 것이 아니라면 말하지 않는 것이다. 성경 말씀이 경고하고 있듯 말이다. "말을 홍수처럼 쏟아내고 죄를 피할 수는 없다."(잠언 10장 19절) "말 많은 자는 정처 없이 세상을 헤매게 될 것이다."(시편 140장 11절)

겸손에 도달하는 열 번째 단계는 성경 말씀에 쓰여 있듯 웃음소리를 내지 않게 조심하는 것이다. "바보들이나 목소리를 높여 웃어댄다."(집회서 21장 20절)

겸손에 도달하는 열한 번째 단계는 성경 말씀에 쓰여 있듯 단정하다 싶을 정도로 진지하게, 간결하면서도 사리에 맞게, 목소리를 높이거나 웃지 않고 부드럽게 말하는 것이다. "지혜로운 자는 말을 거의 하지 않음으로써 자신을 드러낸다."(집회서 21장 26절)

베네딕트는 만약 수도사가 외출을 했다가 돌아온다면 "밖에서 보고 들은 것을 다른 사람에게 말해야겠다는 생각을 감히 먹어서는 안 된다. 왜냐하면 그것은 가장 해로운 행동이기 때문이다."라고 경고했다. 그런데 베네딕트가 이런 규칙을 평신도를 위해 마련했다는 사실은 상당히 인상적이다. 베네딕트는 애초에 성직자의 임무나 업무 위주로 수도원의 규칙을 마련한 것이 아니었다. 포드 H. Ford의 설명에 따르면 "그 단체와 규칙은 가능한 한 제대로 복음 속의 삶을 살고자 하는 이는 물론 그저 수도원에서 생활하고 싶어 하는 평신도를 위해 세워진 것"이었다고 한다. 베네딕트 규칙에 성직과 관련된 조항을 추가한 것은 후대의 교회 성직자들이었고 그 뒤로 성직자의 의무가 우위를 점하게 되었다.

워든은 ≪성 베네딕트 규칙서≫에서 침묵이 차지하는 자리를 설명하면서 이렇게 기록했다.

수도원에서 '침묵'이라는 그 용어는 주로 '말의 침묵'이라는 의미하고만 연관이 되어 있다. 넓은 의미에서의 침묵, 즉 내면적 평화나 무능함 등의 개념 과는 무관하다. 물론 침묵의 가치를 부정하려는 것은 아니지만, 그렇다고 해서 침묵을 주된 관심사로 삼아서는 안 된다.

워든은 '규칙'에서 침묵의 의미로 사용된 두 개의 라틴어 단어 'silentium'과 'taciturnitas'가 어떻게 다른지는 별다른 차이점을 찾아내지 못했지만, '규칙'이 침묵을 강조하는 이유는 세 가지로 분류했다. 그 이유는 죄를 짓지 않기 위해서, 고요하고 엄숙한 분위기를 조성하기 위해서, 잘 듣기 위해서였다. '규칙'이 권장하는 그 '듣기'는, 불교의 명상이 추구하는 침묵 속의 수용처럼 대단한 듣기가 아니라, 그저 '주님의 일 The Work of God(업무)'을 행하고 성경을 읽고 수도원장한테 가르침을 받는 동안 주님의 말씀을 듣는 것이었다. ≪성 베네딕트 규칙서≫보다 더 오래된 수도원 안내서 ≪선생의 규칙서 The Rule of the Master≫에는 이와 비슷한 문답이 나온다.

"선생님은 왜 늘 슬픈 표정으로 침묵에 잠겨서 고개를 숙이고 걷습니까?" 수도사가 대답했다. "죄에서 도망치고 주님을 두려워하며 주님이 미워하시는 모든 것들로부터 나를 지키기 위함일세. 그게 내가 늘 몸가짐을 조심하는 이유라네."

독특한 이 '선생'은 ≪규칙서≫ 8장에서 인간 삶의 뿌리가 심장이라고 설명한다. 심장에서 두 개의 가지가 자라나는데 그 중 하나는 눈으로, 그리고 다른 하나는 입으로 이어진다는 것이다. 그리하여 영혼은 눈을 통해 세상을 보고 입을 통해 "외부 세상으로 소리를 뿜어낸다." 입은 문이고 치아는 울타리이다. 그래서 나쁜 생각은 떠올랐다가도 입이 닫혀 있는 것을 보면 "다시 심장으로 돌아가 그곳에서 산산조각난다."

이런 규칙이 존재한다는 사실 때문에 사람들은 기독교 수도사들이 모두 우울하며 수도원은 음침한 장소일 것 같다는 인상을 받는다. 하지만 반드시 그런 것만은 아니다. 수도사 개개인이 침묵을 사용해 영적 가치를 계발하고 이웃과 방문객들에게 선의를 베풀며 살다 보면 수도원 복도에도 어떤 즐거움이 가득 찰 수 있다. 그리고 방문객들은 적절한 때 말을 하는 것이 허용된다. 게다가 오늘날 기독교 수도원의 규칙 대부분은 과거의 규칙보다 훨씬 완화된 것으로 보인다.

독실한 기독교인들만 문제를 일으키는 말을 피할 수 있는 것이 침묵의 주된 장점이라는 사실을 인정하는 것은 아니다. 티베트불교의 역사에서 중요한 역할을 수행한 인물들 가운데 밀라레파 Milarepa라는 승려가 있다. 영적 깨달음을 얻기 위해 고행을 닦은 인물로 널리 알려져 있는 밀라레파는 종종 명상하는 자세로 침묵에 잠긴 채 한 손을 오므려 귀에 대고 있는 모습으로 그려진다. 12세기의 유대교 랍비 새뮤얼 메이어 Samuel B. Meir 역시 "말이 많은 사람은 죄를 짓는 법"이라는 유서 깊은 유대인 격언을 언급하면서 주님은 "말이 많은 사람의 소리에 분노하신다. 아무 의미 없는 텅 빈 말은 인간이 이루어놓은 성과를 훼손하고 파괴하며 어떤 행동을 낳는 본질적 요소이기 때문이다."라고 말했다.

화가이자 도미니크회 수사였던 프라 안젤리코 Fra Angelico는 1441년경 이탈리아 플로렌스 지방의 산마르코 수녀원 벽화 작업을 맡았다. 그때 이 위대한 예술가가 완성한 프레스코 벽화 중에는 침묵을 청하듯 손가락을 입에 대고 있는 순교자 성 베드로 Peter Martyr의 그림이 있다. 그 그림은 지금도 수녀원 회랑의 둥근 벽면 위에 남아 있다. 앞에서 살펴본, 맨발의 카르멜 수도회를 창설한 아빌라의 성녀 테레사는 죄를 피하는 하나의 방법으로 침묵 수양을 강력하게 지지한 인물이었다. 테레사는 자신이 세운 종교적 규율을 위반하는 특정 행위에 대해 이렇게 기록했다.

…… 그 문제에 대해서 서로 말해서는 안 된다. 그랬다가는 악마가 큰 힘을 얻게 되고 험담하는 습관이 생기게 된다. 그 문제는 전에도 말했다시피, 그 문제로 이득을 보는 사람과 토론해야 한다. 주님께 영광을 돌리는 이 건물 안에서는 계속 침묵이 유지되기 때문에 그런 험담이 일어나는 경우가 별로 없다. 그렇다고 해도 계속 조심하는 것이 바람직하다.

테레사는 이 글에서 예외가 생겨날 수도 있다는 사실을 인정하며 이렇게 덧붙였다. "말할 필요나 말하고 싶은 유혹을 느끼는 경우도 있겠지만 이 침묵의 규칙은 질문과 답변, 혹은 몇 마디 말을 통해 이해되어서는 안 된다. 그러면 허가 없이도 말을 할 수 있기 때문이다." 테레사와 함께 맨발의 카르멜 수도원을 설립한 십자가의 요한 역시 열광적인 침묵 지지자였다. 1587년 요한은 베아스 그라나다의 수녀들에게 자신이 글을 못 쓰는 이유는 쓰고 싶지 않은 마음 때문이 아니라 다음과 같은 신념 때문이라고 설명했다.

…… 세상에는 이미 중요한 것, 부족한 것을 행하라는 말과 글이 많습니다. 세상에 부족한 것이 있다면 그것은 말과 글이 아니라 침묵과 일입니다. 말과 글은 많다 못해 넘쳐날 지경이니까요. 게다가 말은 사람을 산만하게 만들지만 침묵과 일은 정신을 모아주고 강하게 만들어줍니다. 각자가 어떻게 하는 것이 자신을 이롭게 하는 것인지 이미 들었다면 더 이상 말을 들을 필요도, 할 필요도 없습니다. 자신을 낮추는 겸손하고 너그러운 마음으로, 이미 들은 내용을 조용히, 그리고 신중하게 수련에 적용하면 되는 것입니다.

요한은 성가신 수녀원 업무와 고행을 행하면서 침묵을 지켜야 하는 것을 괴로워하고 있던 한 수녀에게 다음과 같은 믿음을 가지라고 충고했다. "지혜는 사랑, 믿음, 고행을 통해 생겨납니다. 침묵하는 법, 다른 사람의 삶과 행실과 말에 관심을 두지 않는 법을 아는 것, 그것이야말로 거룩한 지혜입니다. ……" 요한은 "주님이 말씀하실 수 있게, 수녀들을 조용히 침묵시키는 법을 배워두는 것이 좋다."고 생각했다. 십자가의 요한이 1590년 양심의 가책으로 괴로워하는 한 수녀에게 "불쾌하거나 달갑지 않은 일이 닥치면 십자가에 매달려 돌아가신 그리스도를 기억하고 침묵해야 한다."고 충고했다는 이야기는 앞서 이미 살펴보았다. 이런 사례들을 고려하면 최근 연구자 바버 J. D. Barbour가 "공공의 침묵은 공동체의 생활 속에 녹아들어 험담이나 주위를 산만하게 만드는 한심한 대화를 경계하는 태도가 되었다."고 결론내린 것은 당연하다.

1868년 제 2차 바티칸 공의회 결과 수도원 규칙이 완화되기 전에도, 세간에 퍼져 있던 편견과 달리 수도원에는 수도사들이 서로 어울려 이야기할 수 있는 '여가 시간'이 항상 있었다. 사실 ≪성 베네딕트 규칙서≫에 "웅얼거린다"는 비판이 자주 나오는 까닭은 절대로 그래서는 안 되는 시간에도 서로 대화를 나누는 수도사들이 많았기 때문이다. 수도사들은 또 한낮 쉬는 시간이면 혼자 성경을 읽는 일에 몰두하기도 했는데, 물론 휴식을 취하려는 사람을 방해할 정도까지는 아니었지만 중세에도 이 독서는 완전한 침묵 독서가 아니라 소리 내어 읽는 독서였을 것으로 짐작된다.

수도원의 전통에서 침묵이 차지해온 자리에 대해서 비판을 가하는 이들도 있었는데, 영국의 작가이자 성공회교도였던 새뮤얼 존슨도 그 중 한 명이었다. 존슨의 전기 작가 보즈웰은 1776년의 어느 날을 이렇게 기록했다.

우리는 종교적 규율에 대해 이야기를 나누고 있었다. 존슨이 말했다. "비도덕적인 사람이 될까봐 카르투시오 수도원에 들어가는 사람은 도둑질을 저지를까봐 자기 양손을 자르는 사람만큼이나 멍청한 인간일세. …… 그들이 지키는 침묵도 우스꽝스럽기는 마찬가지야. 복음을 읽으면서, 사도들을 설교를 베푸는 사람이 아니라 말조심해야 할 사람이라고 생각하는 사람은 없으니까. 사람을 선하게 만들지도, 악행을 막지도 못하는 엄격함은 모두 쓸모없는 것이라 이 말일세." …… 나는 존슨의 이 말 전체가 의아했다. 왜냐하면 존슨이 산문집 ≪산책하는 사람 Rambler≫이나 ≪게으름뱅이 Idler≫에서는 종교적 금욕에 광장히 엄숙하게 존경심을 보였기 때문이다.

존슨이 회의를 품은 것은 그냥 침묵이 아니라 고독이었다. 그리고 이 두 가지는 흔히 같은 것으로 취급되지만 실은 같은 것이 아니다. 존슨의 한 지인이 기록한 바에 따르면 존슨은 다음과 같이 날카롭게 지적했다.

고독은 미덕을 선호하는 사람이 아니라면…… 이성적으로 위험하다. 그런 종류의 기쁨은 신체 건강한 지식인에게나 필요한 것이다. 그저 흥겨움에 반대하는 사람이라면 대부분 욕구의 희생양이 되기 십상이다. 유혹은 언제나 손에 잡힐 듯 가까운 곳에 널려 있고, 그 유혹 한 모금은 고독한 사람에게 빠르게 스며들어 안도감을 준다. 기억하라. …… 고독감은 확실히 사치스럽고 상당히 미신적이며 꽤 광적인 감정이다. 고독감은 그걸 느끼려는 사람이 없으면 점점 약해지고 병적으로 변해가다가 결국은 풍전등화처럼 사라진다.

사실, 기독교 수도원의 전통은 공동체 생활을 기반으로 하고 있다. 그것은 단지 기독교의 가르침과 전통이 공동체의 책임을 중시하기 때문이 아니라, 은둔처나 어디 다른 곳에서 혼자 신을 섬길 경우 생길지 모르는 심리적 위험이나 다른 위험 때문이다. 공동체 생활 내부에서 개인적인 사색이나 명상 수련의 틀을 유지하는 것은 확실히 가능하다. 특히나 수도사들도 각자의 방과 휴대폰을 소유하는 요즘 같은 세상에는 더더욱 말이다. 있으나 마나 한 칸막이를 쳐놓고 많은 사람들이 함께 잠을 자며 큰 방을 나누어 쓰던 예전에는 이야기가 달랐지만 말이다. 은둔은 예외적인 환경에 처해 있는 더 정신적으로 원숙한 사람들이나 택할 수 있는 선택사항이다. 성직자 윌리엄 존스턴 William Johnston은 이렇게 지적했다. "…… 종교적인 전통은 대부분 처음 가입한 신도들이 자신의 마음속 동굴 깊은 곳까지 거닐 수 있게 자유를 허용하기보다는 그들을 신비로운 침묵 속으로 몰아넣으려고 한다." 신입회원이 검소한 공동체 생활과 힘들고 단조롭기까지 한 노동 양쪽 모두에 어느 정도 잘 적응하는지를 신비로운 침묵과 예민한 침묵을 구분하는 기준으로 삼아야 한다는 존스턴의 믿음은 영적 수련단체의 관리자들에게서 흔히 볼 수 있는 믿음이다.

헤퍼 C. Hepher는 일반적으로 종교적 침묵이 기도로 나타나면 그것은 단순한 말의 부재가 아니라고 강조했다. "목소리를 내서 기도할 줄 몰라서 침묵하는 것이 아니다. 그것은 몸을 웅크리고 집중력의 강도를 높임으로써 주님을 더 꽉 붙잡고 더 간절히 탄원하려는 의도의 기도이다." 신의 존재를 깨닫는 동시에 신께 탄원할 목적으로, "연민과 사랑을 끊임없이 면밀하게 행동으로 옮김으로써" 특정 요구에 집중하고 소통하는 행위가 침묵이 인간에게 허락해주는 자유라고 헤퍼는 생각했다.

침묵은 인간으로 하여금 성스러운 존재를 인식할 수 있게 해주고 주님과의 연결고리를 더 단단하게 만들어준다. 침묵은 모든 기도의 바탕에 깔려 있는 믿음과 사랑에 활기와 힘을 불어넣어 그 기도를 상상하고 기억할 수 있게 해준다. 기도 대상은 움직이는 파노라마처럼 이것에서 저것으로 지나가버리기 때문에 기도하는 사람은 그 영상을 마음 깊이 새길 여유가 조금밖에 없다.

역설적으로 들릴지 몰라도, 시인이자 가톨릭 수사였던 토머스 머튼의 글이 증명하듯 수도원 생활의 침묵은 오히려 발언된 말의 가치를 더 높여 줄 수도 있다. 베스트 N. Vest 역시 우리가 말할 수 있는 단어들 중에는 침묵과 "리드미컬한 조화"를 이루는 단어들이 존재한다고 믿었다. 스스로 베네딕트 수도원에서 생활하는 평신도였던 베스트는, ≪성 베네딕트 규칙서≫가 "소음을 최소화하고 (침묵하는 신의 존재 안에서 형상화된 인간의 말을 비롯해) '말'의 뜻을 극대화하고자 했다."고 기록했다. 그러나 그렇게 건설적인 방식으로 침묵하는 것은 결코 쉬운 일이 아니라며 이렇게 경고했다.

침묵을 경험해본 적이 거의 없는 우리 같은 현대인들이 침묵을 쉬운 것이라 생각하다니, 참으로 괴상한 일이다. 우리처럼 소음에 심하게 중독된 사람들은 직접 해보기도 전에 침묵을 아무나 손쉽게 해낼 수 있는 일이라고 생각한다. 그러나 침묵하는 것은 야구를 하거나 어떤 언어를 구사하는 것처럼 배워야만 할 수 있는 기술이다.

명상

명상에는 다양한 형태가 있다. 침묵 속에 앉아 있거나 침묵 속에 무릎을 꿇고 있는 것도 명상의 한 방법이다. 침묵 속에는 내면적 혼란과 평화 두 가지가 모두 존재할 수 있다. 명상하는 사람은 자신의 자연스러운 호흡 패턴을 가만히 지켜보고 있는 것일 수도, 특별한 호흡 기술을 연마하고 있는 것일 수도 있다. 그 사람은 그 순간 마음속에 떠오른 말이나 개념을 그냥 흘려보내고 있을 수도 있고, 만트라(불교나 명상에서 기도할 때 외우는 주문－옮긴이)나 기도문이나 어떤 대상을 반복적으로 곱씹고 있을 수도 있다. '사색 contemplation'이란 용어와 '명상 meditation'이란 용어는 둘다 특정한 구절이나 이미지를 깊이 생각하는 행위를 뜻할 때도 사용되지만, 일련의 생각들로부터 해방됨을 뜻할 때도 사용된다. 명상할 때 특별한 만트라나 기도문을 외우지 않는 명상가는 심리적 평정을 유지하면서 그저 떠올랐다 사라지는 감정과 생각들을 관찰한다. 오늘날 서구 사회에서 사용되는 '명상'이라는 용어는 종종 이런 종류의 '앉아 있기'를 뜻한다. 어떤 이들은 주님에게 더 가까이 다가가기 위해 이 '명상'을 활용한다. 또 다른 이들은 마음을 가라앉히고 만물을 더 명확하게 보기 위해 그것을 활용한다. 어떤 이들은 특히 건강에 도움이 된다면서 개인적으로 명상을 통해 얻은 결과에 만족감을 표하는 한편, 또 다른 이들은 명상 역시 인간에게 필요한 인식, 발전, 동족 인류에 대한 연민 표현을 향해 나아가기 위한 첫 단계일 뿐이라고 주장한다.

명상을 의식과 정신을 수련하는 하나의 방법이나 형식으로 이해한다면, 시끄러운 상황에서도 항상 명상을 연습해야 할지 모른다. 그러나 명상은 대개 조용한 환경에서 배우고 진행해야 한다는 것이 일반적인 생각이다. 게다가 수많은 사람들이 자연이나 성스러운 존재의 부드러운 힘과 교감할 수 있는 수단은 침묵뿐이라고 믿고 있다.

시카고 대학교의 존 헨리 브레스티드 John Henry Breasted는 예수가 태어나기 천여 년 전 고대 이집트[10] 숭배 신앙의 침묵에 어떤 중요성이 있었는지에 대해 글을 쓴 적이 있었다. 브레스티드는 그 시절 현자들이 "…… 신의 호의를 얻는 가장 효과적인 방법으로 사색적 침묵과 내적 교감"을 꼽았다는 사실을 알아냈다. 브레스티드는 자신의 의견을 뒷받침하기 위해 제 21왕조와 제 22왕조 시대 고대 문건에서 몇 구절을 인용했다. 그 중 첫 번째 문헌은 네페르타리 왕비의 궁전에서 일하던, "평범한 인간의 운명을 타고 난" 애니라는 남자의 필경사 교육을 다루고 있었다.

> 많은 말이 아니라 침묵이 그대에게 운을 가져다 줄 것이다. …… 신의 경내에서 소리를 지르는 것은 역겨운 행동이다. 말일랑 모조리 숨겨두고 간절한 마음으로 기도하라. 그리하면 그 분께서 그대의 욕구를 채워주시고 그대의 말에 귀기울여주시고 그대의 제물을 받아주실 테니.

숭배자들이 신을 영적 정화의 원천으로 의지할 수 있었던 것은 모두 이런 태도 덕분이었다고 브레스티드는 말했다. 브레스티드가 인용한 두 번째 문장은 이것이다. "그대, 목마른 사막의 나그네의 목을 적셔주는 신선한 샘이여. 말하는 자도 그대 가까이 다가갈 수는 있지만 그대를 여는 사람은 침묵하는 자로구나. 침묵하는 자는 가까이 다가와 샘을 놓치는 법이 없나니." 브레스티드는 이 글에 대해 이렇게 설명했다.

> 침묵의 교감을 통해 자애롭고 선량한 신을 섬기려는 이런 태도는 선택된 소수, 혹은 교육받은 성직자 집단에서만 찾아볼 수 있는 것이 아니었다. 평범한 사람들이 지은 가장 비천한 신전에서도 '아몬'은 "침묵으로 오시는 신," 혹은 "침묵의 주님"이라고 불렸다.

---

10 고대 이집트: 이집트의 고대사는 왕조와 시기에 따라 크게 '초기왕조-고왕국-제1중간기-중왕국-제2중간기-신왕국-제3중간기-말기왕조'로 구분된다. 제 21왕조와 제 22왕조는 제3중간기에 해당된다. 고대 이집트에서 숭배되던 대기와 풍요의 신 '아몬 Amon'은 '감추어진 존재'라는 뜻으로 기독교에서 기도를 맺을 때 하는 '아멘'이란 말도 이 이름에서 유래되었다고 한다.

이런 맥락에서 볼 때 그 '침묵'이 망자와 관련되었다고 가정할 필요는 없다.

실버맨 D. Silverman은 '침묵을 사랑하는 여신'으로 알려진 코브라의 여신 메레트세게르 Meretseger에 관한 글을 쓴 적이 있었다. 그리고 예수보다 12~13세기 앞선 ≪아메네모페의 가르침 The Instruction of Amenemope≫이란 문헌은 성경 잠언에 지대한 영향을 끼친 것으로 알려져 있다. 그 문헌에 이런 구절이 있다.

> 홀로 떨어져 진실로 침묵하는 자,
> 목초지 위에서 자라는 나무와 같다.
> 점점 푸르게 우거져 두 배의 열매를 맺는
> 그 나무 앞에 주인이 서 있다.
> 그 열매는 달고, 그 그늘은 상쾌하니
> 그 나무는 결국 정원으로 옮겨진다.

고대 인도의 경전 ≪우파니샤드 Upanishads≫에는 진정한 영적 자유는 자제를 통해 이루어진다는 구절이 나온다. 200여 개에 달하는 ≪우파니샤드≫ 가운데 초기에 등장한 ≪찬도기야 우파니샤드 Chandogya-Upanishad≫에 따르면 그 절제에는 다음과 같은 것이 포함된다.

> 사람들이 침묵의 맹세라고 부르는 것(마우나), 그것을 행함으로써 명상에 잠긴 '자아'를 발견하게 된다는 점에서 그것이야말로 진정한 절제이다.

고대 ≪바빌로니아 탈무드≫의 저자 중 한 명은 "고통을 이겨내는 주문은 침묵과 기도"라고 생각했다. 수세기를 거치면서 수많은 사람들이 명상이 몸에도 이로운 영향을 끼친다는 사실을 깨달았다. 적어도 긴장을 풀어주는 휴식의 한 형태인 것은 분명하니까. 그러다 보니 침묵 수양은 신체적 가치와 영적 가치 두 가지 모두를 인정받게 되었다.

앞에서도 언급했듯 유대인들은 침묵할 때 종교적 경험을 기대한다. 그래서 성경의 한 저자는 이렇게 말한다.

> 내 영혼은 침묵 속에서 홀로 주님을 기다리나이다.
> 나의 구원은 그 분에게서 오나니. (시편 62장 1절)

성경의 다른 부분에서도 주님은 우리에게 명령하신다. "가만히 있어라. 그리하면 내가 신인 것을 알게 되리니."(시편 46장 10절) 예수는 인생의 대부분을 공공의 시선 밖에서 보냈다. 설교를 시작한 뒤에도 홀로 사막에 은거하며 시간을 보내기도 했다. 마태오는 예수가 '주의 기도', 혹은 '우리 아버지'라고 알려진 유명한 기도를 우리에게 알려주었을 때 이렇게 충고했다.

> 다른 사람에게 보이기 위해 신앙을 실천하지 않도록 조심하라. 그렇게 하면 하늘에 계신 아버지에게서 아무런 상도 받지 못할 테니. …… 기도할 때도 위선자처럼 굴어서는 안 된다. 그런 자들은 남들에게 보이려고 교회당이나 길모퉁이에 서서 기도하길 즐긴다. 진실로 너희에게 말하노니, 그들은 이미 보상을 다 받았다. 너희는 기도할 때 방에 들어가 문을 닫고 비밀 속에 계신 아버지께 기도하라. 그리하면 비밀까지 보시는 아버지께서 너희에게 상을 내리실 것이다.
>
> 기도할 때 이방인처럼 빈 말을 쌓아올리지 말라. 그들은 말을 많이 해야만 주님께 들릴 것이라고 생각한다. 그러니 그들을 따라하지 말라. 아버지께서는 너희가 구하기도 전에 너희에게 필요한 것이 무엇인지 이미 알고

계신다. 그러므로 이렇게 기도하라. 하늘에 계신 우리 아버지, 온 세상이 아버지의 이름을 거룩하게 부르게 하소서. 아버지의 나라가 오게 하시고 아버지의 뜻이 하늘에서와 같이 땅에서도 이루어지게 하소서. 오늘 우리에게 일용한 양식을 주시고, 우리가 우리에게 죄 지은 자들을 용서하듯 우리의 죄를 용서해주시고 우리가 유혹에 빠지지 않게 악에서 구원해주소서. 너희가 남의 잘못을 용서하면 하늘에 계신 아버지께서도 너희를 용서하실 것이다. 그러나 너희가 남의 잘못을 용서하지 않으면 아버지께서도 너희를 용서하지 않으실 것이다.

초기 기독교인 가운데 자신의 삶을 설명하고 자신이 믿는 것을 가르치면서 '말을 많이 하는 것'에 반대하지 않은 사람으로는 히포의 아우구스티누스 Augustine of Hippo가 있다. 그러나 그 역시 말에는 한계가 있다는 사실을 분명하게 인정했다. ≪고백록 Confession≫에서 그는 어머니가 세상을 떠나기 얼마 전 어머니와 함께 창가에 앉아 있던 기억을 떠올렸다. 두 사람은 로마 근교 티베르 강변 오스티아에서 창문으로 정원을 내다보고 있었다. 그는 주님의 말씀을 들을 준비가 되었을 때 침묵이 얼마나 이로운 것인지, 그때 자신이 그 이점을 인정하게 된 과정을 설명했다. 주님은 육신의 혀나 천사나 천둥소리를 통해 말씀을 하시는 것이 아니기 때문에 우리가 몸을 침묵시키기만 하면 그런 도움 없이도 주님의 말씀을 그 자체로 들을 수 있다는 것이었다. 회의론자들은 아우구스티누스의 경험을 환영의 반영이나 간절한 생각의 사례로 여길지 모르지만, 신앙인들은 그런 통찰을 자기기만으로 치부해서는 안 된다고 확신한다.

나지안주스의 그레고리우스도 자신의 스물여섯 번째 연설에서 이런 견해를 피력했다. "…… 주님에 대해 이야기하는 것은 참으로 가치 있는 일이지만 주님 앞에서 침묵으로 영혼을 정화하는 것이야말로 더 가치 있는 일이다." 그로부터 약 3세기 후 그리스의 신학자 '증거자 성 막시무스 Maximus the Confessor'는 "인간은 풍부하게 읊조리는 침묵을 통해서, 보이지도 않고 알려지지도 않은 산의 이름을 찬양하는, 가장 내밀한 곳에 존재하는 침묵을 다시 불러낼 수 있다."고 말했다. 이 말에서 영감을 얻은 데이비스 J. G. Davies는 "예배는 침묵과 침묵이 만나는 자리이며, 성스러운 존재와 인간 사이에 놓인 침묵의 길이는 예배 시간을 구성하는 단위이다."라고 말했다.

예수 사후 다섯 세기가 좀 더 지난 때 기록된 것으로 추정되는 레위기에 대한 팔레스타인인의 한 논평은 다음 문장을 상기시킨다.

> 랍비 조슈아 레위가 말했다. "〈미시나〉에서 이미 배웠듯이 말은 1셀라의 값어치가 있고 침묵은 2셀라의 값어치가 있다."
> [미시나] 시므온이 아들에게 말했다. '나는 평생 현자들 틈에서 자랐다. 그런데도 침묵 말고는 인간에게 유익한 것을 찾아내지 못했다."

일찍이 〈미시나〉에 기록되어 있던 이 문장은 오늘날 다소 애매한 뜻으로 활용된다. "말은 1셀라의 값어치가 있고 침묵은 2셀라의 값어치가 있다. 보석처럼. (A word for a sela', but silence for two sela's;–like a precious stone.)" 물론 이 문장에서 '침묵'이란 단어가 '말'이란 단어보다 '보석'에 더 가까이 놓여 있으므로 여기에서 '보석'이 비유하고 있는 대상은 '침묵'이라는 가정을 당연하게 받아들일 수도 있다. 그래서 찰스 테일러 C. Taylor는 '보석처럼 (like a precious stone)' 앞에 괄호를 넣어 의미를 보충해, "그러므로 그것은 보석과 같다. ((It is)like a precious stone.)"라는 문장을 만들었다. 그러나 코헨은 줄표 뒤에 괄호를 넣어 다른 의미의 문장을 만들었다. "그러니 네 말을 보석처럼 만들어라. (–(Let your words be) like a precious stone.)"

"우리 아버지"를 외우는 예수님의 말씀은 천 년이 지난 뒤 프랑스 북부에 살았던, 그리고 중세 유대교에서 독보적인 자리를 차지했던 랍비 새뮤얼 메이어에 의해 다시 울려 퍼지게 되었다. 메이어는 이렇게 말했다.

그 분 앞에서 기도를 할 때는 서둘러 기도문을 외우지 말라. 성스러운 주님 앞에서 너무 많은 단어를 쏟아내서는 안 된다. 그 분은 하늘에 계신 분이시니. 그러므로 그 분 앞에서 말을 너무 많이 하는 것은 아닌지 늘 두려워해야 마땅하다. 많은 말로 잘못을 범하지 않도록, 말을 많이 하지 말라.

침묵과 명상 도중 나타나는 침묵과의 만남은 대개 혼자 있을 때 일어나는 것이지, 예배 중에 그런 침묵이 일어났다는 기록은 별로 없다. 그런 사적인 침묵의 즐거움을 누린 것으로 유명한 사람은 스페인의 신비주의자 십자가의 요한이었다. 예컨대 요한은 시 〈신부와 신랑처럼 연인을 칭송하는 영혼의 노래 Song of the Soul Praising her Beloved, as Bride and Bridegroom〉 14연과 15연에서 다음과 같이 노래했다.

나의 연인, 산이여,
그리고 숲이 우거진 외로운 골짜기여,
낯선 섬이여,
우렁차게 흐르는 강이여,
휘파람 소리로 사랑의 감정을 일으키는 미풍이여,

고요한 밤이여,
밝아오는 여명이여,
침묵의 음악이여,

낭랑한 고독이여,
내 사랑을 다시 활기 있게, 깊게 만들어주는 저녁식사여.

요한은 이 시에 '침묵의 음악'이란 표현을 사용한 이유를 이렇게 설명
했다.

성스러운 빛을 아는 자는 저녁의 고요와 침묵 속에서 '지혜'의 놀라운
조화와 '지혜'가 창조해낸 각양각색의 창조물을 인식하게 된다. 제각각 신
의 어떤 면을 닮은 모습으로 태어난 그 창조물들은 신이 자신에게 부여한
것을 향해 각자의 방식으로 목소리를 낸다. 그렇게 창조물들은 인간의 영
혼을 위해, 세상의 그 어떤 연주회나 멜로디에도 뒤지지 않는 숭고한 소리
로 조화로운 교향곡을 연주한다. 시의 화자는 그 음악을 '침묵'이라고 부
른다. 왜냐하면 그것은 목소리가 없는 고요하고 조용한 깨달음이기 때문
이다. 그 깨달음 안에는 음악의 감미로움과 침묵의 고요함이 함께 존재한
다. 그래서 화자는 자신의 연인을 침묵의 음악이라고 부르는 것이다. 화자
는 그 연인 안에서 영혼의 교향곡을 인식하고 음미한다. 그 연인은 침묵의
음악인 동시에 낭랑하게 울리는 고독이다.

침묵의 음악이란 바로 이런 것이다. 그 음악은 신체적 감각이나 능력으
로 들으면 침묵이지만 영적 능력으로 들으면 낭랑하게 울리는 고독이다.

십자가의 요한은 또 이런 글도 남겼다. "성부께서 하신 말씀은 단 한 말
씀뿐이다. 바로 그 분의 아드님이신 성자. 그리고 성부께서는 늘 그 한 말
씀을 영원한 침묵 속에서 말씀하신다. 그러므로 우리도 침묵 속에서 그
말씀을 들어야 마땅하다." "…… 신을 아는 것은 성스러운 침묵 속으로
받아들여지는 것"이라고 믿었던 요한은 언어가 그런 경험을 표현하기에
부적절하다는 사실을 깨달은 신비주의자였다. 다양한 종교들의 전통을

살펴보면 요한 외에도 그런 깨달음을 얻은 신비주의자는 무수히 많다. 요한은 시 〈영혼의 노래 The Spiritual Canticle〉 39연에서 "주님은 사색 속에서 인간의 영혼을 아주 조용하고 은밀하게 가르치신다. 알 수 없는 방법으로, 말소리 없이, 신체적·영적 능력의 도움 없이, 침묵과 고요 속에, 모든 감각과 자연이 잠든 어둠 속에서." 요한에게 침묵은 특별한 영적 가능성을 인간에게 열어줄 수 있는 도구였던 것이다. "…… 직접 경험하지 않고도 이 침묵의 소통과 사색을 마음에 새길 수 있다면 그 얼마나 헤아릴 수 없을 만큼 큰 축복인가. ……"

　침묵이 오랫동안 수도원 전통의 일부였던 것만큼은 분명한 사실이다. 그러나 초기나 중세 기독교인들의 글에 침묵을 칭송하는 글귀가 간혹 등장한다고 해서, 일반적으로 침묵이 교회를 장악하고 있었다고 오해하게끔 그 글들이 우리를 잘못 인도하는 것은 아니다. 교회 조직은 복음을 전파하고 선행을 닦는 일에 적극적으로 매달렸고, 명상과 사색 수련은 그 사역활동을 돕기 위한 부수적인 활동이었을 가능성이 크다. 교회 안에서 침묵이 어느 정도 지위를 유지하고 있었는지 그것을 알 수 있는 임의적인 척도로 어떤 이는, 뉴맨 출판사에서 1945년부터 1965년까지 출간한 고대 기독교 교부들의 저작 시리즈 35권을 통틀어 침묵과 관련된 색인이 달랑 네 개뿐이며 그나마도 그 색인만 따로 떼어 쓰려면 쓸 데가 전혀 없다는 사실을 꼽는다. SCM 출판사가 1953년부터 1957년까지 출간한 24권짜리 ≪기독교 고전 총서 Library of Christian Classics≫에는 침묵에 관한 색인이 그보다도 더 적다.

비종교적 시

십자가의 요한 같은 수도원 명상가들이나 할 법한 경험이 콜리지나 키츠 John Keats 등 비종교적 시인들의 작품 속에 기독교 시인들의 작품만큼 자주 등장했다는 사실은 상당히 인상적이다. 예컨대 〈늙은 수부의 노래 The Rime of the Ancient Mariner〉에서 새뮤얼 테일러 콜리지는 목소리를 잃은 나약한 영혼을 선원의 모습으로 그려냈다. "그의 침묵이 침몰한다. / 내 마음의 음악처럼." 워즈워스는 1800년 처음 발표한 〈한 소년이 있었네. There Was a Boy〉라는 제목의 시에서 "침묵하는 올빼미의 울음소리를 따라하는 소년"의 모습을 묘사했다. 소년이 새 울음소리를 내자 올빼미들은 결국 푸드덕 날아올라 절벽 전체를, 그리고 영국 북서부 윈더미어 호수 주변을 소음으로 가득 채운다.

> …… 그리고 침묵이 내려앉았다.
> 소년의 놀라운 흉내 솜씨에 당황한 것일까.
> 그 침묵 속에서 가끔씩, 작은 짐승이 놀라서 바스락대는 소리가
> 들려와 소년의 귓가에 머물렀고
> 산간의 급류소리가 소년의 심장까지
> 파고들었다.

존 키츠는 〈그리스 항아리에 부치는 송가 Ode to a Grecian Urn〉에서 이렇게 노래했다.

> 귀에 들리는 선율은 아름답지만 들리지 않는 선율은
> 더욱 아름답다. 그러니, 그대, 부드러운 피리들이여 계속 연주하라.
> 육체의 귀 말고 영혼의 귀에 대고

곡조 없는 노래를 더욱 사랑스럽게.

침묵의 확고한 추종자였던 토머스 칼라일은 이런 말을 남겼다.

조금이라도 좋은 뜻을 품은 모든 말 아래에는 더 좋은 침묵이 깔려 있다. 침묵은 '영원'처럼 깊고 말은 '시간'처럼 얇다. 이 말이 모순처럼 보이는가? 사기꾼이 들끓고 뻐기는 말로 가득하고 불모의 사하라처럼 황폐화되었다며 인간에 한탄하고 시대에 한탄하는 이에게는, 태곳적부터 존재해온 이 진리가 정말 이상한 헛소리로 들릴 수 있다.

1872년 조지 엘리엇은 소설 ≪미들마치 Middlemarch≫에서 이렇게 선언했다.

모든 평범한 인간의 삶을 예민하게 바라보고 느낀다면, 그것은 풀잎이 자라나는 소리나 다람쥐의 심장박동 소리까지 듣는 것과 꼭 같을 것이다. 그러면 우리는 침묵 저편에 놓여 있는 울부짖음을 듣고 죽을지도 모른다. 그러므로 우리 중 가장 촉이 좋은 자들은 어리석음으로 똘똘 뭉쳐 돌아다니고 있는 것이다.

엘리엇의 표현이 록밴드 유투 U2의 팬들에게는 익숙할 것이다. 유투의 노래 〈브리드 Breathe〉에 "침묵 저편에 놓여 있는 울부짖음"이란 가사가 있으니 말이다. 제라드 맨리 홉킨스 Gerard Manley Hopkins의 시 〈완벽의 옷 The Habit of Perfection〉에도 명상과 시가 공유하는 침묵의 경험을 노래한 아름다운 표현이 나온다. 그 시의 첫 두 단어 "선택된 침묵 Elected Silence"은 나중에 영국에서 출간된 토머스 머튼의 전기 ≪칠층산 The Seven Storey Mountain≫의 요약본 제목으로 쓰이기도 했다.

선택된 침묵이여, 내게 노래하라.
그리고 나선형 모양의 내 귀를 두드려라.
피리를 불어 나를 평화로운 목초지로 보내다오.
내가 듣기 좋아하는 음악이 되어다오.

아무 모양도 만들지 말라, 입술이여. 사랑스럽게 침묵하라.
그대를 유창하게 만들어주는 것은 오로지
차단이다. 모든 굴복이 비롯되는 그곳에서
들려오는 통행금지 종소리이다.

고요한 밤

침묵과 관련된 노래라 하면 가장 먼저 떠오르는 곡 중 하나가 매우 유명한 캐럴 〈고요한 밤 Silent Night〉일 것이다. 19세기 초반 오스트리아의 성직자 요제프 모어 Joseph Mohr가 작사한 그 노래는 신성한 침묵에서 어떤 기쁨을 느끼게 될지 간결하게 표현하고 있다. 제이콥 J. A. Jacob은 "……생각을 그렇게 침묵시킬 수 있는 것은, 그저 주님 품이 너무나 넓기 때문만이 아니라 주님이 너무나 가까이 계시기 때문"이라고 믿었다. 그러나 그렇게 믿는 사람들은 시끄러운 와중에도 계속 주님과의 거리를 가까이 유지할 수 있을 것이라고 주장할 위험이 크다. 앤드류스 C. P. Andrews는 현대 기독교 신자 중 상당수가 조용히 기다리거나 물러날 줄 모르기 때문에 "매우 끔찍한 대가"를 치를 위기에 놓여 있다고 생각했다. "주님은 우리의 심장으로 들어오는 입구나 문을 찾아야 할 것이다. 게다가 우리의 귀는 세상 소음에 이미 너무 점령당해 있어서 그 분의 대답을 듣지도 못할 것이다." 이 마지막 문장은 라우디케아 교회를 위해 표면상 천사가 요한에게 가져다준 예수 그리스도의 메시지와 관련이 있다. "보아라, 내가 문 밖에 서서 문을 두드리고 있나니. 누구든 내 목소리를 듣고 문을 열면 나는 그 집에 들어가 그와 함께 먹고, 그도 나와 함께 먹을 것이니라."(요한묵시록 3장 20절)

앞에서 우리는 퀘이커교도들이 예배를 드릴 때 침묵을 얼마나 중시하는지 이미 살펴보았다. 그러나 캐롤라인 스테판은 이런 글도 남겼다.

퀘이커교도의 기준에서 볼 때 중요한 것은 단지 공적인 예배에 도움을 주는 침묵의 일시적인 효과뿐이 아니다. 우리가 존중하는 침묵의 가치는 그저 입술의 외면적 침묵이 아니다. 그것은 지나쳐가는 것들에 대한 모든 집착을 버리는, 마음과 심장의 깊은 고요이다. 그 집착의 대상에는 심지어 우리 마음속에서 일어나는 작용들까지 포함된다. 변함없이 영원히 우리의 심장에 단단히 엉겨 붙어 있는 그런 생각 말이다. 우리가 보기에 이런 '온몸의 침묵'은 어떤 형태의 진실한 숭배 행위든 그것을 하기 전에 반드시 갖추어야 할 기본적인 준비 자세이다. 그리고 또 우리는 그것이 언제나 내면에 빛을 밝혀두기 위한 기본적인 전제조건이라고 믿는다. 조지 폭스는 "빛 속에 가만히 서 있으라."는 말을 하고 또 했다. 그리하면 힘과 평화와 승리와 구원과 다른 모든 좋은 것들이 다 함께 찾아온다는 것이다. "조용히 있어라. 그리하면 내가 주님이라는 것을 알게 될 것이다." 퀘이커교도들을 '기다리는' 영혼, 즉 주님 앞에서 침묵을 지키며 기다리는 것밖에 할 줄 모르는 자신의 무능함을 철저하게 깨달은 영혼으로 확실히 만들어준 것은, 주님께서 계시로 당신을 드러내신다는 것을 깊이 인식하고 있던 사람들의 경험이라고 나는 믿는다. 내면적 침묵의 여러 가능성은 말로는 애매하게 밖에 표현할 수 없다. 때때로 침묵이 내면에서 보여주는 그 확실한 비전은 경험을 통해서만 완전하게 이해될 수 있다. 그 비전속에 모습을 드러내는 것들은 언급되기보다 살아져야 하는 것들이기 때문이다. …… 그 비전은 곧 낯선 방식으로 내 마음을 가라앉히고 부드럽게 풀어주었다. 그렇게 함께 앉아 기다리면, 잠시 후에 깊은 경외감이 내 마음을 뒤덮고는 했다. 무엇 때문이냐고? 우리가 함께 만난 그 이름이 누구의 이름인지, 진정으로 우리 가운데 계신 분이 누구인지 마음 깊이 알고 있었기 때문이다. 그 날 침묵의 회합에 참석했을 때보다 더 강력한 힘을 그 분께서 내게 보여주신 적은 그때까지 한 번도 없었다.

침묵 명상에 대한 스테판의 표현은 그것이 하나의 신념 이상의 힘을 발휘한다는 사실에 찬성하는 사람들의 의견과 일치한다. 저명한 영국 국교회 수사 헨리 어니스트 하디 Henry Earnest Hardy는 침묵에 잠길 공간을 제공받는 것의 중요성을 연인에게 간섭받지 않고 싶은 욕구에 비유했다. 인간의 영혼이 한 걸음 뒤로 물러남으로써 주님께 가까이 다가갈 수 있도록.

가장 먼저, 말을 멈추는 행위를 의미하는 침묵의 문지방이 있다. 그 다음으로 산만한 생각들을 멈추는 내면적 침묵이 있다. 그 다음 의지의 침묵을 거쳐 계속 나아가면, 고통과 기도를 통해서만 도달할 수 있는 에덴동산에서 우리 주님의 아름다운 침묵과 만나게 된다. 그것은 그저 "말씀이 이루어질 것이다."라는 말로밖에 설명할 수 없는 침묵이다.

어떤 연구자는 다음과 같은 우려를 표했다. "…… 요즘은 소음을 최소 배경으로라도 필요한 것으로 인식하는 지경에 이른 사람들이 많은 것 같다. …… 도대체 어떻게 호소를 해야 그들이 '조용히 있어라. 그리하면 내가 주님이라는 것을 알게 될 것이다.'라는 시편 작가의 경고를 깨달을 수 있을까? 도대체 어떻게 해야 그들의 마음속에 당황스러움의 침묵 말고 다른 침묵의 교회를 지을 수 있을까?" 20세기 중반 트라피스트 수도회의 수사 토머스 머튼은 침묵을 호소하는 글을 남겼다.

그러면 깊은 침묵 속에서 지혜가 끝나지 않은 노래, 햇살처럼 따사로운 노래, 말로 표현할 수 없는 노래를 부르기 시작한다. 지혜가 고독한 영혼에게 불러주는 그 노래는 너무나 은밀한 노래이다. 그것은 그 영혼의 노래인 동시에 지혜의 노래이다. 각자의 영혼은 독특하고 대체할 수 없는 자신만의 노래를 자기 자신과 알지 못하는 영혼을 위해 부른다. 그는 자기 존재의 현관 계단에 앉아 그 노래를 부르다가 문을 열고 나가 주님의 심연 속으로 들어간다. 이것이 모든 영혼이 각자 불러야 하는 노래요, 주님께서 스스로를 위해 작곡하신 노래이다. 어쩌면 우리 안에서 주님께서 직접 그 노래를 부르고 계신 것인지도 모른다. 그리고 그 노래는 귀 기울여 듣지 않으면 절대로 부를 수 없는 노래이다. 또한 주님과 함께 부르지 않으면 결코 완전한 현실로 만들 수 없는 노래이다. 그것은 바로 주님의 심장에서 흘러나오는 샘물, 우리의 삶을 샘솟게 하는 샘물 같은 노래이기 때문이다.

종파를 초월한 기독교 수도사 공동체인 '떼제 공동체 Taizé Community'의 설립자이자 원장으로 노년에 잔인하게 살해된 로제 수사 Frére Roger는 이렇게 말했다.

예수 그리스도는 주님의 말씀이다. 따라서 그 말씀을 듣고자 한다면 수동적이고 주의 깊은 자세를 갖추어야 한다. 우리 자신과 우리의 작은 왕국을 깨끗이 잊고 주의 깊게 귀 기울여야 한다. 그것이 그 분만 보실 수 있는 아름다움으로 우리를 치장하는 방법이다. 생소하게 들릴 수도 있겠지만, 그 분께 우리의 말을 가장 잘 전달할 수 있는 방법은 침묵이다. 그래서 우리는 침묵의 명상에 잠겨 그 분께 응답한다. 의문의 침묵 속에서, 그 분이 우리에게 행하고자 하시는 것, 우리에게 알리고자 하시는 것이 무엇인지 설명해주시길 기다린다. 불안한 침묵 속에서, 심판의 날을 맞이하게 되리라는 것과 우리의 삶 전체가 타오르리라는 것을 깨닫고 심판이 무엇인지, 주님께서 우리를 어떤 다른 길로 인도하시는지 알게 된다. 도움을 외쳐 부르는 침묵 속에서, 주님이 요구하시는 일을 해낼 능력이 우리에게는 없다는 사실을 알게 되고 우리에게 힘을 주실 수 있는 분은 주님뿐이라는 사실을 깨닫는다. 그리고 경외의 침묵 속에서, 우리에게 허락된 그분의 모습을 뵙고 우리가 아무것도 아니라는 사실에 움츠러들며 주님께서 우리가 그 분의 아들딸답게 살아가기를 바라신다는 사실을 깨닫는다. 내면적 침묵을 깨달았다면 외면적 침묵을 위한 시간도 필요하다. 일부 운 좋은 사람들은 항상 그 시간을 찾아내지만 사람들 대부분은 침묵의 순간을 가능하게 해줄 시간을, 그 누구도, 그 무엇도 그들을 취할 수 없는 시간을 계속 찾아 헤매야 한다. 그리고 언제 어디서든 그런 시간을 찾는 것은 거의 항상 가능하다.

물론 '선택된 침묵'은 로제 수사나 토머스 머튼 같은 명상가나 시인들의 독점적 전유물이 아니다. 우리도 각자 그 침묵의 물결 속에서 헤엄칠 수 있다. 우리도 침묵하는 데 시간을 할애함으로써 그 혜택을 누릴 수 있다. 런콘 D. Runcorn은 이렇게 믿었다. "…… 그 본질이 무엇이든 우리가 살면서 마주치는 온갖 다양한 일들 속에서 침묵은 우리를 '더 깊은' 순간으로 초대하는 내면적 반응의 역할을 수행한다."

관리된 침묵

계속 침묵하다 보면 우리 자신과 우리가 처해 있는 환경에 대해 생각하기가 쉬워진다. 이것이 기독교 권위자들뿐 아니라 불교 스승들까지, 자주 명상을 할 생각이라면 제대로 알고 있는 지도자를 찾으라고 사람들에게 권하는 이유 중 하나이다. 그러지 않으면 정신 사나운 생각이나 기분이들 수 있기 때문이다. 그런 침묵은 예컨대 이렇게 기록될 수 있다. "부드러운 침묵이 만물을 뒤덮었다." "주님의 강력한 말씀이 단호한 전사처럼 모조리 천국에서 튀어나왔고 그 말씀은 무서운 악몽 속 망령들을 불러냈다. 그것들은 사람들을 엄청난 곤경에 빠뜨렸고 예기치 못한 두려움이 사람들을 공격했다."(지혜서 18장 14~17절) 그런데 윌리엄 존스턴이 종교적 범주 밖에서 명상이 시행되는 것에 회의적, 혹은 냉소적 태도를 취한 데는 또 다른 이유가 있었다. 그는 "이미 세속화된 예술, 음악, 시, 교육, 정치 등을 누리고 있는 현대의 인류가 과연 명상을 제대로 하겠다고 마음을 먹을지, 혹시 기도까지 세속화시키는 것은 아닌지" 우려했던 것이다. 그러면서 일본인들은 선종불교의 명상을 본질적으로 세속화하려는 시도를 여러 세대에 걸쳐 해왔다고 기록했다. 원래 중국에서 발생한 종교적 수련의 일종이었던 선종불교를 "일본인들은 곧바로 받아들였다. 처음에는 사무라이들이, 그 다음에는 자폭 비행사들이, 그리고 끝으로 재계거물들이. …… 그리고 이제는 좋은 것은 보는 즉시 알아보는 서구인들이 그 뒤를 따르고 있다." 그러나 명상수련은 자아를 강화하려는 목적에서 사용되면 의식적으로든 무의식적으로든 좋지 않은 결과를 낳는다.

명상을 하면서 경험하는 감정들이 언제나 마냥 유쾌한 것만은 아니지만, 침묵을 활용한 상담치료나 침묵의 가능성을 겪어본 사람들은 침묵과 관련된 노력은 뭐든 해볼 만한 가치가 있다고 믿는다. 켄터키 주 루이스빌 장로교 신학대학의 프랜시스 아데니 Frances Adeney 역시 침묵이 유용하다는 사실을 깨달은 사람 중 한 명이었다.

침묵에 빠져든 경험 덕분에 내 자신의 더 깊은 곳을 탐험할 수 있었다. 그 덕분에 억눌린 고통과 분노가 숨어 있는 영역이 내 안에 존재한다는 통찰을 얻었고 내 삶의 방향성을 찾는 데 큰 도움을 받았다. 이런 일이 어떻게, 그리고 왜 일어났는지는 잘 모르겠지만, 그것이 침묵을 수련하는 습관을 들임으로써 누릴 수 있는 경험이라는 의견에는 기독교도와 유대인은 물론 불교도들이나 융 심리학 전공자들까지 모두 이견이 없으리라 생각한다.

침묵에는 문화를 초월해 모두가 인정할 수 있는 부분이 있다는 아데니의 의견은 옳다. "예배의 보조도구로서의 침묵, 혹은 영적 경험을 맞이할 준비자세로서의 침묵은 인류 역사상 거의 모든 시대에 걸쳐, 그리고 전 세계 거의 모든 지역에 걸쳐 크고 작은 단체 안에서 수양되어 왔다."는 글이 기록된 것은 무려 90년 전이다. 마지막 장에서 다시 살펴보겠지만 윌리엄 존스턴은 그 개념을 더 정교하게 갈고 닦은 사람으로, 신의 침묵이라 여겨지는 것을 다룬 유명한 일본 소설을 영어로 번역했다. 존스턴은 도쿄의 소피아 대학교에서 오랫동안 연구한 예수회 수도사로 전반적으로는 동양 종교, 세부적으로는 명상을 전공한 그 분야 권위자였다. 그는 주요 종교에서 명상의 역할을 이렇게 설명했다.

신자는 명상을 통해 생각, 개념, 상상, 추론을 넘어서는 단계에 올라선다. 강화된 깨달음이나 의식의 더 깊은 곳으로 들어가는 그 단계는 심오한 침묵으로 특징지어진다. 이것이 바로 'silentium mysticum', 즉 '침묵의 신비'이다. 이 단계에 이르면 의식 속에는 아무런 단어도, 아무런 이미지도 존재하지 않는다.

존스턴 역시 침묵이 항상 그렇게 쉬운 것만은 아니라고 말했다는 사실은 한번 짚고 넘어갈 필요가 있다. "침묵의 합일 상태는 종종 평화로 가득하다. 그러나 간혹 나타나는 메마르다 못해 고통스럽기까지 한 침묵은 분노로 가득하다. 명상가의 신념에 따라 각기 다른 양상으로 나타나는 것이

바로 침묵이다. ……" 침묵과 명상을 비현실적으로 미화하는 견해에 일
침을 가하는 참으로 옳은 말이다.

나아가 문화에 따라 각기 어떤 특정한 방식으로 침묵을 이해하는가를
구분해보는 것은 물론, 독특한 문화권 내에서 선호하거나 이로운 것으로
평가하는 침묵의 각기 다른 종류를 구분해보는 것 역시 그 나름 가치 있
는 일이다. 켈시 M. T. Kelsey가 기독교 안에서의 명상과 다른 종류의 명
상을 구분했듯 말이다. "그 둘의 근본적인 차이는, 궁극적인 현실을 하나
는 화답해야 할 연인으로 인식하고, 다른 하나는 정체성 상실을 추구하는
우주 의식이 고여 있는 웅덩이로 인식한다는 것이다." 그러나 사실 여러
문화 사이의 차이는 켈시의 생각처럼 칼로 베듯 명확하게 구분할 수 있는
것이 아니다. 예를 들자면, 염주를 손에 쥐고 기도하는 티베트 사람들에
게 묵주라는 기독교의 오랜 풍습이 매우 친숙하게 느껴지리라 생각하는
것도 문화를 이해하는 한 가지 방식이다. 르웰린 R. Llewelyn은 묵주에 대
해 이렇게 말했다.

> 묵주기도를 큰 소리로 외우면, 잠시 후 우리의 마음이 그 기도문에도,
> (그것이 본인이 의도한 바라 해도) 어떤 신비로운 존재에게도, 뭐라고 명명할
> 수 있는 그 어떤 대상에게도 머물러 있지 않는다는 것을 알게 된다.
> 그럴 경우 우리의 마음은 기도문 저편의 침묵, 신이 계시는 침묵 속에 머
> 물고 있을 가능성이 가장 크다.

르웰린은 이런 경지에 도달한 사람을 사색에 완전히 빠져든 사람이라
평했다. 어떤 사람들은 이와 같은 상태를 명상적인 상태라고 표현한다.
"열다섯 가지 신비에 대한 명상"과 같은 표현에서 알 수 있듯 의도적으로
명상이란 용어를 주로 사용한 르웰린은 이런 문장을 남겼다. "명상은 신

과 더 깊은 관계를 구축하기 위한 사전 준비단계이다." 이런 식으로 언어를 사용하는 것을 보면, 저자마다 각자 특별한 의도에서 '명상'이란 용어를 사용한다는 사실을 의식하고 있어야겠다는 생각이 든다.

르웰린은 영국 노리치에 있는 줄리안 성지 Julian Shrine의 담임 목사였다. 그는 최근 들어 묵주기도가 "그저 단조롭고 지루한 구시대의 유물로" 묘사되는 경향이 있다고 말하면서, 실은 묵주기도가 많은 이들에게 "침묵의 기도에 빠지는 길 역할을 해왔으며 주님 앞에서 가슴 속에 침묵을 품는 것은 기도 생활의 본질"이라고 덧붙였다.

그런 침묵을 경험한다는 것은 아마도 즐거운 일이겠지만, 전 세계 그 어떤 종교도 사색이나 명상을 통해 평정심이나 지복을 느끼는 것 자체를 목표로 삼지는 않는다. 어쩌면 그것 때문에 오히려 영적 수련이라는 진짜 목표에 집중하지 못할 수도 있다. 그런 맥락에서 아비시크타난다는 이렇게 우리를 일깨운다.

> 명상은 정신을 모으고 마음을 진정시키고 내적 침묵에 도달할 수 있게 도움을 준다. 명상이 없다면 그 어떤 것도 이룰 수 없을지 모른다. 그러나 명상과 침묵을 그것의 목표와 헷갈려서는 안 된다. 그 목표는 침묵과 비침묵을 똑같이 초월하는 것이다.

적어도 수많은 힌두교, 불교, 기독교 명상가들에게 그 목표는 일종의 정적 자기 소멸이 아니라, 타인을 돌보는 것을 인간적이고 도덕적인 의무로 여기는 이해의 틀 안에서 자아의 자리를 찾는 것이다. 진정한 영적 해방과 성취를 이룰 수 있느냐 없느냐 하는 것은 거기에 달려 있다.

짐 코터 Jim Cotter는 자신의 삶 속에 기도하는 침묵의 순간을 더 늘리고 싶어 하는 사람들에게 실제적인 충고를 건넸다. "침묵으로 기도를 시작하고, 말들이 침묵 깊은 곳에서 떠올랐다가 다시 침묵 속으로 사라지게 내버려둬라." 그는 우리가 "말을 해야 하는 무의미하고 지루하고 사람을 지치게 하는 끔찍한 경험" 뒤편에 홀로 남아 있을 수 있다고 믿었다. "…… 그리하여 우리는 삼라만상이 연결되어 있는 듯한 특별한 연결망을 인식하게 된다." 불행하게도 어떤 이들은 바쁜 세상 속에서 시간에 쫓겨 침묵하고 있는 자신을 발견한다. 예컨대 '영적 삶을 위한 루이스빌 센터 Louisville Center for Spiritual Living'에서 열린 워크숍에 참가했던 크리스토퍼 홀 Christopher Hall은 이렇게 기록했다. "다나 브라이언트는 일정상, 자신이 예전에 했던 것처럼 명상할 시간을 낼 짬이 없다고 말했다. 그녀는 또 말했다. '내가 또 달리 무엇을 해야 명상적인 사람이 될 수 있을지 궁금하네요. 그리고 일 처리가 빠른 사람이 되는 방법도요!'"

개인적 이야기

격식이 갖추어진 종교의 틀 밖에는 늘 각자의 험난한 여정에 오르는 개인들의 기나긴 행렬이 있었다. 그 여정에는 늘 중대한 시기를 위해 선택한 '침묵하기'가 수반된다. 그런 개인들은 때로 영적인 스승들의 말에서 영감을 얻기도 하고 정보를 얻기도 하지만, 대개 숲이나 도시의 은둔자, 혹은 세속적인 세상의 일부로 남는다. 탁월한 직감을 타고난 그런 괴짜들은 어느 문화권에서나 볼 수 있다. 예컨대, 미국의 환경운동가 존 프란시스 John Francis는 1971년 샌프란시스코 만에서 일어난 엄청난 기름 유출 사고를 목격하고 그에 맞서 그 뒤로 엔진이 달린 탈것을 타지 않았다. 필라델피아에서 아프리카계 미국인 노동자 계급의 아들로 태어난 프란시스는 그로부터 얼마 뒤 말하는 것 역시 그만두고 17년 동안 침묵했다. 의사소통은 몸짓이나 간단한 메모로 했다. 프란시스가 자신의 침묵 맹세를 지킬 수 있었던 것은 부분적으로 그가 "과거에 노상 사람들과 논쟁을 하고 있었기 때문"이라고 했다. 프란시스는 훗날 그 일을 이렇게 설명했다.

> 나는 그때까지 내가 전혀 듣지 않고 있었다는 사실을 깨달았다. 마치 내 인생의 절반을 어딘가에 가두어 놓은 것만 같았다. 그때까지 나는 내 인생의 절반을 살아오지 않은 셈이었다. 침묵은 그냥 말을 하지 않는 것이 아니다. 그것은 나를 비우는 것이다. 그 빈자리에서 모든 것이 나온다. 모든 목소리, 모든 창조물이 침묵으로부터 나오는 것이다. 침묵의 가장자리에 서 보면 그때까지 들어본 적 없는 것을 그때까지와 다른 방식으로 듣게 될 것이다. 이제 나는 예전에 내가 동의하지 않았던 것에 다른 방식으로 동의할 수도 있고, 그것을 다른 방식으로 이해할 수도 있다.

페미니스트이자 작가이자 어머니인 세라 메이트랜드 Sara Maitland는 40대 후반에 자신이 혼자 살고 있다는 것을 깨달았다. 침묵에 강한 흥미와 매력을 느낀 메이트랜드는 관련서적을 읽고 스코틀랜드나 다른 곳에 은둔해 시간을 보내면서 새로운 사랑을 알아가기 시작했다. 자신이 침묵을 어떻게 키워나갔는지를 설명한 메이트랜드의 저서는 2008년에 출간되었다. 메이트랜드는 다른 문화권의 침묵은 어떻게 다른지, 침묵에 역사적으로 어떤 의미가 있는지는 물론 침묵과 관련된 구전동화나 신화까지 샅샅이 찾아내 그 책에 실었다. 그 책은 흥미롭고 재미있는 설명으로 가득하다. 메이트랜드는 그 신비로운 '노래'나 '침묵의 소리'를 들었던 자신의 경험을 떠올리며 이렇게 서술했다. "그것을 글로 표현하는 것은 문제가 좀 있다. 말하자면 그것은 청각으로 느껴지는 경험이라서 들을 수는 있지만, 사실 들었다고 표현할 만한 건더기가 없기 때문이다." 메이트랜드는 가끔씩 고독의 '어두운 면'을 노래한 상당히 서정적인 글을 쓰기도 했다. 고독의 '어두운 면'이란 침묵과 고립이 유발할 수 있는 방향감각 상실과 광기를 일컫는다. 특히 오늘날처럼 사람들이 전자기기로 끊임없이 소통하는 시대가 시작되기 전, 홀로 전 세계 항해에 도전했던 사람들의 경험에 대한 메이트랜드의 설명은 참으로 흥미진진하다.

고독이나 침묵에 관련된 충격적인 이야기가 하나 더 있으니 바로 크리스 맥캔드리스 Chris McCandless의 이야기이다. 힘든 삶을 살던 젊은이 맥캔드리스는 알래스카의 황무지로 들어갔다가 그곳에서 길을 잃고 죽음을 맞이했다고 한다. 맥캔드리스의 이야기는 책과 영화로 제작(2007년)되었는데 제목은 둘 다 ≪황무지 속으로 Into the Wild≫이다. 그의 운명을 생각해보면, 사색적이고 명상적인 침묵으로 향하는 기나긴 여정에 오를 때, 필수품까지는 아니더라도 침묵에 대해 잘 아는 성숙한 안내자나 '영혼의 친구'가 있으면 여러모로 좋겠다는 생각이 든다. 그 길이 고독으로 이어진 길이라면 더더욱.

9장
신의 침묵

예수가 태어나기 3세기 전 그리스의 극작가 메난드로스는 성스러운 존재들에 대한 사색에 잠겼다. 만약 신들이 정말로 활동한다면 신비롭고 불가해한 방식으로 활동하는 것 같다며 메난드로스는 이렇게 말했다. "신은 침묵 속에서 모든 것을 일으킨다."

신의 침묵은 심지어 계속 기도하는 신자들에게도 종종 좌절감이나 두려움을 안겨준다. 그것은 계속 기도하지 않는다면 역경과 고난을 만났을 때 신의 무관심이라고 느낄 수도 있는 침묵이다. 무신론자들은 그 순간의 침묵을 신이 부재한다는 자신들의 믿음을 확인시켜주는 증거로 받아들인다. 그러나 현실 속에는 모든 언어를 다 동원해도 무신론자들 역시 설명할 수 없는 초월적인 힘이 존재한다. 그것은 그저 중요하지 않다는 말로 일축할 수 있는 힘이 아니다. 우리를 둘러싸고 있는, 그리고 우리의 세계 속에 스며들어 있는 그 침묵은 우리에게 시련을 안겨주는 것처럼 보인다.

세상이 생겨나기 전에도 침묵은 존재했을까? 과연 '빅뱅'이나 이 우주 속에 나타난 여러 현상들 이전에 침묵이 존재했다고 의미심장하게 말할 수 있을까?

사람들이 신이 존재한다고 믿는다면, 그리고 소통도 조물주가 해야 할 일의 일부라면, 왜 신은 사람들이 말씀을 기대하는 순간에, 수많은 사건들에 대해 표면상 침묵으로 일관하는 것일까? 아우슈비츠에서 학살이 자행되었을 때, 최근 아시아에 쓰나미가 몰려왔을 때 신의 목소리는 어디에 있었는가? 친구의 어린 아들이 죽었을 때, 수많은 아이들이 학대당할 때 신은 어디에 있었는가? 신은 자기가 듣고 싶지 않은 말은 아예 듣지 못하는 것 아닐까? 아니, 신은 존재하지 않는 것 아닐까? 그렇다면 침묵과 부재는 동일한 것 아닐까? 상상컨대 신이라는 존재가 구약성서의 몇 문장에 암시되어 있듯, 우리의 기도에 모호하고 삐딱하게 대답하거나 아예 우리의 탄원을 듣고 싶어 하지 않는 것은 아닐까? 성경 애가에는 신에 대한 이런 불평이 나온다. "주님은 어떤 기도도 뚫을 수 없게 구름으로 자신을 꽁꽁 싸매고 계신다."(애가 3장 43절, 에즈키엘 20장 3절) 어쩌면 그 침묵이 신의 부재를 의미한다고 보는 것만이 타당한 결론일지도 모른다. 신자라고 해서 모두가, 신이 존재한다고 일단 공언해놓고 나서 그 말을 뒷받침할 근거를 찾아 헤매는 맹목적인 신앙을 따르는 것은 아니다. 한 젊은 신학자가 이렇게 말했듯이 말이다. "주님이 내게 말씀하신다니, 그런 이야기는 나 자신과도 나누고 싶지 않고 그런 상황을 상상해보라고도 하고 싶지 않다. 신은 말을 하지 않는다. 신의 침묵이 존재하는 것이다." 그러나 많은 기독교인들은 이 결론과 모순되는, 자신이 직접 신의 사랑을 뼈저리게 경험했다는 주장을 늘어놓는다. 가슴으로 신의 목소리를 듣고 '창조' 속에서 신의 말씀을 읽었다면서.

'말씀 The Word'

첫 세기에 복음서를 쓴 요한은 다음과 같은 선언으로 이야기를 시작했다.

태초에 '말씀'이 있으셨다.

그 '말씀'은 주님과 함께였다.

'말씀'이 곧 주님이었다.(요한복음 1장 1절)

"태초에 말씀이 있으셨다."니. 이보시오, 요한, 어떻게 그럴 수가 있소? 어떤 언어도 생겨나기 전이니 실은 태초에 침묵이 있었다고 말해야 옳지 않겠소? 설사 그 '말씀'이 말이 아니라 어떤 관념이나 창조력을 뜻하는 것이라 해도 말이오.

주님이 갑자기 "빛이 있으라." 하시기 전까지 그 긴 시간 동안, 아니면 적어도 '빅뱅'이 일어나기 전까지는 침묵이 존재하지 않았을까? 성경 외경 중 한 권인 에스드라 2서에는 주님이 "태초에 그랬던 것처럼 아무것도 남지 않게" 온 세상을 처음으로 되돌려 7일 동안 '태고의', 혹은 '원시의' 침묵에 잠기게 하겠다고 협박하는 내용이 나온다.(에스드라 2서 7장 2절) 같은 문헌은 천지창조 첫날 "만물이 어둠과 침묵에 뒤덮여 있었다." (에스드라 2서 6장 38절)고 말한다. 그러나 정경 창세기에는 침묵과 관련된 언급이 전혀 없다.

3,000년 전에 기록된 것으로 알려진 《길가메시 서사시》[01]는 티그리스, 유프라테스 강 유역의 대홍수 이야기를 들려준다. 길가메시가 창을 열자 우트나피시팀이 이렇게 회상했던 것이다. "나는 온통 침묵에 잠긴 물결을(혹은 대기를) 바라보고 있었소. 인간은 모조리 흙으로 돌아가 있었다오." 그리고 성경에 나오는 '노아의 방주' 이야기와 아주 흡사한 내용

---

01 길가메시 서사시 The Gilgamesh Epic : 현전하는 대표적인 바빌로니아 문학작품이다. 전설 속의 나라 우르크의 왕 길가메시는 반신반인의 영웅이다. 괴물 엔키두와 싸워 이긴 뒤 친구가 된 길가메시는 여러 모험을 겪은 끝에 현자 우트나피시팀 Utnapishtim을 만나고 그에게 대홍수 이야기를 듣게 된다. 수메르 전 지역에서 목축의 신으로 숭배되었다.

이 이어진다. 성경 묵시록에는 종말론적 침묵이 등장한다. "새끼 양이 일곱 번째 봉인을 떼어내자 약 반 시간 동안 하늘에 침묵이 흘렀다."(요한묵시록 8장 1절) 이 침묵은 경외와 숭배를 뜻한다. 스웨덴 영화감독 잉그마르 베르히만의 대표작 중에 이 성경 구절에서 제목을 따온 영화가 있다. 앞서 살펴본 대로 흑사병이 창궐하던 시기에 십자군 원정에서 돌아온 기사와 과묵한 사신 사이의 체스 경기를 그린 〈제 7의 봉인〉은 '신의 침묵'을 모티프로 한 작품이다.

침묵이 먼저 존재했든 동시에 태어났든 간에, 침묵 속 어딘가에서 빅뱅이나 '말씀'이 일어났을 것이다. 그러나 그 순간에 그 소리를 듣거나 침묵을 인식할 사람이 아무도 존재하지 않았다면, 정말로 쾅 소리가 났다고 어떻게 말할 수가 있을까? 손바닥도 마주쳐야 소리가 나는 법 아니겠는가? 우리의 언어는 우리를 기만한다. 20세기 초반 영국의 문인 힐레어 벨록 Hilaire Belloc은 이렇게 말했다. "기억을 더듬다 보면 모두가 알게 될 것이다. 그의 형제 '어둠'과 마찬가지로 '침묵'도 소수의 예외들에 의해 강화되고 규정된다는 것을." 경험으로 인식되는 그 어둠은 "눈에 보이는 어둠"이라는 밀턴의 표현처럼 지옥의 심연에 존재하는 그런 유형의 어둠인 것이 틀림없다. 빛이 있어야 어둠이 강조되듯, 침묵도 그 침묵에 수반되는 최소한의 소리에 의해 규정되고 강조된다.

리처드 도킨스[02]와 그의 적 이신론자들이 동의하는 한 가지 사실이 있

02 리처드 도킨스 Richard Dawkins 1941~ : 영국의 생물학자. 케냐에서 태어나 다양한 야생동물들을 보고 자랐다. 여덟 살에 부모와 함께 본국으로 귀국해 옥스퍼드에서 수학했다. 저서 ≪이기적인 유전자 Selfish Gene≫로 세계적인 명성을 얻었다. 유전자 진화론을 전개한 도킨스는 ≪만들어진 신 The God Delusion≫이란 책에서 신은 존재하지 않는다고 언명함으로써 엄청난 사회적 파장을 일으켰다. 특히 도킨스의 이론에 반발했던 '이신론 Deism'은 창조론과 진화론을 절충한 이론으로, 우주가 자체의 질서에 따라 진화해온 것은 사실이지만 맨 처음 그 우주를 창조한 것은 신이라는 주장을 전개한다.

다. 우주가 시작되던 바로 그 순간에 소리가 있었다는 것이다. 그것이 말씀이든 빅뱅이든, 태초에는 소통이 있었던 셈이다. 우리가 약속으로 정해놓은 시간이란 것이 시작되기도 전에 말이다. 성경에 이와 비슷한 의미로 사용된 셈어 계통의 용어가 있다. 아람어 'miltha'는 '단어, 발화, 문장, 계율, 언급, 소식, 명령, 소통'을 모두 뜻할 수 있다.

우주에 첫 번째 소리가 탄생하기 전 존재했던 침묵은 어떤 침묵이든 간에 신만큼 오랫동안 존재했을 것이다. 이 경우 침묵은 어떤 창조물에도 의지하지 않는, 단순한 소리의 부재라 봐도 무방하기 때문이다. 침묵에는 본질이 없다. 침묵은 물질이 아니기 때문이다. 침묵은 칼로 자를 수도, 병에 담을 수도, 무선 수신기로 들을 수도 없다. 침묵은 잠재해 있는 것, 텅 빔의 일부이기 때문에 그것을 소리와 구별해낼 청자가 존재할 때만 모습을 드러낸다. 첫 번째 소리가 언제 발생했는지는 알 수 없지만, 최근 연구에 의하면 흔히 오해하는 것과 달리, 소리의 발생은 지구에 대기가 생겨난 것과 무관할 수 있다고 한다. 우리의 귀는 소리를 실어다줄 공기가 존재해야만 그 소리를 들을 수 있지만, 우주에는 표면상 완전히 진공이라고 하기에 어려운 상태를 뚫고 이동하는 다른 종류의 소리도 존재한다고 한다. 예컨대 2003년에는 천문학자들이 "지금껏 우주에서 발생한 소리 가운데 가장 깊은 음"을 찾아냈다는 기사가 보도되었다. 기사 내용은 이렇다. "그것은 보이지 않는 웅덩이의 파문처럼 우주를 가르는 B-플랫 음이다. 그 음은 피아노의 중앙 옥타브보다 57 옥타브나 낮기 때문에 사실 그 음을 들을 수 있는 인간은 없다. …… 그것은 인간이 들을 수 있는 소리보다 수백만, 아니 수천만 배 더 깊은 음이다." 찬드라 엑스선 우주 망원경에 포착된 그 음은 블랙홀에서 발생한 소리로, 기술적 장비들을 동원해야만 파악할 수 있는 영역 속에 존재하는 진정한 음악의 일부인 것으로 보인다.

인간이 알고 있는 대로라면 침묵은 달의 어두운 면과 같고 소리는 밝은 면과 같다. 그 두 가지는 모두 인간의 관찰에 의해 인식되는 것이기 때문에 어느 하나만 개별적인 것으로 따로 인식될 수 없다. 따라서 그 두 가지는 서로 상반된 것이 아니라 상호보완적인 것, 또는 서로를 존재하게 하는 것이다. 물이 우트나피시팀과 노아를 에워쌌듯 침묵은 언제든 돌아와 우리를 에워쌀 채비가 되어 있다.

그렇다면 요한은 어째서 "태초에 '말씀'과 '침묵'이 존재했다."는 말로 복음서를 시작하지 않은 걸까? 그것은 성경에 '말씀 Word'이라고 번역된, 흔히 대문자 'W'로 시작되는 그 용어가 요한에게는 단순한 말이나 소리가 아닌 조물주의 모습을 드러내는 완벽한 증거로서의 의미가 있었기 때문이다. 보만 T. Boman은 '말씀'과 '주님의 목소리''를 분명히 구분해야 한다고 충고한다. "목소리는 말하는 소리를 뜻하고, '말씀'은 발언된 내용, 혹은 말하여진 것을 의미한다."는 것이다. 주님이 "빛이 있으라."고 말했을 때 이 단어들은 창조 행위를 대변한다. 훗날 예수와 예언자들의 실제적인 말과 행동은 이 창조 행위나 '말씀'을 뒷받침하고 쉽게 풀어준 것이었다. 이런 사례를 보면 블래스터 R. Blaster의 설명처럼 언어는 바로 창조 행위에서 흘러나오는 것처럼 보인다. 그렇게 볼 때 예수는 그저 말하는 사람이 아니었다. 예수는 자신의 삶 자체를 하나의 사례로 우리에게 가르침을 베푼 '살아 있는 말씀'이었다. 이제 예수의 진정한 추종자들이 전 세계에 가득하고 예수께서 하신 말씀은 다양한 방식으로 표현된다. 이를 좀 더 신학적으로 설명하자면 이렇다.

그 말씀은 그저 표면적인 언급이나 지식인들만의 이야깃거리가 아니라, 주님이 세상과, 그리고 인류와 효율적으로 소통하는 당신만의 방식이다. 구약성서에 나오는 히브리어 'dābār'는 '말해진 단어'는 물론, 사건, 임무,

행위를 의미한다.

유대교는 물론 힌두교에도 창조적 '말씀'이란 개념이 존재한다. 기독교인 요한은 우리에게 말한다. 태초에 "'말씀'이 주님과 함께였으므로 주님이 계시지 않았다면 아무것도 생겨나지 않았을 것"이라고. 아무것도. 요한은 또 말한다. "그 분을 통해 우리에게 온 것은 삶이며, 그 삶은 인류의 빛이다." 침묵이 있어야 소리가 존재할 수 있듯, 빛도 어둠이 있어야 존재할 수 있다. 그러나 주님('지혜')은 모든 것을 초월한다.(지혜서 7장29절, 요한복음 1장 5절, 12장 35절) 실제로 주님이 침묵을 포함하는 모든 것을 초월하는 존재라는 개념은 초기 기독교에서 중요한 의미가 있었다.

영지주의의 침묵

기독교인들이 한 방향으로 신을 이해하려고 애쓰는 동안, 다른 방향으로 신을 해석한 일부 주장들은 이단이라는 비난을 받게 되었다. 그 중에는 '영지주의'라 알려진 신앙도 있다. 그들은 상당히 복잡한 이론 체계를 마련했는데, 몇몇 사례를 보면 그 체계 안에서 침묵은 신의 본질적 특성이 부여된 자질로 여겨졌다. 영지주의의 대표적인 철학자 발렌티누스 Valentinus의 제자인 프톨레마이오스 Ptolemy는 다음과 같이 말했다.

사람들은 말한다. 말로 표현할 수 없을 정도로 까마득히 높은 곳에는 본원적이고 완벽하고 영원한 존재가 있다고. 사람들은 그것을 최초의 원천, 조상, 깊은 것이라고 부른다. 눈에 보이지도 않고 소유할 수도 없는 그것은 영원히 존재하기만 할 뿐 다른 뭔가를 일으키지 않는다. 그리고 그것의 내부에는 엄청난 고요와 휴식이 깃들어 있는 무한하고 영원한 영역이 있다.

그것은 생각과 함께 존재하는데 그 생각을 사람들은 사랑스러움과 침묵이라고 부르기도 한다.

전술(前述)한 그 깊은 것은…… 자신에게서 뿜어져 나오는 생각을 함께 존재하는 침묵의 자궁 속에 정액처럼 방사한다. 그러면 침묵의 자궁은 그 정액을 받아들이고 품어서 지식의 형태로 출산한다. 발사체와 똑같은 역할을 하는 이 침묵은, 그 지식에게 중대한 부모 노릇을 해준 것으로 이해될 수 있는 유일한 존재이다. 사람들은 그 지식을 '독생자'라고 부르기도 한다. ……

영지주의는 전통적으로 신을 이원론적으로 이해한다. 신은 두 부분으로 구성되어 있는데 "한 부분은 '말로 표현할 수 없는 것', '깊이', '원형적인 아버지 Primal Father' 등으로 채워져 있고 다른 한 부분은 '우아함', '침묵', '자궁', '만물의 어머니 Mother of All' 등으로 채워져 있다."는 것이다. 그래서 일부 영지주의자들은 이 신비롭고 영원한 침묵을 향해 기도했다. 어떤 이들은 침묵을 창조적이고 생산적인 '정신 Mind'이 나타나기 훨씬 전부터 존재한 것으로 여겼다. 일부 영지주의자들은 실제로 그 첫 번째 원리를 홀로 존재하는 자신에게서 모든 것을 파생시키는 유일한 '모나드 monad'(철학에서 말하는 불가분의 궁극적 실체 – 옮긴이)로 여긴 반면, 남성과 여성의 결합에 의한 자연 발생론과 유사한 이론을 따르는 다른 영지주의자들은 그 첫 번째 원리에 'Σιγή[sigé]', 혹은 '침묵'이라 불리는 배우자를 정해 주었다. 그 첫 번째 원리는 'Βυθός[buthos]', 혹은 '깊이 Depth'라고 불렸다. 신의 질서 속에서 침묵의 자리가 어디인지 복잡한 글을 통해 보여준 영지주의 문헌으로 ≪이집트인 복음서 The Gospel of the Egyptians≫가 있다. 그 책에는 다음과 같은 내용이 나온다.

침묵의 아버지…… 그 분에게서 세 개의 힘이 나온다. 살아 있는 침묵,
즉 고결한 아버지로부터 나오는 그것은 아버지, 어머니, 그리고 아들이다.
이 세 존재는 미지의 아버지라는 침묵으로부터 나온다.

구약성서 창세기에는 두 개 버전의 천지창조 신화가 나온다. 그 중 한
가지 버전에서 신은 "자기 자신과 닮은 모습으로" 남자와 여자를 동시에
창조한다.(창세기 1장 26-28절) 신의 모습을 남성으로도, 여성으로도, 그
리고 남성성과 여성성을 모두 지닌 것으로도 그렸던 기독교의 전통은 그
나름 타당한 근거가 있었던 것이다. 기독교가 정통으로 인정하는 삼위일
체(성부, 성자, 성령)보다 신이 더 많은 모습을 갖고 있다고 주장하려고 항
상 신을 그렇게 표현한 것은 아니었다. 하지만 초기 기독교도들은, 힘이
나 침묵 같은 다른 개체와 함께 있는 존재, 혹은 두 개 이상의 본질적인 개
체가 결합된 존재로 신을 파악했던 영지주의자들의 생각을 지나친 생각
이라고 믿었던 것 같다. 그리고 몇 가지의 가능성을 열어주는, 신을 남성
이자 여성인 존재로 여기는 그 이론은 남성중심주의 질서를 옹호하는 자
들에게도 각별한 의미가 있었던 것 같다. 신을 성별이 분리되지 않은 궁
극적 조물주로 보는 그 이론이 철저하게 이단으로 규정된 것을 보면.

영지주의 신학은 아마도 미궁처럼 복잡한 모양이다. 영지주의를 고대
인도의 어떤 문헌과 관련지어 생각했던 이글링 말고는 베다를 연구하는
저자들 중 그 누구도 그 신학을 입에 담지 않았으니 말이다. 이글링은 그
인도 문헌을 언급하면서 이렇게 기록했다. "진지한 추론보다는 엉성한
상징과 독단적인 주장으로 가득한, 장황하면서도 지루하기 짝이 없는 설
명으로 보건대, 이 글들에 필적할 만한 상대는 세상 어디에도 없는 것 같
다. 영지주의 신학의 뜬구름 잡는 추측만 빼면!" 그러나 영지주의 신학에
서 침묵이 차지하는 자리에 대한 반작용으로, 일부 기독교인들이 침묵과

여성 양쪽 모두의 가치를 경시하거나 간과하는 경향도 없지 않아 있는 듯
하다. 그래서 일부 기독교인들이 영지주의 신학에서 침묵이 차지하고 있
던 자리를, 복음서 내내 거의 침묵을 지키는, 그리고 신이 자신의 아들을
잉태하게 만든 소극적이고 조용한 동정녀 마리아로 채우는 것인지도 모
른다.

아무튼, 우리가 그것들을 어떻게 이해하든 침묵과 어둠은 경험의 한 측
면이란 지위를 유지하고 있다. 침묵과 어둠은 그 자체로 측정될 수는 없
지만 다른 현상들과의 관계를 통해서 정의될 수는 있다. 침묵을 들을 귀
없는 침묵을 상상할 수 없고, 어둠을 바라볼 눈 없는 어둠을 떠올릴 수 없
는 것처럼 말이다.

엘리야의 세미한 침묵

신이 언어를 초월하는 존재라면, 눈과 귀를 맞추는 것 말고 '그 분'께
다가갈 수 있는 더 좋은 방법이 창조론 안에 담겨 있다고 보면, 침묵이 그
자체로 신에게 다가가는 진입로 역할을 한다는 사실을 성경에서 읽어낼
수 있다. 그렇다면 우리는 '그 분'의 침묵을 해석하려고 애써야 할까, 아
니면 우리의 신체감각으로는 직접 인식할 수 없는 소리나 현상을 찾기 위
해 우주를 천천히 탐색하는 전파망원경처럼, 언젠가는 확실한 계시를 얻
을 수 있으리란 기대와 희망을 안고 가만히 그 침묵에 귀를 기울여야 할
까?

원형적 의미에서의 침묵과 신의 관계는, 그의 시대 마지막으로 살아남
은 예언자였던 엘리야의 이야기에 분명하게 드러난다. 히브리 성서에 의
하면 엘리야는 '주님의 산'이라고 불리는 호렙 산에서 잊지 못할 경험을

했다고 한다.(그 산은 일찍이 주님이 계시를 통해 모세에게 십계명을 내려준 산으로 시나이 산으로도 알려져 있다.) 엘리야는 악녀 이세벨의 협박에 목숨을 잃을까 두려워 그 산으로 도망쳐 동굴에서 밤을 보낸 참이었다. 그때 '주님의 말씀'이 그에게 다가와 말했다.

> "밖으로 나가 주님 앞 산 위에 서라. 주님이 곧 지나가실 테니." 그 순간 강풍이 일었다. 어찌나 거센 바람이었는지 산이 갈라지고 주님 앞의 바위가 쪼개졌다. 그러나 주님은 바람 속에 계시지 않았다. 바람이 물러가고 지진이 일어났지만 주님은 지진 속에 계시지 않았다. 지진이 끝나고 불길이 솟았지만 주님은 불길 속에 계시지 않았다. 불길이 가라앉고 '세미(細微)한 침묵의 소리'가 들려왔다. 엘리야가 그 소리를 듣고 외투로 얼굴을 가리고 동굴 어귀로 나와 섰다. 그러자 다시 목소리가 들려왔다. "엘리야야, 여기에서 무엇을 하고 있느냐?"(열왕기상 19장 9-15절)

엘리야는 죽음을 두려워하는 인간이었다. 호렙 산으로 오던 중 그는 말을 전하러 온 천사를 이미 만났다. 그 다음에 '주님의 말씀'이 다가왔고 '세미한 침묵' 소리가 들려온 뒤에 마침내 '목소리'가 들려왔다. 여기서 사용된 '세미한 sheer'이란 영어 단어는 바다를 향해 깎아지른 아찔할 정도로 가파른 절벽을 묘사할 때도 사용된다. 사실 엘리야는 지진이나 불 혹은 산을 가르는 바람보다 그 '세미한' 침묵에 더 큰 두려움을 느낀 것이 분명하다. 아시리아와 바빌론 지역에서 '신의 말씀'은 보통 강력한 바람으로 표현되었지만, 그때는 바람이 가라앉기 전까지 아무런 말도 들려오지 않았다.

이 열왕기에 나오는 그 문장이 얼마나 충격적이었으면, 독일의 영화감독 필립 그로닝은 호평 받은 다큐멘터리 영화 〈Die Grosse Stille〉(2005년 영국 개봉 제목 〈위대한 침묵 속으로 Into Great Silence〉)에서 카르투시오 수도원의 생활공간을 묘사하는 장면에서 배경을 설명하는 중심 문장으로 그 문장을 인용했다. 그러나 순수한 침묵, 세미한 침묵, 위대한 침묵 등의 개념은 히브리 성서에서 흔히 볼 수 있는 개념이 아니었다. 그래서 이제 원저자가 사용한 언어들이 실제로 번역자들에게 어떤 시련을 안겨주었는지 알아보려고 한다. 그러려면 책의 앞부분에서 인용했던 지젝의 주장을 기억해두는 것이 좋다. "최초의 창조적 행위는 '침묵의 창조'였다. 하지만 침묵 자체가 부서진 것이 아니라, 침묵이 스스로 '실재'의 혼란스러운 옹얼거림 속에 끼어들어 그것을 부수어버림으로써 단어가 발음될 수 있는 여백을 만든 것이었다." 이 주장은, 번역자들이 위 문장을 영어로 번역하면서 왜 텅 빈 '침묵'이란 단어 대신 '옹얼거림'이나 '속삭임'이란 용어를 사용했는지 그 이유를 설명하는 데 도움이 될 수 있다.

엘리야의 경험을 서술한 위 문단에서 발견되는 '침묵'에 해당하는 히브리 단어는 구약성서 전체를 통틀어 딱 세 번밖에 나오지 않는데, 그 중 두 번은 각각 욥기와 시편에 나온다. 그 특별한 단어의 중요성을 고찰하기에 앞서, 히브리 단어가 어떤 것이든 영어 '침묵'으로 번역되는 경우가 구약성서에서는 아주 드문 경우라는 점을 먼저 짚고 넘어가야겠다. 게다가 엘리야를 언급한 열왕기의 이 문단을 번역한 영역본 성서[03]들은 '세미한 침묵 sheer silence'이란 그 용어를 딱 보기에도 양립할 수 없을 만큼 서로 다르게 번역하고 있다.

위에 인용한 문단이 실려 있는 ≪새 개역 표준판 성서≫(이하 NRSV)에서는 '세미한 침묵'으로 번역된 히브리 원어가 ≪새 미국 성서≫(이하 NAB)에서는 '자그마한 속삭임 소리'로 상당히 다르게 번역되어 있다. 더욱 놀라운 것은 NRSV의 '세미한 침묵'이 같은 히브리어 성서를 번역한

≪개역 표준판 성서≫(이하 RSV)와 ≪흠정역 성서≫(이하 KJV)에도 '차분하고 작은 목소리'로 다르게 번역되어 있다는 사실이다. 역사적으로 볼 때 NRSV는 RSV와 KJV에서 발전된 성서이다. 그런데 이렇게 눈에 띄게 번역이 달라졌는데도 그 이유를 설명하는 주석조차 달려 있지 않다. NRSV의 편집자가 서문에서 "의미 전달에 문제가 있거나 이전 영역본 중 어떤 성서에서도 되살려 쓸 수 있을 만큼 만족스러운 문장을 찾아내지 못할 경우 새로이 번역했다."고 안내하고 있는데도 말이다. 런콘은 히브리

---

03 영역본 성서:고대에 히브리어, 헬라어, 라틴어 등으로 기록되어 있던 성서를 일반대중들이 읽을 수 있게 영어로 번역한 성서를 일컫는 용어로, 기나긴 기독교의 역사만큼 다양한 영역본 성서들이 등장했다. 그 가운데 저자가 본문에서 언급하고 있는 성서들에 대한 간략한 설명이다.

① 위클리프 성서 John Wycliffe's Version 1382:위클리프가 라틴어 성서를 번역한 최초의 영역본

② 흠정역 성서 The King James Version 1611:영국 국왕 제임스 1세의 지시로 여러 개의 영역본을 전면 개정, 통합한 성서이다. 현대 모든 영역 성서의 모체가 된 이 성서는 이후 300년간 영어권 기독교 전체에서 독자적인 지위를 누렸다. 성서로서뿐 아니라 영문학사에도 큰 획을 그은 것으로 평가된다. (KJV)

③ 두에-랭스 영어 성서 Douray-Rheims American Bible 1899:가톨릭 전례에 사용하려는 목적에서 1610년 번역된 두에-랭스 성서의 미국판이다. 구약성서는 두에대학교에서, 신약성서는 프랑스 랭스 지방에서 번역되어서 이런 이름이 붙었다. (DRA)

④ 개역 표준판 성서 Revised Standard Version 1952:고어체를 주로 20세기 영어로 바꾼 개정판 (RSV)

⑤ 새 미국 성서 The New American Bible 1974:미국 가톨릭교회의 주관으로 번역된 성서 (NAB)

⑥ 새 예루살렘 성서 New Jerusalem Bible 1985:히브리어를 직접 번역한 가톨릭 예루살렘 성서(1974)의 개역판이다. (NJB)

⑦ 새 개역 표준판 성서 New Revised Standard Version 1989:최근에 번역된 성서 가운데 신학적으로 가장 번역이 잘 되었다고 평가되는 성서로 영어권 신학교 대부분이 이 성서를 공식적으로 사용한다. (NRSV)

원어를 스스로 '작고 얇은 침묵'이라고 번역하면서, "이전 영역본에서 전통적으로 사용된 '차분하고 작은 목소리'라는 표현이 더 잘 읽히는 것도 아니다."라고 불평했다. NRSV의 열왕기상 19장 12절에 주석이 달려 있기는 하지만, 그 주석은 RSV 영역본과 달라진 번역에 대해서는 함구한 채 "세미한 침묵 소리는 요구사항이 많은 주님의 목소리를 뜻한다."고 주장함으로써 오히려 혼란만 더 가중시키고 있다. "19장 12절에 담긴 의도는 사실 주님이 '차분하고 작은 목소리'(KJV 번역) 속에 존재하고 있었다고 말하려는 것이 아니다."라는 올드 A. G. Auld의 주장은 옳았다.

성서의 번역자들이 히브리어를 얼마나 잘 알고 있었든, (물론 현대 번역자들은 전혀 이해를 못하는 것 같지만) RSV와 NRSV와 NAB가 모두 같은 용어를 선택하기는 어려웠을 것이다. 각각의 성서는 모두 엄청난 자격을 갖춘 학자들이 수년간의 연구 끝에 얻어낸 결과물이므로! 아무튼, 그것이 자그마한 소리든, 속삭임이든 간에 소리라는 것은 말 그대로 침묵이 될 수 없으며 세미한 침묵은 더더욱 될 수 없다. 이런 차이나 얼버무림은, 문장과 내용 면에서 원문에 조금이라도 더 가깝게 번역된 글을 개인적으로 음미하고 싶어서 성서를 즐겨 찾아보는 사람들에게 낙담을 안겨준다. 이렇게까지 극명한 차이는 아니지만 그래도 신경 쓰이는 또 다른 예를 들자면, NRSV의 지혜서 18장 14절에 나오는 '부드러운 침묵'이 NAB에는 '평화로운 잠잠함'으로 번역된 것을 들 수 있다. 지금 관심이 가는 다른 유형의 두 가지 침묵('세미한' 침묵과 '부드러운' 침묵)의 차이는 차치하고, 저 번역문의 원문이 원래 의도했던 의미에 대한 더 기본적인 의문이 생긴다. 새들이 아름답게 노래를 부르거나 음악가가 리라나 하프를 연주하는 것을 '평화로운 잠잠함'이라고는 말할 수 있어도 '침묵'이라고는 말할 수 없지 않은가. 실제로 절대적인 침묵을 NSRV는 허용했지만 NAB는 허용하지 않은 것 같다.

RSV와 NSRV는 둘 다 1611년 번역된 ≪킹 제임스 흠정역 성서≫에서 나온 것이다. 흠정역 성서는 영어와 영문학 양쪽 모두에서 엄청난 영향력을 행사한 대작으로 평가된다. 번역은 그 번역이 이루어진 사회의 문화적 환경과 관점에 대해서 우리에게 많은 것을 말해준다. 고대 히브리인들이 현실 전반을, 그리고 특히 침묵을 어떻게 이해했는지에 대해서도 번역은 많은 것을 시사한다. 번역문에는 적어도 원문을 번역한 신자들이 다양한 침묵의 종류를 어떻게 구분하고 이해했는지가 반영되어 있기 때문이다. 글로어 W. H. Gloer는 "RSV 구약성서에 서른한 번 등장하는 '침묵'과 '침묵의'는 각기 다른 뉘앙스와 용법으로 사용되었던 히브리 단어 몇 개가 합쳐진 표현"이라고 기록했다.

엘리야를 언급한 위 문단에 사용된 '침묵'이란 뜻의 히브리어 'd-m-m'에 대해 올리버 데이비스 Oliver Davies는 구약성서 전체에 이 명사가 세 번 등장한다면서 "…… 이 단어는 신의 존재나 말과 밀접한 관련이 있다."고 말했다.

> 이 용어를 번역하는 일은 시대를 막론하고 늘 까다로웠던 것 같다. 히브리어를 그리스어로 번역한 ≪70인역 성서 LXX(Septuagint)≫(기원전 3세기)는 그 용어를 '산들바람', 혹은 '미풍'을 뜻하며 [aura]로 발음되는 그리스어로 번역하고 있고, 히브리어를 라틴어로 번역한 ≪불가타 성서 Vulgate≫(405년)도 세 군데 모두 'aura'와 비슷한 뜻으로 번역하고 있다.

데이비스는 위 문단에 나타나는 침묵에는, 바람, 지진, 불길과 침묵을 대조시킴으로써 유대교의 유일신을 다른 바람의 신들과 구별하려는 의미가 담겨 있다고 생각했다. 침묵, 그리고 유일신은 천재지변을 초월하는 존재이기 때문이다. 그러나 데이비스 역시 소리의 부재로서의 침묵과 신의 발화방식으로서의 침묵 사이에 '해결되지 않은 관련성'이 존재한다고 인정하며 이렇게 말했다. "침묵 속에 기거하시는 주님은 말씀하시는 주님이시기 때문이다."

구약성서에서 발견되는 다른 두 개의 'd-m-m' 중 NRSV나 NAB에서 실제로 '침묵'으로 번역된 것은 하나뿐이다. NRSV는 욥에게 이야기를 들려주는 친구 엘리바즈의 말을 '침묵'으로 번역했다.

> 두려움이 나를 덮치자 온몸의 뼈마디가
> 덜그럭거릴 정도로 몸서리가 쳐졌다.
> 어떤 유령이 내 얼굴을 스치고 지나갔고
> 나는 머리털이 쭈뼛쭈뼛 곤두섰다.
> 그것은 가만히 서있었지만
> 나는 그 모습을 알아볼 수가 없었다.
> 눈앞에 형체가 있었는데도 말이다.
> 침묵이 흘렀다. 잠시 후 목소리 하나가 들려왔다. (욥기 4장 14-16절)

구약성서에 세 번 사용된 히브리 단어 'd-m-m'이 각각의 영역성서에서 어떻게 번역되었는지 살펴보면 이렇다. (엘리야의 경험을 이야기한) 열왕기상의 경우 '부드러운 공기의 속삭임'(DRA), '차분하고 작은 목소리'(KJV), '자그마한 속삭임 소리'(NAB), '가볍게 웅얼거리는 소리', '세미한 침묵'(NRSV), '차분하고 작은 목소리'(RSV) 등으로 번역되었다. 다른 번역자들도 이 단어를 '차분하고 작은 목소리'나 '가벼운 속삭임'으로 번역했는데 이 '가벼운 속삭임'에 대해서 몽고메리 J. A. Montgomery와 게만 H. S. Gehman은 이렇게 말했다. "≪흠정역 성서≫의 '차분하고 작은 목소리'라는 번역이 고전으로서의 지위를 유지하고 있기는 하지만 '가벼운 속삭임'이라는 찰스 버니 Charles F. Burney의 번역 역시 훌륭하다." 몽고메리와 게만은 여기에서 멈추지 않고 한 술 더 떠 이것을 '속삭임 같은 제피로스(서풍)'라고 말했다. 미국의 신학자 월터 브루거만 W. Brueggemann은 '얇은 침묵의 소리'와 '극심한 침묵의 소리'라는 번역문을 인용했다. 욥기 4장 16절에 등장하는 'd-m-m'의 경우, '부드러운 바람'(DRA), '차분함'과 '침묵'(KJV, NJB, NRSV, RSV)으로 번역되었다. 특별한 맥락에서 번역된 이 번역문들은 각기 목소리를 따로 언급하고 있는 반면, DRA는 목소리를 '부드러운 바람의 목소리'라고 바람과 직접 연결시킨 눈에 띄게 다른 번역문을 보여주고 있고 NAB는 어찌된 일인지 명사를 형용사로 바꾸어 그 구절을 '차분한 목소리'라고 표현하고 있다. 다른 네 개의 영역성서는 침묵과 뒤이어 들려온 목소리를 확실히 구분하고 있다. 시편 107장 29절에 사용된 'd-m-m'의 경우 거의 모든 영역성서가 다음과 같은 비슷한 문장으로 번역했다. "주님이 폭풍을 잠재우시자 물결도 가라앉았다."

메츠거 B. M. Metzger와 머피 R. E. Murphy는 다음과 같은 사실을 상기시켰다. "≪개역 표준판 성서≫(RSV)가 출판(1952년)된 뒤로 몇 년 동안 자그마치 스물여섯 가지에 달하는 영역 성서가 새로 등장했다. ……" 위에 인용된 번역문을 찾는 데 도움을 준 겟세마네 수도원의 로렌스 신부님께 감사드린다.

올리버 데이비스는 침묵을 뜻하는 히브리 단어들을 번역한 영어 단어들은 "마비, 진정, 휴식 등의 개념과 연관되어 있는 특징을 보인다."고 말하면서, 침묵을 정신, 혹은 초월적 존재와 관련짓는 그리스인들의 관점과 그 현상을 대조했다. 데이비스는 또한 여러 언어에서 침묵을 뜻하는 단어들이 각기 어떻게 사용되었는지 그 미묘한 차이를 다른 수많은 사례들을 통해 연구해왔다. 침묵을 뜻하는 다른 히브리 단어들이 '마비, 진정, 휴식'의 개념과 연관되어 있는지는 몰라도, 여기에서 살펴보고 있는 'd-m-m'이 사용된 세 사례의 경우, 그것이 서사적 맥락에서 발견되었다는 사실이 중요하다. 즉, 두 가지 경우에는, 먼저 상당히 소란스러운 일들이 벌어지고 난 뒤, 침묵이 나타났다가 곧이어 목소리가 들려왔다는 것이다. 시편 107장에서는 목소리 대신 항구에 이르렀다는 표현이 나오지만 그 것 역시 목소리의 은유적 표현으로 볼 수 있다. 열왕기에서는 강풍, 지진, 불길이 일어났고, 욥기에서는 두려움에 몸서리치는 엘리바즈에게 유령이 찾아와 머리털이 곤두서게 만들었으며, 시편 107장에서는 폭풍이 불어왔다. 더욱이 엘리야의 경우에는 침묵과 마주쳤을 때 동굴로 도망쳐 외투로 자신을 감싸고 있었다는 내용으로 볼 때, '마비' 보다는 두려움에 적절히 대처하기 위한 '진정'의 반응으로 보는 것이 더 옳다. 이 이야기는 호렙 산에 있던 모세(출애굽기 33장 17–23절)와 동굴 그늘 속에서 사색하던 플라톤, 히라 산 동굴에서 외투를 입고 웅크리고 앉아 있다가 신의 계시를 받았다는 마호메트를 상기시킨다. 또한 앞에서 인용했던, 꽃병의 이미지로 침묵을 설명한 지젝의 글도 떠오른다.

태곳적부터 존재한 것은 침묵이 아니라 소음이었다. 그때 침묵은 쪼개진 단어들이 부서지길 기다리고 있었고, 소음은 아직 형체가 배경과 분리되지 않은 '실재' 속에 혼란스러운 웅얼거림으로 존재하고 있었다. 따라서 최초의 창조적 행위는 '침묵의 창조'였다. 하지만 침묵 자체가 부서진 것이 아니라, 침묵이 스스로 '실재'의 혼란스러운 웅얼거림 속에 끼어들어 그것을 부수어버림으로써 단어가 발음될 수 있는 여백을 만든 것이었다.

구약성서의 원저자들은 침묵에 담긴 신비로운 역설을 표현할 적절한 방법을 찾으려고 갖은 애를 썼다. 그 역설은 침묵에 몰두하는 것, 침묵에 노출되는 것, 가만히 있는 것이 오히려 침묵 내부에 잠재되어 있는 감각을 일깨우고 지향점이 되는 존재를 인식하게 만든다는 것이었다. 그리하여 침묵은 내적 깨달음이나 목소리를 수동적으로 임신하는 것에 머물지 않고 스스로 출산하거나, 혹은 항구를 향해 나아간다. 그러면 그 깨달음이나 목소리는 마침내 예언자의 말을 통해 밖으로 표현된다. 이런 초월적 개념이나 언어와 관련된 경험에 대면 세상에서 가장 시적인 언어라 하더라도 언어는 불완전한 것이기 때문에 번역 단계에서 그 의미가 약화될 수밖에 없다. 게다가 아무리 실력이 뛰어난 번역자라 해도 영감을 받았던 원저자의 머리, 영혼, 뮤즈 속으로 완전히 들어갈 수는 없는 노릇이기 때문이다. 사실 그 원문에 담겨 있는 영적 경험을 번역자가 개인적으로 얼마나 정확하게 이해하느냐 하는 문제는 별 상관이 없다. 언어는 이원적 본질을 띠고 있어서 침묵을 소리로부터 분리시키기 때문에, 예언자가 필연적으로 그 깨달음을 말로 표현하거나 언어화, 혹은 개념화된 방식으로 환기시키려는 시도를 하기에 앞서 일어나는 비언어적 자극이나 소통을 포착하지 못한다. 아무리 원문을 가장 잘 살린 번역이라 해도 침묵과 목소리를 동시에 담아낼 수는 없다. ('내면의 목소리'라고 표현되지 않는 한 목소리는 침묵을 무효화하기 때문이다. 물론 분명하게 표현되지 않았다 하더라도 이런 경우에는 그런 뜻으로 쓰였다고 보는 것이 옳겠지만.) 그러나 그 목소리가 '내면의 목소리'(혹은 이에 상응하는 용어)로 분명하게 기술되지 않았다면, 번역자는 그 목소리를 (떨기나무(출애굽기), 회오리바람(욥기 40장 6절), 사나운 불길과 엄청난 폭풍(시편 50장 3절)이 가라앉고 일어난) 침묵에서 비롯된 것, 혹은 침묵 뒤에 곧바로 따라오는 것으로 표현할 수밖에 없을 것이다. 시인이라면 때때로 진실을 표현하는 논리적 언어를 거부해야 하는 것처럼, 예언자의 목소리도 진실을 표현하기 위해 사용된 언어와 서사의 구조를 언급했다는 단순한 이유로 항상 적절하게 이해될 수 있는 것은 아니다. 설사 침묵을 들을 수 있다고 해도 좀처럼 들리는 일이 없는 완벽한 침묵의 경우 이야기가 더 복잡해진다. 희미하게 들리는 혈액순환 소리나 심장박동 소리가 간혹 생명력의 속삼임 소리로 여겨지는 것도 이 때문이다. 텅 빈 것이든 심연이든 원시적인 침묵이든, 그 종류가 의도적으로 명쾌하게 지정된 것이 아닐 경우 침묵의 개념은 그 자체로 많은 것을 연상시킨다. 그래서 우리 시대의 어떤 작가는 낭만적으로 이렇게 선언했다. "천국은 주님이 침묵 속에서 세상을 향해 부르는 노래이다."

브루거만은 엘리야의 경험을 이야기하면서 몇 가지 유용한 설명을 내놓았다.

이 문단은 신의 존재방식에 특별한 뉘앙스를 부여하는 문단이다. 그러나 '차분하고 작은 목소리'(KJV)라는 그 유명한 구절이 이 문단의 전부라고 말해도 과언이 아니다. 신학자 존 그레이John Gray는 이 구절을 암시적으로 '얇은 침묵의 소리'라고 번역했다. 새뮤얼 페레인Samuel Ferrein은 "칼로 베어낼 수도 있는 '극심한 침묵의 소리'"라고 번역했다. 그것은 의식의 목소리가 아니라 두려움의 목소리요, 달콤한 속삭임이 아니라 절대적 신권에 경의를 표하는 의식이다. 신을 헤아릴 수 없을 만큼 신성한 존재로 포장해주는 것은 말 같은 실용적인 수단들이 아니다. 신은 친절하다더니 자신의 일을 하고 싶어 하는 엘리야를 마음껏 쥐고 흔든다. 엘리야는 극단적인 상황에 몰린 순간, 그 침묵의 주인이 남도 자신도 아닌 주님이신 야훼라는 사실을 몸으로 깨닫는다. 그러자 엘리야의 두려움은 모두 적절한 제자리로 돌아간다. 이제 두려워할 존재, 거슬러서는 안 되는 존재는 단 한 명뿐이다.

모든 기독교인들이 엘리야처럼 신의 목소리를 절대적 신권으로 경험하는 것은 아니다. 어떤 이들은 보잘 것 없고 허름한 곳에서 그 침묵의 목소리를 듣는다. 장애인들 곁에서 일했던 장 바니에 Jean Vanier (프랑스의 장애인 신앙 공동체 설립자―옮긴이)도 그 목소리를 들은 사람 중 한 명이었다.

고통과 침묵의 눈물로부터 침묵의 외침소리가 신비로운 방식으로 흘러
나온다. 나의 가장 깊은 곳에 존재하는 내가 그 부름소리를 듣는다. 그것
은, 모든 삶에 의미가 있다는 일종의 속삭임이다.

엘리야의 경험을 묘사한 히브리어의 다양한 번역본들이 보여주는 놀라운 차이는, 우리가 어떤 단어를 우리의 모국어로 이해하는 방식을 되짚어보는 데 도움이 된다. 우리는 우리가 당연하게 받아들이는 모국어와 그 단어 사이의 관계는 물론, 그 단어의 뜻 자체도 실은 문화적, 개인적으로 결정된 것이며 우리의 짐작만큼 간단하지 않은 것일 수도 있다는 사실을 인식하지 못한 채 그냥 사용하는 것이다. 이 사실에는 많은 의미가 담겨 있다. 예컨대 어떤 사람이 '황야의 교부들 Desert Fathers'(3~4세기 경 이집트 황야에 은거하던 수련 공동체―옮긴이)이나 불교의 명상 수련 이야기를 오늘 처음 접했다고 가정해보자. 그 서구인은 침묵의 본질이 무엇이라고 추정하겠는가? 그런 침묵을 수동적인 것이라고 여기겠는가? 아니면 능동적인 것이라고 여기겠는가?

계속되는 침묵

때때로 주님의 침묵은 유대교 저자들에게도 하나의 수수께끼였다. 하박국은 이렇게 물었다. "……어째서 ……주님은 사악한 자들이 자신보다 훨씬 선한 사람들을 등쳐먹는데도 침묵하고 계시는 겁니까?"(하박국 1장 13절) 자기 민족에게 닥친 불행을 지켜보던 이사야도 이렇게 외쳤다. "저희가 이 꼴을 당하고 있는데도 주님께서는 참고만 계시렵니까? 당신께서는 계속 침묵하시고 저희는 계속 이렇게 가혹한 시련을 당해야만 하는 것입니까"(이사야 64장 11절) 이사야는 주님이 '계속 침묵하면서' 우상 숭배자들을 못 본 척 하는데도 언젠가는 주님께서 사악한 자들을 처벌해 주시리라 스스로를 위로했지만, 성서는 그들의 행동, 심지어 그들의 선행조차도 그들을 구원하지 못할 것이라 말하고 있다.(이사야 57장 11-12절) 어쩌면 신은 최후의 날까지 아무 말도 하지 않을지도 모른다. 어쩌면 신은 신께서 약속하셨듯이 말로서가 아니라 행동을 통해 자신을 표현하는 것을 더 좋아하는지도 모른다.(이사야 65장 6절)

> 보아라. 저것이 내 앞에 저렇게 기록되어 있으니,
> 나는 침묵하지 않을 것이다. 그 죗값을 치르게 할 것이니라.
> 진실로 그들의 죄는 물론 그들 조상의 죄까지
> 함께 물어
> 속속들이 갚아줄 것이니라.

인간이 신의 침묵에 대처하는 것은 힘든 일이다. 얼핏 보기에 자신의 탄원에 응답할 줄 모르는 신을 마주하고도 모든 사람이 계속 침묵을 유지할 수 있는 것은 아니다. 무엇보다도 주님께서는 "시온을 위해서라도 나는 침묵하지 않을 것이다."라고 말씀하셨고, 예루살렘 성벽에도 "낮이고 밤이고 그들은 결코 침묵할 수 없을 것이다."라고 쓰인 팻말을 파수꾼들이 걸어놓지 않았던가?(이사야 62장 1절) 주님은 괴물 리바이어던을 능가하는 성스러운 힘을 내보여 욥을 경탄케 하시고 "나는 침묵하지 않을 것"이라고 말씀하셨다.(욥기 42장 4절) 그러나 주님은 이교도가 주님과 주님을 따르는 자들을 멸시한다고 해도 우리가 바라는 대로 자신을 드러내겠다는 약속을 한 적이 없다. 다음 문단은 훗날 예수가 빌라도 앞에 서 있던 사건을 예언한 내용으로 여겨진다.

> 그는 억압을 당하고 괴롭힘을 당하면서도
> 입을 열지 않았다.
> 도살장에 끌려가는 한 마리 새끼 양처럼,
> 그리고 털 깎는 사람 앞에 선 어미 양처럼 침묵했다.
> 그는 입을 열지 않았다. (이사야 53장 7절)

우리의 말을 듣고 계시다는 증거를 보여 달라며 주님께 보호와 안식을 구하는 나약한 인간은 시편에도 나온다.

> 오, 주여, 당신께 구하노니
> 나의 반석이시여, 거절하지 마시고 제 말씀을 들어주소서.
> 당신께서 제게 침묵하시면,
> 저는 깊은 구렁 속으로 떨어지는 사람과 같은 신세가 될 것입니다.
> (시편 28장 1절, 35장 22절)

인간은 다음과 같은 호소를 통해 고통과 비명에서 벗어나 천국에 도달한다. "오, 주여, 계속 침묵하지 마소서. 평화로움을 유지하지도 마시고, 잠잠하지도 마소서."(시편 83장 1절) "오, 주여 이렇게 찬미드리노니, 침묵하지 마소서."(시편 109장 1절) 일종의 자신과의 대화인 시편에서 시인은 계속 주님에게 응답해달라고 외치고 '창조' 속에서, ["주님의 목소리가…… 레바논의 향나무를 쪼갠다."(시편 29장 5절)] 혹은 적들의 불행이나 자신감을 회복한 자신 속에서 ["오, 주님께서…… 제 생명을 회복시켜 주셨습니다."(시편 30장 2절), "그러므로 제 영혼은 주님을 찬미하며 절대 침묵하지 않을 것입니다."(시편 30장 12절)] 주님의 응답을 읽어낸다. 시편을 노래하는 시인의 목소리는 애처롭고 때로는 절망의 경계에 서 있지만, 곧 희망을 회복한다. 2,000여 년 전에 지어진 150장의 시편은 기독교 초기 이래로 수도사들을 비롯해 많은 이들에게 사랑을 받았다. 인류에게 약속되었을지는 몰라도 이 지구상에는 존재하지 않는 천국을 있는 그대로 현실적으로 찬미하는 수도원에서는 밤낮으로 시편의 노랫소리가 흘러나왔다. 시편은 시이자 기도이자 신학이며, 우리를 둘러싸고 있는 침묵 속에 목소리를 부여하는 언어이다. 시편에는 탁월하거나 결정적인 문장이 없지만, 그럼에도 인간의 마음을 상당히 깊이 있게 달래준다. 물론 시편의 리듬과 후렴구에 익숙해진다고 해서 누구나 신이라는 문제에 명쾌하고 유창하게 답할 수 있을 것이라고 보기는 힘들겠지만 말이다. 선종불교 승려인 노먼 피셔 Norman Fischer는 켄터키 겟세마네 트라피스트수도원에서 한 주를 보내는 동안, 시편이 그렇게 오랫동안 유대교도와 기독교도들에게 큰 도움을 주고 엄청난 영향을 끼쳐왔다는 사실에 놀라움을 표했다. 시편에 담긴 격렬하고 씁쓸한 표현들에 깜짝 놀란 피셔는 유대인이라는 자신의 혈통 때문에 마음이 움직였는지 불교적 영감을 집어넣어 시편을 새로이 번역하는 작업에 들어갔다. 피셔는 자신 같은 서구인들은 마음을 다스리기 위해 불교를 생활화한다면서 이렇게 말했다. "때로는 소리 내어 말하고 노래하고 외치고 들려주고 대답할 필요가 있다는 사실을 이제는 우리도 알게 되었다."

예수와 침묵

성경 속의 침묵은 관념적 개념이라기보다는 경험적 현실이며, 그 현실
은 예수 그리스도의 삶을 이야기하는 네 개의 복음서에 고스란히 드러나
있다. 사실, 예수의 일생에 대한 RSV 번역본에는 '침묵'이라는 명사가 전
혀 나오지 않는다. 그러나 침묵은 예수의 이야기에서 상당 부분을 차지한
다. 예수는 때때로 일부러 제자들을 침묵시켰다. 그들이 산에서 목격한
'그리스도의 변모'나 예수가 메시아라는 사실을 죽음과 부활이 일어나기
전까지 발설하지 말라는 가르침을 주기 위해서였다. 예수는 또한 병을 고
쳐준 일부 사람들에게도 당신이 행하신 일에 대해 침묵하라고 명했다.

빌라도는 예수의 엄청난 침묵에 직면했다. 예수는 자신을 추궁하고 결
국에는 자신을 십자가에 매달아 죽일 사람들의 질문에 그저 대답하지 않
기로 마음먹은 것이 아니었다. 무시무시한 침묵이 깔려 있는 그 장면은
참으로 인상적이다. 예수는 마치 다른 언어, 다른 주파수로 말을 하는 듯
자신의 운명을 향해 단호하게 나아갔다. 그 순간에는 예수 역시 그 어떤
말로도 로마인들과 유대인 지지자들에게 자신이 바라는 방식으로 뜻을
전달할 수 없었을 것이다. 예수는 자신을 고문하는 사람에게 이렇게 말했
다. "설사 내가 말을 한다고 해도 너희는 내 말을 믿지 않을 것이며, 내가
질문을 한다고 해도 너희는 그 질문에 답하지 않을 것이다."(루가복음 22
장 67절) 예수는 또한 '유대인의 왕'이 맞느냐고 빌라도가 묻자 그저 "네
가 그렇게 말하지 않았느냐."고 답했을 뿐 아무런 말도 하지 않았고, "진
실이 무엇이냐?"는 빌라도의 질문에도 대답하지 않았다.(요한복음 18장

38절) 빌라도는 율법학자와 대사제 등 권위자들을 불러 결정을 내리게 하려고 했지만 예수는 계속 침묵을 지켰고 빌라도는 그 침묵을 '몹시 의아하게' 생각했다.(마태복음 27장 11-14절, 마가복음 15장 1-5절) "예수가 기적을 행하는 모습을 보고 싶어 했던" 헤로데 역시 아무런 대답도 듣지 못했다.(루가복음 23장 6-9절) 이 시점에 말과 기적을 행했다면 십자가에 매달리는 운명에서 벗어날 수 있었을지도 모르지만, 그리스도의 기적과 말은 인간과 신을 만나게 해주려는 주님의 주된 관심사가 아니었다.

예수는 원래부터 정해져 있던 자신의 운명에 따라 십자가에 못 박혔다. 그 길을 가는 동안 예수는, 주님을 외쳐 부르면서도 무엇을 원하느냐는 질문에 즉시 대답하지 못했던 수많은 사람들의 고통 때문에 스스로 괴로워했던 것 같다. 고뇌에 차 겟세마네동산에서 기도를 드릴 때부터 십자가에 매달려 죽음을 맞이할 때까지 예수는 하늘에 계신 아버지께 탄원했다. 쓰디쓴 운명의 잔을 자신의 입술에서 거두어달라고 아무런 보람도 없는 청을 올렸다. 일부 고대 학자들은 예수의 땀방울이 거대한 핏방울이 되었고 그 순간 천사가 나타나 예수에게 힘을 불어넣어줬다고 말한다.(NRSV 루가복음 22장 43-44절) 그러나 십자가에 매달려 죽으면서 예수는 표면적으로 볼 때 절망에 빠진 모습으로 이렇게 소리쳤다. "나의 주님, 나의 주님, 어찌하여 저를 버리시나이까?"(마태복음 27장 46절, 마가복음 15장 34절) 그 순간 그곳에서 예수는 시편 22장을 여는 노래를 따라 부르고 있던 것이다.

나의 주님, 나의 주님, 어찌하여 저를 버리시나이까?
어찌하여 저를 도울 수 있는 곳에서, 저의 신음소리가 미치는 곳에서
그리도 멀리 떨어져 계십니까?
오, 나의 주님, 하루 종일 외쳐도 대답하지 않으시니

밤새도록 편히 쉴 곳을 찾을 수가 없습니다. (시편 22장 1-2절)

복음서를 집필한 저자들 중 일부는 최소한 굉장한 침묵이라고 부를 만한 특별한 순간이 그때 있었다고 주장했고, 또 다른 일부 저자들은 딱히 언급할 만한 침묵이 없었다고 주장했다. 침묵이 존재했다고 주장하는 저자들은, 위대한 사역활동을 시작하기 전까지 예수가 어떤 삶을 살았는지 아무런 설명도 하지 않았다. 예수는 정말로 요셉의 일을 도우며 조용히 살았을까? 동네 처녀들의 어머니들은 처음에는 예수를 사윗감으로, 나중에는 지속적인 인간관계에 전혀 관심 없는 좀 이상한 사람으로 보지 않았을까? 예수는 20대에 알고 지내던 여자 친구가 있었을까? 혹시 인도의 지혜로운 전통을 배우려고 그곳으로 여행을 다녀오지는 않았을까? 우리는 예수의 과거에 대해 아는 것이 아무것도 없고, 왜 전혀 언급되지 않을 정도로 예수의 과거가 아무 상관없는 일로 여겨지는지도 정확하게 알지 못한다. 그러나 드웨일리 L. W. Dewailly는 '침묵에 잠긴 숨겨진 삶'에 매우 중대한 의미가 있다고 말한다. 그 '숨겨진 삶'에는 예수가 조용히 귀를 기울였던 세월과 사막에서 지낸 기간이 포함된다.

사실 예수 그리스도는 침묵을 퍼뜨린 분이었다. '육화(肉化)된 말씀 Incarnate Word'은, 공적인 자리에서는 물론 사적인 자리에서까지 담론과 설명을 끊임없이 뽑아내는 '지칠 줄 모르는' 설교자 중 한 명을 일컫는 표현이 아니었다. …… '주님'은 곧 '말씀'이라는 비밀은 말로 표현할 수 있는 것이 아니다. 주님 속에 존재하는 말과 침묵은 서로를 배척하기보다는 서로를 부르고 또 서로를 필요로 한다.

성서 안에서 침묵이 차지하는 자리를 모두 고찰하려면, '침묵'이란 단어가 등장하는 문장은 물론, '경청하다', '듣다', '귀 기울이다'처럼 침묵의 존재를 암시하는 다른 단어들까지 모조리 살펴보아야 할 것이다. 그 단어들이 그저 발화나 듣는 행동이 기록된 문단임을 알려주는 표지 역할을 할 수도 있지만, 침묵의 기다림이라는 그 시기에 대해 뭔가 알려주는 경우도 더러는 있을 테니까. 그리고 '차분함', '잠잠함' 같은 단어들도 침묵을 의미할 수 있다. 하지만 이 자리에서는 성서의 저자와 번역자들 역시 다양한 침묵의 존재를 인정했다는 사실을 짚고 넘어가는 것으로 충분할 것 같다.

≪성경≫은 여러 세기에 걸쳐 기록된 신성한 경전들을 모아 묶은 두꺼운 책이다. 그래서 ≪성경≫은, 예언자들이 어떤 때 경고를 쏟아내는지, 사람들이 어떻게 논쟁하고 어떻게 신에게 계시와 안식을 구했는지, 예수가 어떻게 계속 논쟁과 토론을 이어갔는지, 초지 기독교 공동체가 어쩌다가 뜨거운 논쟁에 휘말렸는지, 어째서 신조차도 가끔씩 '할 말이 있다'며 말을 걸어오는지 등 말로 표현된 종교적 전통을 반영한다. 이런 맥락에서 보면, 성경이 침묵에 상대적으로 관심이 없었다는 사실도, 거의 모든 경우에 침묵에 대해 명확히 표현하는 일을 대수롭지 않은 하찮은 일로 여겼다는 사실도 별로 놀라울 것이 없다. 만약 ≪개역 표준판 성서≫의 다른 번역본을 선택한다면 침묵이 언급된 부분을 더 적게 발견하게 될지도 모른다. 그런 번역의 차이는, 성경의 원래 표현이 애매하거나 우리가 이러저러하다고 인식하는 침묵이 다른 사람들한테는 다르게 인식된다는 사실에서 비롯된 결과일 가능성이 크다. 예컨대 다른 사람들은 침묵을 차분함과 구별할 수 없는 것으로 인식할 수도 있다. 하지만 사람들이 오랜 세월 힘겹게 신한테 대답을 구했다는 이야기를 듣고도 ≪성경≫ 속에서 신에게 탄원한 이들, 혹은 참을성 있게 계시를 기다린 이들이 언젠가 결국

은 주의 말씀을 듣게 되리라 확신했을 것이란 사실에는 의심할 여지가 없다. 그들은 근본적으로 신의 존재를 의심하지 않는 사람들이었으니까.

영원한 침묵

초기 기독교도 가운데 침묵을 언급한 것으로 가장 잘 알려진 인물은 안티오크의 이그나티오스이다. 이그나티오스는 사도 성 요한한테 직접 가르침을 받은 것으로 예로부터 믿어져왔다. 람세이 W. M. Ramsay는 이 안티오크 남자가 침묵을 이해하는 방식에, 기독교로 개종한 그와 다른 비유대인들이 그에 앞서 엘레우시스 비교나 미트라교 같은 비교의 우상숭배를 경험한 사실이 반영되어 있다고 생각했다. 그 이유야 어떻든, 이그나티오스는 앞서 우리가 부분적으로 살펴본 편지를 에페소인들에게 보냈다.

말하는 비기독교인이 되는 것보다 침묵하는 기독교인이 되는 게 더 낫다. 말하는 사람이 행동까지 한다면 그 사람은 가르쳐야 마땅하다. 그래서 (그리스도라는) '스승'이 존재하는 것이다. '그 분'은 말씀하셨고 그 말씀은 이루어졌다. '그 분'께서 침묵 속에 행하신 일들도 모두 '성부'가 하신 일만큼 가치 있는 일들이다. 예수라는 이름의 '그 분'은 '성부'의 그 침묵에 진실로 귀 기울일 줄 안다. 그래서 그 분이 완벽한 것인지도 모른다. (클레이스트 J. A. Kleist는 여기에 이런 문장을 덧붙였다. "예수는 말을 통해 행동하고 침묵을 통해 이해한다.) 그래서 말하면서 동시에 행동할 수 있는 것인지도, 그리고 그 침묵으로 인정받는 것인지도 모른다. 주님에게서 나온 것 중에 숨겨진 것은 아무것도 없다. 심지어 우리가 숨긴 것조차 '그 분' 가까이에 있다.

또 이그나티오스는 에페소인들에게 보낸 서한문에서 마리아의 처녀성과 예수의 탄생, 그리고 죽음을 "주님의 침묵 속에서 일어난 세 가지 신비로운 외침"이라고 말했다. (리처드슨 C. C. Richardson은 이 외침이란 단어를 '들려주려는 외침'이라고 보충했다.) 이그나티오스는 마그네시아인들에게 보낸 다른 서한문에서 주님에 대해 '침묵에서 비롯된' 주님의 말씀이신 아드님을 통해 자신을 드러낸 분이라고 썼다. 그러나 현존하는 문헌 가운데 오랫동안 가장 일반적으로 사용되어온 문헌에는 '침묵에서 비롯된'이란 단어에 두 개의 단어 '영원한'과 '아닌'이 추가적으로 더 끼어들어가 있다. 그래서 어떤 이들은 예수가 '침묵에서 비롯된 것이 아닌 영원한 존재'라고 주장한다. 라이트풋 J. B. Lightfoot은 현존하는 그 문헌이 틀렸다면서 그 긍정문이 영지주의와 다른 이단적 해석에 근거를 제공하게 될까봐 겁이 난 필경사들이 단어를 끼워 넣어 부정문으로 만든 것이라고 주장했다. 해먼드 밤멜 C. P. Hammond Bammel은 라이트풋의 의견에 동의했고, 라이트풋을 포함하는 '현대의 성경 편집자들'을 지지하는 레이크 K. Lake는 "원래 σιγή(Sigé: 침묵)과 Θεός(Theos: 신)이 짝이며 거기에서 λόγος(Logos: 말)이 나왔다는 영지주의 신학에 대한 두려움 때문에 교리를 수정한 것 같다."고 말했다. 이원론의 중요성에 대해서는 앞서 이미 살펴보았다. 원문의 의미를 일부러 왜곡하려고 단어 두 개를 끼워 넣었다는 라이트풋의 생각은 6세기 초반 안티오크의 주교 세베루스 Severus가 읽었던 이그나티오스의 글 내용과도 맞아 떨어진다.

'침묵'에서 비롯되었다는 것은 예수가 성부의 형언할 수 없을 만큼 소중한 독생자라는 뜻이다. 침묵이 정신을 뜻하든 그렇지 않든 난해한 말인 것은 분명하다. 아무튼 '그 분'의 침묵은 존중받아 마땅하며 우리는 그 분의 신성성과 전례 없는 출생에 대해 따지고 들어서는 안 된다.

리처드슨은 그 원인을 영지주의보다 다른 것의 영향으로 파악했다. 그는 이그나티오스가 "성경에 나타나는 주된 사고방식에서 보자면 생소하지만 그리스의 종교적 관점에서 보자면 익숙한 몇 가지 문장이나 관념에 호의적인 사람"이었다고 묘사했다. 그런 문장이나 관념에는 신이 침묵한다든가 하는 신에 대한 성인 이그나티오스의 생각이 포함되어 있었다. 요약하자면 이그나티오스는 신을 이렇게 생각했다. "침묵은 신의 본질적 특성이다. 그 침묵은 오로지 '육화'에 의해서만 깨지는데 그 육화에는 신중함과 겸손함이 반드시 수반되어야 한다."

히포의 성인 아우구스티누스는 신에 대해 이렇게 말했다. "그 분은 그 분의 '말씀'을 통해 모든 것을 완성하신다. 그 분의 말씀은 바로 그리스도 자신이다. 그리고 그리스도의 그 성스러운 침묵 속에서 천사들과 천국에 머무는 가장 순수한 영혼들이 휴식을 취한다." 그는 다른 신자들도 죽은 뒤 주님의 성도(聖都), 즉 천국에서 함께 만날 수 있기를 바라며 이렇게 말했다. "우리는 더 이상 시끄러운 언어로 표현된 신앙 고백을 외쳐댈 것이 아니라…… 천국 같은 침묵에 잠긴 가장 순수하고 열렬한 사색으로 믿음을 들이켜야 한다." 그러나 아우구스티누스도 그 옛날 시편의 저자와 마찬가지로 신에게 듣고 계신지 대답해 달라고 애원한 한 명의 인간이었다. 그는 《고백록》 첫 장에서 자신의 심장이 듣고 있으니 주님께서는 계시를 열망하는 하찮은 인간한테 얼굴을 가리지 말아 달라고 기도했다. 테일러는 이렇게 기록했다. "아무리 심장의 귀라고 하더라도 계속 귀를 쫑긋 세우고 있는 것은 고통스러운 열망이다. 고동치는 이 열망은 《고백록》 전체를 관통하고 있다." 테일러는 《고백록》이 근대 전기문의 원형으로 자주 언급되기는 하지만 아우구스티누스가 소망한 것은 자기 현시가 아니라 신의 계시였다고 기록했다. 그러나 인간이 신의 모습과 비슷하게 창조된 존재라는 사실을 믿는 사람에게 신을 아는 것과 자신을 아는 것은 딱 잘라 구분할 수 있는 일이 아니다.

침묵에 대한 두려움

신을 믿든 안 믿든, 침묵과 어둠의 상태가 영원히 지속된다는 생각은 두려움을 안겨준다. 눈과 귀로 보기에 명확한 현상들은 결국 모두 자연스럽게 사라지기 마련이라는 사실을 잘 알고 있기 때문에 더더욱 그렇다. 소리와 빛도 언젠가는 흐려져 사라질 사물에서 뿜어져 나온다. 프랑스의 과학자이자 수학자인 파스칼은 이런 관점을 깊이 생각하는 것이 얼마나 무서운 일인지를 표현한 유명한 문장을 남겼다. 저서 ≪팡세 Pensées≫에 이렇게 기록했던 것이다. "Le silence éternel de ces espaces infinis m'effraie." ("무한한 우주의 영원한 침묵은 나를 두렵게 만든다.")

영국의 시인 매슈 아널드 Matthew Arnold는 시 〈자기 의존 Self-Dependence〉에서 뱃머리에 서서 별을 올려다보던 기억을 떠올리며, 별의 무심함과 별에게서 느껴지는 분명한 거리감을 이렇게 노래했다.

> 자신을 둘러싼 침묵에 겁먹지 않기
> 눈에 보이는 풍경에 시선을 빼앗기지 않기
> 그러려면 침묵과 풍경을 없앨 것이 아니라
> 침묵과 풍경에 사랑, 즐거움, 연민을 양보하기

그러나 누가 봐도 분명한 신의 침묵 역시 두려움을 일으킬 수 있다. 우리가 말하는 대상이 존재하는 원천, 그리고 우리가 개인적으로 계속 관계를 유지하는 원천, 그곳에서 명쾌한 의사가 나온 적이 있던가? 영국의 문필가 체스터턴 G. K. Chesterton은 신의 앙갚음이나 처벌보다 더 나쁜 것은 표면적인 부재라고 생각했다. "더 나쁜 것은 사람을 몹시 화나게 하는 폭압이라는 적극성이 아니라 수동성이다. 우리는 귀를 막고 있는 신을 강력한 신보다 더 미워한다. 침묵은 견딜 수 없는 화법이다." 그러나 신자들은 신이 정말로 부재하는 것이 아니라고 주장한다. 신은 창조로 자신을 분명히 드러내시는 분이며 신의 말씀은 성경을 통해, 그리고 다른 방법으로 들을 수 있다는 것이다.

신의 무관심이나 침묵과의 합의에 도달하려고 안간힘을 쓴 사람은 많지만 그 중에서도, 평생 휠체어 신세를 졌던 미국의 작가이자 교수인 레이놀즈 프라이스 Reynolds Price가 쓴 글은 매우 가슴이 아프다. 그 글이 가슴이 아픈 이유는 그것이 세상을 떠난 젊은 의대생에게 보내는 대답이었기 때문이다. 그 의대생은 말기 암 진단을 받고 삶의 의미를 찾았지만 프라이스에게 적절한 대답을 듣지 못한 채 세상을 떠났다. 영어영문학 교수였던 프라이스는 간결하고 명쾌한 글을 쓰는 재주가 있었지만, 솔직하게 의혹을 제기하는 기독교인으로서도 유명했다.

최근 몇 년 동안 내가 무엇을 간절하게 바라왔는지 여러분도 곧 알게 될 것이다. 나는 유대교와 기독교의 성경이, 그리고 수많은 성직자와 상담전문가들이, 우리가 숭배하는 신이 어떤 신이든 그 신의 심장 속에 자리한 침묵에 당당히 맞섰으면 싶었다. 그리고 그들이 장밋빛 환상이나 달콤한 속삭임 소리로 우리의 시야를 가리지 말고 사실을 좀 더 가감 없이 우리한테 말해줬으면 싶었다. 그런 환상과 속삭임은, 고통스러운 죽음을 목격한 공포에서 뿜어져 나오는 뜨거운 입김은 물론 열기에 살짝 닿기만 해도 차갑게 식어버리거나 박살나고 말 테니까.

프라이스는 말장난을 하려고 이런 견해를 내놓은 것이 아니었다. 그는, 신의 침묵은 무관심이 아니며 자유의지를 지닌 존재로서의 인간은 각자의 처지에 맞는 적절한 방식으로 신의 대답을 듣게 될 것이라고 믿는 다른 기독교인들과 의견을 공유했다. 성경은 자비롭게 인간의 문제에 개입함으로써 신이 자신을 확실하게 드러낸 적이 없기 때문에 욥처럼 독실한 기독교도들도 오랫동안 고통받아왔다는 이야기를 들려준다. 그 정도가 얼마나 심했는지 시편의 저자들은, 신이 정말로 우리의 말을 듣고 있고 우리를 굽어 살피고 있는 것인지에 대해 오랫동안 느껴온 근본적인 의혹과 불안을 적이라 칭하고, 그 적이 우리에게 안겨준 고통을 반복적으로 언급했다. 신에게 저버림을 당했다고 느끼는 사람의 비애, 그것이 시편의 주제 중 하나이다. 그로부터 2천 년이 더 흘렀는데도 영적 구원을 추구하는 사람들은 여전히 이렇게 말한다. "만약 신이 존재한다면 그는 왜 소리 내어 말하지 않는가?" 성경말씀, 즉 창조론 밖에는 무엇이 놓여 있을까? 신은 정말로 우리와 소통하고 우리를 도울 수 있는 것일까?

우리는 전례 없는 기술의 발전으로 우주가 얼마나 방대하고 상대적으로 텅 빈 공간인지 알 수 있는 시대에 살고 있다. 우주는 파스칼이 겁에 질려 있던 그 순간에 상상했던 것보다도 훨씬 더 방대하다. 정말로 신들과 천사들이 존재한다면 그들은 어째서 코빼기도 보이지 않는 것일까? 자신이 실제로 그들의 목소리를 듣고 그들의 모습을 보고 있다고 굳게 믿는 사람들 중 일부는 그냥 정신적으로 문제가 있는 사람처럼 보인다. 신의 무한한 가능성에 대해 말하기에는 우리의 능력에 문제가 많다. 그래서 현대 철학자들과 신학자들이 존재론적 측면을 기술하다 보면 부딪치게 되는 언어와 감각의 한계를 붙잡고 씨름하고 있는 것이다. 그래도 사람들은 계속 신을 믿는다. 설사 그것이 맹목적인 믿음이라 하더라도 말이다. 그

걸 감탄스럽다고 해야 할까? 아니면 무의미하다고 해야 할까? 그들은 정말로 기도와 사색의 힘으로 상대적 존재를 초월하는 궁극적 진실을 찾아낼 수 있을까? 아니면 자기 망상이나 낙천적인 생각에 빠져 있는 것은 아닐까?

일본 작가 엔도 슈사쿠의 소설 ≪침묵≫은 나쁜 일을 경험하면서 신앙을 버리게 되는 사람들의 이야기를 허구적으로 그렸다. 예수회 신부들은 자신들이 표면적으로 많은 것을 이루어도 그 성취가 생각했던 것보다 훨씬 허망한 것으로 밝혀지는 문화권에서 일을 하고 있다는 사실을 깨닫는다. 기독교와 지역의 전통 문화가 충돌하는 일은 처음 있는 일도 아니었지만, 기독교로 개종했다가 그런 식으로 후딱 새 신앙을 버리고 본래 갖고 있던 세계관으로 되돌아가는 사람들을 만난 것은 처음이었다. 신부들은 도대체 이 땅에 뿌리내리고 있는 신앙의 정체가 무엇일까 궁금해 하는 와중에, 그들을 내정간섭을 하러 온 외국의 침략자라 여기던 그 땅의 지배자들한테 박해까지 당하게 된다. 과연 선교활동을 계속 진행해야 하는가 하는 근본적인 의문과 동료들이 당하는 고문과 죽임에 짓눌린 채 그들은 주님에게 안내를 구하지만, "인간이 괴로움에 목소리를 높이는 동안에도 계속 팔짱을 낀 채 침묵하는 신"을 경험할 뿐이다. 선교 초기에 이루어 놓은 성과들은 모두 허물어지고 일부 신부들은 배교하고 '토착신앙'을 받아들인다. 어떤 이들은 동료들이 신을 외쳐 부르는 동안 비참하게 죽음을 맞이한다.

그만! 그만! 주여, 이제 주님께서 침묵을 깨야 할 때입니다. 계속 침묵하셔서는 안 됩니다. 당신이 정의롭다는 것을, 당신이 선하다는 것을, 당신이 사랑이라는 것을 입증해 보이세요. 당신이 위엄 있는 분이라는 것을 세상에 보이기 위해서라도 무슨 말씀이든 하셔야 합니다.

배의 돛대 위로 새 한 마리가 날아가듯 거대한 그림자가 그의 영혼 위로 지나갔다.

이야기는 죽음에 맞선 순간 그리스도 자신이 느꼈던 고통에 대해서도 말하고 있지만, 그의 죽음과 관련해 그때 일본에서 익사당한 그 지역 순교자들의 죽음에 대해서도 말하고 있다.

> 그날 밤 그 남자(그리스도)도 신의 침묵을 느꼈을까? 그 남자도 두려움에 몸서리쳤을까?…… 멍석에 만 몸뚱이들이 곧바로 바다 속으로 가라앉았다! 슬프게도 그 바다는 끝없이 밖으로 뻗어 있었다. 그리고 이 모든 일이 일어나는 동안에도 신은 바다 저편에서 그저 굽힐 줄 모르는 자신의 침묵을 유지하고 있었다. "Eloi, Eloi, lama sabacthani!" ('나의 주님, 나의 주님, 어찌하여 저를 버리시나이까?' (마가복음 15장 34절)) 이런 말이 납빛 바다의 기억과 함께 벌컥 그의 의식 속으로 들어왔다. "Eloi, Eloi, lama sabacthani!" 금요일 새벽 세 시 정각이었다. 십자가에서 흘러나온 이 목소리가 어둠에 덮인 하늘을 가득 울렸다. 신부는 이 말이 '그 남자'의 기도일 뿐, 신의 침묵에 대한 두려움에서 비롯된 말이 아닐 것이라고 늘 생각했다.

≪침묵≫을 영화화하기 위해 시나리오로 각색하는 작업에 참여한 영화감독 마틴 스콜세지 Martin Scorsese는 엔도의 소설 ≪카운트리스 타임스 Countless Times≫를 읽은 적도 있다고 한다. 스콜세지는 ≪침묵≫을 그리스도의 삶을 시작한 한 인간이 결국은 유다 역을 재연하게 되는 이야기라고 평했다. 하지만 스콜세지도 "침묵이란 이 이야기가 말하고자 하는 바는 궁극적으로 자유 의지의 세상 속에 살고 있는 신의 존재"(엔도의 서문 내용)라는 말이 무슨 뜻인지 이해하고 있었다. 엔도가 예수회 신부들에게 큰 관심을 보인 이유는 특히, 교육을 많이 받은 기독교도이었던 그

들은 기도의 영성이나 종교적 전통과 관련된 일에 대해서도 잘 속거나 생각 없이 구는 일이 없었기 때문이다. 엔도 역시, 나치의 유대인 말살 같은 형태의 극도로 잔인한 공격이 종교를 믿는 사람들에게 가해지는 한 세기 역사를 지켜보면서 글을 써온 사람이었다. 그런데도 끝나지 않는 그 끔찍한 고통 속에서도 수많은 유대인들은 자신들의 신앙을 포기하지 않았다. 히브리 성서에 분명하게 적혀 있는, 자기네 민족에게 그렇게 끔찍한 공격이 가해진 것이 처음이 아니라는 사실은 오히려 유대인들의 용기를 북돋워주었다. 그들이 자신들의 성서에서 큰 위안을 얻었다는 사실은, 그들이 독가스 속에서 죽어가면서도 시편을 노래했다는 사실만 봐도 잘 알 수 있다. 시편을 지은 사람은 인간이 소리치며 도움을 구한다고 해서 그 부르짖음에 즉각 응답할 신이 아니라는 사실을, 그리고 자기네 민족이 안식을 얻기 전까지 오랫동안 학대를 당하리라는 사실을 너무나 잘 알고 있었던 것이다.

사실 어떤 신들은 일본에서 침묵한 기독교의 신이나 아우슈비츠에서 침묵한 유대인의 신보다 더 오래전부터 계속 침묵해왔다. 이 두 가지 사례의 경우, 모든 사람의 운명이 최후까지 신의 침묵으로 봉인되어 있었던 것은 아니었다. 일본에서는 기독교가 결국 허용되었고 홀로코스트에서 살아남은 유대인들은 독립된 국가를 세웠다. 그러나 지난 두 세기 동안 너무나 많은, 아니 거의 모든 토착종교들이 사라졌다. 식민화와 '발전'과 근대화, 혹은 그저 가장 기본적인 형태의 정리를 통해 토착종교들은 소멸했다. 그런 신앙을 '원시적'이라고 표현하는 것은 흔한 일이지만, 공동체적 생활방식을 지탱하고 있는 사람들 가운데 상당수는 아직 그 공동체의 구성원들에 대해, 자신들의 신에 대해, 자신들이 살고 있는 자연에 대해 존경심을 품고 있는 것 같다. 그들의 언어와 신앙 체계 속에 존재하던 다양성이 완전히 사라졌다면, 그들이 묘사하려고 시도했던 현실은 도대체 어떤 현실이란 말인가?

사회인류학자 클로드 레비스트로스 Claude Lévi-Strauss는 우리가 알지 못하는 역사의 침묵에 대해 이야기한 적이 있다. 레비스트로스는 콜럼버스가 유럽에서 항해를 떠나기 전, 아시아와 아메리카의 태평양 해안가 지역에 강력한 문화적·경제적 세력이 성장하고 있었을 가능성에 대해 언급하면서, 서구인들이 엄청난 잘못을 저질러온 것인지도 모른다고 경고했다.

아메리카가 2만 년 동안 세계 다른 지역이랑 단절되어 있었다고 생각하는 이유는, 순전히 그 세월 동안 서구 유럽과 단절되어 있었기 때문이다. 그러나 이와 정반대로 모든 정황이, 만약 대서양(유럽의 식민지 개척 항로)이 계속 침묵을 유지하고 있었다면 태평양을 둘러싼 지역 전체에 무수히 많은 꿀벌의 콧노래소리가 윙윙 울려 퍼졌을 것이라는 가설을 지지하고 있다.

부정신학(否定神學)[04]과 텅 빈 말

철학자들은 우리가 아직 파악하거나 이해하지 못하는 형태의 존재들이 실존할 가능성이 있다고 인정한다. 개방적으로 사고하는 지식인이라면 누구나 확실한 부재의 증거가 없는 것에 가능성을 열어둘 것이라고 사람들은 생각한다. 이런 관점에서 정체 없는 천사와 씨름하는 신학의 한 유파가 바로 '부정신학'이라고 알려진 이론이다. 부정신학은 간략하게 이렇게 정의되어왔다.

말하자면 부정신학은, 신이 지금껏 창조된 제한된 구상들을 모두 초월하는 존재라는 점을 너무나 의식한 나머지, 신을 본질적으로 안다고 주장하기보다는 차라리 '신이 아닌 것'을 진술함으로써 신을 이해하고자 하는 신학이다.

데이비스와 터너 D. Turner는 "부정신학은 패배주의로 보일 수 있다. 잘 봐줘야, 반밖에 차지 않은 신도석을 향해 '만물의 창조주이자 주님이신 신'이 아니라 '틈새의 신'05에 대해 설교하는 신학에 불과하다."고 말했지만, 사실 오늘날 교회 안에서 신에 대해 주고받는 논쟁의 대부분은 학자 정신에 위배되는 공허한 헛소리 같다. 기독교 초기에 큰 도움이 되었던 언어와 성상 연구는 이제 영혼의 길을 가로막는 걸림돌이 되었다. 뮤어즈 R. Muers는 이런 관점에서 '그리스도의 침묵이 어떻게 우리에게 유의미한 뜻을 전달할 수 있는가'라는 주제를 탐구했다.

어떤 이들은 부정신학을 연구하면서 해방감을 느낀다. 이 전통은 특히

---

04 부정신학 apapathic theology/negative theology：부정신학, 또는 직관신학이라고 번역된다. 인간의 지성으로 신을 명확히 알 수 있다고 주장하는 지성신학(知性神學) cataphatic theology에 반발해 나온 이론으로 1세기의 3대 교부 바실리우스, 나지안주스의 그레고리우스, 니사의 그레고리우스 Gregory of Nyssa의 신비주의 철학에서 싹텄다. 니사의 그레고리우스는 인간은 지성이나 감각이 아니라 직관과 신비적 체험을 통해 신을 파악할 수 있다고 주장했다. 이 견해는 중세의 신비주의 신학과 동방정교회의 신학으로 이어졌다. 부정신학은 "신은 ~이다."라고 신을 정의하는 것은 불가능하지만 "신은 ~이 아니다."라고 표현하는 것은 가능하다고 주장한다.

05 틈새의 신 God of the gaps：독일의 신학자 디트리히 본회퍼 Dietrich Bonhoeffer가 사용한 용어로 인간의 유한한 지식의 틈을 신으로 막으려는 경향을 비판한 것이다. 과학의 발달로 생명과 자연의 상당 부분이 과학적으로 규명되었지만 이 세상에는 아직까지 과학적으로 규명할 수 없는 현상들이 많이 남아 있는데 그런 현상들의 원인으로 신을 끌어다가 사용한다는 것이다. 예컨대 진화론으로 설명할 수 없는 최초의 생명 발생이나 인간의 정신 작용 등을 신으로서 설명하려는 경향은 '틈새의 신'을 논할 때 거론되는 대표적 사례이다.

동방정교회와 관련되어 있는데, 그 유래는 알렉산드리아의 클레멘스 Clement of Alexandria와 오리게네스 Origen 시대인 약 3세기경으로 거슬러 올라간다.

> 니사의 그레고리우스는 신을 영접할 때면 (엘리야가 '세미한 침묵'을 만났던 산으로 호렙 산이라고 알려진) 시나이 산에서 모세가 들어갔던 신성한 어둠의 상징을 사용하면서, 지적·감각적 인상이 모두 벗겨지고 난 뒤 그 어둠 안으로 들어가야만 인간의 영혼이 믿음을 통해 신에게 최대한 가까이 다가갈 수 있다고 단언했다.

부정신학의 전통이 창조에 대해, 그리고 신의 존재에 대해 최대한 많은 것을 알고 도덕률을 발전시키고자 하는 사람으로 하여금 뇌를 사용하지 않아도 되게 만들어주는 것은 아니다. 신비화된 침묵은 말할 것도 없고, 신비주의도 빛과 정화의 대안은 될 수 없다. 그래서 부정신학은 세상에 알려진 모습대로 신을 이해하는 지성신학을 끌어다가 자신들의 이론을 보완하는 데 활용한다. 최근 신학자 파파니콜로 A. Papanikolaou는 부정신학이 신의 개념에, 심지어 교회 내부의 신의 개념에까지 어떤 영향을 끼칠 수 있는가를 각기 다른 두 가지 관점에서 고찰했다.

때때로 토마스 아퀴나스는 마치 신이 법정에서 제시할 수 있는 증거라도 되는 것처럼 신의 구체적 '증거'를 들먹였다는 비아냥거림을 듣는다. 그러나 아퀴나스의 증거는 신을 알기 위한 전투에서 전초전 이상의 의미가 있었다. 많은 이들이 신비주의를 언급했지만 아퀴나스는 신비주의의 한계를 잘 알고 있었다. 이성과 과학에 대한 존중은 성숙된 서구 기독교 전통의 일부이며, 일부 신비주의자들도 같은 태도를 취한다. 연구자 패닉카르 R. Panikkar는 이에 대해 다음과 같은 의문을 제기했다.

우리가 부처의 메시지를 언어와 개념을 통해 이해할 수 있는 것으로 만들고자 함으로써 그 뜻을 왜곡한 것은 아닐까? 그 메시지에 담긴 침묵을 존중하고 그것을 이성적 수준에서 해석하려는 시도를 하지 말았어야 하는 것은 아닐까? 그러나 지성의 유예는 반대급부로 비이성적 경건함에 우리를 빠뜨릴 위험을 수반한다. 부처는 자신이 양극단에서 똑같이 멀리 떨어져 있는 존재라고 선언했다. 수단으로서의 철학이 너무 미약하다는 이유로 그것을 포기하는 행위는 우리로 하여금 목적에 도달할 수 없게 만드는, 모든 것을 다 알고 싶어 하는 허세만큼 치명적인 극단 행위이다.

이렇게 볼 때 부정신학은 개념화의 한계를 확연하게 드러낸다는 점에서, 불교와 철학적 해체론을 포함하는 다른 종류의 현실 인식과 비슷한 점이 많다. 프랑스의 철학자 데리다 Jacques Derrida, 미셸 푸코 Michel Foucault, 자크 라캉의 사상을 먹고 살아온 현대 비평 정신은 이런 신학적 방법론을 이해할 수 있을 것이다. 현대 비평 정신은 개인적 자기기만이나 감상주의에 빠질 위험을 초래하지 않도록 지적 수준을 유지한 채 신적 존재와 근본적으로 만날 수 있는 문을 열고 나가는 동시에, 종교의식이나 기독교적 수양 정반대 편에 닻을 내릴 수 있을 것이다. 그때가 되면 침묵은 그저 글감이나 이야깃거리로 여겨졌던 처지에서 벗어나, 그것을 정의하고 묘사하려는 시도로 모든 자원을 잃은 뒤에도 현실의 일부로 남게 될 것이다. 드웨일리는 부정신학에 대해 이렇게 말했다.

부정신학은 신에 대한 일체의 단언을 거부한다. 단언은 실제로 알려진 것의 경계 밖으로 넘어설 위험을 초래하기 때문이다. 우상숭배와 신화에 반대하는 유대교 변증론, 영지주의, 힌두교, 도교 등 기독교 밖에서는 이런 태도가 종종 발견된다. …… 심지어 신학성서에서도 부정적 의미의 형용사가 종종 발견된다. "주님의 판단은 '헤아릴 수 없으며' 그 분의 방식은

'짐작할 수 없다.'"(로마서 11장 33절)처럼.

절대적 가정과 확신 속에 전체주의적인 맹신을 요구해온 여러 이론들이 쌓여 자라난 덤불을 벗어 던지면 신학자와 철학자 양쪽 모두가 발전할 수 있을 것이다. 공간을 채우는 원초적 침묵은 두려운 것이지만 그래도 다시 숨 쉴 수 있는 공간이 불쑥 생겨날지도 모른다. 불교도들이, 함정을 피하려면 도와줄 경험 많은 선생님이 필요하다는 생각을 종종 떠올리는 것도 이런 이유 때문이다.

증거의 부재는 부재의 증거가 아니다. 하이데거, 데리다, 메를로퐁티, 위르겐 하버마스 Jürgen Habermas 같은 철학자들은, 현실 속에는 인간이 말로 표현할 수 있거나 표현하려고 하는 것, 혹은 제한된 인간의 논리로 이해되는 것보다 훨씬 많은 것들이 존재한다는 사실을 인정했다. ≪옥스퍼드 영어 사전≫의 최신판은 '형언할 수 없는 ineffable'이란 단어를 이렇게 정의하고 있다. "언어로 표현되거나 묘사될 수 없는 / 언어로 표현하기에는 너무 굉장한 / 표현을 초월하는 / 이루 말할 수 없는, 말로 다할 수 없는, 표현 불가능한" 펑크는 언어의 본질적 결함에 대해 이렇게 말했다. "수다는 이해를 차단하고, 쓸데없는 잡담은 언어가 그 바탕에서 분리되어 나온 것이라는 사실을 보여준다." 이렇게 보면 계속 침묵을 유지하고 듣고 귀 기울이는 것이 무슨 필요가 있는지 모르겠다. 펑크는 또 이렇게 덧붙였다. "…… 현상학은 언어를 둘러싼 침묵과 관련되어 있어서 언어 자체에 스며들어 있는 침묵에 관심을 기울인다."

때로는 침묵이 소리보다도 더 웅변적으로 형언할 수 없는 것을 표현하는 말 노릇을 하고 있는 것은 아닐까? 귀를 먹먹하게 만드는 침묵 때문에 일어나는 문제는 비단 철학자나 신학자들에게만 지성적 시련을 안겨주는 것이 아니다. 그것은 침묵한다고 욕먹는 사람들, 학구적이지 않은 단순한 문제에 답하며 살아가야 하는 사람들에게도 두려운 현실이다. 너무나 외로운 청소년기를 보낸 시인 마리안느 무어는 불현듯 깨달은 사실을 수많은 사람들에게 이야기했을지도 모른다. "신학 교수들은 침묵하는 신에 대해 아무것도 몰라요!"

언어의 지식 너머에 존재하는 침묵의 공간을 알기 위해 지금 활용하고 있는 언어와 지식의 한계에서 어떻게 벗어날 것인가 하는 문제는, 중심이 흔들리지 않는 기도나 침묵의 명상을 통해서 개념화된 것들 외부에 존재하는 궁극적 진리에 도달할 방법이 있다는 종교적 주장과 결합되면 훨씬 복잡한 양상을 띠게 된다. 예수는 말했다.

　　하늘과 땅의 주인이신 아버지, 똑똑한 자와 많이 배운 자들에게 감추신
　　것을 어린애들에게 내보이시니 감사합니다. …… 아버지 말고는 아무도
　　아들을 모르고, 아버지를 드러내려고 아들이 선택한 자들과 아들 말고는
　　아무도 아버지를 모릅니다. (마태복음 11장 25-27절)

앞에서도 언급했듯, 예수는 '주의 기도'라고 알려진 기독교 최고의 기도를 우리에게 알려주면서 특별히 다음과 같이 경고했다. "이방인처럼 빈 말을 쌓아올리지 말라. 그들은 말을 많이 해야만 주님께 들릴 것이라고 생각한다. 그러니 그들을 따라하지 말라. 아버지께서는 너희가 구하기도 전에 너희에게 필요한 것이 무엇인지 이미 알고 계신다."(마태복음 6장 7절) 하지만 기록을 보건대 예수의 제자들도 이 문제에 대해서만큼은 예수의 충고를 항상 따른 것 같지는 않다.

신자라는 이유로 인간에게 신을 알고 신을 설명해보라고 요구하는 일은 애완견에게 제트엔진에 대해 조사해 보고하라고 하는 것과 같다. 언어

는 인간이 창조한 것이며 인간의 경험에서 나온다. 따라서 오로지 우리가 알 수 있는 것만 표현할 수 있다. 개는 짖을 수는 있지만 비행기가 나는 원리는 절대로 설명할 수 없다. 애완견에게 그런 지식은 자신의 영역 밖에 존재하는 심연의 일부이며 절대로 가늠할 수 없는 침묵의 일부이다. 그런데도 개는 주기적으로 짖는 본능 때문에 지탄받는다. 데리다 같은 철학자들의 주장에 따르면 인간도 그 개와 비슷한 곤경에 처해 있다고 한다. 하느님의 은총은 우리가 어떻게든 그 곤경에서 벗어나게 해줄 수 있을지 모르지만 언어는 절대로 그런 일을 할 수 없다. 플라톤은 동굴 속에 머문 채 동굴 벽을 비추는 그림자를 바라보았지만, 엘리야는 동굴 어귀로 걸어 나갔고 그곳에서 자신이 신의 목소리를 들을 수 있다는 것을 깨달았다. 1841년 2월 9일 헨리 소로는 일기에 이렇게 기록했다. "지난 23년 동안 나는 침묵을 깨기만 하면서 살아왔지 그 안에 기거한 적이 거의 없다. 침묵에는 끝이 없다. 말은 침묵의 시작에 불과하다."

데리다가 '적힌 글 외부에는 우리가 알 수 있는 것이 아무것도 없다.'('il n'y a pas de hors texte')고 말했을 때 그는 개념이나 언어를 동원해 이해하려고 애써야 하는 논리적 사고의 한계를 이야기하고 있었던 것이다. 얼마나 숭고한 생각을 품고 있든 인간의 사고는 그런 일을 할 수 없다. 물론 기도를 통해 신에게 소리를 전달하려고 시도할지 모르지만, 대개는 자기 자신만의 생각으로 남기 마련이다. 모든 언어가 현실을 이해하려고 애쓰고 현실과의 관계 속 적절한 자리에 우리를 놓아주려고 애쓴다는 가정 하에, 노먼 피셔는 말을 짓는 일을 기도를 짓는 일에 빗대어 기술했다.

침묵 속에 남아 있든 목소리로 표현되든, 우리가 글로 쓰든 생각만 하든,
표현이 정확하든 애매하든, 반복적으로 말하든 한 번만 후딱 말하든 간에,
우리가 입에 담는 것은 언제나 본질적으로 기도이다. 우리가 그 사실을 좀

처럼 깨닫지 못한다 하더라도 말이다. 입술과 심장과 정신으로 말하는 것, 읊조리는 것, 말을 만드는 것은 뭔가를 내보내고 받아들이는 행위이다. 우리가 언제나 내보내고 받아들이는 것은, 우리가 그 사실을 알지 못할 때조차, 끝없이 알 수 없는 것, 명명할 수 없는 것이다.

우리의 정신은 우주 전체를 품을 수 있을 만큼 넓지 못하고, 그래서 침묵은 늘 남아 있다. 신을 언어로 명명하려고 시도하는 것, 혹은 신을 하나의 이미지로 표현하려고 하는 것은 무한한 신의 본질을 모방한 모조품을 만드는 것에 지나지 않기에 신이 명명할 수 없는 존재로 여겨지는 것인지도 모르겠다. 이런 이유 때문에 초기 기독교인들이 예수를 인간의 모습으로 그리지 않은 것이었다. 십자가에 매달린 예수의 이미지가 널지 퍼지게 된 것은 훨씬 훗날의 일이다. 초기 불교도들 역시 불상을 제작하지 않았다. 유대인들은 심지어 '주님'이라는 단어를 발음하려고도 하지 않았고 글로 쓸 때는 일부러 모음을 빼고 '야훼 Yahweh'라고 적었다. 이슬람교도들도 대부분 신이나 예언자를 이미지로 표현하는 것을 삼간다. 그런 침묵은 성스러운 것이다.

일부 부정신학자들과 일부 무신론자들이 공통적으로 보이는 태도가 있다. 그것은 신을 전적으로 언어적일 수밖에 없는 설명의 대상으로 삼기를 거부한다는 것이다. 무신론자들은 또한 물질세계를, 특히나 그들이 해체론자일 경우에는 더더욱, 언어의 본질적 한계를 고려해 전적으로 언어적일 수밖에 없는 설명의 대상으로 삼기를 거부한다. 부정신학과 무신론은 둘 다 본질적으로 신비한 것, 현실을 모호하게 만드는 '미지의 구름 cloud of unknowing'이 존재한다는 사실을 인정한다. 신자들은 그 안에서 성스러운 존재를 느끼지만, '불신자'들은 그런 존재를 경험하지도 못하거니와 그런 미스터리한 존재에 대한 믿음을 수락할 능력도, 생각도 없다. 그래서 부정신학자는 어쩌면 목소리 큰 교인보다 솔직한 무신론자를 더 존중할지도 모른다. 목소리 큰 교인의 그 다변은, 궁극적으로 이해할 수 있는 형식으로, 혹은 간단한 공식에 따라 신의 존재를 떠올리게 하는 일종의 우상 숭배가 되어버리기 때문이다. 개념과 언어의 한계를 안고 살아가는 것은 시련이다. 현실이 확정된 정의, 결정적인 정의를 거부하기 때문이다. 도교의 중요한 한 경전은 다음과 같은 주장으로 시작된다.

> 짓밟힐 수 있는 도는 영원히 변하지 않는 도가 아니다. 명명할 수 있는 이름은 영원히 변하지 않는 이름이 아니다.
> 이름이 없(다고 상상되)는 것, 그것은 하늘과 땅의 창조주이다. 이름이 있(다고 상상되)는 것, 그것은 만물의 어머니이다.

위안

언어를 통해서, 혹은 단순히 그저 관념으로서가 아니라 개인적인 방식으로 신을 알 수 있게 되리라 약속 받는 것은 사람들에게 큰 위안이 될 것이다. 신자들이 신과 소통하려고 시도하는 방법 중 하나가 침묵의 기도이다. 그것은 입술 모양으로만 말을 하고 목소리를 내지 않았던 사무엘의 어머니 한나의 침묵(사무엘상 1장 13절)이 아니라, 일부러 어떤 말도 쌓아 올리지 않고 맑은 정신을 유지한 채, 우리가 구하지 않아도 우리에게 무엇이 필요한지 아시는 주님(마태복음 6장 32절)만 떠올리는 침묵이다. 마찬가지로 선종불교의 공안(公案 일종의 화두, 선문답 — 옮긴이)의 핵심에는 논리와 언어는 창조를 이해하기에 한계가 있다는 인식이 깔려 있다. 직접 하신 말씀으로든, 복음서에 적혀 있는 내용대로든 예수는 "길이요, 진리요, 빛이다." 이 말씀에서 우리는 그저 언어의 반대나 부재가 아닌, 언어를 넘어서는 차원의 현실이 존재한다는 사실을 다시 깨닫는다.

그러나 신과 그 분의 의지를 알고 있다고 주장하는 일부 사람들의 방식은 설득력이 없다. 2009년 2월, 내가 탄 비행기가 뉴욕 상공에 진입하고 있을 때였다. 비행기가 하강할 때 내 마음속에 떠오른 것은 아주 최근에 일어난 두 건의 비행기 추락 사고였다. 첫 번째 사고는 라가디아 공항에서 이륙한 비행기의 제트엔진이 켜지지 않은 사고였다. '기적적'으로, 기장은 허드슨 강에 간신히 비행기를 착륙시켰고 사망자는 아무도 없었다. 두 번째 사고는 뉴어크 공항을 출발한 콘티넨털 항공사 비행기가 버펄로로 접근하던 중 추락해 탑승자 전원이 사망한 사고였다. 맨해튼에서 지낸 둘째 날 나는 우연히 미국의 유명 텔레비전 전도사의 방송을 보게 되었다. 말쑥한 정장을 입은 전도사는 엄청나게 큰 강연장을 꽉 채운 청중들에게 주님께서 허드슨 강에서 승객들을 어떻게 구하셨는지 일장연설을 늘어놓고 있었다. 그렇게 경험 많은 비행사가 그 비행기를 조종하고 있었다는 사실에서, 그 비행사가 활주의 대가였다는 사실에서, 이러쿵저러쿵한 사실에서 주님의 손을 볼 수 있었을 거란 이야기였다. 그 이야기를 듣고 있자니 마치 주님이 한쪽 사람들은 살리고 다른 한쪽 사람들은 죽이기로 선택한 것 같았다.

주님을 믿는 한 신자가 예전에 이런 말을 했었다. "추측과 짐작은 고통을 완화해주는 반면, 무지는 질문자를 조롱할 순간만을 노린다." 그 신자는 연구자나 신학자들이 엄청나게 많은 이론을 알고 있다는 사실에 주목하면서도 "…… 주님의 대답을 듣는 것은 오직 믿음의 평화와 신앙의 침묵 속에서만 가능하다."는 말에는 의심을 표했다. 〈랭커셔 찬송가 A Lancashire Doxology〉의 가사가 떠오른다.

그 분께서 손을 폈다가 접으시네.
하지만 우리는 그 이유를 헤아리지 못한다네.
흘러내리는 자비를 털어버리고 말리시려는 것을.
그래도 그 분은 여전히 완벽한 선(善)이라네.

　신의 개입이 임의적으로 보인다니 참으로 불편한 일이다. 어떤 사람들은 회복되고 어떤 사람들은 그러지 못한다. 어떤 이들은 신이나 천사나 성인의 말을 듣지만 어떤 이들은 그러지 못한다. 하지만 구원이나 도움을 받지 못한 사람들이 가장 열심히 기도한 사람들이었는지도 모른다. 신이 그저 절제된 방식으로가 아니라 신비로운 방식으로 일을 하신다고 말하는 것은 말장난이다. 신의 침묵은, 전능하신 신을 믿고 안 믿고와 무관하게, 설사 강도를 만나거나 강간을 당하거나 독가스로 죽임을 당한다 해도 직접적으로 개입해달라고 신에게 의지할 수 없다는 것을 뜻한다. 우리는 유한한 인간이란 우리의 본성 속에 버려진 존재들이다. 십자가 처형을 당하기 전 마지막 몇 시간 동안의 예수보다 더 나을 것도 더 못할 것도 없는 존재들이다. 레이놀즈 프라이스나 우리처럼 평범한 사람들도 어떤 경우에는 도움을 주는 존재나 손길을 느끼기도 한다는 사실, 혹은 합리적인 사람들도 파드레 피오[06] 같은 성인에게 기도하면 기적이 일어날 수 있다고 생각한다는 사실은 그저 신의 비일관성과 불공평함을 강조해줄 뿐이다. 그것은 시편의 저자들이 하늘을 향해 부르짖던 것과 같은 종류의 불공평함이다. 랍비 헤럴드 쿠시너 Harold Kushner의 세계적인 베스트셀러

---

06 파드레 피오 Padre Pio 1887~1968 : 이탈리아의 성직자. 프란체스코회 수사였던 23세에 성흔(聖痕), 즉 예수가 십자가에 못 박힐 때 난 상처와 같은 상처가 나타났다. 교황 요한 바오로 2세의 친구이기도 했던 피오는 질병을 치유하는 기적 능력을 지닌 것으로 유명해져 생전에도 성인 대접을 받았다. 2002년 시성되었다.

≪왜 착한 사람에게 나쁜 일이 일어날까 When Bad Things Happen to Good People≫에 실린 사례들에서 목격되듯, 시편 저자들의 외침이 오늘날까지도 계속 되풀이되고 있는 것이다.

악마라는 문제는 성직자들과 목회 종사들에게 특별한 어려움을 안겨준다. 폭력의 피해자, 특히 어린이 피해자와 이야기를 나누는 일을 맡으면 그 어려움이 더욱 커진다. 예전에 어떤 목사는 솔직하게도 "신이 존재한다는 나의 믿음은 경우에 따라서 올 풀린 밧줄 끝에 매달린 매듭보다도 작아진다."고 시인했다. 신의 침묵에 관한 이야기가 그 옛날 욥의 이야기처럼 모두가 깔끔하게 마무리되는 것은 아니다.

"오, 주여, 심연의 구렁에서 제가 당신을 외쳐 부르나이다." 이것은 시편 130장의 기도이다. 그들은 보류된 절망의 구렁 속에서 침묵과 마주하고 있다. 분명한 무관심과 마주한 채 탄원하는 말로 시작되는 시편은 한두 장이 아니다. 하늘의 침묵은 아주 오래전부터 계속된 것 같고, 우리가 천사에 대해 고민하는 신자든 언어와 씨름하는 불신자든, 그 침묵은 우주에 대한 우리의 제한된 지식을 조롱한다. 하지만 그 어떤 소리보다 사실적인 것이 바로 침묵이다. 침묵은 태초에도 존재했고, 지금도 존재하며, 힐레어 벨록의 표현처럼 세상이 끝나는 날에도 존재할 것이다.

…… 바다는 곧 침묵의 유산을 모두 회복할 것이다. 그때가 되면 인간의 노동도, 인간의 철기가 내는 덜그럭 소리도 모두 그칠 것이다. 그러면 '바다의 침묵'이 되돌아올 것이다.

저자후기

나는 지금 들판에 홀로 서 있다. 늦은 시간, 어둠이 거의 내렸고 노어 강 저편 오래된 숲에서 들려오던 까마귀 소리도 이제는 들리지 않는다. 아일랜드 날씨치고는 따뜻한 밤이다. 여름 꽃향기를 흩어버리는 바람 한 점 불지 않는다. 차도 지나지 않는다. 남녘 하늘에서 금성이 밝게 빛난다.

이제 우리는 지구 주위에 어떤 행성이 있는지 안다. 20여 대의 우주선이 수백만 마일을 여행하며 행성의 대기와 지형과 표면을 조사해 보내오기 때문이다. 코페르니쿠스는 자신의 태양계 이론에 어울리지 않는 별빛에 대해서는 여전히 침묵한다. 우리의 침묵이 우주 속으로 뻗어 나간다.

오늘밤 나의 시선은 금성 너머까지 뻗어가 깊은 어둠 속을 헤맨다. 저 머나먼 곳에서 별이 폭발한다 해도 아무도 그 소리를 듣지 못할 것이다. 이곳은 아득히 먼 곳이기에. 밸리로그 저 높은 상공에서 눈에 보이지 않는 비행기 소리가 하늘을 가른다. 아마도 미국을 떠나 유럽이나 아시아의 어떤 도시로 향하는 비행기이리라.

이제 이 나라에서 들을 수 있는 가장 완벽한 침묵이 찾아든다. 동물 한 마리가 딱딱한 지면에 발굽을 내딛으며 타박타박 천천히 지난다. 저 멀리서 개 한 마리가 짖는다. 다시 평화로워진다. 침묵, 그것은 생각과 말을 부르는 초대장이다.

역자후기

나는 원래 산문집을 즐겨 읽지 않는다. 그 사람의 개인적 신변잡기(身邊雜記)라고 생각하는 까닭이다. 그런데 예외적으로 간혹 책장에서 꺼내 읽는 산문집이 있다. 바로 법정스님의 ≪무소유(無所有)≫이다. 2010년 입적하시면서 세상에 '말빛'을 남기기 싫다며 당신의 모든 책을 절판하라는 유언을 남기신 스님의 깊은 뜻을 미루어 짐작할 수 없는 것은 아니나, 울림이 깊은 그 말씀을 더 많은 사람들, 특히 젊은 친구들이 이제 더 이상은 접할 수 없다는 사실이 안타깝기 그지없다. 그 책에 실린 〈소음기행(騷音紀行)〉이란 산문에 이런 구절이 나온다. 스님의 큰 뜻을 저버리는 것은 아닐까, 다소 조심스럽지만 짧게 옮겨보면 이렇다. "인간의 말은 어디에서 나와야 할까. 그것은 마땅히 침묵에서 나와야 할 것이다. 인간은 침묵 속에서만이 사물을 깊이 통찰할 수 있고 또한 자기 존재를 자각한다.…… 그러기 때문에 투명한 사람끼리는 말이 없어도 즐겁다.…… 태초에 말씀이 있기 이전에 깊은 침묵이 있었을 것이다."(≪현대문학≫, 1972. 12.) 나는 며칠 전 이 문장을 다시 읽고 소스라치게 놀랐다. 수십 년이 지난 뒤 머나먼 이국땅에서 한 학자가 출간한 책 속에 그 말씀이 고스란히 살아 있었기 때문이다.

그야말로 우리는 '소음의 시대'에 살고 있다. 각종 미디어가 쏟아내는 소음이 도시 전체를 장악한 것은 물론, 그간 목소리를 높이지 못했던 익명의 대중들까지도 SNS에서 저마다 자신을 드러내고자 아우성치는 형국이다. SNS가 처음 상용화되던 시절, 호기심에 나도 그 안을 기웃거려 보기도 했다. 그러나 그 공간은 평생 좁고 깊은 인간관계 속에서 살아온 나로서는 도무지 이해할 수 없는 말의 향연장이었다. 허세와 과시와 독설과 비난으로 가득한 그곳을 과연 소통의 장이라고 불러야 할까. 이런 소음의 시대에 '침묵'을 논하다니, 어쩌면 시대착오적 미련으로 여겨질 수도 있겠다 싶다.

딴소리처럼 들릴지도 모르겠지만 잠깐 다른 이야기를 해볼까 한다. 취업과 경제적 성공을 인생의 지향점으로 삼는 경쟁적 세태 속에서 근래에 인문학은 고사 지경에 이르렀고, 대학은 상아탑의 지위를 상실하며 취업을 준비하는 직업학교로 전락해가고 있다. 물론 그곳에는 아직까지 순수한 학문적 열정으로 연구를 계속하고 있는 학자들도 계시다. 그 분들의 노력까지 폄하하려는 것이 아니라, 다만 사회적 분위기가 그렇다는 말이다. 그런데 최근 들어 다시 인문학 바람이 조금씩 불고 있다. 인간의 가치를 담보하지 않는 실용학문은 얄팍한 기술에 불과하다는 인식이 조금씩 퍼져 나가고 있으니 참으로 바람직한 현상이 아닐 수 없다.

말하자면, 마냥 아우성치고 달려 나가려는 세태 속에서 자신의, 혹은 인간의 내면을 들여다보려는 움직임이 생겨나고 있는 것이다. 때로는 잠시 걸음을 멈추고, 말을 멈추고, 숨을 죽이고, 마음의 소리에 귀를 기울여야 할 때가 있다.

처음 이 책을 만났을 때 나는 가벼운 자기계발서로 생각하고 글을 읽기 시작했다가 적잖이 큰 충격을 받았다. 자기 수양이나 명상적 측면에서, 혹은 철학적 관점에서 침묵을 이야기하는 글은 때때로 읽어봤지만, 침묵을 하나의 사회 문화적 현상으로 파악하고 그런 맥락에서 그 의미를 짚어내려고 시도한 책은 이 책이 처음이었다. 이 책의 저자인 컬럼 케니는 아일랜드에서 커뮤니케이션학을 연구하는 교수이자 학자이다. 저자가 기독교 문화권에 살고 있는 구교도인 만큼 종교적 색채가 강한 것은 부인할 수 없는 사실이지만, 그것이 말하고자 하는 바의 본질을 흐릴 정도로 치명적인 것은 아니며, 저자는 기독교뿐 아니라 불교, 힌두교, 고대 밀교 등 다양한 다른 종교들 안에서 침묵이 차지하는 위상에 대해서도 편견 없이 폭넓게 다루고 있다. 종교적 거부감을 모두 버리고 편견 없이 저자의 논리를 따라가 보라고 진심으로 권하고 싶다. 그러면 모르는 사이에 침묵에 젖어 저자의 말에 귀 기울이고 있는 자신을 발견하게 될 테니.

반면, 저자는 침묵의 긍정적인 측면만을 이야기하는 것이 아니라 부정적인 측면에 대해서도 일침을 가한다. 침묵 중에는 '비난 받아 마땅한 침묵'도 있다. 저자는 아우슈비츠에서 유래 없는 학살이 자행되고 있을 당시 독일 지식인들의 침묵을 그 예로 들고 있다. 다소 극단적인 예라고 생각할지 모르지만 오늘날 우리 사회에도 그런 침묵은 비일비재하게 나타난다. 천재(天災)가 아닌 인재(人災)로 수백 명의 목숨이 수장(水葬)됐다. 더구나 꽃처럼 어여쁜 아이들의 목숨이 말이다. 그런데 저들은 왜 진실에 대해 침묵하고 있는가. 아니, 어쩌면 침묵하고 있는 것은 '저들'이 아니라 '우리'일지도 모른다. 가슴 깊이 돌이켜볼 일이다. 아무튼, 때로는 침묵이 능사가 아닐 때도 있는 것이다.

나에게는 다소 생소한 현대 연구자들의 이름과 신학 이론들이 마구 쏟아져 나와서, 고백하건대 실은 번역하면서 상당히 큰 애를 먹었다. 번역 자체에 들어간 시간보다 관련 이론을 찾아 읽고 공부하는 데 더 많은 시간을 들였을 정도이다. 그럼에도 분명 부족한 부분이 있으리라 생각한다. 이 자리를 빌려 독자 여러분께 양해와 사과를 구한다. 넓은 아량으로 이해해주시길. 번역문에 사용된 성경의 고유명사는 기본적으로 가톨릭과 개신교가 공동 번역한 성서를 기준으로 삼았음을 밝혀둔다. 저자가 종교적 관점이 아닌 학문적 관점에서 성경에 접근하고 있는 만큼, 종파적 시각에서 지엽적 문제인 호칭에 연연하느라 큰 흐름을 놓치는 우(愚)를 범하지 않기를 바라는 바이다.

책의 〈후기〉에서 저자는 아일랜드 들판에 서서 하늘에 뜬 별을 올려다본다. 우리도 가끔은 일손을 멈추고 총총한 별을 올려다보는 여유를 누려보자. 그 중, 아주 자그마한 별에 '어린 왕자'가 살고 있을 테니. 오늘도 여전히 어린 왕자는 의자를 옮겨 앉으며 하루에도 수십 번씩 석양을 바라보고 있을 테니.

"밤이면 별들을 바라봐. 내 별은 너무 작아서 어디 있는지 알려줄 수 없어. 하지만 그 편이 더 좋아. 그럼 아저씨에게는 내 별이 여러 별 중 하나가 될 테니까. 그럼 아저씨는 어느 별이든 즐거운 마음으로 바라볼 수 있을 테니까."